O único avião no céu

Garrett M. Graff

O único avião no céu

Uma história oral do
11 de Setembro

tradução
Julia Debasse
Érico Assis

todavia

Para minha filha Eliza, e para todas as crianças que foram afetadas pelo 11 de Setembro. Espero que este livro as ajude a compreender o mundo em que vivem.

Nota do autor **17**
Nota da tradução **21**

1. A bordo da Estação Espacial Internacional **23**
2. 10 de setembro **25**
3. Começa a terça-feira **29**
4. Fazendo o check-in **35**
5. Oito da manhã em Nova York **36**
6. Os sequestros **41**
7. Por dentro do controle de tráfego aéreo **50**
8. O primeiro avião **54**
9. O segundo sequestro **77**
10. As Forças Armadas entram em marcha **80**
11. O segundo avião **85**
12. Ao vivo, no ar **97**
13. Na Escola de Ensino Fundamental Emma Booker, Sarasota, Flórida **99**
14. Primeiras reações em Washington **108**
15. O voo 77 da American Airlines **115**
16. O terceiro avião **120**
17. No Capitólio **127**
18. Voo 93 em perigo **131**
19. A evacuação do World Trade Center **138**
20. Saltando **157**
21. A AFA entra para a história **160**
22. No Trade Center, o resgate continua **164**

23. O primeiro desabamento **173**
24. Dentro da nuvem **180**
25. Dentro do COEP **188**
26. Os militares reagem **193**
27. A quarta colisão **196**
28. Medo no Pentágono **204**
29. A primeira baixa **207**
30. Em volta das torres **212**
31. Depois do desabamento **216**
32. Resgate em Shanksville **224**
33. Na escola em Arlington, Virgínia **233**
34. A bordo do *Air Force One*, em algum lugar sobre o golfo do México **236**
35. Entre os que sabiam **246**
36. Escapando do Pentágono **254**
37. Entre os desabamentos **267**
38. O segundo desabamento **272**
39. Presos nos escombros **280**
40. Depois do desabamento **286**
41. No cais **321**
42. Pentágono, meio da manhã **330**
43. Capitólio, meio da manhã **338**
44. Com o secretário de Defesa **340**
45. Na Base Aérea de Barksdale **345**
46. Nova York, meio-dia **352**
47. Washington, meio-dia **369**

48. Voando, em algum lugar acima das planícies **374**
49. À tarde em Shanksville **377**
50. Em Mount Weather **381**
51. No Ground Zero **385**
52. Nos hospitais **399**
53. A geração 11 de Setembro **401**
54. Na Base Aérea de Offutt **413**
55. À tarde na América **419**
56. Procurando **422**
57. 11 de Setembro em alto-mar **428**
58. À tarde no Pentágono **431**
59. No ar, a caminho da Base Aérea de Andrews **435**
60. À noite em Washington **440**
61. No Salão Oval **444**
62. A noite do 11 de Setembro **447**
63. O dia termina **459**

Epílogo **465**

Agradecimentos **505**
Fontes **511**
Notas **519**
Índice remissivo **537**
Créditos das imagens **554**

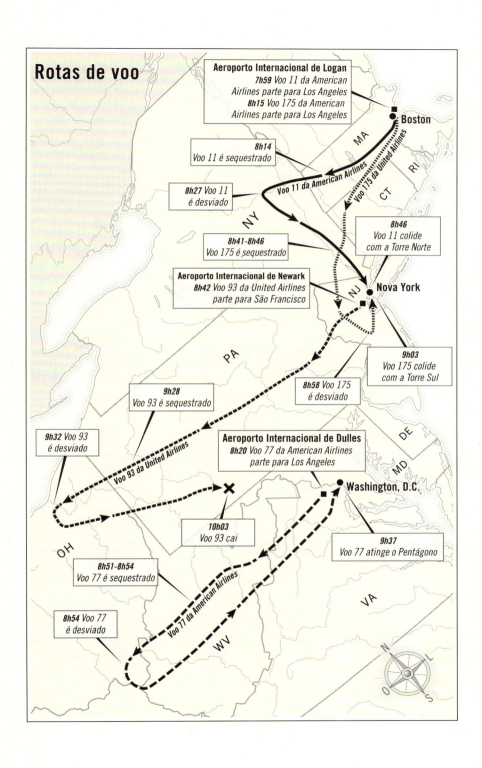

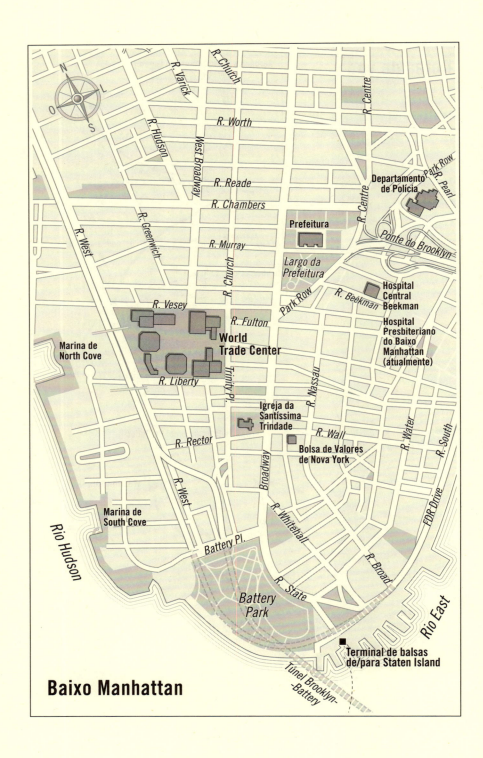

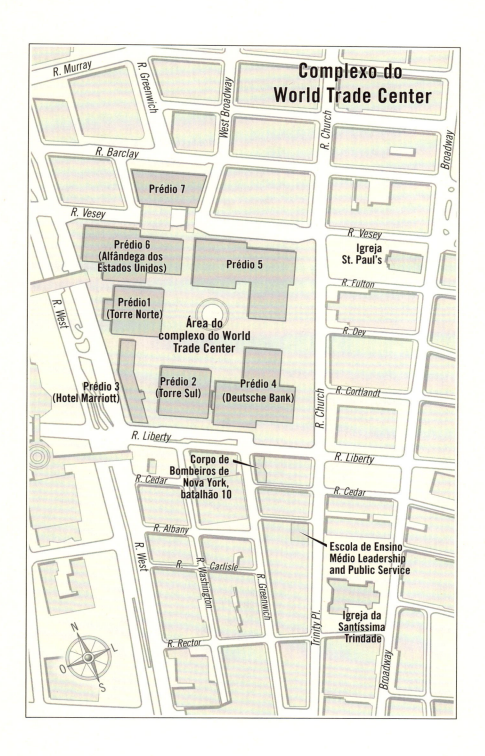

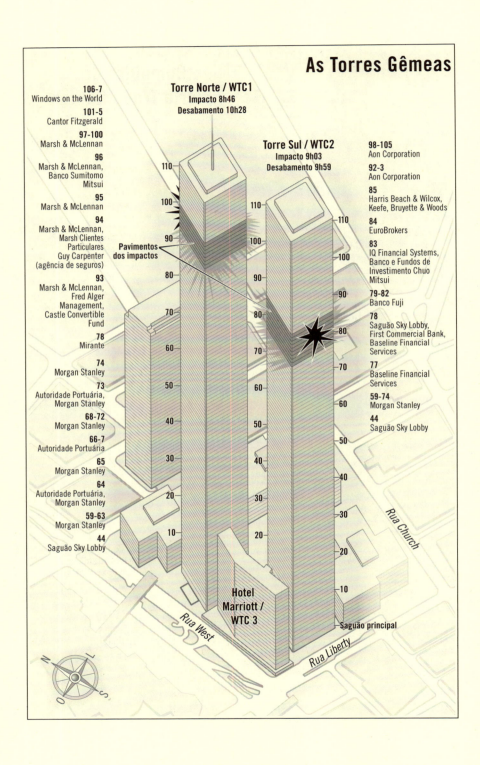

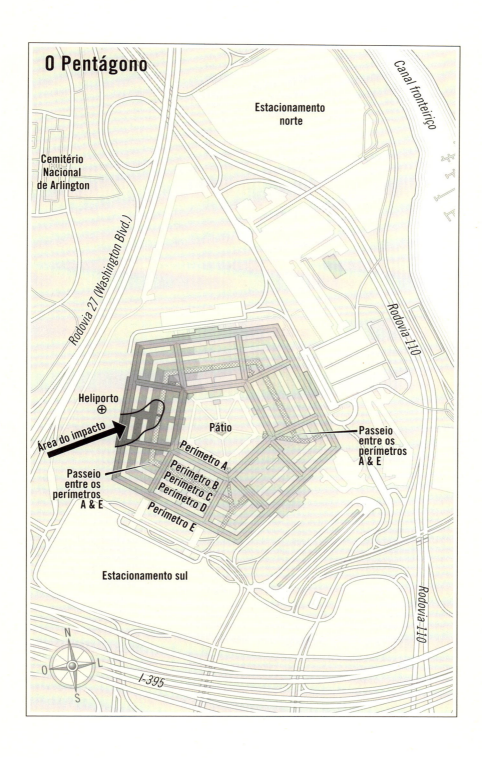

Nota do autor

Quase todos os norte-americanos acima de certa idade se lembram exatamente onde estavam no dia 11 de setembro de 2001. O que começou como um dia comum tornou-se o ataque terrorista mais mortífero da história mundial e o ataque mais mortífero em solo norte-americano desde Pearl Harbor, chocando e aterrorizando a comunidade global, expondo-nos a uma tragédia e a um mal inimagináveis e, ao mesmo tempo, nos lembrando da força, da coragem e do poder do espírito humano. Heróis emergiam literalmente das cinzas, e as horas e decisões que se seguiram definiram não apenas uma geração, mas nossa era moderna.

Ao todo, 2606 pessoas morreram no World Trade Center, em Nova York, e outras 125 no Pentágono; 206 pessoas morreram quando os aviões em que estavam — os voos American Airlines 77, United Airlines 175 e American Airlines 11 — foram sequestrados e atirados contra os centros do poder financeiro e militar dos Estados Unidos; mais quarenta morreram em Shanksville, na Pensilvânia, enquanto passageiros e tripulantes lutavam corajosamente para tirar o controle do voo United Airlines 93 das mãos dos sequestradores. O memorial e o museu do 11 de Setembro, em Nova York, homenageiam exatamente 2983 pessoas, incluindo as seis que morreram em 1993, quando o World Trade Center foi atacado pela primeira vez pelos precursores de um grupo terrorista que, oito anos depois, o derrubaria em apenas 102 minutos. Não havia apenas norte-americanos entre as vítimas do 11 de Setembro, mas também cidadãos de mais de noventa países.

Essa conta obviamente não se esgota nos que morreram. Mais de 3 mil crianças perderam um dos pais no 11 de Setembro; entre elas, uma centena nasceria nos meses seguintes e não chegaria a conhecer seus pais. Mais de 6 mil pessoas ficaram feridas, e muitas mais sofreriam danos — físicos, mentais, alguns até fatais — decorrentes dos esforços de resgate. Contudo, muito além do número oficial de mortos, os ataques afetaram praticamente todos os norte-americanos vivos naquele dia — e centenas de milhares, talvez até bilhões, fora de nossas fronteiras, conforme as imagens dos ataques eram transmitidas no mundo inteiro.

Passei três anos coletando as histórias daqueles que viveram e sobreviveram ao 11 de Setembro — onde estavam, do que se lembram e como aquilo mudou sua vida. Este livro se baseia em mais de quinhentos relatos orais recolhidos por mim e por dezenas de historiadores e jornalistas nos últimos dezessete anos. Sou profundamente grato por seu trabalho e por terem compreendido que a história queria — e precisava — que essas narrativas fossem registradas.

Juntas, estas histórias ajudam a entender um dia que nós, norte-americanos, como povo e como país, ainda estamos tentando digerir. Em seu relato oral, Eve Butler-Gee, que na época do 11 de Setembro trabalhava como secretária da Câmara dos Deputados dos Estados Unidos, observa que os norte-americanos são fascinados pelas lembranças que têm daquele dia: "Percebi que não ouvimos a história dos outros. Precisamos contar a nossa. Alguém começa a contar: 'Eu estava fazendo tal coisa', e a outra pessoa interrompe e diz, em cima: 'Bem, eu estava em tal lugar'. Nossa memória ainda está impregnada, de muitas maneiras, do choque de aquilo ter acontecido em nosso território, nos lugares onde nos sentíamos mais seguros". Ao longo deste projeto, a observação que ela fez me soou muito verdadeira, pois a cada menção do 11 de Setembro que eu fazia a amigos ou conhecidos, imediatamente a pessoa despejava sua história, em geral com uma intimidade lancinante. Este livro partiu da vontade de escutar, de ouvir as histórias dos outros, de saber em primeira mão como foi passar por aquele dia e se digladiar com o desnorteamento e o terror.

O único avião no céu não tem a intenção de ser um cronograma que mostre como e por que o 11 de Setembro aconteceu; grupos como a Comissão 11 de Setembro dedicaram anos de trabalho e milhões de dólares para oferecer essas respostas. Em vez disso, este livro pretende captar como os norte-americanos *viveram* aquele dia, como os ataques em Nova York, no Pentágono e nos céus do condado de Somerset, na Pensilvânia, ecoaram na vida das pessoas de costa a costa, das Torres Gêmeas a uma escola de ensino fundamental em Sarasota, Flórida, e como o governo e os oficiais do Exército no Capitólio, na Casa Branca, em bunkers nas montanhas, nos centros de controle de tráfego aéreo e nas cabines de caças reagiram a horrores inimagináveis nesse momento sem precedentes.

Para elaborar este livro, trabalhei dois anos com Jenny Pachucki, especialista em história oral que dedicou sua carreira a relatos sobre o 11 de Setembro, e que localizou para mim cerca de 5 mil histórias orais relevantes reunidas e arquivadas pelo país afora. Lemos ou ouvimos atentamente por volta de 2 mil dessas histórias para identificar as vozes e memórias apresentadas aqui. Como parte disso, me baseei em entrevistas e no trabalho exaustivo do Memorial e Museu Nacional do 11 de Setembro, do Museu de Tributo ao 11 de Setembro (Nova York), do Memorial Nacional do Voo 93 (perto de Shanksville, Pensilvânia), do September 11th Education Trust, do gabinete do historiador da Câmara dos Deputados, da C-SPAN, da Biblioteca Pública Municipal do condado de Arlington, do Corpo de Bombeiros de Nova York, do gabinete do historiador da Secretaria de Defesa, da Aeronáutica, da Guarda Costeira, da Comissão 11 de Setembro, do Museum of Chinese in America (Nova York), da Universidade Columbia, da Universidade Stony Brook e de outros acervos, assim como em uma série de fragmentos e excertos selecionados de artigos, perfis de revistas, panfletos, vídeos, documentários e compilações que vão das provas apresentadas no processo de Zacarias Moussaoui, um dos conspiradores do 11 de Setembro, a uma coleção feita pela America Online de reflexões, postagens e memórias de seus usuários sobre a data, entre inúmeros outros livros. Três deles merecem menção específica, pela utilidade que tiveram: a incrível coletânea de histórias orais produzida em 2012 por Mitchell Fink e Lois Mathias, *Never Forget*, além de dois trabalhos recentes focados na evacuação marítima de Nova York no 11 de Setembro: *All Available Boats*, de Mike Magee, e *Dust to Deliverance*, de Jessica DuLong. Para complementar essas fontes primárias de arquivo, registrei pessoalmente centenas de entrevistas, reflexões pessoais e histórias, das quais cerca de 75 aparecem aqui. Sou grato a todos que compartilharam seus relatos.

Entre essas centenas de memórias — das coletadas logo após os ataques, em setembro de 2001, às recentes, da primavera de 2019 —, as cronologias e histórias nem sempre se alinham perfeitamente; as perspectivas diferem e as imagens esmaecem com o tempo. Memórias traumáticas são particularmente falíveis. Fiz o possível para alinhar todas essas histórias de acordo com os fatos e as cronologias disponíveis. Todas as entrevistas foram condensadas e editadas por motivos de clareza. Os títulos, cargos e patentes mencionados ao longo do livro eram válidos na época. Além disso, para facilitar a leitura e manter a precisão histórica, editei algumas falas de forma a ajustar o tempo verbal e fiz pequenas correções — por exemplo, quando um entrevistado confundia um nome ou título (chamando o presidente interino da Câmara de presidente interino do Congresso, por exemplo) e padronizei o nome de alguns lugares, códigos e referências — que, de outra forma, criariam mais confusão do que esclarecimento.

O único avião no céu é abrangente, mas não chega a ser completo. Esses relatos capturam apenas um momento singular no tempo, e parte do que torna o 11 de Setembro tão pungente é entender como essas histórias e vidas se desdobraram nos dias, semanas, meses e anos seguintes. (Dois protagonistas daquele dia — Bernie Kerik, comissário do Departamento de Polícia de Nova York, e Dennis Hastert, presidente da Câmara — acabariam ambos presos, por exemplo.) Enquanto se unia na solidariedade após os ataques, a nação também caía em duas guerras que continuam até hoje e que remodelaram diversas partes do mundo. O 11 de Setembro segue sendo uma presença diária em nossa política nacional e na geopolítica internacional, e alterou fundamentalmente a forma como vivemos, viajamos e interagimos uns com os outros. Como disse a gerente da American Airlines em Washington Rosemary Dillard, cujo marido, Eddie, estava a bordo de um dos aviões sequestrados: "Eu ainda sinto que estamos pisando em ovos. Não creio que os jovens que [lerão] isto têm a liberdade que eu tinha quando era mais nova".

Hoje, a nova geração que Dillard menciona mal se recorda daquele dia; 2018 marcou o primeiro ano em que recrutas nascidos após o 11 de Setembro foram despachados para zonas em guerra do Iraque e do Afeganistão e, no segundo semestre de 2019, os primeiros estudantes nascidos após os ataques fizeram sua matrícula na universidade. A passagem do tempo torna ainda mais importante lembrar o 11 de Setembro. De fato, para compreender o que veio depois, precisamos entender, antes de tudo, como foi atravessar o drama e a tragédia que começaram sob o céu azul e cristalino da terça-feira, 11 de setembro de 2001.

Nota da tradução

As diferenças entre as formas como as instituições políticas do Brasil e dos Estados Unidos estão organizadas se fizeram sentir durante a tradução dos cargos e patentes que identificam as vozes destes relatos. O Congresso norte-americano, assim como o brasileiro, é uma legislatura bicameral, com uma câmara baixa, a House of Representatives (Câmara dos Deputados), e o Senate, ou Senado, a câmara alta. Como os sistemas políticos são diferentes, poderíamos ter optado por usar a nomenclatura do inglês traduzida, mas acreditamos que isso criaria um ruído na experiência da leitura — um momento de hesitação em que o leitor tenta estabelecer essa equivalência por conta própria. Assim, escolhemos criar uma equivalência artificial com o sistema político brasileiro. Os *representatives* se tornaram deputados, e os *senators*, senadores.

As diferenças entre as legislaturas estaduais dos Estados Unidos e do Brasil são ainda mais marcadas. Enquanto no Brasil temos uma Assembleia Legislativa unicameral, lá a legislatura é bicameral em todos os estados, exceto no Nebraska, e a nomenclatura muda de acordo com as preferências regionais. Optamos por "senador estadual" para *state senator*, nomenclatura que já vinha sendo usada por diversos órgãos da imprensa brasileira.

Algumas instituições e cargos sui generis — como os "pajens" da Câmara — foram elucidados em notas de tradução. Entretanto, no caso de instituições que conhecemos bem de outros produtos culturais, como CIA e FBI, notas e equivalências nos pareceram dispensáveis.

Gostaríamos de reforçar que essas aproximações são artificiais, já que não poderia haver equivalência verdadeira. Nossa escolha foi guiada pela vontade de nos aproximar dessas vozes, torná-las mais íntimas e evitar uma enormidade de notas de tradução e explicações que, acreditamos, abafariam a urgência e a vulnerabilidade destes relatos.

1.
A bordo da Estação Espacial Internacional

No dia 12 de agosto de 2001, o astronauta da Nasa Frank Culbertson chegou à Estação Espacial Internacional a bordo do ônibus espacial Discovery. *Ele passaria 125 dias na estação espacial, vivendo e trabalhando. Em 11 de setembro de 2001, era o único norte-americano que estava longe do planeta Terra.*[1]

Capitão Frank Culbertson, astronauta, Nasa: No dia 11 de setembro de 2001, eu contatei a base,[2] e meu médico, Steve Hart, entrou na linha. Eu disse: "E aí, Steve, como vão as coisas?". Ele respondeu: "Bem, Frank, nosso dia aqui na Terra não está muito bom". Começou a descrever o que estava acontecendo em Nova York — os aviões que tinham atingido o World Trade Center, o outro que voara contra o Pentágono. "Acabamos de perder outro avião na Pensilvânia", disse. "Não sabemos o que está acontecendo e nem onde."

Olhei para o notebook que mostrava nosso mapa do mundo e vi que estávamos entrando no Sul do Canadá. Dentro de um minuto estaríamos bem em cima da Nova Inglaterra. Às pressas, encontrei uma câmera de vídeo e uma janela virada para a direção certa.

A cerca de 640 quilômetros de distância, eu conseguia ver Nova York nitidamente. O clima estava impecável nos Estados Unidos naquele dia, e a única atividade visível era a grande coluna de fumaça preta que saía de Nova York e avançava sobre Long Island e o Atlântico. Quando dei um zoom na câmera, vi uma enorme bolha cinzenta que envolvia basicamente todo o sul de Manhattan. Eu estava vendo a queda da segunda torre. Imaginei que dezenas de milhares de pessoas estavam sendo mortas ou feridas. Foi horrível ver meu país sendo atacado.

Tínhamos noventa minutos para deixar tudo pronto antes de passarmos de novo sobre os Estados Unidos. Preparamos todas as câmeras que pudemos. Eu disse: "Gente, vamos fotografar tudo o que der para enxergar quando sobrevoarmos os Estados Unidos". Uma hora e meia mais tarde, cruzamos Chicago. Eu procurava indícios de novos ataques por todos os lados. Conseguia enxergar até Houston. Minutos depois, passamos por Washington e diretamente sobre o Pentágono. Olhando para baixo em linha reta, pude ver o talho na lateral do prédio. Via as luzes dos veículos de resgate, a fumaça dos incêndios. Olhando para o norte, conseguia ver claramente Nova York e a coluna de fumaça.

A cada órbita, tentávamos entender melhor o que estava acontecendo. Uma das consequências mais surpreendentes é que depois de uma ou duas voltas, os rastros dos aviões que normalmente riscam o céu do país inteiro haviam desaparecido, já que todas as aeronaves estavam pousadas e ninguém voava no espaço aéreo dos Estados Unidos — à exceção de um único avião que cruzava o centro do país rumo a Washington. Era o *Air Force One** levando o presidente Bush de volta à capital.

---

* Avião presidencial dos Estados Unidos. [N.T.]

2.
10 de setembro

"Dias bons e dias ruins."

A segunda-feira 10 de setembro começou em Nova York com a reinauguração de um quartel de bombeiros no Bronx, sede da equipe 73, de combate a incêndios, e da equipe 42, de resgate. O prefeito Rudolph "Rudy" Giuliani, o comandante--geral Thomas Von Essen e o comandante do Corpo de Bombeiros Pete Ganci ouviam o capelão do Corpo de Bombeiros de Nova York (CBNY), Mychal Judge, dedicar uma homilia ao quartel reformado.

Mychal Judge, capelão, CBNY: Dias bons e dias ruins. Dias animados. Dias para baixo. Dias tristes. Dias felizes. Só não há dias monótonos neste trabalho. Você cumpre a missão que Deus lhe deu. Vai trabalhar. Levanta e anda. Pega o equipamento, vai e faz sua parte. Que é um mistério. E uma surpresa. Quando você pega o equipamento, não faz ideia do que virá. Não importa se a missão é grande ou pequena. Você não faz ideia da missão que Deus reservou a você. Mas Ele precisa de você. Ele precisa de mim. Ele precisa de todos nós.

No país, a segunda-feira foi um dia útil comum, de início de outono, a primeira semana sem feriados depois do Dia do Trabalho*. Em muitas localidades era o primeiro dia letivo depois da estagnação do agosto veranil. Repórteres e âncoras voltavam às suas mesas, assim como o governo e as empresas, numa retomada da vida urbana. Muitos previam que a estação ia começar devagar.

Tom Brokaw, âncora do telejornal *NBC News*: Eu tinha passado a maior parte do verão de folga. Um amigo me ligou para me perguntar como estava sendo a volta ao trabalho. Respondi: "Estou ótimo, mas não tem notícia nenhuma. Assim fica difícil pegar no tranco". Parecia que não seria um

---

* O feriado havia caído no dia 3 de setembro, a segunda-feira anterior. [N.T.]

outono muito instigante. A reforma da Previdência era o assunto do dia. A economia estava na descendente.[1]

Mary Matalin, assessora do vice-presidente Dick Cheney: Havia um clima de "volta às aulas". Estávamos com problemas econômicos, à beira de uma recessão.

Matthew Waxman, Conselho de Segurança Nacional, Casa Branca: Era uma administração interessada na política das grandes potências. Muitos esforços se voltavam para o controle de armamentos Estados Unidos/Rússia e para questões de relacionamento estratégico, de como lidar com o crescimento da China. Essas eram as grandes questões. Duas possíveis crises regionais que nos preocupavam naquela semana eram Burundi e Macedônia.

Monica O'Leary, Cantor Fitzgerald, Torre Norte, 105º andar: No 10 de setembro, à tarde — chutaria que por volta das duas —, fui demitida. Não sei exatamente que horas foi, mas pensei com meus botões: *Ah, vai dar para chegar em casa a tempo de assistir a* General Hospital. Quando fui demitida, estava no 105º andar. Fiquei chateada, chorei. Por fim, quando me acalmei, a moça do RH me deu uma escolha: "Você quer voltar para sua mesa e pegar suas coisas ou quer ir logo para casa?". Eu disse: "Ah, não, não, não. Quero me despedir de todo mundo". Dei uma volta e comecei a me despedir de todo mundo, dando beijos. Todos foram maravilhosos. Tinha um cara, o Joe Sacerdote, que ficou em pé na fileira do fundo e gritou: "Pior para eles, Monica!".

Lyzbeth Glick, esposa de Jeremy Glick, passageiro do voo 93 da United Airlines: Eu estava em licença-maternidade[2] de meu trabalho como professora em Berkley, uma faculdade de administração de empresas em Nova York. Na manhã de segunda-feira, 10 de setembro, Jeremy me ajudou a botar as malas no carro — ele ia para a Califórnia a trabalho e eu pegaria um voo naquela noite. Moramos em Hewitt, Nova Jersey, e eu ficaria na casa dos meus pais, nas montanhas de Catskill, enquanto ele estivesse fora. Ele botou minhas coisas no carro e foi para uma reunião em Newark. Por volta das cinco da tarde, ele me ligou e disse que havia acontecido um incêndio no aeroporto de Newark e que ele não estava a fim de chegar na Califórnia às duas da manhã. Resolveu voltar para casa, dormir direito e pegar o primeiro voo da manhã de terça-feira.

De maio a outubro de 2001, Vanessa Lawrence e Monika Bravo estavam entre os quinze artistas que participaram de uma residência no 91º e no 92º andares da Torre Norte, como parte do programa Studio Scape, *do Conselho Cultural do Baixo Manhattan. Ambas se sentiam inspiradas pelas torres e já haviam começado a incorporá-las a seu trabalho artístico.*

Vanessa Lawrence, artista, Torre Norte, 91º andar: Como eu estava morando em um porão, onde só conseguia ver os pés das pessoas, achei que seria incrível pintar a partir de um ponto de vista tão alto, observando diferentes padrões de clima e as mudanças do céu e da luz.

Monika Bravo, artista, Torre Norte, 91º andar: Eu me inscrevi na residência porque queria filmar. Tinha uma imagem na cabeça — as Torres Gêmeas lá no alto e, abaixo delas, apenas nuvens. O que eu mais sentia falta da minha Colômbia natal eram das nuvens e das montanhas. Lá o tempo é sempre muito nublado. Para mim, nuvens são como estar em casa.

Vanessa Lawrence: Eu adorava aquele *skyline*. Todo dia, quando chegava, via algo de especial. E depois, à noite, ver tudo se acender, as luzes. Era uma paisagem realmente especial.

Monika Bravo: Naquele verão, avisei todo mundo: "Se você enxergar alguma coisa vindo, alguma tempestade, me avise. Estarei sempre com a câmera a postos". Na tarde de 10 de setembro, por volta de 2h55, a tal tempestade desabou.

Vanessa Lawrence: Corri para pegar meu estojo de aquarela quando vi a tempestade chegando. Era incrível vê-la lá longe, depois do Brooklyn, no horizonte. Lembro de ficar assistindo a uma nuvem negra descer em direção ao solo, com aquelas cores todas e tal. Foi uma das pinturas que fiz de que mais gosto.

Monika Bravo: Comecei a filmar. A tempestade vinha do sul de Nova Jersey, passando pela ponte Verrazano, pela Estátua da Liberdade. Vemos as nuvens se movendo rápido, e há um momento realmente incrível no filme. Vemos uma gota bater na janela, e um segundo depois, muitas gotas batendo na janela. A tempestade chegou. Ela está com você.

Vanessa Lawrence: Assisti-la chegando, chegando, chegando e então — o nada. Estávamos no meio da chuva e das nuvens.

Monika Bravo: O vídeo é um registro dos últimos remanescentes, da última noite dessas torres antes de elas deixarem de existir, com tudo e com todos que estavam lá dentro. Você vê as pessoas entrando na Torre Sul, trabalhando. Você vê as pessoas vivas. Você vê os barcos partindo. Você vê o Brooklyn se acender. O movimento nas pontes. Está tudo vivo. Você vê a vida da cidade — na última noite em que foi possível observá-la daquele ponto de vista.

Filmei horas e horas, até umas 21h, 21h30, talvez. A tempestade foi longa, durou a tarde inteira. Filmei em lugares diferentes, em *time lapse*, em câmera lenta. Estava lindo. Então, lá pelas tantas, meu celular tocou. Eu era casada na época e a pessoa me ligou: "Você não vem para casa?". Respondi: "Ah não, tem uma tempestade de raios, está bonito". Disse a ele: "Por que você não vem para cá? Podia me trazer uns cigarros". Ele respondeu: "Não, não vou te levar nada. Vem para casa você". Aí eu falei: "Tudo bem, tudo bem". Então, tirei a fita da câmera. Deixei meu computador lá, porque chovia muito. Fiquei procurando um lugar para guardá-lo e achei um arquivo velho de madeira. Lembro de pensar: *Será que é seguro?* E, em seguida: *É o World Trade Center. Nunca vai acontecer nada com este prédio.*

3.
Começa a terça-feira

"Um dia tranquilo."

No mundo inteiro, o 11 de Setembro começou como outro dia de semana qualquer. O Congresso estava reabrindo depois do recesso de verão. Em Herndon, Virgínia, no centro de comando nacional da Administração Federal de Aviação (AFA), Ben Sliney se preparava para seu primeiro dia no comando do espaço aéreo norte-americano. Lá perto, em Langley, na Virgínia, Gina Haspel começava seu primeiro dia no centro de contraterrorismo da CIA. Em Washington, o diretor do FBI, Robert Mueller — que assumira o cargo apenas uma semana antes, no dia 4 de setembro —, tinha uma reunião agendada às oito horas para se inteirar dos avanços da investigação sobre um grupo terrorista conhecido como Al-Qaeda, e seu ataque ao USS Cole no outono anterior. Longe da costa americana, o capitão do porta-aviões USS Enterprise, da Marinha dos Estados Unidos, encerrava um longo período de serviço garantindo a restrição do espaço aéreo iraquiano e estava ansioso para voltar para casa.

Em Nova York, era dia de eleições primárias; os nova-iorquinos escolheriam os candidatos que ambicionavam substituir o homem que administrava a cidade havia oito anos, Rudy Giuliani. Milhões de moradores, operários, estudantes e funcionários que moravam longe do trabalho acordavam e começavam os preparativos para o dia, vários deles embarcando nos trens, balsas, metrôs e ônibus que os levariam ao sul de Manhattan. O diretor de educação contra incêndios do Corpo de Bombeiros estava especialmente empolgado naquela terça-feira: faria o lançamento de um novo brinquedo, o boneco de um bombeiro de Nova York, e tinha escolhido o dia a dedo. A data, afinal, parecia perfeita para os bombeiros: 9-1-1.*

Tenente Joseph Torrillo, diretor de educação contra incêndios, CBNY: A Fisher-Price tinha uma linha de brinquedos chamada Rescue Heroes, que as crianças adoravam. Tinha o policial Jake Justice, a salva-vidas Wendy

---

* Nos Estados Unidos, as datas são abreviadas na forma mês/dia. Assim, o que para nós seria 11/9, para eles é 9/11. Por coincidência, 911 é o número usado em Nova York para chamar bombeiros e polícia em caso de emergência. [N.T.]

Waters e o paramédico Perry Medic. Queriam lançar um bombeiro nova-iorquino, que se chamaria Billy Blazes. Eles me dariam um dólar por cada Billy Blazes vendido no mundo, e eu usaria esse dinheiro na minha campanha de conscientização do público. Queriam uma grande coletiva de imprensa para apresentar o novo Rescue Hero ao mundo. Eu estava lá, quebrando a cabeça com os executivos, quando disse: "9-1-1 é o número dos serviços de emergência em Nova York. Por que não organizamos o Dia 9-1-1?". Então, no dia 9 de setembro, às nove da manhã, todas as emissoras de TV da cidade estavam no Rockefeller Center me esperando para a apresentação do novo Rescue Hero.

Herb Ouida, Associação dos World Trade Centers, Torre Norte, 77º andar, pai de Todd Ouida, Cantor Fitzgerald, Torre Norte, 105º andar: Como fazíamos todas as manhãs, meu filho Todd e eu saímos juntos de casa para o trabalho, porque Todd estava trabalhando na Cantor Fitzgerald, no World Trade Center. Quando chegamos na altura de Hoboken, eu disse a ele: "Por que você não pega a balsa comigo? Está um dia tão bonito". Ele disse: "Não, pai, está frio demais". Eu disse: "Bom dia para você, querido". Foram as últimas palavras que eu disse ao Todd.

Richard Eichen, consultor, Pass Consulting Group, Torre Norte, 90º andar: Eu pegava o trem para o Trade Center todos os dias. Fui sentado ao lado de um amigo — que era do mesmo clube de golfe que eu — e ficamos falando de como a comida de lá era ruim. Era essa minha grande preocupação naquele dia.

Ted Olson, advogado-geral, Departamento de Justiça dos Estados Unidos: Minha esposa, Barbara, viajaria na segunda-feira, e meu aniversário era na terça. Ela decidiu não ir na segunda. Não queria estar longe na manhã do meu aniversário. Queria estar lá quando eu acordasse. Saí para trabalhar muito cedo, antes das seis, e ela foi para o aeroporto pouco depois. Falamos antes de ela embarcar. O avião sairia às 8h10. Sempre nos telefonávamos muito ao longo do dia, às vezes rapidamente. Ela me ligou às 7h30 ou 7h40, antes de entrar no avião.[1]

Rosemary Dillard, gerente de base, American Airlines: Meu marido, Eddie, acabara de comprar um imóvel em Los Angeles e estava indo para lá colocar a casa em ordem para poder alugá-la ou vendê-la. Fomos para Dulles porque o voo 77 era direto para Los Angeles. Fomos rindo pelo caminho. Lembro que ele saiu do carro e me disse: "Põe gasolina antes de ir para o trabalho". E me deu um beijo. Minhas últimas palavras para ele foram: "Esteja em casa na quinta".

Laura Bush, primeira-dama: Eu tinha passado a maior parte da manhã revisando a apresentação que faria no Comitê de Educação do Senado. Eu falaria dos resultados de um encontro sobre educação infantil do qual participara no começo do verão. O George já era presidente havia nove meses, e eu estava começando a me ajustar ao papel de primeira-dama.[2]

Ada Dolch, diretora da escola de ensino médio Leadership and Public Service, Nova York: Era o dia das primárias, e nosso prédio seria usado como sessão eleitoral pela primeira vez.

Fernando Ferrer, presidente do distrito do Bronx e candidato à prefeitura de Nova York: A campanha das primárias foi dura. Eu e minha esposa fomos votar. Estava tudo organizado, e nossas pesquisas de boca de urna me davam motivos para ficar de ótimo humor.

Sunny Mindel, assessora de comunicação do prefeito de Nova York, Rudy Giuliani: Estava achando que teria um dia fácil em 11 de setembro.

William Jimeno, policial, Departamento de Polícia da Autoridade Portuária (DPAP): Lembro que acordei e tomei uma decisão. Adoro caçar com arco e flecha — gosto de caçar veados —, e o tempo prometia ser ótimo. Podia tirar um "Dia P", que é como chamamos uma folga por motivos pessoais na Autoridade Portuária. Mas disse: "Não, vou deixar para outro dia".

A tempestade de 10 de setembro, que varreu o Nordeste do país, marcando a chegada de uma forte frente fria, deixou para trás uma crista de alta pressão de ar seco do Canadá que gerou um fenômeno meteorológico singular — e memorável — conhecido como "severe clear" (literalmente, claridade severa), um céu limpo que criaria uma impressão indelével naqueles que testemunharam os acontecimentos das horas seguintes.

Ben Sliney, gerente nacional de operações, Centro de Comando da Administração Federal de Aviação, Herndon, Virgínia: Era o meu primeiro dia como gerente nacional de operações. Quando acordei de manhã, olhei o Weather Channel e vi que toda a Costa Leste estaria completamente límpida; previ que meu primeiro dia seria ótimo.[3]

Melinda Murphy, repórter de trânsito, WPIX TV: Ficava no helicóptero das sete às nove da manhã para fazer o jornal matutino. Eram catorze boletins — até hoje sou conhecida como "Garota do Helicóptero". O nascer do sol daquele dia foi incrível. Chegamos a comentar que as torres do World Trade Center estavam deslumbrantes, refletindo aquele amanhecer vermelho — era um reflexo carmim, deslumbrante, nunca visto.

Vanessa Lawrence, artista, Torre Norte, 91º andar: Eu estava chegando no World Trade Center às seis horas. O sol tinha começado a levantar. Lembro que foi um amanhecer lindo. Quando entrei, dava para ver o vermelho aparecendo nas janelas.

Katie Couric, âncora, *The Today Show*: Era um dia perfeito, com um leve ar de outono. Era um daqueles dias de setembro com clima de volta às aulas, cheios de possibilidades; de certa maneira, um recomeço.

Bruno Dellinger, consultor, Quint Amasis North America, Torre Norte, 47º andar: O céu estava tão limpo. O ar estava tão fresco. Estava tudo perfeito.

Capitão Jay Jonas, equipe de resgate 6, CBNY: Parecia que tinham esfregado o ar, de tão limpo.

Richard Paden, policial, Divisão Aérea, Polícia Estadual da Pensilvânia: Uma manhã de clima muito agradável. Estava tudo *Clear Blue and 22*,* como dizem os pilotos quando o céu está azul e totalmente sem nuvens.

Tenente-coronel Tim Duffy, piloto de F-15, Base Aérea de Otis, Cape Cod, Massachusetts: Um dos dias mais bonitos em que já voei — não havia uma nuvem no céu, literalmente, e a visibilidade devia estar acima de 160 quilômetros. O céu estava translúcido.[4]

Senador Tom Daschle (D-Dakota do Sul), líder da maioria no Senado: Um dos dias mais bonitos do ano.

---

* O termo se refere a uma visibilidade de 22 milhas. No Brasil se diria "céu de brigadeiro". [N.T.]

Jeannine Ali, controladora, Morgan Stanley, Torre Sul, 45º andar: Nunca mais se viu um céu azul tão brilhante quanto naquele dia.

Hillary Howard, apresentadora da previsão do tempo, WUSA-TV: O céu era de um azul extraordinário.

Tenente Jim Daly, Departamento de Polícia do condado de Arlington, Virgínia: Um azul deslumbrante.

Joyce Dunn, professora, escola do distrito de Shanksville-Stonycreek: Tão azul.

Brian Gunderson, chefe de gabinete de Richard Armey (R-Texas), líder da maioria da Câmara: Um azul profundo.

Michael Lomonaco, chefe de cozinha, Windows on the World, Torre Norte, 106º andar: Um azul muito, muito profundo.

Eve Butler-Gee, secretária, Câmara dos Deputados dos Estados Unidos: Azul-cobalto.

Katie Couric: Azul-cerúleo.

Mike Tuohey, atendente de check-in, aeroporto internacional de Portland, Maine: O mais azul dos azuis.[5]

Julia Rogers, pajem da Câmara dos Deputados:* Um desses dias que você queria poder guardar em uma garrafa.

O presidente George W. Bush começou a sua manhã em Sarasota, na Flórida, onde faria uma leitura para alunos de uma escola fundamental como parte de

---

* O Page Program ("programa pajem") empregava estudantes do ensino médio para realizar tarefas administrativas simples na Câmara e no Senado. A Câmara interrompeu o programa em 2011; o do Senado continua. [N. T.]

seu esforço para aprovar a legislação conhecida como No Child Left Behind.* *Seu governo ainda estava encontrando o rumo depois de um período de transição turbulento, encurtado pela penosa recontagem no processo* Bush v. Gore *e a controversa decisão da Suprema Corte que o declarou vencedor da eleição de 2000 — decisão que, em setembro de 2001, muitos ainda contestavam.*

Gordon Johndroe, secretário assistente de imprensa, Casa Branca: O dia começou bem normal — o presidente saiu para correr, e eu levei uma comitiva de imprensa para acompanhá-lo. Lembro que fui picado por uma abelha e perguntei ao dr. [Richard] Tubb [médico da Casa Branca] se ele poderia me dar algo para melhorar o inchaço. Ele disse: "Claro, te dou alguma coisa assim que entrarmos no avião".

Sonya Ross, repórter, Associated Press: Foi uma viagem de cobertura bem comum. Não envolvia a equipe principal e, dos jornalistas mais cotados, vários nem apareceram. Era uma matéria para a segunda divisão.

Mike Morell, assessor do presidente, CIA (Agência Central de Inteligência): Entrei na suíte do presidente para apresentar os relatórios de inteligência matinais; ele estava cercado de bandejas de café da manhã, e não tinha tocado em nada. A segunda intifada já estava acontecendo, e os relatórios ficavam muito em cima da questão Israel-Palestina. Não havia nada sobre terrorismo no relatório daquele dia. Era bem rotineiro.

Andy Card, chefe de gabinete da Casa Branca: O presidente estava de ótimo humor, com aquele pique tipo George W. Bush.

B. Alexander "Sandy" Kress, assessor sênior de educação, Casa Branca: Aqueles seriam provavelmente os últimos momentos de descontração de seu mandato.

Andy Card: Eu me lembro de dizer a ele, literalmente: "Deve ser um dia tranquilo". Usei essas palavras. "Deve ser um dia tranquilo."

---

* A lei estabeleceria uma reforma no sistema de educação, ampliando o poder do governo federal de cobrar resultados das escolas. [N. T.]

4.
Fazendo o check-in

"Você vai perder seu voo."

Quando o dia começava nos Estados Unidos, dois homens chegaram ao aeroporto de Portland, Maine, para pegar uma conexão matutina para Boston. Fizeram o check-in às 5h43. Ao longo da manhã, dezessete homens fizeram check-in em Boston e no Aeroporto Internacional Washington Dulles, em Washington. Alguns foram escolhidos para passar por um procedimento de segurança adicional ou tiveram sua bagagem revistada, mas ninguém prestou muita atenção às facas que traziam — na época, elas eram permitidas pelas normas de segurança vigentes. Os homens embarcaram em voos que cruzariam o país, escolhidos a dedo, fazendo de alvo quatro aviões entre os quase 40 mil voos domésticos programados para aquela terça-feira.

Mike Tuohey, atendente de check-in, aeroporto de Portland: Todo mundo estava de bom humor, o dia estava lindo, tudo funcionando perfeitamente.[1]

Vaughn Allex, atendente de check-in, aeroporto Dulles: Dois caras entraram correndo pela porta da frente olhando em volta, sem saber para onde ir.[2]

Mike Tuohey: Vi esses dois sujeitos lá parados, olhando em volta. Vi as passagens e disse: "Uau, bilhetes de primeira classe". Você quase não vê mais essas passagens de 2400 dólares. Faltavam menos de trinta minutos para o voo. O homem mais novo estava em pé, à direita. Fiz as perguntas: "Alguém lhe deu alguma coisa para levar no avião, suas bagagens ficaram desassistidas desde que você fez as malas?". E ele só sacudia a cabeça, sorrindo para mim. Parecia tudo bem.[3]

Vaughn Allex: Tínhamos acabado de fechar o check-in da manhã. O balcão estava vazio. Eu disse para o outro atendente: "Tem passageiros atrasados, mas acho que ainda dá para embarcá-los".[4]

Mike Tuohey: Eu disse: "Sr. Atta, se não for agora, vai perder o seu voo".[5]

5.
Oito da manhã em Nova York

"Uma sensação muito alegre."

O World Trade Center tinha os prédios mais altos do skyline *de Nova York. Foi um ícone no horizonte da cidade por quase quarenta anos. Projetando-se para o céu, com uma altura de mais de 396 metros, os prédios gêmeos de 110 andares — a Torre Norte, conhecida como World Trade Um, e a Torre Sul, conhecida como World Trade Dois — ancoravam um complexo de mais de seis hectares, com sete prédios, no coração do setor financeiro, no sul de Manhattan. Encaixado entre eles, ficava o número 3 do World Trade Center, que abrigava um hotel Marriott de 22 andares. Quatro outros prédios cercavam o local: o World Trade Quatro, de nove andares, ocupado essencialmente pelo Deutsche Bank; o World Trade Cinco, outro prédio comercial de nove andares; o World Trade Seis, de oito andares, ocupado pela alfândega dos Estados Unidos em Nova York e outras agências governamentais; e o World Trade Sete, edifício de 47 andares que incluía a Secretaria de Gerenciamento de Emergências de Nova York. Abaixo do complexo havia um* shopping center *com restaurantes e aproximadamente oitenta lojas.*

A área do World Trade Center era de propriedade da Autoridade Portuária de Nova York e Nova Jersey, agência do governo criada em 1921 e que também supervisiona os aeroportos de Nova York — LaGuardia, Kennedy e Newark —, o Terminal Rodoviário da Autoridade Portuária de Nova York e o sistema de trens PATH, assim como os túneis e pontes entre os dois estados. Ela tem seu próprio Departamento de Polícia da Autoridade Portuária (DPAP), que em 2001 contava com 1331 agentes, todos com preparo para combate a incêndios. Em julho de 2001, o magnata imobiliário Larry Silverstein arrendara os prédios Um, Dois, Quatro e Cinco do World Trade Center.

No início da manhã da terça-feira, 11 de setembro de 2001, as 50 mil pessoas que trabalhavam no World Trade Center começaram a chegar. Cada andar das torres Norte e Sul tinha 4 mil metros quadrados de escritórios. Em um dia normal, 70 mil visitantes, em média, passavam por lá para fazer reuniões ou compras, comer no restaurante Windows on the World, no topo da Torre Norte, ou contemplar a vista dos mirantes públicos, no alto da Torre Sul. Para todos, aquela era uma manhã como outra qualquer.

Dan Potter, equipe de resgate 10, CBNY: Minha esposa trabalhava no World Trade Um. Ela tinha reuniões de negócios com outros chefes no 81º andar. Eu fiz uma omelete de aspargos de café da manhã para ela, e ela seguiu para o trabalho a pé.

Jean Potter, Bank of America, Torre Norte, 81º andar: Todos os dias, quando saía de casa, eu repetia para ele a última fala do filme *The Story of Christ*: "Lembre-se apenas de que Jesus disse: 'Estou sempre com você'". Era assim que eu me despedia dele de manhã, antes de ir para o trabalho.

Dan Potter: Depois disso, meu dia começava. Estava estudando para a prova de um concurso para tenente em outubro. Atravessei o Trade Center a pé — minha caminhonete estava estacionada no subsolo do World Trade Center Dois. Tínhamos vagas, reservadas para bombeiros da Casa 10 [a estação-sede da equipe de resgate 10].

Jared Kotz, Risk Waters Group: Eu era funcionário do Risk Waters Group, que faria uma conferência de tecnologia no Windows on the World no dia 11 de setembro. Naquela manhã, minha tarefa era garantir que todas as nossas publicações fossem descarregadas e arrumadas nos mostruários.

William Jimeno, policial, Departamento de Polícia da Autoridade Portuária (DPAP): Era um dia normal, rotineiro. Tomamos um café e fui para o meu posto. Lembro de estar parado, olhando para a entrada do terminal rodoviário na esquina da rua 42 com a Oitava Avenida, um lugar que chamávamos de "o Rush". O Rush é onde todo mundo que é de Nova Jersey, Connecticut e outras partes de Nova York pega o ônibus. É um fluxo constante de milhares de pessoas chegando ao centro de Manhattan.

Michael Lomonaco, chefe de cozinha, Windows on the World, Torre Norte, 106º andar: Meu horário normal era de 8h30 até 22h, 22h30. Naquela manhã, eu e minha esposa acordamos um pouco mais cedo para votar nas primárias. Não tinha ninguém nas urnas. Estava tranquilo.

Meus óculos de leitura tinham quebrado. Quando cheguei à rua em frente à Torre Dois, pensei: *Nossa, está muito cedo. Não são nem 8h15. Acho que consigo ser atendido por um optometrista e aí posso pegar os óculos ainda essa tarde.* Fiz um desvio pelo andar do saguão do Trade Center e fui direto para a ótica LensCrafters. Em um minuto, estava no balcão, pedindo: "Preciso de lentes novas para os meus óculos".

Judith Wein, vice-presidente sênior, Aon, Torre Sul, 103º andar: Eu e meu marido saltamos do ônibus assim que ele chegou na Pearl com a Frankford. Subíamos o quarteirão, seguindo a descida da ponte do Brooklyn e, na altura do City Hall Park, nos despedíamos. Ele ia para o escritório dele e eu descia até o Trade Center. O tempo estava tão agradável que dava uma sensação de alegria. Eu me virei e sorri para ele. Depois ele contou que isso não saía da cabeça dele, porque ele passou horas sem saber se eu estava viva.

Vanessa Lawrence, artista, Torre Norte, 91º andar: Eu estava hesitando em ligar para minha amiga Amelia, que tinha ficado de visitar meu ateliê. Mas pensei: *Preciso de um intervalo*. Por volta das 8h30, desci. Você tinha que descer de elevador e passar por uma porta para usar o orelhão. Liguei para ela. Fui tomar um suco. Na volta, um segurança começou a puxar conversa: "E aí, como vai?". Respondi: "Tudo certo". Estava ansiosa para subir e pintar. Então foi tipo "Tenho que ir", entrei no elevador e subi.

Richard Eichen, consultor, Pass Consulting Group, Torre Norte, 90º andar: Tínhamos que pegar o elevador e subir até o 78º andar, o *sky lobby*. De lá, andávamos até outro conjunto de elevadores para subir até o 90º andar. O elevador que ia até o 77º era tão rápido que dava para sentir a subida, e o ouvido estalava.

David Kravette, corretor de valores, Cantor Fitzgerald, Torre Norte: Nossos escritórios ficavam no 105º andar. Levávamos de cinco a dez minutos só para subir, em duas viagens de elevador. Mas quando você chegava lá no alto, a vista era espetacular. Dava para ver o mundo.

Jared Kotz: Quando cheguei ao 106º andar, alguns colegas me cumprimentaram. Paul Bristow veio na minha direção e disse: "Jared, cheguei mais cedo. Vi as revistas, tirei-as das caixas e botei naqueles mostruários. Era isso que você queria?". Eu disse: "Sim, ótimo! Muito obrigado, Paul". Se ele não tivesse chegado mais cedo e arrumado as revistas, eu provavelmente estaria lá quando o avião bateu. Percebi que faltava uma das nossas publicações nas coisas que havíamos recebido. Eu me ofereci para voltar ao nosso escritório e pegar algumas cópias. Eu me despedi de todo mundo, pensando que os veria de novo em uma hora ou menos. Peguei o elevador, que parou no andar logo abaixo do Windows on the World. Era o escritório da Cantor Fitzgerald. Um senhor entrou no elevador e outro ficou parado no corredor, discutindo algo com ele. Jamais esquecerei seu rosto.

Dan Potter: Fui dirigindo para Staten Island. Eu lembro de entrar no American Legion Hall.* Você pegava seu material para a prova de tenente e se sentava em uma mesa. Tinha uma hora para responder umas cinquenta questões.

David Kravette: Eu tinha uma reunião às oito, mas os participantes estavam atrasados. Às 8h40, recebo uma ligação do lobby. "Seus convidados estão aqui." Um dos caras tinha vindo sem carteira, sem documento nenhum. Alguém precisava descer para autorizar a entrada. Havia uma garota que se sentava atrás de mim, uma secretária, que era muito prestativa, mas ela estava grávida de oito meses e meio. Pensei comigo mesmo: *Não vou fazê-la ir lá embaixo*. Então desci eu mesmo. Quando vi meu cliente, perguntei: "Quem foi o pateta que esqueceu os documentos?".

Joseph Lott faria uma palestra na conferência da Risk Waters no Windows on the World. Ele passou a noite do dia 10 no Hotel Marriott entre as duas torres, conhecido como World Trade Center Três.

Joseph Lott, representante de vendas, Compac Computers: A camisa que eu vestiria — uma camisa branca — tinha amassado na mala, então pus uma verde. Desci para o café da manhã. Encontrei Eliane Greenberg. Sentamos, tomamos café e repassamos algumas mudanças nos slides. Ela contou que tinha passado as férias em uma casa de veraneio em Massachusetts e que, quando estava lá, tinha visto uma gravata e comprado para mim. A gravata era espetacular. Eu disse: "Quanta gentileza! Acho que vou usá-la". Ela disse: "Bem, mas não com essa camisa. Você não vai pôr uma gravata vermelha e azul com uma camisa verde". Quando saíamos do restaurante do Marriott, eu disse: "Vou voltar e botar a camisa branca. Ela vai ficar melhor com essa gravata. Pode ir na frente". Armei a tábua de passar roupa e

---

* Um salão para eventos. [N. T.]

desamassei a camisa branca. Vesti com a gravata nova. Enquanto esperava pelo elevador no sétimo andar para descer para o lobby, senti um súbito movimento do prédio.

Jared Kotz: Entrei no escritório e liguei para meus colegas em Londres para avisar que tinha chegado tudo, menos uma caixa. Vi que eram 8h46. Eu lembro de pensar: "Caramba, dá tempo de sobra para voltar a *downtown* antes do evento". Estava conversando com um de meus colegas em Londres quando ouvi o avião passar.

6.
Os sequestros

"Estamos com alguns aviões."

O drama do 11 de Setembro não começou em Nova York, mas no céu de Massachusetts. Naquela manhã, 92 pessoas — onze tripulantes e 81 passageiros — embarcaram no voo 11 da American Airlines, que deveria voar sem escalas do Aeroporto Logan, de Boston, ao aeroporto internacional de Los Angeles. Às 7h59, o piloto, o capitão John Ogonowski, acelerou na pista do Logan e alçou o Boeing 767 aos céus. Entre os passageiros havia cinco homens determinados a garantir que o voo 11 jamais chegasse a Los Angeles.

Dezesseis minutos depois, em outra pista do Logan, o capitão Victor Saracini também acelerou seu avião, outro Boeing 767, o voo 175 da United Airlines, que voaria sem escalas até Los Angeles. Ele e seu copiloto, Michael Horrock, levavam uma carga leve aquele dia: apenas 65 pessoas, nove tripulantes e 56 passageiros, incluindo, mais uma vez, cinco sequestradores.

Nos 32 minutos seguintes, ambos os aviões seriam sequestrados e redirecionados para Nova York, causando confusão entre os controladores de tráfego.

8h09

A última transmissão de rotina do voo 11 da American Airlines ocorreu aos dez minutos de voo, apenas.

AA11: Centro de Controle de Boston, bom dia, American 11 falando e passando um-nove-zero para dois-três-zero.

Centro de Boston: American 11, Central Boston, afirmativo, suba, mantenha o nível dois-oito-zero.[1]

8h13

Pouco depois de fazer a última transmissão de rotina, o voo 11 da American Airlines deixou de responder ao controle de tráfego aéreo. Mensagens truncadas no rádio e telefonemas nervosos dos passageiros e tripulação espalharam a notícia da situação dramática nos ares.

Centro de Boston: American 11, vire vinte graus para a direita.
AA11: Virando para a direita, American 11.
Centro de Boston: American 11, suba, mantenha o nível três-cinco-zero.
Centro de Boston: American 11, suba, mantenha o nível três-cinco-zero?
Centro de Boston: American 11, Boston?
Centro de Boston: American um — o American nessa frequência —, está na escuta?
Centro de Boston: American 11, se está ouvindo a Central Boston, identifique-se.

8h19

Vinte minutos depois da decolagem, e apenas alguns minutos depois do sequestro, a comissária de bordo do voo American Airlines 11, Betty Ong, de 45 anos, usou um airfone da AT&T para ligar para a linha de reservas da companhia aérea, e foi atendida por Winston Sadler, agente do Escritório de Reservas Sudeste da American, em Cary, Carolina do Norte. A ligação duraria 25 minutos. Ong optara por pegar o voo 11 naquele dia para encontrar a irmã, com quem planejava uma viagem ao Havaí na semana seguinte.

Betty Ong: Ahn, a cabine não responde. Alguém foi esfaqueado na executiva, e, ahn, acho que usaram spray de pimenta, está difícil respirar. Não sei, acho que estamos sendo sequestrados.
Winston Sadler: Em que voo você está?
Betty Ong: Voo 12.*
Winston Sadler: Em qual assento você está? [*silêncio*] Senhora, você está aí?
Betty Ong: Sim.
Winston Sadler: Em qual assento você está? [*silêncio*] Senhora, qual é seu assento?
Betty Ong: Acabamos de sair de Boston, estamos no ar.
Winston Sadler: Eu sei.

---

* Em pânico, Betty Ong errou o número do voo. [N.A.]

Betty Ong: Devíamos estar indo para L.A. e a cabine não atende o telefone...

Winston Sadler: O.k., mas em qual assento você está sentada? Qual o número do seu assento?

Betty Ong: O.k. Agora estou no assento retrátil. É o 3R.

Winston Sadler: O.k., você é comissária de bordo? Me desculpe, você disse que era comissária de bordo?

Betty Ong: Alô?

Winston Sadler: Alô, qual o seu nome?

Betty Ong: Oi, você precisa falar mais alto. Não consigo te ouvir.

Winston Sadler: Qual o seu nome?

Betty Ong: O.k., meu nome é Betty Ong. Eu sou a número 3 no voo 11.

Winston Sadler: O.k.

Betty Ong: E a cabine não atende o telefone e alguém foi esfaqueado na executiva e tem... Não dá para respirar na classe executiva. Alguém está com spray de pimenta ou algo assim.

Winston Sadler: Você pode descrever a pessoa, você disse que alguém está o que na classe executiva?

Betty Ong: Eu, eu estou sentada na parte de trás. Tem alguém vindo da executiva. Se puder esperar só um segundo, eles estão voltando. [*inaudível*] Alguém sabe quem esfaqueou quem?

Comissário de bordo não identificado: [*inaudível*] Eu não sei, mas a Karen e o Bobby foram esfaqueados.

Betty Ong: [*voltando a Sadler*] Nosso, nosso número 1 [comissário de bordo] foi esfaqueado. Nosso chefe de cabine foi esfaqueado. Ah, ninguém sabe quem esfaqueou quem e a gente não pode nem entrar na executiva agora porque ninguém consegue respirar. O nosso número 1 foi, foi esfaqueado agora. E o nosso número 5. Nosso passageiro de primeira classe que, ah, o comissário de bordo da cozinha da primeira classe e o nosso chefe de cabine foram esfaqueados e não conseguimos chegar à cabine, as portas não abrem. Alô?

Winston Sadler: Sim, estou anotando tudo, todas as informações. Também estamos gravando tudo, como você sabe, claro. Ahn, e agora?

Percebendo a gravidade da situação, Sadler seguiu o protocolo e compartilhou a ligação do voo 11 com a agente de operações Nydia Gonzalez. Os três ficaram na linha juntos.

Nydia Gonzalez: Setor de operações. Qual o número do voo de que estamos falando?
Winston Sadler: Voo 12.
Nydia Gonzalez: Voo 12, o.k.
Betty Ong: Não, estamos no voo 11. Esse é o voo 11.
Winston Sadler: É o voo 11. Desculpe, Nydia.
Betty Ong: De Boston para Los Angeles.
Winston Sadler: Sim.
Betty Ong: [*para Sadler*] Nosso número 1 foi esfaqueado e nosso número 5 foi esfaqueado. [*para os outros passageiros*] Será que alguém consegue chegar à cabine? Alguém consegue chegar à cabine? [*para Sadler*] Não conseguimos nem entrar na cabine. Não sabemos quem está lá.
Winston Sadler: Bem, se forem espertos, eles vão deixar a porta fechada, e...
Betty Ong: O quê?
Winston Sadler: Eles não estariam em cabine estéril?*
Betty Ong: Eu acho que os caras estão lá. Eles podem ter entrado lá, se enfiado lá de alguma forma. Ninguém consegue ligar para a cabine. Não conseguimos nem entrar.

[*Silêncio*]

Betty Ong: Ainda tem alguém aí?
Winston Sadler: Sim, continuamos aqui.
Betty Ong: O.k. Também vou ficar na linha.
Winston Sadler: O.k.

8h21

Enquanto Winston Sadler estava na linha com Betty Ong, Nydia Gonzalez usou outra linha para telefonar ao Centro Operacional da American Airlines, onde conseguiu contatar o gerente Craig Marquis e informá-lo do sequestro. A gravação desse segundo telefonema, com Marquis, não registra a parte de Ong na conversa, quando ela repassou outras informações a Gonzalez.

---

* A Administração Federal de Aviação determina que, durante os procedimentos críticos, abaixo de 3050 metros de altitude, os pilotos não devem conversar com a tripulação sobre assuntos não pertinentes ao voo. O procedimento é conhecido como *sterile cockpit* ou "cabine estéril". [N.T.]

Craig Marquis: Linha de Emergência da American Airlines, por favor descreva a emergência.

Nydia Gonzalez: Ei, aqui é a Nydia da American Airlines, eu estou monitorando uma ligação com o voo 11, a comissária de bordo está alertando os nossos representantes de que o piloto, todo mundo foi esfaqueado.

Craig Marquis: Voo 11?

Nydia Gonzalez: É. O que entendi é que eles não conseguem entrar na cabine...

Craig Marquis: O.k., ahn, suponho que eles tenham declarado emergência, deixa eu falar com eles [Controle de Tráfego Aéreo], aguarde...

Nydia Gonzalez: O.k.

Craig Marquis: A comissária de bordo disse mais alguma coisa?

Nydia Gonzalez: Ah, pelo que eu entendi até agora, a comissária de bordo número 5 foi esfaqueada, mas parece estar respirando. A número 1 foi esfaqueada e parece estar em estado mais grave, está caída no chão, eles não sabem dizer se está consciente. Os outros comissários estão no fundo. Isso é tudo o que sei. Parece que os passageiros da econômica não têm noção do que está acontecendo.

Craig Marquis: Esses dois passageiros eram da primeira classe?

Nydia Gonzalez: [*fala com Ong*] Ei, Betty? Você tem alguma informação sobre a [*inaudível*] dos homens que estão na cabine com os pilotos? Eles eram da primeira classe? [*volta a falar com Marquis*] Eles estavam sentados no 2A e B. Estão na cabine com os pilotos.

Craig Marquis: Quem está ajudando? Tem algum médico a bordo?

Nydia Gonzalez: Tem algum médico a bordo, Betty, que possa ajudar vocês? Não tem nenhum médico a bordo. O.k. Então vocês tiraram todos os passageiros da primeira classe de lá?

Craig Marquis: Tiraram todo mundo da primeira classe?

Nydia Gonzalez: [*para Marquis*] É, ela está dizendo que tiraram. Eles estão na econômica. O que está acontecendo, querida? O.k. A aeronave está instável de novo. Está voando de forma muito instável. Ela realmente disse que todos os passageiros da primeira classe foram levados para a classe econômica, então a cabine da primeira classe está vazia. O que está acontecendo aí, Craig?

Craig Marquis: Contatamos o Controle de Tráfego Aéreo. Eles vão tratar isso como um sequestro confirmado, já estão tirando todo o tráfego do caminho da aeronave.

Nydia Gonzalez: O.k.

Craig Marquis: Ele desligou o transponder, então não temos como precisar a altitude em que está. Eles estão só se baseando... Acham que ele está aparecendo no radar primário. Parece que ele está descendo...

Nydia Gonzalez: O que está acontecendo, Betty? Betty, fala comigo. Betty, você está aí? Betty? [inaudível] Será que perdemos ela? O.k., vamos, tipo, vamos deixar aberto. Acho que talvez tenhamos perdido.

8h24

Em Boston, os controladores de tráfego aéreo receberam o que parecia uma ligação do voo 11, pois o microfone do cockpit havia sido acionado três vezes. Depois eles se dariam conta de que os sequestradores aparentemente haviam tentado usar o comunicador interno para falar aos passageiros a bordo, mas acabaram usando a frequência do controle de tráfego aéreo.

Centro de Boston: É o American 11 tentando ligar para esta linha?

Mohamed Atta, sequestrador: [inaudível] Estamos com alguns aviões. Apenas fique quieto e vai ficar tudo bem. Estamos voltando para o aeroporto.

Centro de Boston: E, hum, quem está tentando ligar? American 11, você está tentando ligar?

Mohamed Atta: Ninguém se mexe, vai ficar tudo bem. Se tentar fazer alguma coisa, vai prejudicar você mesmo e o avião. Apenas fique quieto.

Após a confusa ligação por rádio, os controladores de tráfego aéreo deliberaram para entender o que estava acontecendo. O controle de tráfego de Boston falou com controladores que supervisionavam aviões em outras altitudes, o setor conhecido como Athens 38, e que podiam ter feito contato por rádio com o voo 11.

Controlador de Boston desconhecido: Ei, 38?

Athens Setor 38: Sim.

Controlador de Boston desconhecido: Vocês tiveram algum contato com o American?

Athens Setor 38: Não.

Controlador de Boston desconhecido: O.k., estamos achando que talvez tenha alguém na cabine neste exato momento tomando o controle.

8h33

Mohamed Atta: [*para os passageiros do voo 11*] Ninguém se mexe, por favor. Estamos voltando para o aeroporto. Não tentem fazer nenhuma burrice.

8h33

Controle de Tráfego Aéreo de Cape Cod, Massachusetts: Cape, pode falar.
Dan Bueno: Oi, Cape, ah, aqui é Dan Bueno ligando da Central Boston. Está acontecendo alguma coisa com o American 11, um possível sequestro.
Controle de Tráfego Aéreo de Cape Cod: American 11?
Dan Bueno: Sim, senhor, saindo de Boston e indo para LAX. Está passando agora por Albany. Queria soltar alguns caças para partir imediatamente atrás dele.
Controle de Tráfego Aéreo de Cape Cod: Bem, o.k. Vamos falar com [a Base Aérea de] Otis aqui.

8h34

Nydia Gonzalez para Marquis: Eles acham que pode ter acontecido uma morte no voo. Um dos nossos passageiros, possivelmente no assento 9B, Levin ou Lewis, talvez tenha morrido esfaqueado.

8h37

Ainda sem saber exatamente qual era a situação a bordo do voo American 11, mas entendendo que era grave, a Central Boston da Administração Federal de Aviação alertou a unidade militar Setor Nordeste de Defesa Aérea (SNDA), parte do Comando de Defesa do Aeroespaço Norte-Americano (CDANA). Naquela manhã, o CDANA estava realizando um de seus maiores exercícios anuais de defesa aérea, o que gerou ainda mais confusão, pois zonas militares de todo o país tiveram que distinguir o que era real e o que fazia parte do exercício.

Joseph Cooper, Controle de Tráfego Aéreo, Boston Central: Olá, Boston Central, UGF [Unidade de Gerenciamento de Tráfego], temos, bem, um problema aqui, temos uma aeronave sequestrada indo em direção a Nova...

Nova York, e precisamos que vocês, precisamos que alguém mande alguns F-16, ou outra coisa para lá para nos ajudar aqui.
Sargento Joseph Powell: Isso é vida real ou é um exercício?
Joseph Cooper: Não, não é exercício, não é um teste.

8h38

O Controle de Tráfego Aéreo ligou para o voo 175 da United, que também vinha de Boston e ia para Los Angeles, havia decolado às 8h14 e estava algumas milhas atrás do voo 11 da American Airlines, para alertá-lo do sequestro. A tripulação respondeu normalmente.

Central Nova York: O.k., United 175, ele está na sua frente, agora a cinco, dez milhas.
UA175: Afirmativo, estamos vendo. Ele parece estar a uns 29, 28 mil [pés].
Central Nova York: O.k., obrigado. United 175, [*inaudível*] vire trinta graus para a direita, quero vocês longe dessa linha de tráfego.
UA175: Trinta graus para a direita, United 175, pesado.*

8h40

Logo depois, o SNDA liga para a Base Aérea de Otis em Cape Cod, Massachusetts, e ordena que dois pilotos de caça partam imediatamente para interceptar o voo 11 da American Airlines.

Sargento Jeremy Powell, SNDA, Rome, Nova York: Aqui é Huntress posicionando Panta quatro-cinco, quatro-seis nos postos de combate, repito, postos de combate, um-dois-quatro-um horas [12h41 no horário de Greenwich, 8h41 no horário da Costa Leste]. Hotel Romeo autenticado, todas as partes devem confirmar com as iniciais. Posto de comando.

---

* Regulamentações norte-americanas determinam que os pilotos, quando ainda próximos do aeroporto, devem identificar suas aeronaves como "pesadas" se elas tiverem recebido um peso de decolagem máximo de 136 toneladas ou mais. [N.T.]

8h44

Madeline "Amy" Sweeney, comissária de bordo do voo 11 da American, e que substituía um colega doente no avião sequestrado, ligou para o Escritório de Serviços de Bordo da American Airlines. Falou com o gerente Michael Woodward, que também era seu amigo.

Madeline "Amy" Sweeney, comissária de bordo do voo 11: O avião foi sequestrado. Esse é o voo 11 de Boston para L.A. O avião é um 767. Estou no fundo, com a Betty Ong, uma comissária de bordo da AA. Cortaram a garganta de um homem na classe executiva, que provavelmente está morto. O comissário de bordo 1 foi esfaqueado e o comissário de bordo 5 foi esfaqueado. Tem uma bomba na cabine. Eu não consigo fazer contato com a cabine, será que vocês conseguem? Estamos procurando um médico ou uma enfermeira para os comissários de bordo. Os passageiros da econômica não sabem o que está acontecendo.

Os sequestradores parecem ser do Oriente Médio. Um fala inglês bem, o outro, não.

Estamos em descida acelerada. Tem algo errado. Acho que o capitão não está no comando.

Estou vendo água.

Estou vendo prédios.

Estamos voando baixo.

Estamos voando muito, muito baixo.

Ai, meu Deus.

Estamos voando baixo demais.

7.
Por dentro do controle de tráfego aéreo

"Pequenos riscos no meio da bagunça."

Quando os sequestros começaram na Costa Leste, os controladores civis de tráfego aéreo lutavam na AFA para compreender a ameaça súbita e sem precedentes que surgira para os 4 mil aviões que voavam naquele momento. Enquanto eles corriam para contatar e tentar acionar os caças das bases aéreas de Otis, em Massachusetts, e Langley, na Virgínia, as unidades militares responsáveis pela defesa aérea nacional enfrentavam algo que não imaginavam — um ataque que não vinha de fora dos Estados Unidos, mas de dentro das fronteiras do próprio país. Uma década após o fim da Guerra Fria, descobriam que as ferramentas disponíveis eram esparsas e insuficientes. Foram pegos desprevenidos e improvisaram uma reação.

Depois do contato inicial que o voo 11 da American Airlines fizera com o controlador de voo Peter Zalewski, o primeiro sinal de que havia acontecido algo no ar veio quando os pilotos pararam de responder as chamadas de rádio.

Peter Zalewski, controlador de tráfego aéreo, Centro de Boston, Nashua, New Hampshire: Quando o voo American Airlines 11 veio para mim, o piloto disse: "Centro de Boston, aqui é o American 11, subindo para o nível dois-três-zero".

Liguei para ele muitas, muitas vezes: "American 11, está na escuta? American 11, aqui é o Centro de Boston. Você está me ouvindo?". Liguei uma, duas, muitas vezes, e aí pensei, tipo: *Meu Deus! Vai ver que eles estão tomando um cafezinho com donuts lá em cima.* Sinceramente, foi o que pensei. Então vieram aquelas transmissões. A primeira transmissão da aeronave veio truncada. Não entendi. Aí veio a segunda. Uma voz. Eu lembro de ele dizendo: "Ninguém se mexe, por favor. Vamos voltar para o aeroporto". Nunca vou esquecer o arrepio que senti na espinha. Foi adrenalina, uma coisa assim. Tive medo. Pensei: *Ah, meu Deus! O avião foi sequestrado.*

Colin Scoggins, especialista em espaço aéreo e procedimentos e especialista militar, AFA, Centro de Boston: Cheguei por volta das 8h25 e assim que passei pela porta, veio alguém na minha direção e contou que estava havendo um sequestro. Já tínhamos enfrentado sequestros antes, e em geral eles terminavam sem complicações.

Peter Zalewski: Gritei [para o supervisor]: "John, venha aqui. Esse avião está sendo sequestrado, com certeza". Disse pra ele: "O sotaque é do Oriente Médio, sem dúvida". Já sabia na segunda frase dele — estava acostumado a trabalhar com a Egypt Air, com as empresas aéreas sauditas, turcas, todas. "O sotaque é do Oriente Médio."

Colin Scoggins: Mohamed Atta, o piloto do American 11, o principal terrorista, começou a falar de "mais aviões", que eles estavam com mais aviões. Definitivamente, ele usou o plural. Foi aí que as coisas realmente começaram a engrossar.

Ben Sliney, gerente nacional de operações, Centro de Comando da AFA, Herndon, Virgínia: No 11 de Setembro, eu era o gerente nacional de operações. É um cargo que se exerce a partir da área de Washington e que tem responsabilidade sobre todo o espaço aéreo nacional. Era disso que eu estava encarregado: de que o espaço aéreo nacional funcionasse de forma segura e eficiente.[1]

Coronel Bob Marr, comandante, SNDA, Rome, Nova York: Tinha um monte de gente amontoada em volta de um dos radares.[2] Quando vi isso, pensei: *Com certeza tem alguma coisa errada.*

Major-general Larry Arnold, comandante da Primeira Força Aérea, Comando de Defesa do Aeroespaço Norte-Americano dos Estados Unidos Continental, Base Aérea de Tyndall, Flórida: Tínhamos realizado um grande exercício de defesa aérea naquela manhã, um exercício de posto de comando. Uma equipe apresentava cenários e você tinha que reagir e responder a eles. Quando estávamos concluindo as instruções [sobre o exercício], meu secretário executivo, o tenente-coronel Kelley Duckett, me passou um bilhete. Bob Marr tinha ligado para dizer que estava havendo um sequestro na região central de Boston.

Ben Sliney: Minha experiência com sequestros — e nosso protocolo — me diziam para cooperar.

Tenente-coronel Dawne Deskins, comandante da tripulação da missão, SNDA, Rome, Nova York: Naquela altura, estávamos tratando a situação como um sequestro tradicional, da década de 1970. Não estávamos muito preocupados com a possibilidade de essa aeronave cair.[3]

Major-general Larry Arnold: Eu disse: "Bob, manda uns caças atrás dessa aeronave".

Major Joe McGrady, piloto de F-15, Base Aérea de Otis: Quando emitiram uma ordem de partida imediata para os caças, corri para os nossos jatos.[4] Dei a partida. Percebemos que não tínhamos arma nenhuma. Eles apenas abasteceram os caças. Mesmo no modo "Winchester", que significa sem armas, decolamos.

Tenente-coronel Tim Duffy, piloto de F-15, Base Aérea de Otis, Cape Cod, Massachusetts: Depois que decolamos, fiquei na pós-combustão o tempo todo.[5] Já estávamos em velocidade supersônica perto de Long Island, e meu ala, o "Nasty" [major Dan Nash], me ligou e disse: "Ei, Duff, você está na supersônica", e eu respondi: "É, eu sei, não se preocupe". Eu só queria chegar lá.

Coronel Bob Marr: Na velocidade Mach Um, eles demorariam dezesseis minutos para chegar lá — são dezesseis quilômetros por minuto.[6]

Tenente-coronel Kevin Nasypany, comandante da tripulação da missão, SNDA, Rome, Nova York: Quase ao mesmo tempo, colocamos mais técnicos de vigilância para monitorar os radares.

Primeiro sargento Larry Thornton, SNDA: A área estava tão congestionada que foi terrivelmente difícil encontrar o avião. Ficamos tentando achar risquinhos mínimos no meio da bagunça em um visor bidimensional.[7]

Primeiro sargento Joe McCain, SNDA: Achamos uma trilha que descia pelo vale do rio Hudson, vinda do Norte e indo em direção a Nova York. O avião voava rápido e em um sentido estranho, sem nenhuma referência [transponder]. Acompanhamos essa trilha até ela desaparecer sobre Nova York.[8]

Tenente-general Tom Keck, comandante, Base Aérea de Barksdale, Shreveport, Louisiana: Estávamos no meio de um grande exercício anual chamado Global Guardian. Carregaram todos os bombardeiros, colocaram os submarinos no mar, colocaram os mísseis balísticos intercontinentais a quase 100%. Era rotina, fazíamos isso todo ano. O capitão veio me dizer: "Senhor, uma aeronave acaba de atingir o World Trade Center". Tratei de corrigi-lo: "Quando você vai inserir algo no exercício, você precisa começar dizendo: 'Estou inserindo algo no exercício'. Assim não cria confusão com o mundo real". Aí ele só apontou para as telas de TV no centro de comando. Dava para ver a fumaça jorrando do prédio. Como todo mundo que era da aviação fez naquele dia, pensei: *Como alguém consegue bater no World Trade Center com um céu tão limpo?*

8.
O primeiro avião

"Este vai ser o pior dia da nossa vida."

Às 8h46, o voo 11 da American Airlines zuniu sobre os céus de Manhattan, atravessando a ilha longitudinalmente e surpreendendo os cidadãos antes de se chocar com a Torre Norte, conhecida como World Trade Center Um, a cerca de 748 quilômetros por hora.

William Jimeno, policial, DPAP: Uma sombra passou pela rua 42 com a Oitava Avenida. Por uma fração de segundo, a rua inteira ficou encoberta.

Comandante Joseph Pfeifer, batalhão 1, CBNY: Em Manhattan, é muito raro escutar os aviões, por causa da altura dos prédios. Todo mundo olhou para cima. Quase sem acreditar, vimos o avião passar, voando muito baixo. Nós o seguimos com os olhos quando ele passou por trás dos prédios, e então ele reapareceu. Estava apontado diretamente para o prédio.[1]

Juana Lomi, paramédica, Hospital Beekman Downtown de Nova York: Eu estava do lado de fora do prédio e ouvi um estrondo — parecia um caminhão, mas era alto demais.

Cathy Pavelec, funcionária, Autoridade Portuária, Torre Norte: Eu trabalhava no World Trade Center Um, no 67º andar. A janela do meu escritório dava para o norte. Dei uma olhada pela janela e vi o avião — estava ligeiramente à minha direita e notei que estava muito baixo. Eu trabalhava no World Trade Center desde antes da inauguração oficial, e tínhamos visto de tudo ao longo dos anos. Fiquei assistindo, e o avião foi chegando cada vez mais perto. Eu não conseguia acreditar.[2]

Bruno Dellinger, consultor, Quint Amasis North America, Torre Norte, 47º andar: Todo mundo já ouviu o som de uma turbina de avião, mas poucos já ouviram o som de uma turbina que está voando pelo céu a toda velocidade, com força total. Foi um barulho aterrorizante. Ainda me lembro dele perfeitamente — o som das turbinas avançando com força total em direção ao World Trade Center.

Cathy Pavelec: Vi a fuselagem sumir dentro do prédio.[3]

Ian Oldaker, funcionário, Ellis Island:* A primeira balsa de funcionários para Ellis Island saía do Battery Park às nove horas, todas as manhãs. Parei no Au Bon Pain e comprei um croissant. Continuei descendo a Broadway. Então ouvi um estalo enorme. Eu me virei e vi vidro — um monte de vidro — no céu. O dia estava muito claro, e a luz refletia no vidro e no céu. Tudo cintilava.

O sargento Mike McGovern, do Departamento de Polícia de Nova York, e o chefe de departamento, Joseph Esposito, tinham acabado de sair do One Police Plaza, sede do DPNY, a alguns quarteirões do World Trade Center.

Sargento Mike McGovern, assessor do chefe de polícia, DPNY: Ouvimos uma tremenda explosão ou estrondo. Achamos que havia sido algo acima de nós, na ponte, porque estávamos bem embaixo da ponte do Brooklyn. Encostamos no posto de verificação da sede da polícia e tinha um policial lá. Depois, descobrimos que esse policial — Peter Crane — é piloto. Ele pega o rádio e diz: "Central, informo que um 767 acaba de atingir a Torre Norte do World Trade Center". Meu chefe Joe pulou do carro: "O que foi que você disse?".

Joe Esposito, chefe de departamento, DPNY: Eu disse: "Como você sabe que é um 767?".
"Sou piloto", respondeu. Pergunto: "Tem certeza?". E ele: "Acabei de ver...". "O.k.", eu disse.

Sargento Mike McGovern: Demos meia-volta e fomos para lá.

Peter Johansen, diretor de operações, balsas New York Waterways: Sinceramente, acho que a maioria das pessoas pensou que fosse um acidente

---

* Ilha na foz do rio Hudson que faz parte do complexo da Estátua da Liberdade e onde funciona um museu dedicado à imigração. [N. T.]

marítimo. Digo isso porque nossa balsa seguiu até o Píer 11, no terminal de Wall Street, com umas cem pessoas a bordo. Todas desembarcaram e foram para o trabalho. Quando saíram da balsa, tinha envelopes e cartas voando pelo ar.[4]

Brian Conley, morador, sul de Manhattan: Parecia um dia de parada.*[5]

Comandante Joseph Pfeifer: Mandei todo mundo se equipar para irmos para lá. Peguei o rádio do departamento e avisei que um avião tinha acabado de atingir o World Trade Center. Pedi que dessem o segundo alarme. Eles fizeram isso imediatamente. Foi o primeiro comunicado oficial.[6]

Jared Kotz, Risk Waters Group: Um dos meus amigos saiu do escritório gritando: "Em qual prédio é a conferência?". Pensei: *Nossa, por que ele está tão nervoso? Dá tempo de sobra de chegar lá*. Gritei: "É no World Trade Center Um". Ele respondeu: "Não, não! Qual prédio é? É aquele que tem uma torre?". Andei para o sul do escritório e olhei pela janela para ver se de fato era o prédio com a torre de rádio. Foi quando percebi que tinha acontecido alguma coisa muito ruim. Vi um buraco gigantesco e o céu repleto de algo que eu só poderia descrever como confete — milhões de folhas de papel branco flutuando como confete no céu, flutuando do World Trade Center na direção do leste.

Ian Oldaker: Ouvi os caminhões dos bombeiros. Andei na direção leste para ver o que estava acontecendo lá. Parecia bem mais emocionante do que comer meu croissant.

***

O voo 11 se chocou com a Torre Norte entre o 93º e 99º andar, detonando 10 mil galões de combustível de avião nos escritórios da firma de investimentos Fred Alger Management, no 93º andar, e da Marsh & McLennan, que ocupavam do 93º ao 100º andar. Na Fred Alger Management, morreram 35 pessoas; na Marsh & McLennan,

---

* No original, *ticker-tape parades*, quando enormes quantidades de papel picado são lançadas pelas janelas de prédios comerciais, em grandes eventos e comemorações. Esse tipo de manifestação nasceu em Nova York. [N. T.]

295. *O acidente destruiu instantaneamente todas as saídas dos andares acima, aprisionando 702 funcionários e visitantes da corretora de valores Cantor Fitzgerald nos andares superiores, do 100º ao 105º, todos os funcionários, participantes das conferências e clientes que estavam no Windows on the World, assim como um engenheiro da NBC, William Steckman, que trabalhava no 110º andar, operando a antena de transmissão no topo da torre. O choque gerou uma bola de fogo que disparou por pelo menos um dos fossos de elevador e explodiu nos andares inferiores e no saguão da torre na rua West. Uma nuvem negra e densa tragou os andares superiores e os ventos do noroeste levaram a fumaça até o telhado da Torre Sul.*

Robert Leder, executivo, SMW Trading Company, Torre Norte: Nosso escritório ficava no 85º andar. Eu estava olhando pela janela, na direção do Empire State, quando vi o avião batendo no prédio. O impacto causou uma mudança dramática na pressão atmosférica. O prédio oscilou com o impacto, quase caí da cadeira. Nosso teto implodiu, e algumas paredes começaram a implodir.[7]

Richard Eichen, consultor, Pass Consulting Group, Torre Norte: Sou um dos cinco sobreviventes do 90º andar da Torre Norte. Eu estava sem a chave da minha sala, e foi isso que salvou a minha vida. Fiquei esperando do lado de fora, lendo o *Times* — uma matéria sobre os computadores da Dell, sabe, esse tipo de coisa aleatória que você lembra —, encostado na parede com minha pasta, meu copo de café no chão, comendo um *bagel*, esperando os caras chegarem.

De repente, ouço o "bang" mais alto que já ouvi na vida. Absurdamente, tremendamente alto. Então, de repente, ouço "bum bum bum bum" — hoje acho que devia ser o avião arrancando as vigas de aço lá dentro —, seguido por um "bum!". Tudo explodiu. A porta do banheiro feminino foi literalmente arrancada das dobradiças e saiu de lá uma bola de fogo que chamuscou a segunda parede. Foi esse o tamanho da coisa.

Harry Waizer, consultor fiscal, Cantor Fitzgerald, Torre Norte: Eu estava no elevador na Torre Norte às 8h46, quando o primeiro avião atingiu o Trade Center. Meu escritório ficava no 104º andar. Eu tinha chegado ao Sky Lobby, no 78º, e tinha pegado os elevadores locais — eu estava em algum lugar entre o 78º e o 104º andar.

Jean Potter, Bank of America, Torre Norte, 81º andar: Fui atirada da minha cadeira — atirada. A explosão foi horrível e muito barulhenta, o prédio começou a balançar para a frente e para trás, e a fumaça imediatamente se espalhou pelo ar. Por sorte estávamos do lado da escadaria, porque nosso andar foi totalmente tomado pelo fogo. Soube de uns quatro ou cinco sobreviventes dos andares acima de nós, apenas.

Vanessa Lawrence, artista, Torre Norte, 91º andar: Eu tinha literalmente colocado um pé para fora do elevador no 91º quando fui atirada para o lado. Voaram destroços e fumaça pelo corredor, o prédio balançou.

David Kravette, corretor de valores, Cantor Fitzgerald, saguão da Torre Norte: De repente o combustível de avião começou a jorrar dos elevadores principais e se espalhar por tudo. A menos de vinte metros de mim, as pessoas eram alçadas por essa bola de fogo, lançadas pelas janelas e incineradas.

Cathy Pavelec, funcionária, Autoridade Portuária, Torre Norte: Corri pelo andar gritando: "Um avião acabou de bater no prédio. Temos que sair daqui".[8]

Vanessa Lawrence: Não me lembro de ouvir nada. Minhas lembranças são mudas e em câmera lenta, mas sei que estava tudo acontecendo muito depressa e que era muito barulhento.

Richard Eichen: Olhei por cima do meu ombro esquerdo e vi um homem asiático vindo em minha direção. Parecia que ele tinha sido mergulhado em óleo fervente. Ele estava com os braços estendidos e a pele dependurada; parecia alga marinha. Ele implorava que eu o ajudasse. Disse: "Me ajuda, me ajuda", e aí caiu de cara no chão, entre as minhas pernas. Morreu entre as minhas pernas. Olhei para baixo e foi quando vi que minha camisa estava toda ensanguentada. Ainda não tinha percebido que eu estava machucado.

Dava para sentir o cheiro do combustível. Eu não fazia ideia do que tinha acontecido. Via o poço do elevador, as labaredas que iam do chão até o teto. Parecia uma cortina de box cintilante. Numa situação dessas, você faz coisas engraçadas — eu deixei meu *bagel* no chão da entrada e pensei: *Quando isso acabar, preciso lembrar de pegar esse* bagel *para jogar fora*.

Robert Leder: A primeira coisa que pensei em fazer foi ligar para a minha esposa. Disse a ela que o World Trade Center tinha sido atingido por um avião. Ela não acreditou. Assim que falei com ela, abri uma porta para ver o que estava acontecendo, e uma nuvem de fumaça preta veio em nossa direção. Fechei a porta imediatamente. O escritório inteiro fedia a combustível.[9]

Vanessa Lawrence: Depois da explosão, a primeira coisa que me ocorreu foi: *Será que deixei minha sacola de pano perto da tomada?* Foi aquela sensação horrível de *Ai, meu Deus! Como vou me explicar?* Quando desci as escadas, ainda pensava: *Será que fui eu? Será que foi minha culpa?*

Anthony R. Whitaker, comandante do WTC, DPAP, saguão da Torre Norte: Vi duas pessoas pelo canto do meu olho esquerdo. Estavam em chamas. Correram em minha direção e seguiram em frente. Não emitiram um único som. Suas roupas estavam queimadas e elas fumegavam.[10]

David Kravette: Uma das garotas que trabalhavam comigo, a Lauren Manning, estava entrando no saguão quando a bola de fogo caiu e a jogou através do vidro. Ela ficou com mais de 80% do corpo queimado e sobreviveu. Se eu estivesse caminhando uns vinte metros à frente, estaria morto ou gravemente queimado. Depois disso, não houve incêndio. A coisa explodiu, se consumiu e desapareceu em segundos. Durou três, quatro, cinco segundos, no máximo.

Harry Waizer: O elevador começou a cair. Explodiu em labaredas. Eu estava com uma pasta, uma pasta de tecido, na mão, e tentava usá-la para abafar as chamas. Queimei as pernas e os braços. No começo o elevador despencou, depois acho que algum sistema de emergência foi acionado e a cabine começou a descer mais devagar. Na descida, fui atingido no rosto por uma bola de fogo que passou pelo vão entre as portas e a estrutura do elevador. Senti uma bola laranja vindo em direção ao meu rosto e tive a sensação — não posso chamar de queimadura — de que ela me tocou e sumiu.

David Kravette: Estou vivo graças a uma comédia de erros. Todo mundo que estava lá em cima naquele dia pereceu. Ficaram todos presos. Não tiveram saída.[11]

Enquanto isso, centenas de metros abaixo da zona do impacto, as pessoas seguiam seu dia. O complexo do World Trade Center era tão imenso que quem estava nas passarelas das lojas no subterrâneo não sentiu o choque do avião, e só foi perceber que havia acontecido algo de terrível quando viu outras pessoas fugindo em disparada.

Alan Reiss, diretor do World Trade Center, Autoridade Portuária: Descemos para um café com *bagel* na Fine and Shapiro, uma delicatéssen e restaurante perto da entrada dos trens A e E. Estava sentado de costas para o saguão quando minha colega Vicki [Cross Kelly] falou: "Deve ter acontecido alguma coisa. As pessoas estão correndo como loucas pelo saguão — estão em pânico". Imaginei que provavelmente era alguém com uma arma, ou um assalto. Eu não tinha ouvido nada, sentido nada, não tinha sentido o cheiro de nada.

Michael Lomonaco, chefe de cozinha, Windows on the World, no shopping subterrâneo sob as torres: Eles me levaram para a sala de exames da LensCrafters e fizeram as medições. O optometrista olhou meus óculos antigos. Então saiu da sala e fechou a porta. Voltou, agitado — na verdade, voou porta adentro — e pálido. Disse: "Aconteceu alguma coisa. Precisamos sair daqui".

Do outro lado dos seis hectares do World Trade Center, os vizinhos na Torre Sul, o World Trade Center Dois, assistiram ao desastre se desenrolar na Torre Norte. Para alguns inquilinos das torres, o ataque de 2001 era a segunda investida terrorista contra o complexo pela qual haviam passado; em 1993, um pequeno grupo de extremistas islâmicos explodiu um carro-bomba no estacionamento sob a Torre Norte, na esperança de que isso derrubasse o prédio. A explosão matou seis e feriu aproximadamente mil pessoas, e levou a diversas melhorias de segurança e proteção contra incêndios no complexo — sendo que algumas salvaram vidas no 11 de Setembro.

Na esteira da colisão, muita gente concluiu que o incidente seria similar ao atentado de 1993: não houve necessariamente pânico generalizado nem preocupação inicial, mesmo por parte de alguns dos que estavam acima da zona de impacto, e que imaginaram que podiam ser evacuados pelo telhado ou esperar que os bombeiros apagassem as chamas lá embaixo.

Um comunicado oficial nos alto-falantes rapidamente assegurou os ocupantes da Torre Sul de que o prédio não fora afetado, orientando-os a continuar em suas mesas. Os hóspedes do Hotel Marriott, situado entre as duas torres, também perceberam que alguma coisa acontecera, mas continuaram suas atividades normalmente.

Robert Small, gerente de escritório, Morgan Stanley, Torre Sul, 72º andar: A explosão no 11 de Setembro foi muito parecida com a explosão de 1993. Pensei comigo: *Ah, de novo, não.*

Elia Zedeño, analista financeiro, Autoridade Portuária, Torre Norte, 73º andar: O prédio sacudiu. Pensei: *Acabou — eu vou cair.* E então, imediatamente: *Terremoto.* Mas mudei de ideia na hora: *Terremoto. 1993.* Não houve pausa, não fiquei imaginando: *O que será que aconteceu?* Nada disso. Foi só: *Terremoto. Não, 1993.* Pensei na hora: *Em 1993 eu não podia voltar para casa, pois estava sem as minhas chaves. Hoje, estou com as chaves.*

Herb Ouida, Associação dos World Trade Centers, Torre Norte, 77º andar, pai de Todd Ouida, Cantor Fitzgerald, Torre Norte, 105º andar: Quando o prédio sacudiu, soube imediatamente, pela minha experiência do atentado a bomba de 1993, que tinha de sair dali. Ninguém poderia me impedir. Mas sabia que meu filho Todd estava no 105º andar.

Harry Waizer, consultor fiscal, Cantor Fitzgerald, Torre Norte: Fiquei em estado de choque. Saí do elevador. Estava extraordinariamente calmo. Continuava com minha bolsa. Caminhei entre as duas centrais de elevadores maiores, coloquei-a no chão e disse: "Não consigo carregar isso agora" e "Mais tarde volto para pegar".

Michele Cartier, Lehman Brothers, Torre Norte: Eu trabalhava no 40º andar, na Lehman Brothers. Todo mundo começou a sair, e nós começamos a descida. Ninguém sabia muito bem o que estava acontecendo. Não havia nenhuma indicação de que fosse um ataque terrorista. Estávamos crentes de que iríamos descer, sair do prédio, subir de novo e tocar a vida.

Jared Kotz, Risk Waters Group: Minha colega Samara Zwanger tinha o telefone do David Rivers, um de nossos editores, que estava na conferência no Windows on the World. Ele contou que ninguém sabia o que tinha acontecido. Houvera uma explosão enorme, todas as janelas tinham despencado, o teto cedera e todo mundo tinha sido jogado no chão, mas estavam todos bem e todos seriam evacuados.

Constance LaBetti, contadora, Aon Corporation, Torre Sul: Nosso chefe, Ron Fazio, sabia que precisava tirar a gente de lá. Ele disse: "Vão para a escada". Voltei à minha mesa para pegar meus tênis, porque eram 99 andares para descer. Comecei a descer os degraus. Ainda estava de salto alto, com os tênis na mão. Eu me lembro de ouvir um comunicado pelo sistema de som — o comunicado dizia: "Não evacue o prédio. Fique onde você está. Não sofremos nenhum dano estrutural. Houve danos estruturais na Torre Um, que está sendo evacuada, mas na Torre Dois todos devem retornar aos seus locais de trabalho". Encontrei um casal na escada, acho que por volta do 90º, 92º andar. Pedi a eles: "Será que vocês podem esperar um momento enquanto calço meus tênis?". Eles disseram: "Claro, a gente espera". Eu tremia tanto que não conseguia amarrar os tênis. Lembro de o cara me dizer: "Pode amarrar o tênis. Não se preocupe. Não se preocupe". Amarrei os tênis e continuamos a descer.

Judith Wein, vice-presidente sênior, Aon Corporation, Torre Sul, 103º andar: A escada era larga, e descíamos de dois em dois. Deixávamos um espacinho no meio. De vez em quando alguém passava subindo — de volta. Eles murmuravam: "Ah, esqueci não sei o que lá na mesa". Agora, em retrospecto, vivo me perguntando: "Será que conseguiram descer?".

Robert Small, gerente de divisão, Morgan Stanley, Torre Sul, 72º andar: As pessoas do meu andar começaram a sair. Eu e um amigo começamos a ver tudo pela televisão de uma sala de diretoria. Andamos para o norte, olhando pelas janelas, e dava para ver a fumaça, dava para ver as chamas. Tentávamos adivinhar o que estava caindo. Era um livro? Um pedaço de papel? Uma cortina? Uma cadeira? Depois de alguns minutos, vimos gente pulando, caindo, aterrissando. Não foi nada bom. Depois de algumas cenas como essas, resolvemos parar de olhar. Vamos voltar, ligar para a família, avisar que estamos bem — ainda achando que era tudo na Torre Norte. Não ia acontecer nada na Torre Sul.

Michael Lomonaco, chefe de cozinha, Windows on the World, no shopping subterrâneo abaixo das torres: Saí no corredor. Um oficial da

Autoridade Portuária dava ordens, agitando os braços. Dizia: "Corram! Saiam daqui!". Eu peguei a saída para a rua Liberty, atravessei para a rua Church. Eu me virei e olhei para trás para ver o que havia acontecido. Vi um incêndio horroroso na Torre Um. Achei que talvez tivesse havido uma explosão.

Frank Razzano, hóspede, Hotel Marriott: Eu me lembro de ouvir um grande estrondo. Levantei da cama. Abri as cortinas das janelas que davam para a rua Liberty. Vi papéis que flutuavam e caíam no chão. Disse a mim mesmo: *Bem, deve ter sido um vento muito forte que veio do porto e derrubou a vidraça de algum prédio.* Dei as costas, fechei as cortinas e voltei para a cama.

Michael Lomonaco: Pensei: *Ah, meu Deus, está todo mundo lá trabalhando.* Pensei: *O que estará acontecendo no 106º?* Então o pensamento seguinte foi: *O.k., vou ficar calmo. Eles vão descer pelas saídas de incêndio.* Fiquei totalmente otimista, achando que as pessoas iriam descer.

A notícia da colisão reverberou pela cidade, e os nova-iorquinos lutavam para entender o que havia acontecido. O ataque interrompeu as eleições primárias no município, que apontariam o sucessor do prefeito Rudy Giuliani. A desorientação era forte no sul de Manhattan, uma das regiões de maior densidade populacional nos Estados Unidos, onde centenas de milhares de pessoas — em prédios, escritórios, hospitais, terminais de transporte, colégios e no distrito financeiro ao redor de Wall Street — haviam testemunhado a colisão, a poucas quadras dali.

Uma das escolas mais próximas do World Trade Center — só três quarteirões ao sul do complexo — era a instituição de ensino médio Leadership and Public Service (EMLPS), uma pequena escola especializada de Nova York, com seiscentos alunos e quarenta professores.

Ada Dolch, diretora, EMLPS: Por volta das 8h45, as luzes do lobby se apagaram. Em dez segundos, voltaram a acender; imediatamente, houve um estrondo muito alto, uma explosão muito alta.

Heather Ordover, professora de inglês, EMLPS: Todo mundo ouviu as turbinas urrando, parecia uma bomba em um filme de guerra — e, depois, o clarão. As crianças correram para a janela de fundos. Eu corri para a janela de fundos. Vimos papel pegando fogo, fumaça, destroços despencando. Corri de volta para a frente da sala, gritando para as crianças se sentarem e escreverem sobre o que tinham acabado de ver — qualquer coisa para tirá-los de perto das janelas.

Keturah Bostick, aluna, EMLPS: Um dos professores, sr. Donnelley, entrou correndo em nossa sala de aula e disse: "Vocês viram aquilo?". Todo mundo gritou: "O quê?". Ele respondeu: "O avião entrou para dentro da torre, a gente viu tudo". Alguns segundos depois, o sr. Bronsick entrou no sistema de som e disse que o acidente estava sendo controlado pelos bombeiros, que não nos afetava e que as aulas não terminariam mais cedo.

Razvan Hotaranu, aluno, EMLPS: Tinha papel voando por toda parte, parecia a comemoração de um título dos Yankees, e muita cinza.

Ada Dolch, diretora, EMLPS: Ouvimos no rádio que estava acontecendo alguma coisa no World Trade Center. Eu sabia que era onde a [minha irmã] Wendy trabalhava [para a Cantor Fitzgerald]. As palavras que saíram da minha boca eram muito claras: "Deus, por favor, cuide da Wendy. Eu tenho que cuidar das crianças da escola".

***

Fernando Ferrer, candidato à prefeitura de Nova York: As Torres Gêmeas eram uma presença forte no imaginário da cidade. Em 2001, elas estavam até no debate político e governamental de Nova York, já que, na ocasião, estavam prestes a ser vendidas. Eu havia proposto que os recursos da venda fossem direcionados a um fundo para a construção de habitações acessíveis na cidade.

Estávamos indo para Manhattan, descendo do nordeste do Bronx pela via expressa Bruckner, chegando ao pedágio na ponte Triborough. Meu jovem assistente, Kalman Yeger, recebe um telefonema da esposa. Só escuto o lado dele da conversa. "Está tendo um incêndio no World Trade Center?" Kalman vivia contando piada, tinha ótimo senso de humor. Achei que estivesse brincando. "Um incêndio no Trade Center? Ah, lá se vai o meu plano de habitação!" Aí ele disse: "Não! É sério".

Jillian Volk, professora de educação infantil, sul de Manhattan: Eu estava na esquina da Church com a Thomas, trabalhando, a cinco minutos a pé do Trade Center. Meu noivo, Kevin Williams, trabalhava na Torre Dois, em uma pequena firma de investimentos bancários, no 104º andar. Senti alguma coisa; a sala de aula sacudiu. Um aluno me olhou e disse: "Está trovejando". Eu sabia que não eram trovões. Uma mulher veio correndo pelo corredor e contou que havia explodido uma bomba no Trade Center. Entrei em pânico. Liguei para o Kevin, torcendo para que ele atendesse. Ele atendeu e disse que um avião tinha batido na Torre Um e que ele precisava desligar porque eles seriam evacuados. Ele não estava em pânico nem nada.[12]

Howard Lutnick, CEO, Cantor Fitzgerald: Era o primeiro dia do meu filho, Kyle, no jardim da infância.[13] Enquanto subia as escadas com ele, um funcionário me agarra e diz: "Seu escritório está tentando entrar em contato com você. Um avião bateu no prédio". Voei para o carro e quando cheguei lá, vi uma enorme nuvem de fumaça que se espalhava. O cara que estava dirigindo o meu carro começou a chorar.

Jimmy Mayo, motorista de Howard Lutnick: Da Quinta Avenida, tínhamos uma vista total, da rua 40 até lá embaixo, até o World Trade Center. Eu sabia que nosso pessoal estava acima do ponto de onde saía a fumaça e que não teria como escapar.[14]

Andrew Kirtzman, repórter, cobria a prefeitura, canal NY1: Como eu ia apresentar a cobertura das eleições de Nova York naquela noite, dormi até mais tarde. O telefone tocou e era minha mãe. Ela estava nervosíssima. Só conseguia dizer: "Dá para acreditar?". E eu: "Em quê?". Ela falou: "Ligue a televisão". Ficou óbvio que era uma catástrofe. Pulei da cama e fiquei na dúvida — sei que isso soa ridículo — se tomaria um banho. Passei meses me culpando por essa ducha. Tomei o banho mais rápido da minha vida, me vesti, peguei uma caneta, meu bloquinho de reportagem, botei minha credencial de imprensa no pescoço e saí voando do apartamento.[15]

Rudy Giuliani, prefeito de Nova York: Eu estava tomando café da manhã no Peninsula Hotel, na rua 55, quase com a Quinta Avenida. Estávamos começando a nos levantar da mesa. Meu assessor Denny Young se aproximou e disse: "Um avião bimotor atingiu a Torre Norte do World Trade Center". Fui ao banheiro, porque imaginei que ficaria muito tempo no local do acidente.[16]

Andrew Kirtzman: Chamei um táxi, pulei lá dentro e gritei para o motorista: "Me leva para o World Trade Center!".[17]

Rudy Giuliani: Fomos correndo na minha SUV. Uma coisa que ficou marcada na minha memória foi que, quando passamos pelo Hospital St. Vincent's, no Village, vi muitos médicos, enfermeiras e funcionários na rua, com macas. Foi a primeira vez que experimentei essa sensação: "Isso está parecendo uma zona de guerra. Deve ser mais grave do que eu pensava. Eles devem saber de alguma coisa que não me contaram sobre a gravidade da situação".

Fora das torres, o barulho e a imagem do acidente acionaram uma reação imediata de bombeiros, policiais, paramédicos, técnicos em emergência médica e profissionais de outras unidades de resgate. Para pelo menos quatrocentos deles, seria a última vez. Às 8h58, a caminho do local, o chefe de polícia Esposito emitiu uma ordem de mobilização de Nível 4 no World Trade Center, o nível de alerta mais alto do DPNY, convocando quase mil policiais para o local do desastre. No mesmo minuto, um helicóptero da polícia, pairando sobre as torres, anunciava que o resgate pelo teto — que havia sido feito com sucesso após o atentado a bomba de 1993 — seria impossível devido ao calor e ao volume de fumaça. Minutos depois, Esposito ordenou que, dadas as condições, nenhum helicóptero deveria tentar aterrissar no teto. Ainda que não soubessem, o destino de todos acima do 91º andar da Torre Norte estava selado.

Sal Cassano, subchefe, CBNY: Na manhã de 11 de setembro, eu estava no quartel-general do Brooklyn. Estavam comigo o comandante de departamento, Peter Ganci, o chefe de operações, Dan Nigro, Donald Burns e Jerry Barbara. Jerry morreu. Donald morreu. Peter morreu.

Dan Nigro, comandante de operações, CBNY: Ouvi um barulho muito alto, achei que alguém tinha deixado cair algo pesado no escritório do andar de cima. Aí já ouvi o Pete Ganci gritar: "Olha pela janela, um avião acabou de bater no World Trade Center!". Decidimos ir para lá juntos — eu e Pete Ganci — no carro dele, para discutir estratégias no caminho. Passamos zunindo pela ponte do Brooklyn e em cerca de cinco minutos chegamos à base da Torre Norte.

Tracy Donahoo, guarda de trânsito, DPNY: Eu tinha me formado na academia de polícia em maio. Era meu segundo dia de patrulha de fato — de uniforme, com o supervisor, um trabalho de verdade. Meu posto era na Broadway-Nassau, a um quarteirão do World Trade Center, nas plataformas 4 e 5, sentido norte. Ouvimos no rádio: "Dez-treze-dez, um avião atingiu o World Trade Center", e ficamos, tipo: "Como assim?". Ouvimos de novo: "Dez-treze, dez-treze! Um avião atingiu o World Trade Center!". Subimos as escadas correndo. "Dez-treze" significa que todo mundo tem que ir ajudar quem quer que seja, com o que estiver acontecendo.

William Jimeno, policial, DPAP: O auxiliar administrativo mandou todos os policiais voltarem à central. Encontrei o Dominick Pezzulo — um ótimo sujeito —, e ele falou: "Willy, se estão nos chamando de volta para a central, a coisa deve estar muito feia".

Capitão Jay Jonas, equipe de resgate 6, CBNY: Comecei a ver, do quartel de Chinatown, a coluna de fumaça atravessando o céu. Disse: "Todo mundo colocando o equipamento. Temos que ir". A equipe de combate a incêndios 10 emitiu um segundo alarme e um sinal "10-60", que indica uma grande quantidade de mortos.

Tenente Mickey Kross, equipe de combate a incêndio 16, CBNY: Nosso computador disparou e recebemos um alerta: "Reportem-se a Manhattan, no alarme de incêndio 8-0-87, World Trade Center Um. Sinal 3:3". Isso é um terceiro alarme. Era para as equipes de combate a incêndio 7, 55, 3 e 16 — a minha corporação —, equipe de resgate 5 e equipe de ambulância 4. E dizia: "Reportem-se ao posto de comando do saguão, World Trade Center Um". É o incidente 103 — o centésimo terceiro incidente em Manhattan naquela data.

William Jimeno: O inspetor Lawrence Fields, que era o encarregado da Polícia da Autoridade Portuária no terminal de ônibus, entrou e disse: "Pedimos um ônibus na Nona Avenida — preciso que as seguintes pessoas entrem no ônibus".

Dan Nigro: Já perto de Manhattan, íamos discutindo o que faríamos ao chegar lá. O chefe Ganci transmitiu um quinto alarme. Já era uma missão de terceiro alarme, envolvendo umas catorze equipes de combate a incêndio e talvez sete de resgate. O quinto alarme acionaria mais dois comandantes, talvez outras oito equipes de combate a incêndio e seis caminhões extras.[18]

Francine Kelly, enfermeira e gerente de enfermagem, Hospital St. Vincent's Catholic Medical Center, Nova York: Médicos e funcionários do St. Vincent's disseram que estavam entrando na ala de emergência, que dava para a Sétima Avenida, quando viram o World Trade Center ser atingido. Dois minutos depois, já estávamos anunciando nosso código de desastre.

Jeff Johnson, bombeiro, equipe de combate a incêndios 74, CBNY: Sabíamos que estávamos diante de algo bem catastrófico.

Capitão Jay Jonas, equipe de resgate 6, CBNY: Parecia mentira, para ser sincero. O céu estava tão azul e o sol reluzia no metal no exterior do World Trade Center. Dava para ver um buraco em forma de avião na Torre Norte, e o fogo e a fumaça que espirravam do prédio, sob pressão. Parecia uma fervura jorrando. Ainda não consigo acreditar no horror da visão daquilo.

Enquanto isso, mais ao norte da ilha, o diretor de educação contra incêndios do CBNY, Joseph Torrillo, dirigia-se à coletiva de imprensa, marcada para às nove horas da manhã, na qual lançaria o boneco Billy Blazes, da linha de brinquedos Rescue Heroes.

Tenente Joseph Torrillo, diretor de educação contra incêndios, CBNY: Eu vinha de carro pela ponte do Brooklyn. Quando vi a Torre Norte, só disse: "Caramba!". Eu conseguia ver uns dez andares em chamas ao redor da parte de cima do prédio. Como bombeiro, como engenheiro, sabia que era um incêndio incontrolável. Três cadetes do curso de formação de bombeiros estavam no banco de trás do meu carro; iam me ajudar na coletiva de imprensa. Um dos cadetes, Joe Broadbent, me perguntou: "O que você acha que está acontecendo?". Respondi: "Todo mundo que está na parte de cima do prédio vai morrer". E disse: "O prédio vai desmoronar".

Quando cheguei do outro lado da ponte, pensei comigo: *Essa coletiva não vai rolar hoje.* Sabia que todos os bombeiros da equipe de combate a incêndio 10 e da equipe de resgate 10, com quem eu convivera a maior parte de minha carreira, seriam os primeiros a chegar ao prédio e que precisariam de toda a ajuda possível.

Dan Nigro: Eu disse: "Pete, esse vai ser o pior dia da nossa vida".

***

Em ambas as torres, Norte e Sul, os funcionários dos escritórios começavam a ser evacuados, enquanto lá embaixo as unidades de emergência chegavam, estudavam a situação e elaboravam planos de resgate. Heróis começaram quase que instantaneamente a emergir de dentro dos prédios, enquanto cônjuges, parentes e amigos tentavam descobrir se os entes queridos que estavam no World Trade Center haviam sido atingidos.

Lila Speciner, paralegal, Autoridade Portuária, Torre Norte, 88º andar: Nosso colega Frank DeMartini salvou nossa vida. Ele corria de um lado para outro do andar, procurando as pessoas, juntando-as. Ele entrou no escritório sem bater e disse: "Você tem que sair. Vá pela escada tal — nem me lembro se era A, B ou C —, que está aberta e liberada". O Frank nos dizia: "Mexam-se!". Saímos de uma forma muito organizada. Quando deixamos o andar, já havia muita fumaça, resíduos e sei lá mais o quê. Mas todo mundo saiu. Porém ele ficou no saguão do 78º andar, porque tinha uma pessoa presa no elevador, esmurrando a porta.

Edna Ortiz, esposa de Pablo "Paul" Ortiz, superintendente de obras, Autoridade Portuária, Torre Norte: O sr. DeMartini e o Paul foram de escritório em escritório tentando soltar as pessoas, porque as portas emperraram. As pessoas que resgataram lembram dos pés de cabra que usaram para tentar abrir as portas.

Joe Massian, consultor tecnológico, Autoridade Portuária, Torre Norte, 70º andar: Chegamos à escada. Nessa altura, parecia um exercício de simulação de incêndio bem básico — tudo muito calmo, controlado, ninguém empurrava, ninguém atropelava ninguém.

Harry Waizer, consultor fiscal, Cantor Fitzgerald, Torre Norte: Não sei se foi uma sensação de calma incrível ou se estava fora da realidade, mas o fato é que fiquei totalmente concentrado. Não fazia ideia da gravidade do meu ferimento. Só pensava: *Preciso chegar lá embaixo, preciso chegar no saguão, preciso de ajuda.*

Vanessa Lawrence, artista, Torre Norte, 91º andar: Tínhamos pegado as escadas. Lembro que, nos primeiros andares por onde passei, só tinha fumaça, destroços, e os irrigadores automáticos tinham disparado. Estava escuro. Então lembro que, descendo mais, tinha luz, e as pessoas estavam saindo de seus escritórios. Os chuveirinhos eram bem fortes. Eu estava de sandálias de dedo e tirei porque escorregava sem parar.

Richard Eichen: Eu disse: "Bem, melhor eu ver o quanto me machuquei". Sentia meu rosto todo ensanguentado. O lado esquerdo da minha cabeça estava aberto, dava para pôr a mão lá. Eu toquei meu crânio — conseguia tocar no osso. Sentia uma espécie de picada, mas não era dor mesmo, porque estava em choque, acho. Então pensei: *O.k., preciso tomar uma providência.*

Harry Waizer: Enquanto descia, vi meu braço de relance e tinha um pedaço de pele escurecida pendendo dele. De um jeito quase pragmático, disse a mim mesmo: *O.k., melhor não olhar pra isso de novo, olha só para os pés, para os degraus, continue andando.*

John Abruzzo, técnico contábil, Autoridade Portuária, 69º andar: Sou quadriplégico C5-C6, consigo me virar e me locomover de cadeira de rodas. Lembro que de repente o prédio balançou, e balançou em uma direção só. Olhei pelas janelas que davam para o norte e choviam destroços. Devo ter entrado em estado de choque. O que me tirou disso foi um palavrão que meu supervisor gritou. Ele estava do lado de fora da minha baia dizendo que precisávamos evacuar o andar.[19]

Peter Bitwinski, gerente assistente de contas a pagar, Autoridade Portuária, 69º andar: Conheço o John há muito tempo. Sentamos um do lado do outro no contas a pagar; então, nem preciso dizer, é um amigo próximo. Eu disse: "John, cadê a sua cadeira de evacuação?".[20]

John Abruzzo: Eu estava lá em 1993, quando houve o atentado a bomba no World Trade Center. Outro emprego, mesmo andar. Um grupo de funcionários da Autoridade Portuária, dois caras da Cantor Fitzgerald e mais alguns sujeitos da Deloitte & Touche, todos me ajudaram a sair do prédio. Levamos seis horas para conseguir sair. Depois do atentado de 1993, o World Trade Center comprou cadeiras de evacuação.[21]

Peter Bitwinski: Ele parecia estar em choque. Nem me respondeu. Tive que repetir: "John, você sabe onde está a sua cadeira?". [22]

John Abruzzo: Eles deixaram claro que me levariam com eles, não importava como.[23]

Joe Massian: Na época, a nova moda eram os pagers que enviavam e recebiam mensagens. E eles funcionaram. As pessoas se informaram do que acontecera pelos pagers: um acidente de avião. Eu não tinha entendido que não era um avião pequeno.

Edna Ortiz: Recebi um telefonema. Era o Paul. O que ele me disse foi que algo havia acontecido, mas ele não sabia o que era, e que eu não me preocupasse se visse algo na televisão, porque ele estava bem. Eu disse: "Tudo bem". E ele: "Já te retorno. Te ligo assim que puder".

Joe Massian: Continuamos descendo em fila. Às vezes ouvíamos: "Para a esquerda, para a esquerda". Significava que tínhamos de nos espremer do lado esquerdo da escada e olhar para a parede, porque estava descendo alguém com queimaduras.

Edna Ortiz: Liguei a televisão e vi o que tinha acontecido. Peguei o telefone e liguei de volta para ele. Quando ele atendeu, perguntou o que tinha acontecido e eu expliquei que tinha sido um avião. Ele disse: "Tudo bem. Eu tenho de fazer umas coisas aqui, então vou ter que desligar. Falo com você assim que der". E desligou. Liguei de novo e perguntei o que ele estava fazendo. Ele disse que estava retirando as pessoas de lá. Pedi que saísse também assim que terminasse.

Genelle Guzman, auxiliar de escritório, Autoridade Portuária, Torre Norte: Eu trabalhava no departamento de Túneis, Pontes e Terminais, no 64º andar. Achei que provavelmente tinha sido um terremoto, porque eu tinha passado por um terremoto no meu país, Trinidade, e o tremor era igual. Voltei à minha baia, e meus colegas estavam indo embora. Disseram: "Não sabemos o que está acontecendo, mas parece que um avião se chocou com o prédio". Meu supervisor se aproximou e disse: "Genelle, precisamos ir embora. Pegue sua bolsa. É isso. Vamos nos mandar daqui. Um avião bateu no prédio".

Pasquale Buzzelli, engenheiro, Autoridade Portuária, Torre Norte: Lembro que tinha ficado acordado até tarde assistindo ao *Monday Night Football*, então cheguei um pouco atrasado no trabalho. Provavelmente, perto das nove horas. Eu trabalhava no 64º andar. Foi na subida no elevador expresso que senti o impacto — era o avião batendo no prédio. O elevador sacudiu violentamente. As luzes piscaram. Chegando ao escritório, fui direto para o meu chefe na época, o Pat Hoey. Disse: "Pat, sabe o que aconteceu?". E ele: "Não sei, estou tentando descobrir". Nosso andar estava iluminado. Os telefones funcionavam, os computadores estavam ligados. Parecia tudo bastante normal. Então liguei imediatamente para minha esposa, Louise, que estava em casa, grávida de sete meses e meio.

Louise Buzzelli: Estava difícil dormir a noite inteira porque era o fim da gravidez. Passava metade da noite acordada, me revirando na cama. A manhã era provavelmente o horário em que eu dormia de fato. Eram por volta de 8h30 ou 8h45 quando o telefone tocou.

Pasquale Buzzelli: Ela me perguntou: "Algum problema? Está tudo bem?". Eu disse: "Não, tudo bem. Estou no trabalho". Aí falei: "Não precisa se assustar. Mas liga a televisão e me conta o que você vê. Aconteceu alguma coisa com o prédio".

Louise Buzzelli: Levantei da cama. Liguei a televisão imediatamente e nem precisei procurar — via o topo do prédio em chamas em todos os canais. Eu disse: "Ai, meu Deus, Pasquale! Seu prédio está pegando fogo. Por que você está me ligando?".

Pasquale Buzzelli: Ela falou: "Estão dizendo que um avião bateu no prédio".

Louise Buzzelli: Ele prometeu que ia embora e que me ligaria quando chegasse lá embaixo. Aí, desligamos.

Pasquale Buzzelli: O que quer que estivesse acontecendo, o incêndio era lá em cima, não tinha nada embaixo, e sem pensar em desmoronamento, achei que estava seguro. Em algum momento iríamos sair, isso não era um problema. Não tinha fumaça. Nunca houve uma decisão, tipo: "Ei, vamos embora". Em parte, porque queríamos deixar as escadas livres para facilitar o acesso dos bombeiros ao local do impacto. Para que congestionar as escadas ainda mais?

Em minutos, profissionais dos serviços de emergência afluíram para o World Trade Center. Muitos haviam sido convocados pelos alarmes cada vez mais críticos; outros apenas viram o que havia acontecido e, sabendo que a cidade enfrentava uma calamidade sem precedentes, foram para lá. Conforme a manhã avançava, as ações de resgate se estenderam das Torres Gêmeas a todo o complexo do World Trade Center, incluindo o Hotel Marriott, de 22 andares, espremido entre as duas torres, e o prédio comercial de 48 andares conhecido como World Trade Center Sete, que abrigava empresas comerciais, como a Salomon Brothers, e agências governamentais, como o Serviço Secreto, a Receita Federal e o comando de emergência de Nova York, seu Escritório de Gerenciamento de Emergências. O arranha-céu vizinho de 39 andares, conhecido como Deutsche Bank, também foi afetado. Considerando a dimensão da tragédia, várias unidades de resgate de elite e especializadas foram acionadas, incluindo as Unidades do Serviço de Emergência do DPNY e as unidades especiais de resgate do CBNY.

Scott Strauss, policial do Serviço de Emergência, caminhão 1, DPNY: A Unidade do Serviço de Emergência, ou USE, é a SWAT das equipes de resgate da cidade de Nova York. Lidamos com todo tipo de crise, qualquer evento de grande impacto, de bombas a situações com reféns, pessoas que atravessam barricadas, que pulam de prédios, que pulam de pontes. Cortamos ferragens de carros para tirar as pessoas. Tratamos de incidentes com substâncias perigosas, incidentes com armas de destruição em massa. Somos a resposta para os problemas da polícia da cidade. Se os policiais da delegacia não conseguem lidar com o problema, eles ligam para a gente.

David Brink, detetive, esquadrão 3 do Serviço de Emergência, DPNY: No caminho para o World Trade Center, vi o prédio queimando. Olhei para meu colega Mike Garcia e disse: "Acho que vamos ter muito trabalho hoje".

Scott Strauss, policial do Serviço de Emergência, caminhão 1, DPNY: Todos os policiais da cidade estavam tentando chegar ao Trade Center. O trânsito ficou um caos. Civis começaram a orientar o fluxo dos carros, para tentar ajudar os veículos de emergência a passar.

David Norman, policial do Serviço de Emergência, caminhão 1, DPNY: Muitos destroços despencavam do prédio. Logo que chegamos, uma chuva de coisas caía sobre nós. Reunimos nosso equipamento, vestimos os aparelhos de respiração autônomos, nosso equipamento de resgate com cordas, o equipamento médico, o equipamento para elevadores, essas coisas.

David Brink, detetive, esquadrão 3 do Serviço de Emergência, DPNY: O equipamento daquele dia pesava uns trinta quilos. Quando caminhamos para as torres, nossos braços pendiam com o peso que carregávamos.

Steven Stefanakos, detetive, Serviço de Emergência, caminhão 10, DPNY: Dá para imaginar a loucura da cena.

Joe Blozis, comissário de polícia, perito criminal, DPNY: Eram milhares de pessoas correndo. O pânico estava estampado no rosto delas.[24]

Charles Hirsch, médico-legista titular, Nova York: Nunca vou me esquecer que vi um motor de avião no meio da rua West e depois uma mão amputada, ao lado dele.[25]

Alan Reiss, diretor do World Trade Center, Autoridade Portuária: Eu e um detetive, o Richie Paugh, saímos pela praça principal. Vimos o rombo na torre e as pessoas saltando. Não era nem um pouco seguro ficar ali, mas vimos uma roda de avião, e o detetive disse: "Isso é prova. Temos que levar conosco". Falei: "Você tá louco?". E o Richie: "Não, é isso mesmo", e saiu arrastando aquela coisa de volta para a central da Autoridade Portuária.

Tracy Donahoo, guarda de trânsito, DPNY: As pessoas saíam do prédio em um fluxo contínuo. O meu raciocínio era: *O Corpo de Bombeiros vai chegar. Eles vão subir as escadas, vão apagar o incêndio e pronto, acabou*. Como sabemos, não foi nada disso. As coisas só ficaram mais críticas.

Anthony R. Whitaker, comandante do WTC, DPAP: Ordenei ao policial da central que começasse uma operação de evacuação total de todo o complexo.[26]

Alan Reiss: Falei com as pessoas que eu conhecia lá em cima, no Windows on the World, e disse: "Vamos ver se conseguimos fazer o Corpo de Bombeiros chegar aí. Peguem guardanapos, molhem com a água de um vaso de flores e cubram o rosto, respirando através do pano". Eu achava que não conseguiríamos chegar lá. Tinha sérias dúvidas.

Jay Swithers, paramédico, CBNY: Muitos pacientes iam saindo da praça central, e as equipes de técnicos de emergência médica começaram imediatamente a distribuir as etiquetas de triagem que usamos para identificar quem precisava ser levado primeiro. Elas começam com a verde, para pessoas que estão feridas, mas andando, e podem ficar por ali. Depois vêm as amarelas, para pacientes que precisarão de ambulância, mas não estão em estado crítico. O próximo são as emergências; código vermelho é emergência. Tinha muitos pacientes fora de si, chorando. O Hotel Millennium foi muito solícito. Trouxeram as cadeiras acolchoadas para o saguão — aquelas cadeiras lindas deles — para os pacientes se sentarem.[27]

Capitão Jay Jonas, equipe de resgate 6, CBNY: Eu estava indo em direção ao posto de comando no saguão quando encontrei a equipe de resgate 3 e o capitão Paddy Brown. Paddy era uma dessas figuras inesquecíveis, respeitadíssimo por todo mundo no Corpo de Bombeiros. Ele serviu duas vezes no Vietnã como marine,* foi dispensado e se tornou um dos bombeiros mais condecorados da história da corporação. Um sujeito muito querido, muito conhecido, muito solidário. Ele me disse: "Jay, nem se apresente ao posto de comando. Eles vão te mandar subir". Quase falei: "Tudo bem,

---

* Tropa de elite da Marinha norte-americana, equivale aos fuzileiros navais brasileiros. [N. T.]

então. Vou subir com você". Mas em vez disso, disse: "Deixa eu me apresentar primeiro. Te encontro lá em cima".

Eu me apresentei no posto de comando. Estava lá esperando as ordens quando vejo o comandante-geral, Von Essen, conversar com Pete Hayden, o subcomandante encarregado da operação. E ouço Hayden dizer para Von Essen: "Nós não vamos apagar esse incêndio. Essa é uma missão exclusivamente de resgate".

Jeff Johnson, bombeiro, equipe de combate a incêndio 74, CBNY: Quando entramos no Marriott, já havia uma boa quantidade de equipes e de civis no saguão. Perguntamos a um comandante o que devíamos fazer. Ele disse: "Bem, temos que verificar informações de que ainda há pessoas no Marriott". Havia uma quantidade considerável de bombeiros no prédio naquela hora. Pareciam abelhas. Pegamos o elevador até o 18º andar. Subimos a escadaria no sul do prédio até o andar mais alto que achamos. Ele é tido como um prédio de 22 andares. A academia era no 22º. Quando estávamos chegando lá, bati o olho na área do spa. Tinha uma jacuzzi — das grandes. E uma parte do trem de pouso do avião estava na jacuzzi.

Anthony R. Whitaker: Passei a manhã inteira sem entender muito bem o que estava acontecendo. O que quer que fosse, era maior do que nós.[28]

Al Kim, vice-presidente de operações, TransCare Ambulance: Não tínhamos noção da dimensão do que acontecia acima de nós. Os prédios são tão imensos e a área de implantação é tão vasta que, se você está na base, não tem como jogar a cabeça para trás a ponto de ver o que está realmente ocorrendo.

Thomas Von Essen, comandante-geral, CBNY: Nada poderia realmente nos preparar para o que aconteceu — ou para a velocidade com que os eventos se desdobraram.[29]

9.
O segundo sequestro

"United 175, você ouve Nova York?"

O segundo avião, o voo 175 da United, foi sequestrado apenas alguns minutos antes de o voo 11 da American Airlines se chocar contra o World Trade Center. O voo 175 da United Airlines tinha nove tripulantes e 56 passageiros a bordo. Momentos antes de o avião da American atingir a Torre Norte, os pilotos do 175 da United ouviram o pedido de socorro do voo 11 da American Airlines e informaram ao controle de tráfego aéreo.

8h41

Voo United Airlines 175: Nova York UAL 175 pesada.
Controle de tráfego aéreo: UAL 175 vá em frente.
Voo United Airlines 175: Achamos melhor esperar antes de ir para o seu centro. Ouvimos uma transmissão suspeita quando estávamos saindo de BOS,* parecia que alguém tinha ligado o microfone e dito para todos ficarem em seus assentos.
Controle de tráfego aéreo: O.k. Vou repassar essa informação.
Voo United Airlines 175: A mensagem foi cortada.

8h51

Dez minutos depois, o controle de tráfego aéreo tentou transmitir instruções de rotina para o voo. O avião não respondeu mais.

Centro de controle de Nova York: United 175, recicle seu transponder e acione o código um-quatro-sete-zero.
Centro de Nova York: United 175, Nova York?
Centro de Nova York: United 175, você ouve Nova York?

---

* Sigla do Aeroporto Internacional de Boston. [N.T.]

Centro de Nova York: Delta 1489, você ouve Nova York?
D1489: Delta 1489, pode falar.
Centro de Nova York: O.k., só queria me certificar de que você estava ouvindo Nova York. United 175, está ouvindo Nova York?

9h

Nos últimos minutos de voo, passageiros do voo 175 da United telefonaram para familiares e deixaram palavras de carinho e de aflição. Brian Sweeney, 37 anos, ex-piloto de F-14 na Guerra do Golfo, deixou uma mensagem de voz para a esposa, Julie, que estava em Massachusetts. Peter Hanson, de 32 anos, que viajava com a esposa Sue Kim, de 35, e a filha de dois anos e meio, Christine, ligou para o pai. Christine seria a vítima mais nova do 11 de Setembro.

Brian Sweeney, passageiro, Voo United 175: Oi, Jules, aqui é o Brian. Ah, ouve só. Estou em um avião que foi sequestrado. Se as coisas não derem certo, e está parecendo que não vão dar, eu só quero que você tenha certeza absoluta de que eu te amo, torço por você, quero que você se divirta — e digo o mesmo para os meus pais. Eu te vejo quando você chegar aqui. Eu quero que você saiba que eu sou completamente apaixonado por você. Tchau, querida. Espero te ligar.

Peter Hanson, passageiro, Voo United 175: A coisa está ficando feia, pai. A aeromoça foi esfaqueada. Parece que eles estão com facas e spray de pimenta. Eles dizem que têm uma bomba. A coisa está ficando muito feia no avião. O avião está fazendo movimentos bruscos. Acho que o piloto não está no controle. Acho que vamos cair. Acho que eles querem ir para Chicago ou algum lugar e atirar o avião contra um prédio. Não se preocupe, pai. Se isso acontecer, vai ser muito rápido. Ai, meu Deus, meu Deus, meu Deus!

9h01

Em solo, a perplexidade no controle de tráfego aéreo só crescia, conforme bases diferentes tentavam montar o quebra-cabeça dos acontecimentos que se desenrolavam rapidamente — até mesmo para entender que outro voo havia sido sequestrado — e conseguir organizar uma reação.

Peter Mulligan, AFA, Centro de Nova York: Você sabe dizer se alguém articulou para soltar algum tipo de caça imediatamente?

Controlador no Centro de Comando da AFA, Herndon, Virgínia: [*inaudível*] acha que o avião ainda está no ar?

Mulligan: Não, temos várias situações muito graves acontecendo aqui. Está piorando muito, muito, precisamos envolver os militares.

Centro de Comando da AFA: Por quê? O que está acontecendo?

Mulligan: Apenas me ponha em contato com alguém que tenha autoridade para colocar os militares em ação, agora.

9h02

Ao saber que um segundo avião havia sido sequestrado, o controle de tráfego aéreo de Nova York pediu a outros escritórios da AFA que tentassem avistar o voo 175 da United na chegada a Manhattan.

Centro de Nova York: Oi, você pode olhar pela janela agora?

Controle de Aproximação de Nova York (APP), Long Island: Sim.

Centro de Nova York: Você está vendo um cara a mais ou menos 4 mil pés, a mais ou menos cinco leste do aeroporto agora, parece que ele está...

APP de Nova York: Sim, estou vendo.

Centro de Nova York: Ele também está descendo para o prédio?

APP de Nova York: Sim, ele está descendo rápido demais.

Centro de Nova York: Bem, isso...

APP de Nova York: Ele agora está a 450 pés, acabou de descer oitocentos pés de uma vez só.

Centro de Nova York: Isso já é outra coisa. Que tipo de avião é, dá para vocês verem?

APP de Nova York: Não sei. Vou conseguir ver em um minuto.

APP de Nova York: [*inaudível*].

APP de Nova York: Outro avião acabou de bater no prédio.

Centro de Nova York: Nossa!

APP de Nova York: [*inaudível*] Ai, meu Deus! Mais um acabou de bater com tudo.

Centro de Nova York: Mais um acabou de bater no World Trade Center.

APP de Nova York: O prédio todo, ah, simplesmente se desfez. [*inaudível*] Ai, meu Deus!

Centro de Nova York: Caramba! O.k. Acho que vocês vão ter muito trabalho.

10.
As Forças Armadas entram em marcha

"Um monte de problemas em potencial."

Ao longo de toda a Costa Leste dos Estados Unidos, os responsáveis pelo espaço aéreo do país — tanto as unidades militares de defesa quanto os controladores de tráfego aéreo civis — tentavam lidar com a desorientação desencadeada pelo segundo sequestro, mesmo sem saber da sina do voo 11 da American Airlines.

Colin Scoggins, especialista em espaço e procedimentos aéreos e especialista militar, AFA, Centro de Boston: De alguma forma, concluiu-se que o voo 11 da American ainda estava no ar, então liguei para o Setor Nordeste de Defesa Aérea e avisei a eles. Eu estava errado, claro.

Tenente-coronel Kevin Nasypany, comandante da tripulação da missão, SNDA, Rome, Nova York: Recebemos uma pista — uma informação equivocada que chegou pelos canais da AFA — de que o voo 11 não tinha batido e estava indo para Washington.

Major-general Larry Arnold, comandante da Primeira Força Aérea, o Comando de Defesa do Aeroespaço Norte-Americano dos Estados Unidos Continental, Base Aérea de Tyndall, Flórida: Eu queria enviar uma aeronave da base de Langley imediatamente. Os F-16 que tinham vindo de Dakota do Norte estavam de prontidão na Base Aérea de Langley, na Virgínia.

Ben Sliney, gerente nacional de operações, Centro de Comando da AFA, Herndon, Virgínia: Enquanto tentávamos reunir as informações, o Centro de Nova York também começou a ter um problema. Era uma questão com uma aeronave — no fim das contas, era o United 175.

Major-general Larry Arnold: Eu disse: "Bob [Marr], precisamos que esses aviões [de Langley] cheguem a Washington, para o caso de estarmos sendo atacados". Outros aviões estavam sendo considerados pela AFA "possivelmente sequestrados".

Coronel Bob Marr, comandante, SNDA, Rome, Nova York: Estávamos diante de um monte de problemas em potencial.[1]

Capitão Craig Borgstrom, piloto de F-16 e comandante de operações do esquadrão, Base Aérea de Langley: Um cara do setor me perguntou: "Quantos aviões você consegue colocar no ar imediatamente?". Eu disse que tinha dois em postos de combate. E ele: "Não foi isso que perguntei — quantos aviões, no total, você consegue enviar?". Respondi: "Te mando três". Ele disse: "Então faça isso".[2]

***

No espaço aéreo da região nordeste, pilotos comerciais, confusos, tentavam decifrar o caos que envolvera os controladores aéreos e o mundo lá embaixo.

Chuck Savall, piloto, Midwest Express, voo 73: Eu era o capitão do voo da Midwest Express de Milwaukee para Newark. Começamos a descida para Newark em uma manhã comum, muito bonita. Ouvimos outro piloto comercial dizer no rádio: "Acabamos de ouvir falar que um avião se chocou contra o World Trade Center". Estávamos a quarenta quilômetros de lá. Olhei pela janela. Vimos o fogo e a fumaça.[3]

Gerald Earwood, piloto, Midwest Express, voo 7: Eu estava voando de Milwaukee para o aeroporto LaGuardia, em Nova York. Começamos a descer para 18 mil pés e vimos a fumaça vindo da primeira torre atingida. Achamos que era um incêndio no sistema de ar-condicionado.[4]

Ao se aproximar de Nova York, os dois voos da Midwest — apenas dois entre dezenas de aviões que estavam a caminho dos três aeroportos supermovimentados da região, que recebiam, em 2001, por volta de mil voos por dia cada um — se viram no meio dos ataques em curso. O voo 175 da United desligou o transponder e deu uma guinada à esquerda na direção de Manhattan.

Gerald Earwood: Recebi ordens para tomar medidas evasivas para evitar uma colisão com o United 175. Vi o desastre bem na minha frente. Nós estávamos descendo para 4 mil pés, chegando ao LaGuardia. A fumaça da primeira torre do World Trade Center encobria o aeroporto. Avisei o controlador: "Não estamos conseguindo ver o aeroporto". Liguei para ele três vezes. Não ouvia burburinho, conversa, nada. De repente ele respondeu, gritando: "Midex 7, você está comigo?". Eu disse: "Positivo, estamos descendo para 4 mil pés". Ele ordenou que eu virasse totalmente para a esquerda e começou a gritar: "Vire para a esquerda, imediatamente — agora, agora, já". Eu nunca tinha visto um controlador gritar daquele jeito, tão nervoso.[5]

Coronel Bob Marr, comandante, SNDA, Rome, Nova York: Estávamos assistindo televisão quando vimos outra aeronave entrar no quadro e atingir a segunda torre do World Trade Center.[6]

Frank Loprano, chefe de operações aeronáuticas, aeroporto de Newark, Autoridade Portuária: Peguei o binóculo para olhar o World Trade Center. Eu tinha acabado de pousá-lo na mesa quando o segundo prédio irrompeu em chamas. Peguei a linha direta para a torre de controle e disse: "Newark está fechado. Nós vamos lançar bombas".

Ben Sliney, gerente nacional de operações, Centro de comando da AFA, Herndon, Virgínia: Estávamos discutindo a possibilidade de parar todo o tráfego aéreo na Costa Leste para lidar com o problema em Nova York. Estávamos justamente encerrando o tráfego quando, diante de nossos olhos, o United 175 entrou no quadro da televisão.

Gerald Earwood: Estávamos saindo de uma curva à direita quando ouvimos uma aeronave na frequência anunciando: "Acabamos de ver um avião bater no World Trade Center".[7] Olhei para cima e vi o impacto do United 175.

Tenente-coronel Kevin Nasypany: Entramos no modo "Puta que o pariu". É a melhor descrição: perplexidade. Estávamos sendo atacados. Concluímos que, se havia dois, poderia haver mais.

Tenente-coronel Tim Duffy, piloto de F-15, Base Aérea de Otis, Cape Cod, Massachusetts: Disseram que a segunda aeronave tinha acabado de atingir o World Trade Center — na cabine, minha cabeça deu um nó: "Segunda aeronave?".[8]

Ben Sliney: Quando o United 175 bateu no prédio, mandei segurarem todos os aviões do país em terra, sem exceções. Ninguém tinha autorização para decolar.

Em minutos, Nova York tinha fechado seus aeroportos e estava direcionando as aeronaves que tentavam chegar à cidade para outros locais.

Tenente-coronel Tim Duffy, piloto de F-15, Base Aérea de Otis: Estávamos a mais ou menos cem quilômetros de Manhattan, e dava para ver as torres queimando. Nessa hora, olhei para cima e disse: "O.k., obviamente acabou de mudar tudo". Pessoalmente, do meu ponto de vista, tínhamos decolado para prestar ajuda. Aí você olha pra cima, vê tudo queimando e diz: "O.k., agora tem gente morrendo". Basicamente sua cabeça entra em modo de combate.[9]

Susan Baer, gerente-geral, Aeroporto Internacional de Newark: Liguei para o gerente do JFK e disse: "Você está sabendo de alguma coisa?". Enquanto eu falava com ele, o segundo avião bateu na Torre Sul, e nós vimos tudo — o impacto, a fumaça. Eu disse: "O Trade Center foi atingido novamente. Eu vou fechar o aeroporto. Você deveria fazer o mesmo".

Chuck Savall: Àquela altura, tínhamos que definir nosso plano B: quanto combustível temos e até onde poderíamos ir. A primeira ideia foi dar uma olhada no LaGuardia. Mas nossos operadores estavam assistindo à CNN. Eles nos orientaram a ficar o mais longe possível da Costa Leste, e foi o que fizemos. Voamos para Cleveland.[10]

Tenente-coronel Tim Duffy: Eles entraram de novo na frequência e disseram: "O Comando de Defesa do Aeroespaço Norte-Americano acabou de assumir o controle de todas as aeronaves do país. Sigam diretamente para Manhattan e iniciem uma Patrulha Aérea de Combate". Eu disse: "O.k., entendido".[11] Foi uma experiência muito surreal — voar trezentos metros acima do Central Park, a novecentos quilômetros por hora, tentando identificar possíveis alvos. Não estava certo. Não era para ninguém estar fazendo aquilo em Manhattan.

Às 9h24, os caças da Base Aérea de Langley foram acionados. Sem saber da ameaça que enfrentavam, de início os caças foram enviados para o leste, na direção do oceano Atlântico, seguindo diretrizes-padrão para interceptar bombardeiros russos.

Capitão Craig Borgstrom: Pouco depois de decolarmos, eles mudaram nossa rota mais para o noroeste, em direção a Washington, e autorizaram a velocidade subsônica máxima. É a velocidade mais alta que você consegue atingir sem ultrapassar a barreira do som. Na minha curta carreira, nunca tinha ouvido essa ordem, mas acho que ninguém tinha.[12]

II.
O segundo avião
"Central, estamos sendo atacados."

A Aon Corporation ocupava os andares 92, 93 e 98 da Torre Sul. Às 8h59, Sean Rooney, o vice-presidente dos serviços de gestão de risco da Aon, que trabalhava no 98º, ligou para sua esposa, Beverly Eckert, e deixou uma mensagem de voz.

Sean Rooney, vice-presidente, Aon Corporation, Torre Sul, 98º andar: Ei, Beverly, aqui é o Sean, caso você receba essa mensagem. Houve uma explosão no World Trade Um, que é o outro prédio. Parece que ele foi atingido por um avião. Está pegando fogo mais ou menos no 90º andar. E é... é horrível. Tchau.

Sean ligou novamente às 9h01, e a ligação caiu na caixa postal de Beverly mais uma vez. Ao fundo, a gravação capturou um comunicado. Era a Autoridade Portuária garantindo aos ocupantes da Torre Sul que eles estavam seguros.

Sean Rooney: Oi, amor, aqui é o Sean de novo.
Comunicado da Autoridade Portuária: Peço a atenção de todos, por favor.
Sean Rooney: Parece que nós...
Comunicado da Autoridade Portuária: Repetindo a mensagem:
Sean Rooney: ... nessa torre por um tempo. Ahn, está...
Comunicado da Autoridade Portuária: A situação aconteceu no Prédio Um, se as...
Sean Rooney: Estamos seguros aqui.
Comunicado da Autoridade Portuária: ... condições no seu andar justificarem, vocês podem iniciar o abandono de forma ordenada.
Sean Rooney: Falo com você mais tarde, tchau.

Dois minutos depois do comunicado da Autoridade Portuária, telespectadores de todo o país que acompanhavam a dramática transmissão ao vivo do acidente na Torre Norte viram o voo 175 da United Airlines surgir em sua tela. Os ataques interromperam os últimos minutos dos telejornais da manhã, levando os horrores que aconteciam em Nova York para dentro dos lares de milhões de pessoas que estavam sentadas à mesa tomando o café da manhã, corriam para levar as crianças para a escola ou se preparavam para ir trabalhar naquela terça-feira de setembro.

Jane Clayson, âncora, *The Early Show*, CBS: Era um dia leve, sem notícias. Estávamos no fim de um quadro com a responsável pela revista *Gourmet*. O programa estava terminando.[1]

Katie Couric, âncora, *The Today Show*, NBC: Eu estava na sala dos fundos, aonde íamos nos intervalos do programa para nos preparar para os próximos assuntos, descansar, tomar um café. O Matt Lauer estava entrevistando alguém que tinha escrito um livro sobre o Howard Hughes. Olhei para o monitor e vi o World Trade Center pegando fogo. Pensei: *Caramba!* Olhei para o relógio e pensei: *Graças a Deus ainda não são nove horas, que é quando a maioria das pessoas chega ao trabalho*. No mesmo instante, Matt encerrou a entrevista, eu corri de volta para o lado dele e começamos a tentar decifrar o que havia acontecido.

Deena Burnett, em casa em San Ramon, Califórnia, esposa de Tom Burnett, passageiro do voo 93 da United: Acordei com as três crianças entrando correndo no meu quarto, o que acontecia na maioria das manhãs. Elas vieram um pouco antes das seis horas, e eu acordei imediatamente e levantei da cama. Anna Clare e nossas duas gêmeas de cinco anos, Halley e Madison, me disseram o que queriam de café da manhã. Liguei a televisão. Notei que todos os canais falavam do World Trade Center. Pensei: *Meu Deus, o controle de tráfego aéreo deve estar um caos*.[2]

Jane Clayson: A primeira testemunha repetia que era um avião comercial. Meu colega de bancada Bryant Gumbel e eu insistíamos: "Você tem certeza?". Pensei comigo mesma que devia ter sido um acidente. "Tem certeza de que não era um avião pequeno?" Mas todas as testemunhas diziam o mesmo: "Tenho certeza de que era um avião comercial".[3]

Katie Couric: Quando tive o primeiro vislumbre do incêndio, não percebi a dimensão, porque parecia que o fogo vinha só da lateral do prédio. A fumaça encobria uma boa parte do enorme buraco no edifício. Lembro que minha mão tremia feito vara verde. O Al Roker ajudou muito, porque conhecia bem a estrutura do prédio, já que era repórter de rua quando a primeira bomba explodiu no subsolo, em 1993.

Deena Burnett: O telefone tocou. Era minha mãe. Ela disse: "Deena, você viu a televisão? Estão dizendo que foi um voo da American Airlines que bateu nas torres. O Tom está em Nova York, não?". Respondi: "Não se preocupe, mãe. Ele foi de United ou Delta". E reforcei: "Mãe, não se preocupe. Caem aviões o tempo todo, mas o Tom nunca está neles".[4]

Katie Couric: Ficamos conversando, ouvindo relatos de testemunhas oculares, e depois, é claro, a visão realmente aterradora, chocante foi quando o segundo avião veio voando em direção ao prédio. Foi como se ele estivesse em animação suspensa.

Jane Clayson: Vimos tudo ao vivo. Quando ele apontou no canto da tela, as pessoas no estúdio apontaram para os monitores. Dava para ver o avião vindo. Dava para ouvir todo mundo prender a respiração no estúdio. Então ele explodiu contra o prédio. Fez-se um silêncio. Ficamos um olhando para a cara do outro.[5]

Katie Couric: O Matt disse: "Isso obviamente foi proposital". Eu me lembro de pensar: *Bem, ainda não dá para saber.* Se lembrarmos da bomba em Oklahoma City, todo mundo achou que fosse obra de extremistas muçulmanos. Tive receio de enquadrar dessa forma. Fiquei paralisada, mas queria ser cuidadosa em relação a como caracterizar aquilo. Porém o Matt disse, de cara: "Isso é um ataque terrorista".

Peter Jennings, âncora, *ABC News***:** Eu só levantei as mãos e pedi silêncio a todo mundo na redação, porque não sabíamos o que estava acontecendo. Nossas suspeitas foram imediatas. Em vez de nos arriscar a dizer alguma besteira, deixamos o público absorver aquilo.[6]

Às 9h03, voando a 950 quilômetros por hora, o voo 175 da United se chocou com a Torre Sul, o World Trade Center Dois, num ângulo meio enviesado. A asa esquerda, mais baixa, penetrou no prédio na altura dos andares 77 e 78, que abrigavam o Sky Lobby, o saguão onde era feita a transferência dos elevadores expressos para os locais; a asa direita, que estava mais alta, atingiu o 85º andar. A maior parte da área de impacto, dos andares 78 a 83, era ocupada pelo Fuji Bank, cujos funcionários haviam sido evacuados após o ataque à Torre Norte, mas tinham voltado em seguida, quando a Autoridade Portuária informou que o incidente estava sob controle. O Fuji Bank perderia ao todo 23 funcionários e visitantes naquele dia.

Uma única escada da Torre Sul, a escadaria A, sobreviveu ao choque. Menos de vinte pessoas conseguiriam escapar da zona de impacto e dos andares acima dela.

Stanley Praimnath, Banco Fuji, Torre Sul, 81º andar: Eu estava olhando na direção da Estátua da Liberdade e uma coisa chamou minha atenção: um avião, e ele ficava cada vez mais próximo.

Steven Bienkowski, divisão aérea, DPNY: Nosso helicóptero estava no lado sudoeste da Torre Sul. Olhei por cima do ombro, e uma aeronave da United Airlines vinha exatamente na nossa direção, logo abaixo de onde estávamos — embaixo de nós. Deve ter passado a uns noventa metros da gente.[7]

James Cowan, divisão portuária, DPNY: O segundo avião passou tão perto que o piloto do helicóptero do DPNY teve de tomar uma medida evasiva, arrancando para cima.[8]

Steven Bienkowski: Ele continuou voando e atravessou o prédio, que estava bem na nossa frente. Acho que entrei em choque. Não me lembro de ouvir a explosão, que deve ter sido muito estrondosa. Acho que dar conta de ver aquilo acontecendo já foi demais para mim.[9]

Melinda Murphy, repórter de trânsito, WPIX TV: Tínhamos voltado para a redação para a reunião pós-programa. Tínhamos monitores de vídeo, a televisão estava sempre ligada. Vi os prédios pegando fogo. Meu cinegrafista correu para a mesa do pauteiro e falou: "Você tem que mandar o helicóptero". Entrei em um táxi e liguei para o meu marido. Eu disse: "Escuta, vou chegar bem tarde hoje". Quando encostamos no heliporto da rua 30, o segundo avião bateu na torre. Foi uma cena completamente inacreditável. Via o fogo bem do lado da janela do helicóptero. Alguém dizia no meu ponto: "Temos que entrar ao vivo, pronta para entrar ao vivo?". Eu não estava pronta nem para exclamar "Meu Deus!", quanto mais falar sobre aquilo para a câmera. Mas falei.

Robert Small, gerente de escritório, Morgan Stanley, Torre Sul, 72º andar: Liguei para a minha esposa. De repente houve uma rajada, uma explosão, um "bum". Foi a sensação mais violenta da minha vida. O avião bateu logo acima de nós. Estávamos no 72º andar e ele bateu no 78º. Fui lançado na direção da minha mesa e depois para trás duas ou três vezes. As coisas despencaram da parede, as prateleiras desabaram. Peguei o telefone, e minha esposa estava gritando: "O que aconteceu?". Eu disse: "Alguma coisa explodiu". E ela: "Sai daí!". Eu falei: "Está bem. Te ligo mais tarde". Não teve "Eu te amo. Caso eu nunca mais te veja...".

Michael McAvoy, diretor adjunto, Bear Stearns: Eu estava no meu escritório no sul do Brooklyn, de onde via o World Trade Center com clareza. A fumaça era densa e preta. Voltei à minha mesa para ligar para o Jimmy, que era meu melhor amigo havia mais de trinta anos. Ele trabalhava na Cantor Fitzgerald, no 104º andar da Torre Norte. Ninguém atendeu. *Vai ver que ele tirou o dia de folga e foi jogar golfe. Cara, tomara!* Depois que o segundo avião bateu, corri de volta para a mesa e liguei para minha mãe. Ela me disse que meu irmão, John, que é bombeiro do CBNY, da equipe de resgate 3, da rua 13, tinha trabalhado no turno da noite e, portanto, ainda estava no quartel quando os aviões bateram. Liguei para o quartel dele. Ninguém atendeu.[10]

Charles Christophe, advogado, Broadway: Liguei para o escritório, e a recepcionista disse que minha esposa [Kirsten L. Christophe] tinha ligado e contado que a primeira torre havia sido atingida. Não sei se ela tinha visto ou ouvido falar, porque o escritório dela ficava no 104º andar da Torre Sul. Ela disse para a minha recepcionista que estava bem, que não havia motivo para preocupação e que me ligaria mais tarde. Voltei para o meu escritório, no número 225 da Broadway, e fiquei esperando ela ligar e tentando ligar para ela. Não atendia. Então ouvimos a segunda explosão.

Louise Buzzelli, Riverdale, Nova Jersey, esposa de Pasquale Buzzelli, Autoridade Portuária, Torre Norte, 64º andar: Comecei a receber um monte de telefonemas. No início ninguém tinha coragem de perguntar. Lembro particularmente de uma ligação, do primo dele, o Ralph. Ele era um irmão para o Pasquale. Ele me disse: "Não se preocupe. O Pasquale vai conseguir sair. Vai dar tudo certo". E perguntou: "Teve notícias dele?". Respondi: "Sim. Conversamos, e ele falou que iam sair de lá". Ainda estávamos no telefone quando vimos o segundo avião bater na torre. Ao mesmo tempo: ele viu ao vivo, do prédio dele, e eu na televisão.

Judith Wein, vice-presidente sênior, Aon Corporation, Torre Sul, 103º andar: Desci a pé do 103º ao 78º andar, encontrei meus colegas e ficamos pelo Sky Lobby, esperando nossa vez de entrar nos elevadores grandes que descem para o térreo. Quando o segundo avião bateu, basicamente fui atirada para o ar e voei para o lado oposto do lobby. Pensei: *Então é assim que tudo acaba? É isso que é a vida — ir trabalhar, chegar por volta das sete da manhã, sair às cinco da tarde, gastar uma hora e meia por dia na condução, não ter muito outra vida? É disso que se trata?* Aterrissei sobre meu braço, que foi esmagado. Trinquei três costelas, o pulmão teve uma pequena perfuração. Tive sangramento abdominal. Mas fiquei bem. O braço amorteceu a minha queda. Mais tarde, o médico me perguntou: "O que caiu em cima de você?". Eu respondi: "Eu mesma".

Stanley Praimnath, Banco Fuji, Torre Sul, 81º andar: Tive medo de ser sugado pela pressão do ar. Fiquei agarrado àqueles móveis estropiados.[11]

Jean Potter, Bank of America, Torre Norte, 81º andar: Conseguimos chegar ao Sky Lobby. E foi aí que a Torre Sul foi atingida. Houve outra explosão enorme, que vimos pela janela. Vi bolas de fogo, papel, e pensei: *Meu Deus do céu, o que é isso? O que aconteceu agora?* Voltamos à escada e continuamos descendo.

Joe Esposito, chefe de departamento, DPNY: Os destroços estavam despencando. Olhamos para cima e parecia uma coisa saída daqueles desenhos antigos, com o Papa-Léguas, quando o Coiote fica assistindo a um monte de coisas desabando em cima dele. O cofre — ou qualquer outra coisa que o Papa-Léguas jogasse nele — ia caindo. E ia ficando cada vez maior. Os destroços iam ficando cada vez maiores conforme se aproximavam de nós.

Tenente Mickey Kross, equipe de combate a incêndio 16, CBNY: Parecia um daqueles filmes, aqueles filmes velhos do Godzilla, em que um monstro emerge do mar e todo mundo sai correndo, gritando, tropeçando, caindo.

David Norman, policial do Serviço de Emergência, caminhão 1, DPNY: Uma das rodas do trem de pouso do avião que havia acabado de bater no prédio caiu, em chamas, bem na nossa frente. Era quase do tamanho de um Volkswagen e aterrissou no meio na rua.

Bernie Kerik, comissário, DPNY: Destroços e pedaços de corpos, do avião, do prédio — estava caindo tudo aquilo em cima de nós. Gritei para minha equipe pedir ao pessoal da Aeronáutica fechar o espaço aéreo. Gritei com uns caras lá, pedindo que me arranjassem apoio aéreo. Eles me olharam como quem diz: "Tem uma porra de um telefone para ligar e pedir um F-16?".[12]

Frank Razzano, hóspede, Hotel Marriott: Logo depois ouvi uma explosão enorme. Dessa vez me levantei, abri as cortinas, olhei pela janela e vi bolas de fogo caindo na rua. Alguns carros estavam pegando fogo. Liguei a televisão. Vi que estavam dizendo que dois aviões tinham se chocado com o World Trade Center. Pensei: *Lamentável. Mas está acontecendo sessenta, setenta andares acima. Não tenho nada com isso. Meu caso vai ser julgado em cerca de uma semana. Tenho muito trabalho pela frente.* Naquela hora, eu pensava: *O Corpo de Bombeiros vai chegar, eles vão apagar o incêndio e, por mais trágico que seja, vai acabar.* Girei sobre meus calcanhares e fui para o banheiro. Tomei banho, fiz a barba, me vesti.

Fernando Ferrer, candidato a prefeito de Nova York: Ouvimos em um boletim que um segundo avião havia atingido a Torre Sul. Disse: "Vamos voltar para o Bronx. Isso não foi acidente coisa nenhuma". Kalman [Yeger, meu assessor] disse: "Não, temos a agenda de campanha". Repeti: "Não foi acidente!". E ele: "Não, temos que ir para o Baixo Manhattan! Temos que…". "A campanha acabou", eu disse.

Dan Potter, bombeiro, equipe de resgate 10, CBNY, estudando para a prova de sargento em Staten Island: Comecei a revisar as perguntas. Alguém entrou de repente escancarando a porta e disse: "Puta merda, dois aviões acabaram de bater no Trade Center". Logo depois o telefone do

Harvey Harrell começou a tocar do meu lado, e eu o ouvi dizendo: "Dois aviões. Outro avião acabou de bater no Trade Center". Harvey Harrell morreu no Trade Center. Ele era da equipe de resgate 5, de Staten Island. Ligou lá do American Legion Hall para o quartel: "Não deixe os caminhões saírem sem mim". Foi por pouco. Ele estava de folga e falou para os caras: "Quero ir com vocês no caminhão".

Bill Spade, bombeiro, Ambulância 5, CBNY: Eu ouvi dizerem no rádio algo como: "Temos um incêndio enorme. Mandem mais quatro ambulâncias". Quatro ambulâncias convocadas para um único incêndio, ao mesmo tempo, era algo sem precedentes. Subindo a rua West — o Trade Center fica pertinho —, havia pedaços de corpos por todo lado. Lembro de tentar desviar deles, mas era impossível. Fiz uma rápida oração. Disse: "Vou ter de passar por cima", e foi o que fiz.

Joe Esposito: Peguei o rádio e disse imediatamente: "Central, estamos sendo atacados. Um segundo avião acaba de atingir a segunda torre. Estamos sendo atacados".

***

Em sua casa, em Riverdale, Nova Jersey, Louise Buzzelli, grávida de sete meses e meio, esperava notícias do marido, Pasquale, que estava na Torre Norte.

Louise Buzzelli: Não saí da frente da televisão. Lembrei que, no dia anterior, ele tinha deixado a camisa que usava no trabalho pendurada na cabeceira. Eu sempre lhe dizia: "Você pode fazer o favor de guardar suas coisas?". Mas, naquele dia, só queria senti-lo. Peguei a camisa e vesti. Nós temos uma cruz no quarto; agarrei a cruz e fiquei rezando e pedindo a Deus que aquilo acabasse, que ele saísse de lá e que isso fosse algo que pudéssemos superar, que o mundo pudesse superar.

Pasquale Buzzelli, engenheiro, Autoridade Portuária, Torre Norte, 64º andar: Vimos um replay do segundo avião batendo na torre — a imagem estava ruim — em uma das televisões da sala de reunião. Foi quando soubemos que não tinha sido acidente.

Louise Buzzelli: Ele ainda me ligou outra vez, depois que o segundo avião bateu no outro prédio. Achei que já estivesse lá embaixo, então fiquei, tipo: "Ah, graças a Deus". Perguntei: "Ah, você conseguiu descer? Você está bem? Onde você está?". E ele: "Não, nós ainda estamos aqui". Fiquei tão brava com ele!

Pasquale Buzzelli: Ela perguntou: "O que você ainda está fazendo aí? Sai daí já!". Eu disse: "Eu sei, Louise". E disse: "Estamos bem aqui. Já vamos sair". E ela só repetia: "Sai daí, porra!".

***

O segundo ataque alterou — e complicou — a operação de resgate no World Trade Center, que já era colossal. Às 9h10, o DPNY *definiu uma segunda mobilização de nível 4, uma medida sem precedentes, convocando outros mil agentes e supervisores ao cenário. O* CBNY *também soou o quinto alarme, pela segunda vez, despachando mais centenas de bombeiros, incluindo 23 equipes de combate a incêndio e treze de resgate. Isso sem contar as várias brigadas, bombeiros, paramédicos e ambulâncias que se dispuseram a ir por conta própria. Como os ataques se deram por volta do horário-padrão de troca de turno, às nove, muitos caminhões estavam com "carga pesada", ou seja, transportando bombeiros dos turnos da noite e do dia. Os agentes do* DPAP *lotaram a zona em torno do World Trade Center, enquanto outros colegas fechavam as pontes e túneis de acesso a Nova York, parte de um procedimento de segurança cautelar conhecido como* OPERAÇÃO ÔMEGA. *Fred V. Morrone, superintendente do* DPAP, *começou a subir a escadaria B da Torre Norte às 9h11 para avaliar os danos do alto.*

Funcionários do município se esforçavam para organizar uma reação aos ataques, em parte porque o centro de comando de emergências de Nova York, que havia custado 13 milhões de dólares, ficava no 23º andar do World Trade Sete, que havia sido evacuado pouco depois dos ataques. Não havia uma sede alternativa. As autoridades municipais, incluindo o prefeito Rudy Giuliani, que chegou à área rapidamente, improvisaram um plano de reação enquanto estabeleciam postos de comando na base do improviso.

Dan Nigro, comandante de operações, CBNY: O horror daquele dia tinha acabado de crescer exponencialmente.

Capitão Jay Jonas, equipe de resgate 6, CBNY, aguardando ordens no posto de comando no saguão térreo da Torre Norte: Eu fiquei lá, parado. Estava muito barulhento — como você pode imaginar, a acústica do saguão do World Trade Center não é muito boa, tinha muito eco — e de repente ficou tudo silencioso. Um dos bombeiros das ambulâncias olhou para cima e disse: "Talvez a gente não sobreviva a hoje". Olhamos para ele, olhamos um para o outro e dissemos: "Você tem razão". Então aproveitamos para nos cumprimentar e desejar boa sorte um ao outro, dizer "espero te ver mais tarde", o que foi especialmente tocante para mim, pois todos tínhamos a compreensão de que aquele poderia ser o nosso último dia e, mesmo assim, fomos trabalhar.

Juana Lomi, paramédica, Hospital Beekman Downtown de Nova York: Aí as coisas começaram a piorar. Eu disse: "Olha aqui, gente, se não der para fazer triagem rápida, quem não estiver respirando bem, ou tiver dor no peito, pernas fraturadas ou qualquer coisa que impeça de correr, vai para a ambulância. E ninguém mais. Os outros vão ter que correr, usar as pernas ou sei lá o quê".

Monsenhor John Delendick, capelão, CBNY: A expressão no rosto do [chefe de departamento] Peter Ganci era impressionante, porque em geral ele só tinha duas expressões quando estava em um incêndio. A primeira era desafiadora, como se dissesse: "Vamos vencer. Vamos vencer". A segunda era mais jovial. Quando as coisas começavam a se acalmar, e o fogo estava escuro, apagando, ele ficava brincalhão. Circulava, falava com todo mundo. Mas aqui sua expressão era de medo. Eu nunca tinha visto isso no rosto dele.

Bernie Kerik, comissário, DPNY: O prefeito Giuliani me disse algo do tipo: "Estamos em um território desconhecido. A cidade nunca passou por nada parecido".[13]

David Brink, detetive, Serviço de Emergência, caminhão 3, DPNY: Eu estava tentando prender o cinto do meu equipamento de resgate com cordas. Senti um tapinha no ombro, me virei, e era Rudolph Giuliani. Ele disse: "Tenha cuidado lá dentro". Respondi: "Obrigado".

Thomas Von Essen, comandante-geral, CBNY: Eu me lembro de ver Ray Downey, chefe de operações especiais, no saguão, e ele me disse: "Estes prédios podem desmoronar". Ele disse isso apenas casualmente. Não disse que os prédios iriam desmoronar em quarenta minutos e que precisávamos tirar todo mundo de lá, nem que iriam cair no dia seguinte. Não disse nem que realmente cairiam. Só que eles *podiam* desmoronar. Foi a primeira vez em que tive ideia da dimensão da coisa.[14]

Capitão Jay Jonas: Pensei que o comandante Hayden fosse me mandar para o outro prédio, porque ainda não tinha ninguém lá. Eu disse: "Outro avião acabou de atingir a segunda torre". Ele fechou os olhos, balançou a cabeça e disse que sabia. Simplesmente falou: "Leve sua equipe aqui para cima e faça o melhor que puder na busca e no resgate".

* * *

Por toda a região, enquanto as mobilizações colossais do DPNY e do CBNY colocavam tropas extras em ação, socorristas de folga e que moravam fora de Manhattan perceberam a dimensão do desastre e começaram a se dirigir para a área. Às 9h29, o CBNY emitiu uma "reconvocação" geral, colocando todos os seus funcionários em serviço. No cômputo final, sessenta dos profissionais do CBNY que morreram no 11 de Setembro deveriam estar de folga naquela manhã.

Dan Potter: Corri para fora do prédio da American Legion. Dava para ver o Trade Center do outro lado do rio. Vi a coluna de fumaça subindo. Tinha um orelhão, e rapidamente disquei para tentar falar com a Jean. A ligação caiu na caixa de mensagens. Corri para a caminhonete e voltei correndo para a cidade.

Tenente Chuck Downey, CBNY: Eu estava em casa, de folga. Respondi ao chamado lá em Long Island, em Commack. Na entrada da cidade, as vias estavam todas paradas.

Capitão Joe Downey, equipe 18, CBNY: Eu também estava em casa naquele dia. Minha mãe começou a me ligar — ela queria saber se estávamos trabalhando. Ela sabia que meu pai [Ray Downey, chefe de operações especiais do CBNY] estava lá porque ele tinha ido trabalhar de manhã, mas não sabia se também estávamos. Minha companhia, no sul de Manhattan, foi uma das duas primeiras unidades a chegar lá. Ela seria dizimada naquele dia.

Joe Graziano, bombeiro, equipe de resgate 13, CBNY: Entramos no caminhão, e parecia que a cidade se abria para nos deixar passar. Chegamos lá muito rápido. Éramos seis, e eu fui o único que voltou.[15]

John Napolitano, pai: Eu sabia que meu filho [o tenente John P. Napolitano, bombeiro] era de uma equipe de ambulância e provavelmente seria chamado. Eu queria lhe dizer: "Não tente bancar o herói". Depois de diversas tentativas de falar com ele — dava sempre ocupado, ocupado, ocupado, ocupado —, liguei para casa para ver se minha esposa tinha conseguido falar com meu filho. Falei: "O telefone está ocupado e eu quero dizer para ele não se arriscar, se for para lá". Minha esposa estava chorando. Ela disse: "Ele já está lá".

12.
Ao vivo, no ar

"Estamos no *Guerra dos mundos*?"

Conforme emissoras de rádio e TV começaram a interromper a programação normal com cenas de Nova York, a notícia dos ataques se espalhou em nível nacional e deixou o país pasmo. Foi um despertar chocante para quem não estava na Costa Leste — e território desconhecido para os jornalistas que cobriam o acontecimento.

Bob Edwards, âncora, *All Things Considered*, National Public Radio (NPR): Entrei no estúdio e comecei a fazer o programa, que seria inteiro ao vivo. Eu me concentrei nas palavras que queria evitar. Não queria usar o termo "terrorismo". Pensei no ataque a bomba em Oklahoma City, em como se especulou sobre os responsáveis serem árabes.

Preston Stone, morador, Dakota do Norte: Acordei com a voz de um amigo na minha secretária eletrônica — seu tom era ansioso, a voz truncada, e ele dizia algo a respeito de um carro-bomba na Secretaria de Estado. Soube mais sobre os ataques pela NPR. Bob Edwards era o apresentador, e lembro claramente que ele fazia longas pausas em resposta às cenas que os repórteres de campo descreviam.

Bob Edwards: Tentava não dizer coisas como "Puta merda!". Em situações assim, nosso instinto é usar as palavras chulas que usamos no dia a dia. Mas não dá para dizer isso no microfone.

Anne Worner, moradora, Texas: Eu tinha saído para minha caminhada matinal. Assim que voltei para casa, o telefone tocou. Era minha namorada, histérica, berrando: "Estamos em guerra, estamos em guerra. Liga a televisão!". Tremendo, entrei na sala de estar e liguei a TV. Chorei sem parar ali, sentada, assistindo à cobertura.

Jason Fagone, morador, Ohio: Naquele mês, eu estava fazendo uma pedalada longa com amigos da faculdade, descendo a Costa Leste de bicicleta do Maine à Pensilvânia. Na manhã de 11 de setembro, estávamos em algum lugar da Nova Inglaterra. Por acaso passamos perto de uma Best Buy e resolvemos entrar e assistir à notícia nas TVs da loja. Todos os televisores estavam ligados na CNN ou outro noticiário ao vivo. Eram dezenas de TVs mostrando as Torres Gêmeas e a fumaça. Os vendedores nos deixaram sentar no chão para assistir. Eles também ficaram assistindo.

Rosemary Dillard, gerente da base de Washington, American Airlines, e esposa de Eddie Dillard, passageiro do voo 77: Cheguei ao trabalho, no Aeroporto Ronald Reagan, e fui para uma reunião. Logo no início, ouvimos gritos no Clube dos Almirantes. Fomos ver o que era aquela agitação e, depois de ver uma reportagem meio vaga, voltamos à reunião. Mais ou menos quinze minutos depois ouvimos gritos de novo e vimos que o voo 175 da United Airlines havia atingido a Torre Sul do World Trade Center. A reunião foi suspensa e fui para o meu escritório.

Katie Couric, âncora, *The Today Show*, NBC: Em uma pausa, enquanto o Matt [Lauer] fazia uma entrevista, corri para a sala dos fundos, liguei para os meus pais e disse para eles irem para o porão. Achei que o mundo ia acabar. Minha sensação era: *Estamos no* Guerra dos mundos*?*

13.
Na Escola de Ensino Fundamental Emma Booker, Sarasota, Flórida

"Os pagers de todo mundo dispararam."

A 1600 quilômetros ao sul de Nova York, o presidente George W. Bush chegara à Escola de Ensino Fundamental Emma Booker, em Sarasota, na Flórida. Às 8h55, começou o que achava que seria uma parada rápida antes de voltar a Washington para o almoço e para um piquenique noturno com parlamentares na Casa Branca.

Karl Rove, assessor sênior, Casa Branca: Estávamos em frente à escola. Meu telefone tocou. Era minha assistente, Susan Ralston, dizendo que um avião tinha atingido o World Trade Center — não estava claro se tinha sido um avião particular, de linha, um teco-teco, um jato. Era tudo o que sabia. O chefe estava a menos de um metro, cumprimentando as pessoas. Repeti exatamente a mesma coisa para ele. Ele arqueou as sobrancelhas, como quem diz: *Preciso saber mais.*

Dave Wilkinson, auxiliar do agente encarregado, Serviço Secreto dos Estados Unidos: Eddie Marinzel e eu éramos os dois principais agentes acompanhando o presidente naquele dia. O chefe da equipe de segurança estava em Washington. Ouvimos: "Houve um incidente em Nova York".

Andy Card, chefe de gabinete, Casa Branca: Estávamos parados na porta da sala de aula quando um assessor se aproximou e disse apenas: "Senhor, parece que um avião bimotor bateu contra uma das torres do World Trade Center". Todos comentamos que era uma tragédia. Então a diretora abriu a porta, e o presidente entrou para se encontrar com os alunos.

Brian Montgomery, secretário de gabinete do presidente, Casa Branca: Mark Rosenker, chefe do gabinete militar da Casa Branca, me disse: "O dr. Rice precisa falar com o presidente". Havia um grupo de estudantes, meninas de uniforme, professores, todos completamente alheios a tudo isso.

Natalia Jones-Pinkney, aluna, escola Emma Booker: Estava todo mundo de cabelo arrumado, com laços novos e tal.[1]

Sandra Kay Daniels, professora do segundo ano, escola Emma Booker: Nossa diretora o apresentou às crianças, ele apertou a mão de algumas, se apresentou, tentou quebrar o gelo, porque as crianças estavam pasmas. Pareciam soldadinhos, quietos, paralisados pela presença do presidente. Ele disse: "Vamos começar a leitura". A história se chamava "My Pet Goat",* e estava na nossa lista de leituras.[2]

Brian Montgomery: O presidente foi muito amável, saudou-os e depois disse: "Preciso atender um telefonema importante". Foi para a sala ao lado, direto para o STU-III, o telefone com linha segura.

Ari Fleischer: Temos sempre uma linha de telefone segura disponível para o presidente, mas acho que, em nove meses da presidência, nunca a havíamos usado em um evento como aquele.

Dave Wilkinson: Aquilo nos fez nos perguntar: "Será que o presidente está sendo visado?". Esse era o termo: "sendo visado". Ou será um ataque apenas a Nova York?

"Sandy Kress", assessor sênior de educação, Casa Branca: Voltei à sala de imprensa. O primeiro avião gerou burburinho, as pessoas ficaram assistindo na televisão. Quando viram o segundo avião bater na torre, houve um tumulto na sala.

Deputado Adam Putnam (Flórida): Eu estava começando, um novato no Congresso. Nós fomos para o centro de mídia para esperar que o presidente lesse com as crianças na sala ao lado. Aglomerados ao redor da TV, assistimos ao segundo avião bater na torre.

---

* "Meu bode de estimação", em tradução livre. [N. T.]

Coronel Mark Tillman, piloto presidencial, *Air Force One*: Estávamos nos aprontando, era perto do horário programado para a partida. Já estávamos todos no avião.

Sargento-mestre Dana Lark, superintendente de comunicações, *Air Force One*: Havia dois receptores de TV, receptores internacionais de TV no meu escritório da *Air Force One*. Eram daquelas com duas anteninhas de antigamente — frequências UHF e VHF. Não conseguíamos ver CNN, Fox, nada. Naquele dia o sinal mais forte era o do *Today Show*, e eles estavam mostrando imagens das torres, a nuvem de fumaça saindo delas. Vi o segundo avião atacar. Eu disse: "Que merda!". Larguei tudo e corri para baixo para chamar o coronel Tillman: "Você precisa ver isso".

Coronel Mark Tillman: Não fazia sentido. Era um dia de visibilidade total.

Sargento de equipe William "Buzz" Buzinski, segurança, *Air Force One*: Protegemos o avião 24 horas por dia, mesmo depois que o presidente decola. Um agente de acompanhamento do Serviço Secreto nos contara do primeiro avião. Então, dezessete minutos depois, vejo esse mesmo cara correndo pela pista. Ele diz: "Outro avião bateu nas torres". Soube imediatamente que era terrorismo. Começamos a aumentar a segurança em torno do avião, "apertando" a bolha.

Sargento de equipe Paul Germain, operador de sistema de comunicações aéreas, *Air Force One*: Aviões grandes simplesmente não colidem com prédios. Então, assim que o segundo avião bateu, a central telefônica se acendeu inteira, como uma árvore de Natal.

Coronel Mark Tillman: Tudo entrou em movimento. Contatamos o COEP, o bunker da Casa Branca, a Central de Operações Conjuntas, o Serviço Secreto. Ficamos todos conectados.

Andy Card: Então me dei conta de que tinha gente da Casa Branca — meu diretor adjunto, Joe Hagin, e uma equipe — em Nova York, se preparando para a Assembleia Geral da ONU. Achei que o Joe provavelmente estaria no World Trade Center; o escritório do Serviço Secreto era lá, no subsolo.

Mike Morell, assessor do presidente, CIA: Fiquei bastante temeroso de que alguém jogasse um avião contra a escola. Esse evento estava programado havia semanas, qualquer pessoa poderia saber dele. Eddie Marinzel, agente encarregado do Serviço Secreto, queria cair fora de lá o mais rápido possível.

Deputado Adam Putnam: Vi a equipe discutindo como o presidente deveria se dirigir à nação. Diziam: "Não dá para fazer isso aqui. Não dá para fazer isso na frente de alunos do quinto ano". O Serviço Secreto dizia: "Ou fazemos aqui ou não fazemos em lugar nenhum. Não temos tempo para fazer em outro lugar".

Dave Wilkinson: Começamos a agrupar o comboio, chamando a escolta de policiais de moto; estávamos prontos para partir em segundos. De repente, caiu a ficha: "O presidente é a única pessoa aqui que ainda não sabe que outro avião se chocou com o segundo prédio". Ficamos todos bastante incomodados com isso. O evento se arrastava, e foi aí que o Andy Card apareceu.

Andy Card: Mil vezes por dia, o chefe de gabinete se pergunta: "O presidente precisa saber disso?". Dessa vez, a resposta era fácil. Por incrível que pareça, enquanto eu estava parado, esperando para falar com o presidente, refletia sobre outra ocasião em que tive de ser a pessoa que mantém a calma: eu era chefe de gabinete interino do presidente George H. W. Bush quando ele vomitou no primeiro-ministro do Japão. Naquela hora, só pensei no que tinha de ser feito. Ele se recusara a entrar na ambulância — não queria que ninguém visse o presidente entrando na ambulância — e, na limusine, continuou passando mal, vomitando em mim. No hotel, puxei minha lista plastificada contendo instruções sobre o que fazer em casos de emergência. Li item por item. Dizia para as pessoas: "Ele não está morrendo, ele ainda é o presidente". Naquele dia, o meu papel era continuar calmo, firme, sob controle. Não era algo da mesma magnitude, claro, mas eu sabia que, no 11 de Setembro, meu papel era continuar calmo, firme e sob controle.

Karl Rove: Lembro que Andy Card parou na porta antes de entrar. Pareceu uma eternidade, mas provavelmente não foi por mais que alguns segundos. Nunca entendi o porquê, mas anos depois ele me disse que precisou de um momento para escolher as palavras que queria usar.

Ellen Eckert, estenógrafa, Casa Branca: Seis estenógrafos trabalham no gabinete de imprensa da Casa Branca. Um de nós sempre viaja com o presidente. Eu sempre dizia que eu vivia de digitar depressa em viagens pelo mundo. Aquela era uma manhã normal — até o Andy aparecer.

Andy Card: Eu sabia que trazia uma mensagem que nenhum presidente gostaria de ouvir. Decidi incluir nela dois fatos e um comentário editorial. Não queria começar uma conversa, pois o presidente estava sentado na frente de uma sala de aula. Quando a professora pediu para os alunos pegarem seus livros, aproveitei a oportunidade para me aproximar do presidente. Sussurrei perto do ouvido dele: "Um segundo avião atingiu a segunda torre. Os Estados Unidos estão sendo atacados". E dei alguns passos para trás para que ele não pudesse fazer nenhuma pergunta.

Mariah Williams, aluna, escola Emma Booker: Lembro que ele estava muito alegre e animado. Depois, sua expressão mudou: ele ficou sério e preocupado.[3]

Lazaro Dubrocq, aluno, escola Emma Booker: Eu me lembro de ver a expressão dele mudando drasticamente.[4]

Andy Card: Gostei da reação do presidente — ele não fez nada que gerasse medo nas pessoas.

Gordon Johndroe, secretário assistente de imprensa, Casa Branca: Eu estava naquela sala — e não havia controvérsia em relação a isso até o documentário do Michael Moore [*Fahrenheit 9/11*] —, e teria sido muito estranho se ele tivesse saído correndo de lá. Não me pareceu que ficamos lá uma eternidade. Ele terminou o livro e voltou para a sala ao lado.

Karl Rove: Quando o presidente voltou para a sala da equipe, disse: "Estamos em guerra. Me passem o diretor do FBI e o vice-presidente".

Ellen Eckert: Quando estávamos saindo da sala de aula, os pagers de todo mundo dispararam.

Deputado Adam Putnam: Matt Kirk, nosso canal na Casa Branca, disse ao deputado Dan Miller (Flórida), outro congressista que estava na comitiva do presidente, e a mim: "Acho que seremos o único avião a voltar para D.C. hoje". Entramos nos carros do comboio. Dava para ver janelas e escotilhas se abrindo, e a expressão dos seguranças armados que estão sempre ao redor do presidente.

Karl Rove: Eddie Marinzel se aproximou do presidente — que estava sentado em uma carteira de ensino fundamental — e disse: "Precisamos levá-lo para o *Air Force One* agora e levantar voo". Eles supunham que o ataque poderia ser uma tentativa de deixar o governo acéfalo.

Dave Wilkinson: Chegamos a um meio-termo — o Andy Card disse que havia um auditório lotado esperando o evento seguinte. Em Sarasota não havia ameaça iminente, então concordamos que o presidente poderia dar uma declaração antes de partirmos.

Brian Montgomery: Ele entrou no auditório. Lembro de olhar para os alunos quando disse: "Os Estados Unidos estão sendo atacados". A expressão das meninas era de "O que ele está dizendo?".

David Sanger, correspondente na Casa Branca, *The New York Times*: Nunca vou esquecer a expressão no rosto dele. Ele estava lívido. Devia estar sabendo que sua administração acabara de mudar para sempre — que a partir daquele momento ele seria avaliado por tudo que dissesse, pela forma como o diria e por sua capacidade de tranquilizar a nação.[5]

Andy Card: Ele deu uma declaração rápida. Quando começou, imediatamente me retraí. Ele disse: "Vou voltar para Washington, D.C.". Pensei: *Você não sabe se isso será possível. Não sabemos. Não sabemos onde vamos.*

Gordon Johndroe: Eu disse à imprensa que iríamos direto para o comboio. Fazíamos sempre uma brincadeira, sobretudo com os fotógrafos; dizíamos "não corram". "Não corram atrás do presidente." Dessa vez, eu disse a eles: "Pessoal, vamos precisar correr. Temos de correr para o comboio". Na estrada, nossa van de quinze lugares mal conseguia acompanhar.

Dave Wilkinson: O comboio partiu, abrindo caminho agressivamente, e chegamos à aeronave. As informações da inteligência eram muito imprecisas. No caminho, ouvimos pela primeira vez algo meio vago sobre uma ameaça ao presidente. Isso aumentou ainda mais a tensão.

Deputado Adam Putnam: Durante o comboio, na volta, houve protestos — ainda em relação à recontagem dos votos —, com placas dizendo coisas como "Shrub stole the election".*

Andy Card: Na limusine, ficamos os dois no celular — ele estava frustrado porque não conseguia falar com Don Rumsfeld.** Foi uma viagem de limusine muito rápida. Não sabíamos que o Pentágono acabara de ser atacado e que por isso não conseguíamos falar com Rumsfeld.

Dave Wilkinson: Pedimos um bloqueio duplo para o comboio no cruzamento. Não eram só policiais de moto parados e com os braços para cima, mas também veículos bloqueando propriamente a estrada. Nossa preocupação agora era um carro-bomba. Durante todo o trajeto, fomos mudando a ordem das limusines, como no jogo dos três copos que escondem uma bolinha, para manter o presidente em segurança.

Coronel Mark Tillman: Quando o comboio estava se aproximando, as turbinas 3 e 4 já estavam girando.

Andy Card: Quando abrimos a porta da limusine, me assustou que os motores do *Air Force One* estivessem ligados. O protocolo normal nunca permitiria isso.

Buzz Buzinski: Fiquei nas escadas traseiras, vendo eles embarcarem. Perguntava-me: *No que o presidente estará pensando? No que o Andy Card está pensando?* Dava para sentir a tensão. Tínhamos sido atacados em nosso território. Dava para ver no rosto deles — Andy Card, Ari Fleischer, o presidente.

---

* "O arbusto roubou a eleição", trocadilho — com o sobrenome Bush, que pode ser traduzido como "moita" ou "arbusto" (*shrub*). [N.T.] ** Secretário de Defesa do governo Bush de 2001 a 2006. [N.T.]

Mike Morell: Revistaram todo mundo de novo antes de reembarcarmos, não só a imprensa. Revistaram a pasta do Andy Card, que estava na minha frente na fila. Examinaram minha pasta; ela estava cheia de materiais confidenciais, mas eu é que não ia protestar naquele dia.

Eric Draper, fotógrafo presidencial: No alto da escada, Andy Card me disse: "Tira a bateria do seu celular. Não queremos ser rastreados". Com isso, a questão se colocou. "Nós somos um alvo?" Isso não tinha me ocorrido.

Coronel Mark Tillman: O presidente Bush subiu a escada em Sarasota. Víamos ele subindo as escadas todos os dias, com aquele gingado texano. Naquele dia, não teve ginga. Ele se arrastou escada acima. Assim que os passageiros embarcaram, dei partida nos motores 1 e 2.

Deputado Adam Putnam (R-Flórida): Uma das vans, talvez a da imprensa, tinha estacionado perto demais da asa do avião. Lembro que um agente do serviço secreto saiu correndo pelo corredor; abriram as escadas traseiras e ele desceu rápido para tirar a van do caminho. Não reembarcou. Não esperaram por ele.

Andy Card: Começamos a taxiar antes mesmo de o presidente entrar em sua suíte.

Arshad Mohammed, correspondente na Casa Branca, Reuters: Segundo minhas anotações, decolamos às 9h54.[6]

Gordon Johndroe: O negócio decolou que nem um foguete. Os abajures sacudiam, porque os motores estavam a toda.

Karl Rove: O piloto pôs o avião de pé — nariz para cima, rabo para baixo; parecia que estávamos em uma montanha-russa.

Ellen Eckert: Subimos tanto e tão depressa que comecei a achar que precisaríamos de máscaras de oxigênio.

Buzz Buzinski: Dava para ver o medo e o choque. As pessoas não conseguiam acreditar no que tinham acabado de ver.

Coronel dr. Richard Tubb, médico do presidente, Unidade Médica da Casa Branca: As pessoas que compõem a equipe permanente, apolítica — a unidade médica, a tripulação do avião, os auxiliares militares —, estavam todas bastante familiarizadas com seus protocolos de emergência, independentemente de quem fosse o presidente. Mas ainda não tínhamos criado um relacionamento com a equipe política. Esses relacionamentos são construídos com o tempo, e ainda não tínhamos tido muito tempo. Aquela transição, em especial, fora tão abreviada e, como a campanha eleitoral de 2000 tinha sido feia, ficou ainda mais difícil. Aqueles caras ainda estavam tentando montar o governo deles.

Andy Card: O presidente Bush tomou posse em 20 de janeiro de 2001 — mas a responsabilidade da presidência só virou realidade quando soprei no ouvido dele. Acredito sinceramente que, quando absorveu o que eu havia dito, ele percebeu: "Prestei um juramento: *preservar, proteger e defender a Constituição*. A questão não são os cortes fiscais, o *No Child Left Behind*, a imigração, mas o juramento". Quando você escolhe um presidente, quer que seja um presidente capaz de lidar com o inesperado. Aquilo era o inesperado.

Eric Draper: Logo que embarcamos, vi o presidente sair da cabine. Caminhando pelo corredor, ele diz: "O.k., rapazes, é para isso que somos pagos".

14.
Primeiras reações em Washington

"É um acidente muito estranho."

Os ataques em Nova York interromperam os negócios em toda Washington, D.C., enquanto funcionários do governo na Casa Branca, no Capitólio e por toda parte tentavam, perplexos, entender os estranhos acontecimentos que se desenrolavam na Costa Leste.

Gary Walters, chefe da equipe doméstica, Casa Branca: Era um pouco antes das nove da manhã quando a sra. Bush desceu; encontrei com ela no elevador. Lembro que, quando saímos, estávamos falando da decoração natalina.

Laura Bush, primeira-dama: Meu agente do Serviço Secreto, o chefe da minha equipe de segurança, se aproximou de mim quando entrávamos no carro e disse: "Um avião acabou de atingir o World Trade Center".[1]

Brian Gunderson, chefe de gabinete do líder da maioria, Richard Armey (R-Texas): Quando entramos em nossa primeira reunião de equipe do dia, vi na tela da televisão — como em todos os escritórios do Congresso, temos telas de TV por toda parte — que um avião havia batido em uma das torres do World Trade Center. Entendemos que tinha sido um avião pequeno. Achei que seria algo do mesmo patamar que um tiroteio em alguma escola — o tipo de acontecimento que mobiliza os noticiários nacionais, mas não afeta as atividades do Congresso.

Condoleezza Rice, conselheira de Segurança Nacional, Casa Branca: Pensei: *Bem, é um acidente muito estranho.* Liguei para o presidente. Conversamos sobre como aquilo era bizarro. Depois desci para uma reunião de equipe.[2]

Almirante James Loy, comandante, Guarda Costeira dos Estados Unidos: Havia um tom quase esperançoso na primeira transmissão: "Não sabemos bem como isso aconteceu, ou por que aconteceu, mas, poxa, aconteceu e é trágico".

Ted Olson, advogado-geral, Departamento de Justiça dos Estados Unidos: Ouvi falar do desastre que estava acontecendo no World Trade Center. Tem uma TV nos fundos do meu escritório. Liguei e assisti horrorizado ao replay das imagens — os aviões batendo contra o World Trade Center. "Será que o avião da Barbara poderia ser um daqueles?", fiz um cálculo mental. "Ah, graças a Deus, não pode ser." Não daria tempo de o avião dela ter chegado a Nova York.[3]

Tom Daschle, Dakota do Sul, líder da maioria no Senado: O senador John Glenn, um amigo próximo, veio me ver. Eu disse: "Você viu? Um piloto acabou de bater no World Trade Center". Ele respondeu: "Pilotos não batem em prédios. Aquilo não era um piloto".

Matthew Waxman, equipe do Conselho de Segurança Nacional, Casa Branca: Eu tinha começado cerca de seis semanas antes como assistente executivo da Condi Rice. Por volta das nove horas, teríamos nossa reunião diária na Sala de Crise com a conselheira de Segurança Nacional e todos os diretores sêniores. Foi durante essa reunião que o segundo avião bateu na torre.

Mary Matalin, assessora do vice-presidente Dick Cheney: Eu estava com o vice-presidente quando o segundo avião bateu, e imediatamente soubemos que aquilo não era um acidente.

Condoleezza Rice: Foi esse momento que mudou tudo.[4]

Matthew Waxman: Entramos de cabeça em modo de resposta à crise.

Deputado Porter Goss (Flórida), presidente, Comitê de Inteligência da Câmara: Eu estava no andar de cima, na sala do comitê, que naquela época ficava no sótão da Câmara, com senadores e congressistas. O senador Bob Graham e eu recebíamos o chefe do serviço de inteligência do Paquistão, Mahmud Ahmed, para um café da manhã. Havíamos visitado o Paquistão na semana anterior e o convidamos para vir a Washington continuar nossa conversa. Ele estava sentado na parte reservada da sala quando meu assessor me entregou um bilhete dizendo que um avião tinha atingido as torres do Trade. Depois, recebemos um segundo informe. Ahmed ficou lívido e teve de ser acompanhado na saída da sala. Acho que antes mesmo de deixarmos a sala, as palavras Al-Qaeda já tinham surgido na conversa.

Mary Matalin: Começamos a trabalhar loucamente. Estávamos em seu escritório ligando para Nova York, para o presidente, para todo mundo que precisávamos contatar quando o Serviço Secreto irrompeu no escritório.

Dick Cheney, vice-presidente: Os radares haviam identificado um avião comercial vindo em direção à Casa Branca a oitocentos quilômetros por hora.[5]

Lewis "Scooter" Libby, chefe de gabinete do vice-presidente Dick Cheney: Descobrimos que havia um avião a oito quilômetros de distância; ele tinha descido 150 metros e desaparecido; não o encontravam. Você olha para o relógio e pensa: *Hmmm, oito quilômetros de distância, oitocentos quilômetros por hora... Tic-tac, tic-tac.*[6]

Dick Cheney: Meu agente do Serviço Secreto disse: "Senhor, temos que ir, agora". Ele me agarrou e me empurrou para fora do escritório, pelo corredor, até o abrigo subterrâneo da Casa Branca.[7]

Mary Matalin: Eu e meus colegas ficamos de queixo caído. Nunca tínhamos visto nada parecido.

Condoleezza Rice: O Serviço Secreto entrou e disse: "Você tem que ir para o bunker". Lembro que me levaram quase empurrada. Não fazíamos ideia de quais lugares seriam seguros e quais não. Naquela altura, não achávamos que o bunker da Casa Branca fosse seguro.[8]

Dick Cheney: Eles são treinados para isso — você tem que se mexer. Querendo ou não, vai com eles.[9]

Mary Matalin: Houve uma chamada para começar a evacuação. Inicialmente nos mandaram ir para a copa, no piso mais baixo da ala oeste. Ficamos todos lá sentados por alguns minutos. Então, do nada, veio um novo aviso: "Corram, corram, corram, eles vêm na direção da Casa Branca, corram, salvem-se!". Eu estava de saia lápis, roxa, e sapatos Charles Jordan vermelhos, de salto agulha. Não é roupa ideal para correr para salvar sua vida.

Gary Walters: Os agentes do Serviço Secreto começaram a gritar: "Saiam, saiam daqui, saiam todos do terreno da Casa Branca". Eu me lembro que logo no início foi o caos. Gente correndo, gritando. Fiquei com muito medo.

Rafael Lemaitre, funcionário, Secretaria de Políticas Nacionais de Controle de Drogas, Casa Branca: Eu não sabia para onde ir. Só sabia que tinha de correr para longe da Casa Branca e que não ia entrar no metrô nem a pau. Caminhei rapidamente para o norte, pela rua 17. Uma imagem que nunca vou esquecer foi a de um sem-teto, cego, parado na esquina de sempre, na saída do metrô na Farragut North, pedindo esmola. Parecia totalmente alheio ao fato de as pessoas estarem correndo no sentido oposto ao do tráfego matinal habitual dos pedestres. Ele continuava pedindo esmola. Era uma imagem absurda.

Christine Limerick, camareira, Casa Branca: A expressão no rosto dos agentes do Serviço Secreto que receberam ordens de ficar lá — nunca vou me esquecer disso. Nós, pelo menos, tivemos uma chance de fugir.[10]

Ian Rifield, agente especial, Serviço Secreto dos Estados Unidos: Estávamos bem certos de que seríamos atingidos por um avião. O supervisor do Centro de Operações Conjuntas [do Serviço Secreto] basicamente disse: "Quem sobreviver ao impacto deve ir para um centro alternativo. Retomamos lá". Não era brincadeira.

James Davis, agente especial superintendente, sede do FBI, Washington, D.C.: Havia uma sensação esmagadora de que tínhamos que fugir. Evacuaram o prédio; a decepção foi grande, porque os agentes queriam fazer alguma coisa. Eu fiquei para trás e de repente percebi que estava sozinho no quinto andar. Só eu. Fiquei pensando se o nosso prédio seria o próximo a ser atingido; *Será que vai doer?*, pensei.

Na Casa Branca, agentes do Serviço Secreto correram com o vice-presidente e outros assessores de alta relevância para o bunker situado abaixo do gramado norte, uma instalação conhecida como Centro de Operações de Emergência Presidencial (COEP), que remonta à Segunda Guerra Mundial e que foi projetada para proteger o presidente de ataques.

Dick Cheney: Alguns momentos depois, me vi em um posto de comando fortificado da Casa Branca, em algum lugar no subsolo.[11]

Comandante Anthony Barnes, vice-diretor, Programa de Contingência Presidencial, Casa Branca: O vice-presidente Cheney chegou ao bunker com sua esposa. O COEP não tem um cômodo só, mas três ou quatro salas. A sala de operações é onde a equipe de monitoramento fica atendendo telefonemas. Depois tem uma área de reuniões, onde o sr. Cheney e Condi Rice estavam — e onde ficam monitores, telefones etc.

Mary Matalin: Levou um tempo até que todo mundo chegasse àquela área. Desde que foi construída, ela nunca havia sido usada para seu verdadeiro propósito — isto é, ser um abrigo antibombas.

Comandante Anthony Barnes: Pouco depois, olhei ao redor e vi Condi Rice, Karen Hughes [diretora de comunicações da Casa Branca], Mary Matalin e Norm Mineta [secretário de Transportes]. O sr. Mineta conectou um dos monitores em uma transmissão que mostrava onde estava cada avião do país. Olhamos aquilo — deveriam ser uns mil aviõezinhos lá.

Mary Matalin: O vice-presidente sentou-se bem no centro. Estávamos agitados, mas tínhamos muito trabalho. Antes de mais nada, precisávamos localizar todos os aviões. Identificar os aviões. Pousar todos os aviões.

Comandante Anthony Barnes: As coisas começaram a andar muito rápido.

Matthew Waxman: Eu ainda estava na Sala de Crise e recebi uma mensagem dizendo que a Condi Rice me pedia para descer e me juntar a ela no COEP. Eu não sabia como estavam as coisas na Casa Branca, acima do subsolo. Não sabia se alguém tinha trancado o escritório do Conselho de Segurança Nacional. Durante o dia, os cofres ficavam abertos e havia documentos altamente confidenciais sobre a mesa dela ou a minha. Acho que o momento mais assustador para mim foi quando voltei para o térreo para ver se tinham fechado o escritório. Estava parado no escritório do Conselho de Segurança Nacional e percebi que a Casa Branca tinha sido totalmente evacuada. Até onde sabia, estava sozinho na ala oeste. Nesse momento, me dei conta de que podia estar correndo sério risco de vida.

Comandante Anthony Barnes: Na sala de monitoramento, cada integrante de minha equipe estava com pelo menos dois telefones, um em cada orelha. Eu falava com o centro de operações do Pentágono em uma linha. Em outra linha, estava com a Agência Federal de Gestão de Emergência, e as pessoas nos pediam instruções sobre o que fazer e como.

Matthew Waxman: A conexão das TVs às vezes caía, o que irritava bastante o vice-presidente. Tivemos algumas dificuldades técnicas naquele dia. Uma das minhas atribuições era ficar com um telefone em mãos para garantir uma linha aberta entre o COEP e os outros agentes de segurança nacional. Assim, se o vice-presidente do Conselho Nacional de Segurança precisasse falar com um deles, teríamos uma linha direta em que eu estaria de um lado e um correspondente estaria do outro.

Comandante Anthony Barnes: A primeira hora foi caótica porque havia muita desinformação. Era difícil discernir fato e boato. Não tínhamos como confirmar parte dessas informações, então partíamos do princípio de que tudo era verdade até que se provasse o contrário.

Waxman, à esq., com Cheney no bunker.

* * *

A poucos quilômetros da Casa Branca, do outro lado do rio Potomac, a liderança militar no Pentágono — incluindo o gabinete do secretário de Defesa e o Estado-Maior Conjunto de todas as forças militares — concluíram que a nação estava em guerra.

Donald Rumsfeld, secretário de Defesa: Eu estava em um café da manhã com congressistas e alguém se aproximou e disse que um avião havia atingido uma torre do World Trade Center. O café da manhã acabou, e eu voltei para as minhas reuniões de inteligência. Eu estava numa delas quando alguém disse que um segundo avião tinha batido na outra torre.

Coronel Matthew Klimow, assistente executivo do vice-presidente do Estado-Maior Conjunto, o general Richard Myers, Pentágono: Meu primeiro impulso foi me virar e fechar as cortinas do escritório, pensando que talvez uma bomba fosse explodir ali. Eu estava preocupado com os estilhaços de vidro. Sempre que lembro disso, penso em como teria sido inútil se um avião tivesse de fato atingido minha parte do prédio.

Victoria "Torie" Clarke, subsecretária de defesa de relações públicas: Fomos falar com o secretário, que estava em pé em seu púlpito. Dissemos a ele: "Está acontecendo o seguinte… E isso é o que sabemos. O centro de comando vai ter de funcionar para valer agora". Ele disse algo como: "Bem, vamos dar uma olhada na agenda, talvez tenhamos que desmarcar alguma coisa". E seu assessor especial disse: "Está tudo riscado da sua agenda — sua agenda agora é isso".

Joe Wassel, assessor de comunicações, gabinete do secretário de Defesa: Todo mundo começou a pensar: *Qual o próximo passo? O que vamos fazer? O que dá para fazer?* Discutimos, e um colega chegou a dizer: "Podemos ser os próximos", ou seja, o Pentágono.

Sargento Christopher Braman, chefe de cozinha, Exército dos Estados Unidos: Minha esposa me ligou por volta das 9h25, desesperada, e contou que um avião tinha atingido o Trade Center em Nova York. Lembro de ter lido naquela manhã que um general da Aliança do Norte do Afeganistão fora assassinado no fim de semana. Disse a ela: "Aposto que teve algo a ver com isso". Então percebi que ela não precisava saber daquilo — só queria ver se eu estava bem. Falei: "Não se preocupe. Eu te amo".

15.
O voo 77 da American Airlines

"Bip, bip, bip. Sumiu."

Às 8h20, o voo 77 da American Airlines, um Boeing 757 com dez anos de vida, decolou do Aeroporto Internacional Dulles, próximo a Washington, D.C., com destino a Los Angeles. Levava seis tripulantes e 58 passageiros, apenas um terço da sua capacidade total. A última comunicação de rotina do avião foi recebida às 8h51, e às 8h54 ele havia desviado de sua rota prevista, virando para o sul e depois guinando de volta para Washington.

Ted Olson, advogado-geral, Departamento de Justiça dos Estados Unidos: Uma das secretárias entrou correndo e disse: "A Barbara está no telefone". Corri para o telefone, muito feliz de ouvir a voz dela. Então ela me disse: "Nosso avião foi sequestrado". Tivemos duas conversas — minha memória tende a misturar ambas, devido ao teor emocional do acontecido. Conversamos um ou dois minutos e a ligação caiu. Ela conseguiu ligar novamente e conversamos por dois, três ou quatro minutos. Ela me disse que eles tinham sido levados para a parte traseira da cabine. Mencionou que tinham usado facas e estiletes para sequestrar o avião. Depois nos tranquilizamos mutuamente — o avião ainda estava no ar, esse avião ainda estava voando. Ia dar tudo certo. Ela me disse: "Eu te amo". Sua voz estava tranquila, muito tranquila.[1]

Dan Creedon, controlador de decolagem, Controle de Aproximação (APP), Aeroporto Nacional Reagan, Washington, D.C.: Estávamos tentando lidar com decisões importantes. Houve alguma indefinição, erros de comunicação nas trocas de informação e um pouco de lentidão até percebermos que estávamos diante de outro sequestro — porque, meu Deus, já tinham acontecido dois.[2]

Ted Olson: Fiquei em choque, horrorizado. Eu a tranquilizei, dizendo que achava que daria tudo certo. Estava convicto de que não daria. Depois da primeira ligação, eu tinha telefonado para nosso centro de comando no Departamento de Justiça para informá-los de que havia outro avião sequestrado e que minha esposa estava nele e poderia se comunicar conosco. Queria descobrir onde o avião estava. Ela contou que via casas. Ficamos nos alternando entre manifestar nossos sentimentos um pelo outro e tentar trocar informações. E aí o telefone ficou mudo.[3]

Ben Sliney, gerente nacional de operações, centro de comando da AFA, Herndon, Virgínia: Nunca havia acontecido de sequestradores pilotarem o avião, e isso criou o maior paradoxo para nós naquele dia, quando tentávamos entender o que estava acontecendo. Como um sequestrador poderia forçar um piloto — mesmo apontando uma arma ou faca para sua cabeça — a arremessar uma aeronave contra um prédio?[4]

Major-general Larry Arnold, comandante da Primeira Força Aérea, o Comando de Defesa do Aeroespaço Norte-Americano dos Estados Unidos Continental, Base Aérea de Tyndall, Flórida: Nossos caças estavam se aproximando de Washington, D.C., quando o American 77 reapareceu no radar. Acho que a leitura mostrava que ele atingiria o Pentágono em cerca de três minutos.

Dan Creedon: Nunca vou me esquecer — era um avião militar de carga que saiu da Base Aérea de Andrews. Seu código de chamada era Gofer-Zero-Seis. Ele estava virando para a esquerda para sair de Andrews, passando exatamente por cima do Aeroporto Nacional de Washington, a sudeste do Pentágono, quando o American 77 entrou na frequência do controlador de aproximação de Dulles. Eu disse ao cara que trabalhava na C-130, perto de Andrews: "Oi, é melhor você dar uma orientada nesse sujeito aí, porque os dois estão muito próximos". Ele disse: "Tráfego, a onze horas, seis quilômetros, você está vendo alguém aí?".[5]

Tenente-coronel Steven O'Brien, piloto, C-130, conhecido como "Gofer Zero-Seis", Guarda Aérea Nacional de Minnesota: Percebi uma aeronave a posição de dez horas, a uma altitude maior. Eu via que ele estava descendo. Ele fez uma curva bem íngreme, inclinada, na nossa frente.

Dan Creedon: O piloto respondeu na hora: "Sim, senhor, um 7-5-7 da American, virando para sudeste". Nunca vou me esquecer; foi, tipo: "Como assim?". Talvez eu fosse o sujeito mais lerdo do mundo naquele dia, mas só fui entender que aquele avião tinha sido sequestrado depois que ele bateu no Pentágono.[6]

Tenente-coronel Kevin Nasypany, comandante da tripulação da missão, SNDA, Rome, Nova York: Fui informado de que a Torre de Reagan achava que uma aeronave estava se aproximando, a mais ou menos nove quilômetros. Olhei para o radar e D.C. parecia muito com Nova York ou Boston: muita aeronave.

Ted Olson: Liguei para algumas pessoas, talvez porque precisasse compartilhar o horror que crescia dentro de mim. Liguei para minha mãe e para meu filho.[7]

Danielle O'Brien, controlador de tráfego aéreo, Aeroporto Internacional Dulles: Reparei na aeronave. Era um avião não identificado a sudoeste de Dulles, voando em alta velocidade. A velocidade, as manobras, a forma como virou, todo mundo na sala do radar — com muita experiência de controle de tráfego aéreo — achou que fosse um avião militar. Não se pilota um 757 daquela maneira. Não é seguro.[8]

Tenente-coronel Steven O'Brien: Solicitaram que fôssemos atrás do avião. Acho que não falaram em "perseguir", mas: "Vocês podem virar e seguir esse avião?". Foi estranho. Em toda minha carreira de piloto, nunca recebi um pedido como aquele. Foi muito, muito estranho. Ainda assim, respondi com naturalidade: "Claro, podemos seguir o avião". Mas acabou sendo para nada, pois o avião estava numa descida muito rápida. Conseguíamos ver o brilho das asas.

Ted Olson: Ficava horrorizado diante da possibilidade de descobrir que tinha acontecido ao avião dela o mesmo que aos aviões em Nova York.[9]

Tenente-coronel Dawne Deskins, comandante da tripulação da missão, SNDA, Rome, Nova York: O visor do radar estava mostrando a região de D.C., e recebemos o sinal de uma aeronave que parecia estar dando uma volta na cidade. Tive talvez uns seis ou sete sinais de retorno dessa aeronave e então ela sumiu. Senti um frio na barriga.[10]

Danielle O'Brien: Ficamos ali esperando, com o coração quase saltando para fora do peito, para descobrir o que tinha acontecido.[11]

Robert Hunor, empreiteiro, Radian Inc., pátio do Pentágono: O Aeroporto Nacional fica do lado do Pentágono, então tinha um tráfego de aeronaves intenso lá em cima. Eu me lembro que saímos e estava um silêncio sepulcral. Estávamos conversando e eu virei e disse: "Devem ter fechado o aeroporto". De repente, ouvi um som ao longe, parecia uma bobina de motor. Dava para ouvir o avião acelerando ao máximo. Eu havia acabado de começar a dizer "Achei que eles tinham fechado o aeroporto" quando o avião bateu.

Mike Walter, correspondente sênior, *USA Today Live*: Eu estava preso no engarrafamento (perto do Pentágono). Abri a janela. Foi então que ouvi o jato. Olhei para cima e vi a barriga dele, então ele aterrou e começou a mergulhar. Foi simplesmente inacreditável.

Craig Bryan, técnico de engenharia, Anexo da Marinha: Até hoje ouço a turbina do jato. Estava a toda, urrando.

Tenente-coronel Kevin Nasypany: Ouvi um bip, dois bips, depois só o radar, bip, bip, bip. Sumiu.

Tenente-coronel Steven O'Brien: Vimos uma bola de fogo gigantesca. Informei o controle de tráfego aéreo. Falei algo na linha: "O avião caiu, se estatelou".

Dennis Smith, inspetor de manutenção, escritório da Administração do edifício do Pentágono: Era uma bola de fogo, enorme, vermelha e preta. O calor nos atingiu como um incêndio em um celeiro. E aí começaram a voar pedaços pelo céu.

Ted Olson: Depois do segundo telefonema, ficamos assistindo televisão. Pouco depois, vimos a fumaça vindo do Pentágono por cima da tela da TV. Eu apenas soube, no fundo do meu coração, que era o voo dela.[12]

Gary Walters, chefe da equipe doméstica, Casa Branca: Ouvi uma pancada alta e abafada. Olhei por cima de uma copa de árvore à direita, na direção do Pentágono, e vi uma enorme coluna de fumaça preta com chamas no meio.

Rosemary Dillard, gerente da base de Washington, American Airlines, e esposa de Eddie Dillard, passageiro do voo 77: Minha gerente administrativa veio, me pegou pelo braço e disse: "Rosemary, um dos que falaram era tripulante nosso... do voo 77". Eu me virei, olhei pra ela e disse: "Não pode ser o voo 77. Acabei de botar o Eddie no voo 77. Não pode ser o 77". Ela tinha o nome dos tripulantes. Eu conhecia todos os meninos, os comissários de bordo. Contatei meu gerente regional e meu superior, depois liguei para uma amiga que trabalha no agendamento para descobrir qual era o avião. Era o voo 77.

Tenente-coronel Steven O'Brien: Nós seguimos um pouco mais à frente — foi aí que a silhueta do Pentágono ficou à vista. Aí percebi que ele tinha caído no Pentágono. E sei que nenhum piloto faria algo desse tipo. A coisa estava ficando totalmente fora do controle.

Danielle O'Brien: Os controladores do Aeroporto Nacional de Washington entraram nos nossos alto-falantes e disseram: "Dulles, segurem todo o tráfego de chegada. O Pentágono foi atingido".[13]

16.
O terceiro avião

"Avião no Pentágono. Precisamos de toda ajuda possível."

Atravessando o rio Potomac, do outro lado de Washington, D.C., a margem de Arlington, Virgínia, é dominada pelo gigantesco Pentágono, edificação de concreto que serve de quartel-general global ao Exército dos Estados Unidos e abriga os gabinetes da Secretaria de Defesa. Maior prédio de escritórios de baixa estatura do mundo, recebe, diariamente, uma população de cerca de 35 mil funcionários e visitantes, que são guardados por uma força policial própria, que em 2011 era conhecida como Serviço de Proteção da Defesa.

Em setembro de 2001, o prédio passava por sua primeira grande reforma desde a construção, durante a Segunda Guerra Mundial. Cada uma de suas cinco faces estava sendo modernizada, com novas janelas à prova de bombas, instalações elétricas melhores e sistemas de controle de incêndio aprimorados. O corpo de funcionários havia acabado de voltar a ocupar as partes reformadas da Face 1.

Às 9h37 da manhã, o voo 77 da American Airlines bateu contra a face ocidental do Pentágono a 852 quilômetros por hora, depois de passar em voo tão rasante pelas rodovias próximas que derrubou cinco postes de luz. A força do impacto impeliu o avião a cruzar três dos cinco anéis de corredores do Pentágono, penetrando no prédio por mais de 110 metros, ou mais do que um campo de futebol americano inteiro. Instantaneamente, 37 mil metros quadrados da área do Pentágono irromperam em chamas.[1]

Robert Hunor, empreiteiro, Radian, Inc., Pentágono, pátio central: O avião atingiu entre o segundo e o terceiro andar do Círculo E. O círculo mais interno é o A, e o mais externo, o E. São cinco, e tudo é em cinco: cinco andares, cinco círculos, cinco faces. A bola de fogo, você sentia o calor dela no rosto. O barulho não era o das explosões dos filmes. Parecia uma caçamba de lixo despencando de um caminhão às duas da manhã. Muito, muito alto. E a bola de fogo era da altura de uns cinco andares, da altura do prédio. Ficamos olhando, incrédulos.

Scott Kocher, empreiteiro, SAIC: Estávamos assistindo aos acontecimentos no Trade Center quando de repente ouvimos um "bum" muito alto. Parecia que alguém tinha derrubado um cofre grande no andar de cima. Logo depois, eu diria entre sessenta segundos e dois minutos, vimos um boletim no noticiário dizendo que tinha havido uma explosão no Pentágono. Ficamos olhando um para a cara do outro, porque estávamos no Pentágono.

Tenente Michael Nesbitt, Serviço de Proteção da Defesa:* De repente a parede sacudiu. O estrondo foi muito alto. Já estive nesse prédio em todas as horas do dia e já ouvi pancadas e estrondos. Já ouvi de tudo. Olhei para as torres queimando na TV e disse: "Ah, não, ah, não". Tínhamos sido atingidos, mas eu não fazia ideia de que tinha sido por um avião.

Steven Carter, subgerente do prédio, Pentágono: O sistema de alarme de incêndio do prédio disparou em uma área enorme da Face 1 — havia muita fumaça, fogo e água do sistema de contenção. Achei que podia ter sido um carro-bomba ou uma bomba portátil. Como 355 alarmes de incêndio haviam disparado, e o número continuava a aumentar, parecia mais um carro-bomba.

***

O avião atingiu uma área do Pentágono que era ocupada sobretudo pelo departamento pessoal do Exército e pelo Centro de Operações da Marinha. Nos escritórios afetados — que se transformaram instantaneamente em infernos de fogo e fumaça —, os funcionários lutavam para escapar.

Sheila Denise Moody, contadora, Escritório de Serviços de Recursos: 11 de setembro de 2001 foi meu primeiro dia no Pentágono. Outra mulher começou no mesmo dia que eu, a Louise. Estávamos as duas arrumando nossos objetos pessoais e nos familiarizando com o serviço.

---

* Mais tarde, o nome mudaria para United States Pentagon Police, Polícia do Pentágono dos Estados Unidos. [N. T.]

Louise Rogers, contadora, Escritório de Serviços de Recursos: Nosso escritório ficava na parte que tinha acabado de ser reformada. Estava tudo novinho em folha, bonito, arrumado.

Sheila Denise Moody: A Louise veio até minha mesa e me contou do World Trade Center. Saiu da minha baia e deu a volta pela parte da frente do escritório, onde os escritórios davam para uma janela, para mandar uns documentos por fax.

Louise Rogers: Liguei a máquina de fax — coloquei os papéis, disquei o número — e, no exato momento em que apertei a tecla "Start", o avião bateu no prédio.

Sheila Denise Moody: Uma rajada de ar quente atingiu o meu rosto. Era tão intensa — veio com tal força — que tive de fechar os olhos. Quando abri, tinha uma bola de fogo voando logo à minha direita. Entrei em choque. O prédio sacudia, destroços e outras coisas caíam do teto. O teto se abriu, e eu levei um banho de algum líquido, fiquei encharcada. Até hoje não sei o que era.

Louise Rogers: No começo, achei que a máquina de fax tinha explodido. Foi o primeiro estágio do choque; pensei: *Meu Deus, o que foi que eu fiz?* Então percebi que não tinha sido eu. Senti o cheiro do combustível do avião. Fazia trinta anos que trabalhava com a Aeronáutica, em algum tipo de função, então reconheci o cheiro do combustível de avião na hora.

Tenente-coronel Rob Grunewald, oficial de gestão de informação, Exército dos Estados Unidos: Não tínhamos ideia do que se passava em Nova York. Estávamos trancados em uma sala de reuniões. Não tínhamos visto nem ouvido nada das coisas que estavam acontecendo. Às 9h38, senti um estrondo grave, o chão começou a tremer e houve uma explosão. Uma bola de fogo enorme atravessou o teto e a parede à minha frente rachou. O teto, que era de placas de isopor, se pulverizou em milhares de pedacinhos, e imediatamente a sala ficou escura.

Tenente-coronel Ted Anderson, oficial de ligação legislativo, Exército dos Estados Unidos: Foi um estrondo tão forte — o prédio literalmente sacudiu — e depois ouvimos um som de sucção, que acho que era o oxigênio escapando conforme o combustível do avião se espalhava pelos corredores um pouco à frente de nós e o fogo crescia, consumindo todo o oxigênio do ar. Nosso teto afundou. As luzes apagaram, mas os telefones continuavam funcionando. Eu estava numa ligação com minha esposa. Fiquei meio atônito por um segundo e aí disse: "Olha, fomos bombardeados, tenho que ir". Desliguei. Gritei para todo mundo sair do escritório. Levantei e me mandei. Foi a última vez que estive ali.

John Yates, gerente de segurança, Exército dos Estados Unidos: Não ouvi absolutamente nada. De repente houve uma explosão imensa, e lembro de uma bola de fogo vindo pela minha esquerda. Fui atirado para cima e, quando aterrissei, a sala tinha ficado preta. Totalmente preta. Tinha lascas de móveis por toda parte. Estava quente — a fumaça se erguia a trinta centímetros do chão. Não sei quanto tempo demorou — talvez um minuto? Dois? Perdi a noção do tempo.

Philip Smith, chefe de setor, Exército dos Estados Unidos: Estava parado na frente de uma máquina de xerox copiando um material para me preparar para uma reunião. Provavelmente foi essa máquina de xerox que salvou minha vida, pois ela ficou entre mim e o avião. A poucos metros de onde eu estava, dois colegas foram mortos. Eles estavam em baias a dois ou três metros de mim.

John Yates: Era uma escuridão total. Se você está em um lugar sem luz e não sabe onde, qual é a primeira coisa que faz? Tateia em volta para tentar descobrir onde está. Só que tudo que eu tocava me queimava.

Tenente-coronel Rob Grunewald: Agora estávamos em apuros. Éramos umas doze pessoas na sala, que ficou imediatamente escura, sem luz, sem janelas. Ninguém sabia o que tinha acontecido.

***

Em situação parecida com a do World Trade Center, dado o tamanho do Pentágono e seu desenho, muita gente no prédio sentiu a explosão, mas a maior parte não percebeu de imediato o que havia acontecido nem a gravidade da situação.

Para os funcionários que estavam em outros espaços do prédio, incluindo o secretário de Defesa Donald Rumsfeld, o impacto foi aparente — mas poucos conseguiram imaginar o que o havia provocado.

Joe Wassel, assessor de comunicações, gabinete do secretário de Defesa: Alguma coisa tinha se chocado com o prédio. A primeira coisa que consegui dizer foi: "Isso não foi nada bom". Levantei e fui andando depressa — sem correr — para o gabinete do secretário de Defesa.

Donald Rumsfeld, secretário de Defesa: Estávamos sentados em meu escritório quando o avião bateu no prédio. O prédio tremeu e as mesas saltaram. Supus que fosse uma bomba.

Victoria "Torie" Clarke, subsecretária de defesa de relações públicas: Achei que tivesse sido um carro-bomba. O que é mais incrível, para mim, é que sabíamos que dois aviões de linha tinham atingido o Trade Center, que era um ataque terrorista, e as pessoas mais informadas já apostavam que fosse coisa da Al-Qaeda. Mesmo assim, quando a coisa aconteceu aqui, não passou por nossa cabeça que podia ser outro avião de linha. De tão impensável que isso era. Jamais passou por nossa cabeça que tivesse sido outro avião.

Coronel Matthew Klimow, assistente executivo do vice-presidente do Estado-Maior Conjunto, o general Richard Myers, Pentágono: Os corredores viraram um pandemônio. Gente gritando e correndo pelos pavilhões. Então, a segurança do Pentágono nos informou, numa teleconferência, que um avião tinha batido no prédio. Disse imediatamente ao general [Hugh] Shelton [presidente do Estado-Maior Conjunto], que estava voando para a Europa: "Senhor, fomos atingidos por um avião aqui. Faça seu avião dar meia-volta e retorne aos Estados Unidos".

William Haynes, diretor jurídico, Departamento de Defesa: De repente tudo se acelerou.

Almirante Edmund Giambastiani, auxiliar militar sênior, gabinete do secretário de Defesa: O secretário abriu a porta e me perguntou que diabo estava acontecendo. Eu disse que parecia uma explosão, que parecia ter sido dentro do prédio, e que ele precisava sair de lá.

Aubrey Davis, policial, Unidade de Serviço de Proteção, Serviço de Proteção da Defesa, Pentágono: O secretário abriu a porta e me perguntou o que estava acontecendo. Disse que estávamos sendo informados de que uma aeronave atingira o prédio, no lado da Mall.* Ele me olhou e saiu imediatamente rumo à Mall. Eu disse: "Senhor, está ciente de que a Mall é a área do impacto?". Ele continuou indo. Chamei o policial Oldach para vir conosco. Vi o sr. Kisling, Joe Wassel e Kevin Brown sentados no escritório de segurança do pessoal e acenei para virem também.

Donald Rumsfeld, secretário de Defesa: Saí para ver o que havia de errado.

***

Do outro lado do Pentágono, longe do gabinete do secretário de Defesa, oficiais, incluindo o Serviço de Proteção da Defesa, o Departamento de Polícia do condado de Arlington, e o Corpo de Bombeiros do condado de Arlington — que estava encarregado das emergências do Pentágono — deram início a um gigantesco trabalho de resgate, evacuando o prédio, prestando socorros aos feridos e blindando a instalação militar restrita até que os agentes do FBI chegassem correndo para examinar a maior cena de crime da história da região da capital.

Jennifer Meyers, operadora, Central de Comunicações de Emergência do condado de Arlington: Lembro que a mensagem no meu pager de trabalho era: "Avião no Pentágono. Precisamos de toda ajuda possível".

John Jester, chefe de polícia, Serviço de Proteção da Defesa: Corri imediatamente para o Centro de Operações para ver o que estava acontecendo. Os alarmes haviam disparado, os telefones tocavam sem parar.[2]

Tenente Michael Nesbitt, Serviço de Proteção da Defesa: Chefe Jester entrou na sala e me disse para acionar a Grande Voz (nosso sistema de comunicação) e mandar as pessoas evacuarem o prédio. Eu disse: "Todos os funcionários do Pentágono têm de evacuar o prédio. Evacuem o prédio imediatamente".

---

* *Mall* é uma das cinco entradas no Pentágono, situadas cada uma em uma face. As demais são River, Concourse (ou Metro Station), South Parking e Helioport. [N. T.]

Tenente-coronel Ted Anderson: Comecei a urrar para todo mundo sair do prédio. Lá estava eu, vestido para uma reunião de assuntos legislativos no Congresso — terno bonito, camisa listrada, gravata, suspensórios —, berrando com coronéis de alta patente e secretários-gerais para saírem do prédio, vociferando ordens. Eles obedeceram. Tentaram sair pela entrada Mall, mas os guardas se enganaram: acharam que estávamos sendo atacados por fora e fecharam essa entrada. Eles tinham levado quase todo o seu armamento leve, metralhadoras etc., lá para fora. Parecia que estavam se preparando para defender a entrada. Então comecei a guiar as pessoas na direção do centro do Pentágono. Tudo isso aconteceu em dois minutos.

Randall Harper, capitão, Serviço de Proteção da Defesa, Pentágono: As pessoas urravam: "Saiam daqui. Saiam daqui. Corram para se salvar!". Algumas que estavam no Pátio Central me contaram que viram gente saindo de lá correndo, em chamas.[3]

John F. Irby, diretor, Divisão de Instalações Federais, Diretório de Imóveis e Instalações, Serviços do Quartel-General de Washington, Pentágono: Dava para ver o terror no rosto das pessoas que saíam do prédio.

Tenente Robert Medairos, Departamento de Polícia do condado de Arlington: Naquela primeira meia hora, foi quase que só o caos absoluto. Veio gente de todo lado ajudar.

Mike Walter, correspondente sênior, *USA Today Live*: Lembro da trilha sonora daquele dia; era uma sirene. Parecia que tinha entrado em loop — sirenes, sirenes, sirenes.

17.
No Capitólio

"E foi aí que começou o caos."

Do outro lado do Capitólio, as reuniões matutinas foram interrompidas por informes que alertavam sobre uma situação de emergência também no Pentágono. Funcionários, deputados e senadores rapidamente perceberam que aquilo que a princípio parecera um acidente trágico em Nova York havia se espalhado pelo seu próprio quintal — e que eles mesmos, sob a cúpula do Capitólio, poderiam ser alvos.

John Feehery, assessor de imprensa do presidente da Câmara, Dennis Hastert (R-Illinois): Em meio àquele tumulto, fomos chamados ao gabinete do presidente da Câmara. Um sargento resumiu as informações para nós. Foi uma experiência estranha, surreal, porque o sargento nos disse que daria tudo certo, e aí ligamos a TV e vimos que outro avião tinha atingido as torres do World Trade Center. Foi uma daquelas manhãs em que você não entende nada.

Brian Gunderson, chefe de gabinete do líder da maioria, Richard Armey (R-Texas): De repente, um dos policiais à paisana — da equipe de segurança do presidente da Câmara — se levantou e disse: "Olhem!". E apontou para a janela. Parece que ele viu a explosão ou pelo menos a coluna de fumaça que subia do Pentágono ao longe.

Brian Gaston, diretor de políticas do líder da maioria, Richard Armey: A reunião acabou ali mesmo.

Tish Schwartz, secretária, Comitê Judiciário da Câmara: Eu gelei. Dava para ver a fumaça subindo. Não se via o Pentágono, mas a fumaça, sim. Ficamos atordoados: "Meu Deus, o que está acontecendo?". Não tinha nenhum alarme soando, pânico, gritos, nada. Estava todo mundo calmo, porém chocado, perplexo. Usa-se muito a palavra "surreal", mas é que foi exatamente isso.

Tom Daschle (D-Dakota do Sul), líder da maioria, Senado dos Estados Unidos: E foi aí que começou o caos.

Dennis Hastert (R-Illinois), presidente, Câmara dos Deputados dos Estados Unidos: Havia dois telefones na minha mesa — uma linha segura com a Casa Branca e um aparelho vermelho velho, comum, no qual eu atendia minhas ligações. De repente, o telefone vermelho piscou. Pensei: *Bem, provavelmente vão transferir a ligação para o telefone vermelho.* Atendi, achando que era o vice-presidente. Tinha um sujeito do outro lado da linha dizendo: "O que vocês estão fazendo aí no Capitólio... Os impostos estão altos demais... O país está todo poluído". E continuou nessa cantilena, divagando e reclamando. Falei: "Espera aí, quem está falando?". Ele respondeu: "Tanto faz. Quem fala?". Disse: "Aqui é o presidente da Câmara — acho que você discou o número errado".

Deputado Porter Goss (R-Flórida), presidente do Comitê de Inteligência da Câmara: Corri para baixo para informar o presidente da Câmara. Ele estava em seu escritório, olhando fixamente para o Mall e a fumaça do Pentágono. Falei que tínhamos que evacuar o prédio imediatamente. Ele concordou e disse: "Antes de sairmos, quero abrir a Câmara para fazer uma sessão rápida e uma oração".

Dennis Hastert: Eu decidi suspender a sessão do Congresso.

Deputado Porter Goss: Entramos no plenário às dez para as dez, e o secretário da mesa disse que a Câmara não podia ser aberta porque a chamada era para as dez horas. Eu me virei para falar com o presidente e ele não estava mais lá. Estava sendo levado por seguranças a um local seguro.

Dennis Hastert: De repente, meus dois seguranças, um de cada lado, me pegaram e me levaram. Eu disse: "O que está acontecendo?". E eles: "Achamos que há um quarto avião e que ele está vindo para o Capitólio".

Deputado Porter Goss: Eu disse ao secretário da mesa: "Vamos ter que fazer isso agora, porque precisamos evacuar o prédio". Não havia dúvida de que tínhamos que sair de lá.

Padre Gerry Creedon, capelão convidado, Câmara dos Deputados: O capelão da Câmara, o reverendo Dan Coughlin, me informou que eu faria a invocação de abertura* e que depois o Congresso seria dispensado. Peguei um pedaço de papel e escrevi uma nova oração, usando o ombro dele como mesa. Porter Goss me disse: "Faça a oração que quiser, mas seja breve". Fiz a prece, bateram o martelo, e a Câmara foi dispensada.

Dennis Hastert: Disseram para todo mundo sair de lá — correndo. Cinco mil pessoas estavam trabalhando no Capitólio ou em torno dele.

Senador Tom Daschle: Houve um atropelo louco, as pessoas saíram literalmente correndo do Capitólio. Vi os funcionários mais jovens, vi o senador Robert C. Byrd, que carregava uns livros e parecia ter alguma dificuldade de andar depressa, mas, ainda assim, abandonando o prédio.

Julia Rogers, pajem, Câmara dos Estados Unidos: Eu estava apavorada. Dava para sentir a tensão dos policiais. Eles não estavam em seu normal. Dava para ver o medo no rosto e nos olhos deles, e isso me assustava mais ainda.

Deputado Porter Goss: A gente se viu lá, na base dos degraus do Capitólio, em dúvida se o prédio ainda estaria lá quando voltássemos.

Brian Gunderson: Lembro de ver uma equipe de reportagem de TV; o produtor pedia, desesperado, que apontassem a câmera para a cúpula do Capitólio. Ele achava —como todos nós, naquela hora — que outro avião comercial poderia estar vindo para o Capitólio, e julgou importante posicionar a câmera para captar a cena do avião se espatifando contra a cúpula do Capitólio.

Tyler Rogers, pajem, Câmara dos Estados Unidos: Uma das atribuições do pajem é entregar as bandeiras — depois que elas são hasteadas sobre o

---

* Para abrir a Câmara dos Estados Unidos, o capelão da Casa faz uma prece. Ele pode também convidar religiosos de outras fés para fazer a oração inicial. [N. T.]

Capitólio, o pajem as recolhe e as leva até o gabinete de um dos congressistas.* Vamos empurrando carrinhos de correspondência grandes, carregados de bandeiras. Naquela manhã, uma colega estava encarregada das bandeiras e levava um carrinho cheio delas. Quando lhe disseram para abandonar o prédio, ela não tinha onde deixar as bandeiras. Então ela desceu a rua com aquele carrinho gigante. Era uma das pajens mais baixinhas, carregando aquele carrinho enorme, lotado de bandeiras. Ela disse: "Não podia largar as bandeiras lá. Não dava para simplesmente abandoná-las".

Dennis Hastert: Fui carregado para o elevador. Quando dei por mim, estava na traseira de uma Suburban indo em direção à Base Aérea de Andrews. Foi bizarro. Lembro que o carro ia a 160 quilômetros por hora, muito veloz.

Brian Gunderson: Havia planos bastante elaborados para o presidente da Câmara, é claro, porque o presidente da Câmara está na linha de sucessão presidencial. O líder da maioria, não. Seus seguranças o arrastaram rapidamente para fora do Capitólio, entraram em seu veículo oficial e partiram. Mas ele não tinha um lugar específico para ir. Não havia ponto de realocação definido.

Deputado Porter Goss: Não havia plano algum. Pegaram 535 das pessoas mais importantes do país e as deixaram no gramado, lá fora.

Deputado Martin Frost, líder da bancada do Partido Democrata da Câmara: Ninguém disse se era para ficar ou ir embora. Isso é que foi curioso. Cada um agiu por conta própria. Minha reação instantânea foi ir embora do Capitólio. Estávamos tão por fora quanto qualquer outra pessoa.

---

* O Capitol Flag Program (Programa das Bandeiras do Capitólio) surgiu em 1937, quando um congressista solicitou uma bandeira que havia sido hasteada sobre a cúpula. A prática se expandiu e, quando a demanda superou a oferta, passaram a ser hasteadas bandeiras menores, depois postas à venda. [N.T.]

18.
Voo 93 em perigo

"Estou em um avião que foi sequestrado."

O caos daquele dia deslocou-se então para os céus de Ohio. O quarto ataque do 11 de Setembro — que se revelaria o último — se desenrolava a bordo do voo 93 da United Airlines, um Boeing 757 que partiu do Aeroporto Internacional de Newark com destino a São Francisco. O avião saiu do portão às 8h01 — o último passageiro, Mark Bingham, por pouco não perdera o voo, embarcando às 7h55. Devido ao congestionamento do aeroporto, o voo 93 ficou 41 minutos parado na pista de Newark. Decolou às 8h42; muito depois do horário previsto. Levava quarenta pessoas — sete tripulantes e 33 passageiros.

Diferentemente dos outros aviões, havia apenas quatro sequestradores a bordo; o homem que os agentes do governo norte-americano acreditam que seria o quinto sequestrador, Mohammed al-Qahtani, fora barrado pela imigração quando tentou entrar nos Estados Unidos, via Orlando, no início de agosto.

Às 9h19, Ed Ballinger, operador da United Airlines, enviou uma mensagem aos aviões que supervisionava, alertando sobre possíveis invasões na cabine dos pilotos: "Cuidado com qualquer invasão da cabine — duas ARNV [aeronaves] bateram no World Trade Center". O piloto do voo 93, o capitão Jason Dahl, respondeu às 9h26, com a mensagem: "Ed, confirme a última msg, pf". Dois minutos depois, o copiloto, LeRoy Homer, fez uma rápida transmissão de rádio em que o ouvimos gritar: "Mayday! Mayday! Saia daqui!".

John Werth, controlador de tráfego aéreo, Centro de Controle de Tráfego de Rota Aérea de Cleveland: O United 93 apareceu na tela do meu radar, ligou e eu o identifiquei. Nada fora do comum. Ele se apresentou: "Bom dia, Cleveland", o de sempre. A transmissão seguinte do United era incompreensível. Parecia uma luta de morte. Ouviam-se gritos e sons guturais.

O primeiro informe oficial sobre o sequestro veio do avião, às 9h36 — um minuto antes de o voo 77 da American Airlines atingir o Pentágono —, quando uma comissária de bordo ligou para o escritório de manutenção da United em São

Francisco e avisou que tinham sido sequestrados. Nos minutos que se seguiram, conforme a informação se espalhou pelo controle de tráfego aéreo, passageiros e tripulante usaram airfones e celulares para telefonar às autoridades aéreas e entes queridos — e ficaram chocados ao descobrir o que havia acontecido em solo.[1]

John Werth: Olhei para o meu parceiro, sentado a minha direita. Seus olhos estavam arregalados. Eu disse: "Dave, você achou a mesma coisa que eu dessa transmissão esquisita?". Ele me olhou e assentiu com a cabeça. Eu disse: "Melhor descobrirmos quem é", porque naquele momento tínhamos sete ou oito aeronaves naquela frequência. Eu suspeitava do United 93 e do Delta 1989. Logo depois, nosso indicador de altitude mostrou que o United 93 estava noventa metros mais baixo.

Stacey Taylor Parham, especialista em controle de tráfego aéreo, Centro de Controle de Tráfego de Rota Aérea de Cleveland: De repente o avião começou a descer e depois subiu. Simplesmente abandonou sua rota de voo e saiu da sua altitude.

John Werth: Perguntei ao voo que estava na frente do United 93: "Você ouviu uma transmissão de uma aeronave que parecia com gritos?". Ele disse: "Sim, nós ouvimos isso". Um jatinho comercial também disse que tinha ouvido.

Deena Burnett, esposa de Tom Burnett, passageiro, voo 93 da United: O telefone tocou e era a mãe do Tom. A primeira coisa que ela perguntou foi: "Você sabe onde o Tom está?". O telefone avisou que havia outra chamada esperando na linha e eu disse: "Ah, deixa eu atender. Pode ser ele". Vi no identificador que era o celular do Tom. Fiquei aliviada: se ele estava ligando do celular era porque estava em algum aeroporto e tudo bem. Eu disse: "Tom, você está bem?". E ele: "Não, não estou. Estou em um avião que foi sequestrado. É o voo 93 da United". Contou o que estava acontecendo. "Já esfaquearam um cara. Acho que um deles está armado." Comecei a fazer perguntas e ele disse: "Deena, ouve". Repetiu as informações e pediu: "Por favor, liga para as autoridades". E desligou. Senti meu corpo todo ser atravessado por uma descarga de terror. Parecia que tinha caído um raio na minha cabeça.[2]

Alice Ann Hoagland, em sua casa em Los Gatos, mãe de Mark Bingham, passageiro do voo 93 da United: A ligação foi por volta das 6h37, e um amigo da família atendeu. Ainda estávamos todos na cama; temos bebês pequenos na família e tentávamos descansar. Ouvi nosso amigo passar na ponta dos pés pelo corredor para tirar minha cunhada, Cathy, da cama. Ouvi Cathy no telefone, dizendo: "Bem, a gente também te ama, Mark. Vou passar para a sua mãe". Cathy me olhou e disse: "Alice, fala com o Mark. Ele foi sequestrado". Ela também me deu um pedaço de papel onde se lia "93 United". Tinha anotado isso enquanto falava com ele. Sou comissária de bordo da United.

Peguei o telefone e ele disse: "Mãe, aqui é o Mark Bingham". Quando falou o sobrenome, vi que estava meio afobado. Ele disse: "Só quero que você saiba que eu te amo". No total, falei três minutos com o Mark. Ele disse: "Tem três caras a bordo e eles assumiram o controle do avião. Dizem que têm uma bomba".[3]

Deena Burnett: Enquanto eu explicava o telefonema do Tom ao FBI, o telefone voltou a acusar outra chamada na linha e eu disse: "Preciso desligar". O agente do FBI pediu: "Me liga de volta". Atendi, e a primeira coisa que o Tom disse foi: "Eles estão na cabine". Contei a ele do World Trade Center. Ele ainda não sabia. Repassou a informação para as pessoas em volta. Disse: "Ah, meu Deus, é uma missão suicida". Começou a fazer perguntas: "Quem está envolvido? Era um avião comercial? De qual companhia aérea? Você sabe quantos aviões estão envolvidos?". Tentava realmente arrancar de mim informações sobre o que estava acontecendo, qualquer coisa que eu soubesse.[4]

Lyzbeth Glick, esposa de Jeremy Glick, passageiro do voo 93 da United: Devo ter acordado assim que o primeiro avião bateu na torre, porque a primeira coisa que fiz foi ligar a televisão e vi o World Trade Center. Ia começar a tomar café da manhã na cozinha quando ouvi o telefone tocar, e logo depois meus pais gritaram: "Ah, meu Deus, o Jeremy!". Entrei no quarto e eles estavam lívidos. Comecei a entrar em pânico. Disse: "Ah, meu Deus, não era o voo do Jeremy, era?". Eles disseram: "Não, por enquanto ele está bem". Acrescentaram este "por enquanto" porque o Jeremy tinha acabado de contar que seu avião fora sequestrado. Eles me passaram o telefone. Ele percebeu o pânico na minha voz, e começamos a dizer "Eu te amo" um para o outro. Acho que passamos uns dez minutos dizendo isso, até que nos acalmamos. Aí ele me explicou o que havia acontecido.[5]

Lisa Jefferson, supervisora do airfone da Verizon: Fui parada por uma agente que me disse que tinha um senhor no telefone dizendo que o avião dele tinha sido sequestrado. Fui para lá imediatamente.

Deena Burnett: Uma repórter surgiu na tela e disse que o Pentágono tinha sido atingido. Comecei a uivar. Quando digo uivar é uivar, mesmo, um barulho que eu nem sabia que era capaz de fazer. Achei que era o avião do Tom que tinha batido no Pentágono.[6]

Alice Ann Hoagland: Tom Burnett estava no 4C e o Mark no 4D. Foi o Tom que disse a Deena: "Ahn, nós vamos fazer alguma coisa, alguns de nós". Tom e Mark estavam sentados bem atrás de dois sequestradores, dois assassinos, que por acaso estavam no 3C e no 3D. Os outros dois terroristas estavam sentados no 6B e no 1B; então o Tom e o Mark estavam bem no meio deles.[7]

Lyzbeth Glick: Aí o Jeremy começou a perguntar o que estava acontecendo em Nova York, se eles tinham jogado os aviões no World Trade Center. Imagino que outro passageiro tenha contado para ele. Hesitei por um momento e aí disse: "Querido, você precisa ser forte, mas sim, eles estão batendo aviões no World Trade Center".[8]

Deena Burnett: O telefone tocou de novo e era o Tom. Ele disse: "Deena". Eu falei: "Tom, você está bem!", pensando que ele tinha sobrevivido ao choque do avião contra o Pentágono. Ele disse que não. Eu disse: "Acabaram de bater no Pentágono". Dava para ouvir no fundo as pessoas conversando e repassando a informação e dava para ver que estavam alarmadas, que resfolegavam, surpresas, chocadas. Tom voltou ao telefone e falou: "Estou armando um plano. Vamos tomar o avião de volta". Perguntei: "Quem está te ajudando?". Ele respondeu: "Várias pessoas, um monte de gente. Formamos um grupo. Não se preocupe. Nós vamos fazer alguma coisa". Aí ele disse: "Te ligo depois". E desligou.[9]

Lauren Grandcolas, passageira, voo 93 da United, em mensagem de voz para o marido: Querido, você está aí? Jack, atenda, amor. Está bem, eu só queria te dizer que te amo. Estamos tendo um probleminha aqui no avião. Eu estou bem. Só quero que você saiba que te amo mais do que tudo. Por favor, diga a minha família que amo eles também.[10]

Linda Gronlund, passageira, voo 93 da United, em mensagem de voz para a irmã, Elsa: Elsa, aqui é a Lin. Ahn, só posso falar um minutinho. Estou no 93 da United. Ele foi sequestrado por terroristas que dizem ter uma bomba. Parece que eles, ahn, já bateram dois aviões contra o World Trade Center e parece que vão derrubar este também. [*chorando*] Eu só queria mesmo dizer que te amo e vou sentir saudades. Não sei se vou ter outra oportunidade de te dizer isso.

CeeCee Lyles, passageira, voo 93 da United, em mensagem de voz para o marido, Lorne: Oi, amor. Amor, presta atenção. Eu estou em um avião que foi sequestrado. Eu estou no avião, estou ligando do avião. Quero te dizer que te amo. Eu te amo. Por favor, diga aos meus filhos que amo eles muito... eu sinto muito, amor. Eu não sei o que dizer. Tem três caras aqui. Eles sequestraram o avião. Eu estou tentando manter a calma. Nós demos meia-volta e ouvi dizer que bateram uns aviões no World Trade Center. Espero poder ver seu rosto de novo, amor. Eu te amo, tchau.

***

Lisa Jefferson: Entrei na ligação do voo 93. Disse: "Meu nome é sra. Jefferson. Pelo que entendi, seu avião foi sequestrado, então você poderia por favor explicar em detalhes o que está acontecendo exatamente?". Perguntei se tinha alguém ferido. O comissário de bordo que estava perto dele disse: "Sim". Havia duas pessoas caídas no chão na primeira classe, o piloto e o copiloto, os dois com a garganta cortada. Ele me perguntou se eu sabia o que eles queriam — dinheiro, resgate, o quê? Disse que não fazia ideia.

Lyzbeth Glick: Jeremy me disse que achava que não iria sobreviver. Disse que me amava e que amava nossa filha, Emerson, muito, e que precisava que fôssemos felizes. Sua voz estava muito triste. Ele ficava repetindo: "Não acredito que isso está acontecendo comigo".[11]

Lisa Jefferson: Perguntei seu nome e ele disse: "Todd Beamer, de Cranberry, Nova Jersey".[12]

John Werth: Aí, um pouco ao sul de Akron, o avião começou uma descida rápida.

Lisa Jefferson: O avião mergulhou e ele disse: "Ah, meu Deus! Estamos descendo! Estamos descendo!".

Mahlon Fuller, supervisor de turno de Pittsburgh, AFA: Um homem que estava trabalhando no controle de aproximação, o Paul Delfine, me disse: "Mal, preciso muito da sua ajuda". Pelo tom de sua voz já dava para ver que havia algo bem errado. Corri para o visor do radar e ele apontou: "Esse avião foi sequestrado quando saiu de Cleveland. Não sabemos para onde está indo". O avião voava muito rápido e estava apontado diretamente para o centro do aeroporto de Pittsburgh. Sem nem pensar, eu disse: "Evacuem o aeroporto".

Chuck Savall, piloto, voo 73 da Midwest Express: Sabíamos da gravidade da coisa. Fiz um anúncio para os passageiros para avisar que tentaríamos fazê-los chegar ao solo em segurança. Na rota para Cleveland, estaríamos indo exatamente em direção ao voo 93. As rotas praticamente colidiam. Mandaram a gente fazer uma descida de emergência e pousar em Pittsburgh.[13]

Coronel Matthew Klimow, assistente executivo do vice-presidente do Estado-Maior Conjunto, general Richard Myers: Sabíamos que o voo 93 estava indo para Washington, mas ninguém sabia onde estava.

Tenente-coronel Kevin Nasypany, comandante da tripulação da missão, SNDA, Rome, Nova York: Tínhamos sido informados de que havia outro possível sequestro na Pensilvânia. Mandei que uma das equipes de monitoramento pegasse as aeronaves de Langley — os F-16 — e começasse a direcioná-las para o noroeste de D.C. Basicamente desenhamos um círculo de cinquenta quilômetros ao redor de D.C. e fizemos ali uma área restrita — uma zona de exclusão aérea.

John Werth: Por problemas de comunicação no processo, talvez fôssemos os únicos que sabiam onde ele estava de fato.

Ben Sliney, gerente nacional de operações, Centro de Comando da AFA**, Herndon, Virgínia:** Recebemos um relato do piloto de uma aeronave pequena, comercial, que viu o avião da United sacudindo as asas. Isso deixava a situação muito ambígua, porque esse é um sinal universal de que o piloto perdeu o contato com o rádio e não está conseguindo se comunicar. Mesmo àquela altura, minutos antes de a aeronave se chocar com o solo na Pensilvânia, ainda não sabíamos se ele realmente tinha sido sequestrado.[14]

Deena Burnett: Ele ligou de novo umas cinco para as sete. Perguntou: "Alguma novidade?". Respondi que não. Ele estava mais contido dessa vez, muito calmo. Havia se mantido calmo e equilibrado nas outras conversas, mas agora seu tom era muito solene. Perguntou: "Onde estão as crianças?". Respondi: "Estão bem. Estão sentadas à mesa. Querem falar com você". Ele disse: "Diga que falo com elas mais tarde".[15]

19.
A evacuação do World Trade Center

"O tempo parou."

Enquanto corriam os fatídicos minutos das nove daquela manhã, o Corpo de Bombeiros de Nova York iniciava a maior ação da sua história, puxando recursos de seus cinco distritos. Milhares de outros socorristas e funcionários do governo — de órgãos municipais, estaduais e federais — também acorreram ao local.

Thomas Von Essen, comandante-geral, CBNY: Dentro do saguão [no térreo da Torre Norte], acho que tínhamos menos noção do que estava acontecendo do que quem estava do lado de fora ou na rua, ou assistindo pela TV.[1]

Comandante Joseph Pfeifer, batalhão 1, CBNY, no saguão do World Trade Center: Experimentamos todas as formas de comunicação possíveis naquele dia. Mas nem os celulares funcionavam. Todos os sistemas que tentamos falharam. Era muito frustrante. Parecia que quanto mais perto você chegava, menos entendia. Os helicópteros estavam no ar, mas não tínhamos como nos comunicar com eles. Tentamos não sei quantas vezes. Éramos os últimos a saber.[2]

Steven Bienkowski, divisão aérea, DPNY: As pessoas viram o helicóptero e tenho certeza que muitas acharam que conseguiríamos salvá-las. A verdade é que não podíamos fazer nada. Chegamos o mais perto que era humanamente possível, mas continuávamos impotentes, totalmente impotentes.[3]

Comandante Joseph Pfeifer: Grupos de bombeiros começaram a entrar. Explicávamos a situação e o plano e os mandávamos para cima. Uma das equipes de combate a incêndio que se apresentou foi a 33, que era a do Kevin, meu irmão. Disse a ele que achávamos que o incêndio começava no 78º andar e que não tínhamos elevadores disponíveis. Ficamos nos olhando por uns dois segundos, com uma sensação de preocupação real um pelo outro.

Então ele sabia o que tinha que fazer em seguida. Fiquei olhando ele se afastar. Foi a última vez que o vi.[4]

William Jimeno, policial, DPAP: O sargento [John] McLoughlin veio correndo e disse: "Preciso de voluntários para entrar conosco e preciso de gente que saiba usar os Scott Air-Paks", que são aparelhos respiratórios que os bombeiros usam. Os policiais da Autoridade Portuária são treinados não só para atividades policiais, mas para enfrentar incêndios. Não sei quem foi que disse primeiro — Dominick Pezzulo, Antonio Rodriguez ou eu —, mas um de nós falou: "Acabamos de nos formar — sabemos usar isso". O sargento McLoughlin disse: "Ótimo, já somos quatro, vamos lá". Saímos correndo em direção ao prédio. Lembro que pensei comigo: *Caramba, a coisa está muito feia.*

James Luongo, inspetor, DPNY: Quando cheguei à rua Vesey, entre a Church e a Broadway, a primeira coisa que notei foi a enorme quantidade de sapatos femininos. Não conseguia entender. Então percebi que as mulheres haviam corrido e deixado os sapatos para trás — sapatos de salto, essas coisas. Tinha sapato feminino por todo lado.

Sargento Anthony Lisi, Unidade do Serviço de Emergência, caminhão 6, DPNY: O sargento Tom Sullivan parou a gente e disse: "Já temos centenas de bombeiros e policiais dentro do prédio, trabalhando no resgate. Quero que vocês parem, tirem esse equipamento, botem o colete à prova de bala e o capacete e peguem armas, porque ouvimos falar que estão atirando nas pessoas que saem do prédio". Ouvimos no rádio informações sobre tiros disparados no Trade Center. No final das contas, eram policiais quebrando vidraças a tiro para que as pessoas pudessem sair mais depressa. Houve tiros, mas foram disparados pelos mocinhos — não pelos bandidos.

Sharon Miller, policial, DPAP: Antes de entrar no carro, eu, Richie Rodriguez, Jimmy Nelson e Jimmy Parham demos as mãos e dissemos: "Vamos entrar juntos, vamos sair juntos".

Tenente Mickey Kross, equipe de combate a incêndio 16, CBNY: Reuni todo mundo porque sabia que seria um dia difícil. Fizemos um círculo, tal como os jogadores de futebol. Disse a eles: "Cheguem aqui" e "Encarem isso como um incêndio, só. Estamos juntos. Um cuida do outro".

Capitão Jay Jonas, equipe de resgate 6, CBNY: Eu me aproximei da minha equipe e disse: "Muito bem, rapazes. O negócio é o seguinte. A coisa está feia, mas é o que temos que fazer. Temos que subir nesse prédio para buscar e resgatar". Aí eu disse — não lembro de ter dito isso, mas a equipe inteira jura que sim: "Estão tentando matar a gente, meninos. Então, vamos lá". E eles foram mesmo, para mérito deles. Não acho que alguém fosse pensar menos deles se tivessem saído correndo pela rua West. Quando estávamos prestes a pegar as escadas, Sal D'Agostino me disse: "Ei, capitão, onde será que está a Aeronáutica?". Eu disse: "Sabe, não sei quantos milhares de incêndios já enfrentei na minha carreira e nunca subi uma escada pensando onde estaria a Aeronáutica". Torcíamos para que eles estivessem nos protegendo.

William Jimeno: Em meio àquele caos, àquela catástrofe, dentro do World Trade Center as pessoas se ajudavam. Lembro de um senhor negro e um senhor branco carregando uma mulher loira com um corte grave na perna. Lembro que pensei com meus botões: *Will, se esses civis normais conseguem ser tão corajosos, nós, das equipes de resgate, precisamos estar uns três degraus acima — porque eles estão contando com a gente.*

James Luongo: Saiu um monte de gente do prédio pela rua Vesey. Estavam meio desorientados, sem saber para onde ir. Comecei a gritar para virem na minha direção. Eles continuaram olhando em volta. Por fim, uma mulher escutou minha voz. Ela tocou a pessoa ao lado dela, apontou para onde estávamos — eu, Dennis e o sargento Boodle — e, bem nesse momento, caíram uns destroços e mataram todos eles. De todas as coisas que vi naquele dia, para mim essa foi a pior, porque aquelas pessoas chegaram muito perto de se salvar, mas não conseguiram.

William Jimeno: Chegando na central de polícia da Autoridade Portuária [na base das torres], fiquei chocado com um pedaço de fuselagem que nossos detetives tinham levado para lá. A cabeça da gente fica tentando processar aquilo, por mais que saibamos que um avião bateu na torre: o que esse pedaço de avião está fazendo aqui?

James Luongo: Bastante gente veio para o local para tentar entrar no prédio porque alguma pessoa próxima estava lá dentro. Lembro de uma mulher parada na esquina da Vesey com a West. Falei a ela que tinha de sair dali. Ela disse: "Não vou embora". Ficamos nesse bate-boca um ou dois segundos. Falei: "Espero que ele valha a sua vida, porque você não vai conseguir chegar até ele". Ela respondeu: "Ele *vale* minha vida". Tentou me driblar. Eu a detive e ela me empurrou. Eu a agarrei, levantei-a do chão e saí com ela carregada. Ela foi me batendo enquanto eu me afastava com ela: "Me deixa entrar! Me larga! Preciso ir lá!".

William Jimeno: Christopher Amoroso, um cara com quem já havíamos trabalhado e de quem gostávamos muito — era um ótimo policial — disse: "Sargento, posso ir com vocês?". O sargento respondeu: "Sim, Chris, pode". Christopher estava com um machucado acima do olho esquerdo; perguntamos o que tinha acontecido. "Alguma coisa bateu no meu olho, provavelmente um pedaço de concreto. Temos que continuar trabalhando." O sargento McLoughlin tinha pedido a outro policial, o Anthony Rodrigues, para nos encontrar na Torre Sul. Para o azar do Anthony, uma das vítimas que caiu do prédio bateu no chão muito perto dele — ele estava com restos humanos no corpo. Ele disse: "Sargento, não consigo trabalhar com isso". O sargento respondeu: "Vá trocar seu uniforme e encontre a gente na Torre Dois". A partir daí, estávamos em cinco.

***

Dentro das duas torres — ambas já fatalmente atingidas, com sua estrutura supostamente inexpugnável queimando, derretendo e se fragilizando — milhares de trabalhadores evacuados corriam para as saídas, contra o fluxo de bombeiros e policiais que tentavam entrar para oferecer socorro.

Richard Eichen, consultor, Pass Consulting Group, Torre Norte, 90º andar: Fui para um dos escritórios vizinhos e encontrei o Charlie Egan — o administrador de sistemas deles —, que estava irritado porque a explosão tinha derrubado seus servidores. Ele ia ter que ficar lá até meia-noite, botando os servidores no ar de novo. Lembro de entrar com o Charlie na sala dos servidores e dizer: "Olha, se te ajudar, fico aqui com você, vamos trabalhar juntos e botar esse negócio no ar de novo". Ele estava realmente irado. Então, disse: "É melhor eu ligar para o prédio". Ligou lá para baixo e disse: "Oi, aqui é o fulano de tal, do Clearstream Banking". Acho que deu o nome dele. "Tem cinco pessoas aqui, estamos no 90º andar." A administração do prédio disse: "Fiquem aí, sabemos onde vocês estão". Enquanto isso, vimos pela janela pedaços enormes do prédio despencando. Pedaços gigantes do prédio — do tamanho de caminhões — estavam caindo, e era tipo: "Realmente não sei se é uma opção viável".

Herb Ouida, Associação dos World Trade Centers, Torre Norte, 77º andar, pai de Todd Ouida, Cantor Fitzgerald, Torre Norte, 105º andar: Achei que o Todd estivesse nas escadas. Ele tinha ligado para a mãe imediatamente, assim que o avião bateu. Disse a ela: "Mamãe, não se preocupe. Você vai ficar sabendo da explosão no World Trade Center. Já estou nas escadas, descendo". Ela disse: "Mas e o papai?". Todd respondeu: "Acabei de falar com ele. Ele está bem". Todd não tinha falado comigo. Esse menino tinha sofrido distúrbios de ansiedade e ataques de pânico na infância, mas no momento do maior perigo, protegeu a mãe dele. Ele tinha 25 anos.

Judith Wein, vice-presidente sênior, Aon Corporation, Torre Sul, 103º andar: Eu literalmente andei sobre corpos. Foi tanta gente que morreu no momento do impacto — talvez tenha sido a forma como aterrissaram, quebraram o pescoço ou algo assim. Apareceu um sujeito — depois descobrimos que se chamava Welles Crowther e tinha sido bombeiro voluntário no interior do estado — e perguntou onde estavam os extintores de incêndio. Apontei e ele foi pegar. Corria por todo lado, tentando apagar incêndios. Estava com uma bandana vermelha no rosto. Era calmo e tinha autoridade: "Precisamos fazer o seguinte. Eis o que temos que fazer". Direcionou as pessoas para a única escada que estava funcionando — a única que ia até lá embaixo. Ficou lá, ajudando, e não conseguiu sair.

Bruno Dellinger, consultor, Quint Amasis North America, Torre Norte, 47º andar: De repente senti uma gana de ir embora, larguei tudo e saí.

Stanley Praimnath, Banco Fuji, Torre Sul, 81º andar: Saí engatinhando, passei pelo departamento de crédito, pelo saguão, pela sala dos computadores, pela sala de comunicações. Não consegui ir além disso. Não dava para ir mais porque tinha uma porcaria de uma parede de reboco que não se mexera.[5]

Brian Clark, vice-presidente executivo, EuroBrokers, Torre Sul: Nossos escritórios ocupavam o 84º andar inteiro. Foi tudo destruído. Comecei a descer com um grupo de seis pessoas que me acompanhavam com uma lanterna. Só descemos três andares, até o 81º andar, [quando] me distraí com o barulho de uma pancada. Eu ouvi: "Socorro, estou soterrado. Não consigo respirar".[6]

Stanley Praimnath: O homem atrás da parede disse: "Estou ouvindo sua voz! Bata na parede que eu vou saber onde você está". Ele disse: "É só escalar a parede de reboco". Respondi: "Não consigo". E ele: "Pense na sua família. Se você quiser sair vivo daqui, tem que escalar".[7]

Brian Clark: De repente ele falou: "Consegue ver minha mão?". Ele estava abanando de cima, pelo piso. Apontei com minha lanterna e fui seguindo o braço até chegar nos olhos que apareciam pelo buraco na parede. Ele se puxou para cima, eu o perdi da primeira vez, mas na segunda vez que pulou, consegui pegar e içá-lo pela parede. Caímos no chão de novo, ele em cima de mim. Ele me deu um beijão. E eu falei: "Meu nome é Brian". Ele disse: "Sou o Stanley".[8]

Stanley Praimnath: Ele disse: "Vamos lá, amigão. Vamos pra casa".[9]

* * *

Mais de 1100 pessoas ficaram presas acima das zonas de impacto, tanto na Torre Norte quanto na Torre Sul. Conforme as condições pioravam e a fumaça e o fogo dominavam os andares superiores, elas ligaram para 911, os serviços de emergência, e para o posto de comando da Autoridade Portuária do World Trade Center, na esperança de apressar o socorro, sem perceber quão drástica sua situação de fato era. Presa no 83º andar da Torre Sul, Melissa Doi, que tinha 32 anos, conversou 24 minutos com um atendente do 911 enquanto esperava o resgate.

Melissa Doi, gerente financeira, IQ Financials: Está muito quente, o piso inteiro.
Atendente do 911: O.k., sei que você não está vendo nada disso, mas eu, eu... [*embaralha as palavras*] Eu vou, eu estou documentando tudo que você diz, o.k.? Está muito quente, você não está vendo fogo, mas vê fumaça, certo?

Melissa Doi: Está muito quente, eu vejo... Eu não vejo nada, eu não vejo mais nada de ar!
Atendente do 911: O.k...
Melissa Doi: Só vejo fumaça.
Atendente do 911: Está bem, querida, sinto muito, espere um segundo, fique calma aqui comigo, fique calma, escuta só, escuta, você está na linha, eu estou documentando, espere só um segundo, por favor...
Melissa Doi: Vou morrer, não é?
Atendente do 911: Não, não, não, não, não, não, não, faça uma... Senhora, faça suas preces.
Melissa Doi: Eu vou morrer.
Atendente do 911: Você precisa pensar positivo, porque vocês precisam se ajudar para conseguir sair do andar.
Melissa Doi: Eu vou morrer.
Atendente do 911: Olha só, fique calma, fique calma, fique calma, fique calma.
Melissa Doi: Deus, por favor...
Atendente do 911: Você está indo bem, senhora, você está indo bem.
Melissa Doi: Não, está tão quente que eu estou queimando.[10]

***

Christine Olender, diretora-geral adjunta, Windows on the World, em ligação ao centro de comando da Autoridade Portuária: Não estamos recebendo orientação nenhuma aqui em cima. A fumaça virou um problema. Colocamos a maior parte das pessoas no 106º andar, no 107º tem fumaça demais. Precisamos de orientações sobre onde levar nossos visitantes e funcionários, o mais rápido possível.
Steve Maggett, policial, DPAP: O.k. Estamos fazendo tudo que é possível. Já chamamos o Corpo de Bombeiros, todo mundo, estamos tentando chegar até você, querida. Tudo bem, me ligue em dois ou três minutos que vou descobrir em qual direção você deve tentar descer. As escadas A, B e C estão todas bloqueadas e enfumaçadas?
Christine Olender: As escadas estão cheias de fumaça – A, B e C. E o meu... Minha elétrica... Meus telefones de emergência saíram do ar.
Steve Maggett: Ah, sim, eles... Todas as linhas estão em pane nesse momento. Mas já estão todos a caminho, o Corpo de Bombeiros...

Christine Olender: A situação no 106 está piorando.

Steve Maggett: O.k., querida. Tudo bem, estamos fazendo o possível para chegar até você imediatamente. Está bem, querida?

Christine Olender: Mas onde... Onde você quer [*inaudível*], será que você pode pelo menos... Será que poderia pelo menos nos orientar para uma torre em particular do prédio... Tipo, qual torre... Tipo, qual área... Para qual quadrante do prédio devemos ir, onde podemos ir para fugir dessa fumaça?

Steve Maggett: A não ser que a gente descubra exatamente... a área onde está a fumaça... Onde a maior parte... A maior parte da fumaça está subindo para aí, e podemos mais ou menos te orientar em relação a isso. Como eu disse, me liga daqui a uns dois minutos, querida.

Christine Olender: Ligar de novo em dois minutos. Ótimo.

* * *

Nas escadarias das torres Norte e Sul, civis e socorristas se misturavam em filas únicas, ambos os grupos cansados e suados por causa dos esforços que já tinham feito e dos que ainda fariam. Enquanto um grupo descia, tentando evacuar o prédio, o outro continuava subindo, determinado a socorrer quem ainda estivesse preso.

Richard Eichen: Saímos os cinco. Minha colega Lucy se sentou e disse: "Daqui não saio". Falei: "Lucy, não vamos deixar ninguém para trás. Temos que sair daqui. Está começando a pegar fogo". Botei as mãos dela sobre os meus ombros. Ela ficou em pé atrás de mim e eu peguei as mãos dela, coloquei-as sobre meus ombros e segurei firme para que ela não soltasse. "Vamos lá", eu disse. "Estou ferido. Preciso de ajuda. Não quero morrer sozinho. Preciso de ajuda." Falei isso para fazê-la vir comigo. Saímos juntos. Fomos pela escadaria A que, no final das contas, era a única viável àquela altura.

Tenente Mickey Kross: Recebemos ordens de nos apresentar em outro posto de comando, no 23º andar. Entramos pela escada B, que era a principal do prédio. Enquanto subíamos, as pessoas que trabalhavam no prédio desciam. Na verdade, estava tudo bem tranquilo.

Stephen Blihar, policial, Unidade do Serviço de Emergência, caminhão 10, DPNY: Conseguimos chegar até o nono andar (da Torre Norte) e me lembro de encher um bule de café de água e pegar copos de plástico para todo mundo, porque já estávamos suados e com calor àquela altura, e eu sabia que ainda subiríamos pelo menos mais uns setenta andares.[11]

David Norman, policial, Unidade do Serviço de Emergência, caminhão 1, DPNY: Subindo, vimos gente parada nos andares, esperando. Avisamos: "Vocês precisam sair. Precisam continuar descendo as escadas. Não obstruam a circulação na escadaria. Não parem".

Capitão Jay Jonas: Tinha uma fileira de bombeiros subindo pelas escadas e uma fileira de civis descendo as escadas.

Tenente Mickey Kross: Carregamos muito equipamento. Em média, levamos uns 25, trinta quilos de equipamento com a gente. A subida das escadas era meio lenta, e estava quente. A cada cinco andares, parávamos para descansar um minuto.

Peter Bitwinski, gerente adjunto de contas a pagar, Autoridade Portuária: Cruzamos com uns vinte, 25 bombeiros. É uma das lembranças mais tristes que tenho daquele dia. Estavam subindo as escadas com o equipamento completo, umas picaretas de metal enormes, suando pra caramba.[12]

Cathy Pavelec, funcionária, Autoridade Portuária: Quando eles passavam por nós — meus dois irmãos são bombeiros em Nova Jersey —, eu fazia questão de dizer a cada um: "Oi, obrigada e Deus te abençoe". Estavam ofegando e bufando, e eram sujeitos grandes e fortes.[13]

Herb Ouida: As escadas estavam muito mais iluminadas dessa vez do que no atentado de 1993, e não havia fumaça subindo porque a explosão havia sido acima de nós. Os nova-iorquinos foram muito corajosos naquele dia — as pessoas se ajudaram muito. Ficávamos dizendo: "Dèjá-vu". Tentávamos nos encorajar, dizendo: "Ah, já passamos por isso antes". Não percebemos que dessa vez era diferente. Nenhum de nós imaginou que o prédio iria desabar.

David Norman: Quando chegamos ao 31º andar, encontramos meia dúzia de bombeiros, um ou dois civis deitados no chão, sentindo dores no peito, exaustão, esse tipo de coisa. Olhamos um para o outro e dissemos: "Já temos uma triagem montada para nós aqui. Essa é a nossa missão. Por que não ficamos aqui?".

Sharon Miller, policial, DPAP: Paramos no 27º andar. Foi quando eu disse à minha chefe, a capitã Kathy Mazza: "Ei, Kat, eu amo o meu trabalho, mas a coisa está ficando muito feia". Falei: "Realmente ainda não estou preparada para morrer". Ela respondeu: "Ah, não se preocupe. Vamos sobreviver". Eu disse: "Bem, que tal um abraço?". E nós nos abraçamos! Aí ela se virou e disse: "Está bem, agora chega!".

Judith Wein: Eu desci um homem. O braço dele tinha sido decepado, mas não percebemos, porque ele estava de terno. O terno prendia o braço. Ele estava agarrado à parte de baixo do braço, mas não vi nada de estranho naquilo.

Bruno Dellinger: O calor era bem intenso na escadaria. Algumas pessoas tiraram a camisa. Os alarmes de incêndio estavam disparados e os alarmes de emergência — lâmpadas estroboscópicas e sirenes altíssimas — martelavam no ouvido o tempo todo.

Judith Wein: Estávamos descendo as escadas e, por volta do 40º andar, apareceram alguns socorristas e nos disseram para sentar e descansar um pouco. Duas pessoas se sentaram nas escadas e eu ia me sentar em uma cadeira. Já estava com o bumbum posicionado, pronta para me sentar, quando algo dentro de mim disse: "Não senta". Foi quase como se alguém tivesse posto o braço ou a mão nas minhas costas e me empurrado para cima. Foi uma sensação estranha. Apenas "Não senta". Eu disse: "Olha, se vocês estiverem cansados, sentem, mas eu não consigo sentar". Como não me sentei, eles se levantaram, e saímos andando. Os socorristas nos guiaram pelo escritório de alguém até um elevador interno que estava funcionando, e descemos nele do 40º até o saguão. Soube, depois, que fomos o último grupo a descer por aquele elevador.[14]

Elia Zedeño, analista financeira, Autoridade Portuária, Torre Norte, 73º andar: Fiz a maior parte da descida em um estado de total frieza. Via pessoas feridas e não tinha nenhuma reação. Lembro de me encostar para deixá-las passar. Lembro de uma mulher que gritava, gritava, gritava. Não consegui entender muito bem o que ela estava dizendo, mas um homem a ajudava; ele tinha a testa ensanguentada e só dizia para ela: "E nós tivemos sorte! Tivemos sorte". Não parava de repetir isso. Fiquei imaginando: *O que diabos será que essa mulher viu?*

Peter Bitwinski: Começamos a levar John Abruzzo na cadeira de evacuação pela escadaria. Tínhamos que criar um sistema; decidimos que duas pessoas segurariam a Evacuchair por cima e duas por baixo. Eram oito pessoas nesse esforço de descê-lo, revezando-se — quatro por turno.

John Abruzzo, técnico contábil, Autoridade Portuária: Queríamos ganhar tempo, mas eles não sabiam exatamente como a cadeira funcionava e como se comportaria. Acho que o fabricante jamais imaginou que aquela cadeira teria de descer 69 andares.[15]

Peter Bitwinski: Fazíamos revezamento. A cada cinco andares, os caras que estavam segurando as alças de cima da Evacuchair mudavam para baixo. Depois de passar pela parte de baixo, você tirava uma folga da cadeira por cinco ou dez andares e dois outros sujeitos te substituíam.[16]

John Abruzzo: Os bombeiros iam nos incentivando, nos encorajando. "Vão em frente!", diziam. "Vocês estão indo bem, vão em frente!"[17]

Marcel Claes, equipe de combate a incêndio 24, CBNY: Eu só continuava subindo. Sabia que seria um dia difícil, mas só pensava em jogar água no fogo.[18]

Bruno Dellinger: Enquanto eu descia, eles subiam para a morte. E eu descia para a vida. Nunca vou me esquecer disso.

Lila Speciner, paralegal, Autoridade Portuária, Torre Norte: Isso vai ficar comigo para sempre. Eles estavam indo para o lugar de onde estávamos fugindo.

Apesar de saberem que algum incidente havia ocorrido nos prédios, não foram muitas as empresas que fizeram evacuação formal dos funcionários; muitos dos primeiros a sair tomaram essa decisão por conta própria. Na Torre Sul, contudo, o esforço da Morgan Stanley provavelmente salvou dezenas, se não centenas de vidas. A firma, que ocupava os andares 59 a 74, assim como andares dispersos mais abaixo, havia feito investimento pesado em equipamento e treinamentos de evacuação após a bomba de 1993, e o vice-presidente de segurança da empresa, um ex-paraquedista britânico que virou veterano do Vietnã, Rick Rescorla, ignorou o informe inicial da Autoridade Portuária de que quem estava na Torre Sul podia seguir trabalhando. Em vez disso, o coronel aposentado imediatamente começou a garantir que todos saíssem.

Rick Rescorla, vice-presidente de segurança, Morgan Stanley, em telefonema ao melhor amigo, Dan Hill: Esses filhos da puta, esses burros, me disseram pra não evacuar o local. Que foi só no prédio 1. Eu falei pra eles que era pra todo mundo sair da porra do prédio já.[19]

Jeannine Ali, controladora, Morgan Stanley, Torre Sul, 45º andar: No 11 de Setembro, foi nosso departamento de segurança que tirou todos os funcionários da Morgan Stanley dos escritórios. Diziam no megafone: "Evacuem o prédio agora". Lembro de dizerem, com todas as letras: "Você tem que evacuar o prédio agora."

Robert Small, gerente de escritório, Morgan Stanley, Torre Sul, 72º andar: Quando estávamos descendo, encontramos com o Rick Rescorla — o chefe da segurança da Morgan Stanley no Trade Center — na altura do 40º andar. Eu o conhecia dos treinamentos de incêndio. Era um escocês muito divertido — sempre brincalhão, com aquele sotaque característico. Ele não estava para brincadeira naquele dia. Tentei dizer algo engraçadinho quando passei por ele, tipo: "Ei, sou o último a sair do 72º andar. Não precisa nem verificar. Todo mundo já foi". Ele só disse: "Sai daqui. Sai daqui. Apenas saia". O tom era totalmente sério. Nunca o vira tão circunspecto.

Barbara Fiorillo, gerente, Mercer Consulting, Torre Sul, 45º andar: Ouvimos vozes de pessoas que guiavam o fluxo — eram vozes masculinas, muito fortes: "Mais depressa, mais devagar, mais depressa, mais devagar". Descobrimos que estávamos no mesmo conjunto de elevadores que a Morgan

Stanley, que já estava no prédio na época do primeiro atentado. Eles tinham sido exaustivamente treinados e tinham experiência. Aquelas vozes conduzindo a evacuação eram muito tranquilizadoras.

Robert Small: Cruzamos com um homem grande — não gosto de usar a palavra "gordo", mas ele era. Era enorme, e lutava para descer as escadas, agarrado ao corrimão com as duas mãos. Ofereci água. Ele disse: "Não posso ficar com sua garrafa". Pus minha bolsa no chão e abri, e ele viu que eu tinha dúzias de garrafas. Pegou duas. Sentamos com ele e ficamos conversando. Ele não disse quem era nem de qual andar vinha. Não tinha forças. Eu disse: "Quando você puder, vamos juntos, eu e o James vamos descer com você até lá embaixo". Ele disse: "Não, não, não. Faz um favor. Se encontrar alguém — um socorrista ou bombeiro — avise onde estou". Eu me senti muito mal de deixá-lo lá. Deixamos três, quatro garrafas d'água com ele e nos despedimos.

> **Rick Rescorla, em telefonema à esposa, Susan:** Não quero que você chore. Vou ter que evacuar o pessoal agora. Se acontecer alguma coisa comigo, quero que você saiba que fez minha vida ser o que é.

Ao fim, apenas onze funcionários da Morgan Stanley — de mais de 2700 na Torre Sul — morreram no 11 de Setembro. Rescorla e dois dos seus colegas da segurança estavam entre os onze.

* * *

Richard Eichen: Quanto mais você descia, mais gente encontrava. Fiquei preocupado, porque estava ficando meio congestionado. Não tinha medo de o prédio desabar. Tinha medo do pânico.

Vanessa Lawrence, artista: Se a fila parava muito tempo, as pessoas gritavam: "Não se preocupe! Congestionamento humano!".

Bruno Dellinger: Aprendi uma coisa sobre seres humanos que estão correndo perigo. De todo lado vinham sinais que nos diziam que a situação era muito, muito perigosa. No momento em que recebíamos essas mensagens, algo dentro de nós — um mecanismo de defesa — era acionado e impedia que entrássemos em pânico.

Robert Small: Já estávamos lá pelo vigésimo andar quando encontramos duas mulheres — uma ajudava a outra. A que estava ajudando carregava um monte de bolsas. A que estava sendo ajudada disse estar grávida de quatro meses. "Está bem. Podemos ajudar. Podemos carregar as bolsas". Ela deixou que carregássemos as bolsas, mas a grávida quis parar. Demos um pouco de água pra ela. Aí ela disse que estava com calor. Derramei um pouco de água em um trapinho. E eu fiquei passando nas costas e no pescoço dela, para que se sentisse um pouco melhor. Finalmente ela se disse pronta para continuar. Mas foi só descermos dois andares que pediu para parar de novo. Fiquei como aquele treinador de futebol que manda os garotos fazerem flexão e ficam puxando para fazerem mais uma, mais uma. Disse a ela: "Desce só mais um andar e a gente para, e eu te dou água. Desce só mais um andar". E assim foi.

Constance LaBetti, contadora, Aon Corporation, Torre Sul, 99º andar: Eu começava a chorar e a tremer, e aí ouvi a voz do meu pai. Ele morrera em 1985, e eu ouvi sua voz, absolutamente nítida, me dizendo que eu não morreria naquele prédio. Eu me aprumei e continuei descendo. Minutos depois, ouvi o meu tio — que foi quem me adotou como filha depois que meu pai morreu. Esse tio morreu em 1999. Ele me chamava de "garota". Ouvi sua voz no meu ouvido esquerdo, dizendo: "Garota, um degrau de cada vez". E assim foi.

Richard Eichen: Quando finalmente chegamos na altura do vigésimo andar, vimos o primeiro bombeiro subindo. Nesse ponto, a Lucy estava deitada em um patamar da escada, praticamente desmaiada. O bombeiro disse: "Organizamos um posto dois andares para baixo". Nós dois a carregamos. Eu peguei as pernas. Ele pegou pelas axilas. Carregamos uns dois andares. Quando chegamos ao posto dos socorristas, eles perguntaram se eu estava bem e eu disse: "Sim, estou bem". Conheci o tenente Glenn Wilkerson — que infelizmente não sobreviveu. Estávamos a menos de um metro de distância e ele perguntou: "Como está lá em cima?". E eu contei.

Robert Small: Chegamos ao quinto andar. Estava tudo bem. As mulheres estavam bem. E de repente ouvimos: "Polícia de Nova York. Tem alguém aí?". Gritamos de volta. Era uma policial mulher e, acho, um detetive, pois estava de terno. Queriam nos ajudar. Fui muito enfático: "Não precisamos de ajuda". Disse: "Descemos do 72. Já cheguei até aqui — só faltam cinco andares". Contamos para eles do cavalheiro que ficara lá em cima e falamos do Rick, que estava no 44. Ouvimos quando subiram, andar por andar, abrindo portas e gritando se alguém precisava de ajuda, batendo a porta, subindo para o próximo andar. Sei que ela não sobreviveu. Sempre me incomodou o fato de não ter sobrevivido; será que ela teria saído do prédio se tivesse nos ajudado?

Richard Eichen: Deram oxigênio a Lucy. Ela recobrou a consciência e se sentia melhor. Uma hora me disse: "Está bem, eu estou pronta". "Tem certeza?" "Sim, estou pronta." "Está bem." Levantamos, peguei a mão dela. Voltamos para a escada. Continuamos a descer.

Tenente Mickey Kross: Encontramos algumas pessoas com dificuldades de locomoção. Comecei a ajudá-las, tentando levá-las para baixo. Lembro que havia uma pessoa entre mim e o Andy [da equipe de combate a incêndio 1], uma mulher, andando muito devagar, um passo de cada vez. Eu queria sair daquele prédio. Era como se o tempo tivesse parado.

Frank Lombardi, engenheiro-chefe, Autoridade Portuária, Torre Norte: A água começou a descer pelas escadas — o sistema de hidrantes anti-incêndio deve ter sido acionado — e tínhamos que olhar onde pisávamos para não escorregar.

Richard Eichen: A água estava bem alta — batendo do meio da panturrilha a logo abaixo do joelho. Tinha escoado e parado toda ali. Foi, tipo: "Caramba, isso parece um navio afundando. O que que é isso!". Finalmente, depois de mais algumas escadas, chegamos ao saguão.

Linda Krouner, vice-presidente sênior, Fiduciary Trust, Torre Sul: Chegamos até o térreo. Saímos do elevador e olhamos para a área da praça principal. Meu primeiro pensamento foi: *É a Grã-Bretanha durante a Blitz*. Porque realmente parecia.

Robert Small: Descemos até o nível principal. Fomos escoltados. Parecíamos João e Maria seguindo a trilha de migalhas de pão — uma linha de gente formada por policiais e socorristas e tudo mais. Eles diziam: "Venham por aqui. Saída pelo norte".

Constance LaBetti: Chegamos no saguão, e eu e minha colega Jules tivemos que descansar por um momento, pois estávamos suando muito. Tínhamos acabado de descer cem andares pela escada. E as pessoas vinham me abraçar, dizendo "Obrigada, obrigada", e me abraçavam quando passavam por mim. Eu disse a Jules: "O que é isso? Por que isso? Por que estão fazendo isso?". Ela disse: "Connie, você tem noção do que ficou falando na descida? Você ficou repetindo: 'Nós não vamos morrer neste prédio. Um degrau de cada vez'". Fiquei repetindo o que meu pai e meu tio me disseram e nem percebi.

***

*Na escola de Ensino Médio Leadership and Public Service (*EMLPS*) — um quarteirão ao sul da Torre Sul —, alunos e professores tentavam estabelecer um plano de evacuação. Por fim, os ocupantes da escola e de sua vizinha, a escola de ensino médio de Economia e Finanças, fugiram quatro quarteirões para o sul, acompanhados por milhares de outras pessoas que vinham do Baixo Manhattan e iam em direção a Battery Park, na ponta da ilha.*

Robert Rosado, aluno, EMLPS: A sra. Ordover pediu para a gente escrever sobre o que achávamos que tinha acontecido enquanto ela entrava na rede.

Heather Ordover, professora de inglês, EMLPS: A foto principal no site da CNN era algo que não podíamos ver da minha sala de aula — a face norte da Torre Norte com um rombo gigantesco.

Ada Dolch, diretora, EMLPS: O pânico começou a se espalhar. Começou a entrar gente em nosso saguão. Os pais começaram a chegar: "Quero pegar meu filho". Subi em uma mesa no saguão e disse: "Senhoras e senhores, eu sou a diretora da escola". Avisei: "Ninguém está autorizado a subir as escadas". Havia essa sensação de "precisamos pôr os pintinhos embaixo da asa", sendo que todos os filhotes estavam seguros no andar de cima.

Razvan Hotaranu, aluno, EMLPS: Sabia que, não importava o que tivesse acontecido, eu precisava chegar em casa logo. Eu sabia que a minha mãe estaria preocupada comigo.

Ada Dolch: Quando a segunda torre foi atingida, nosso prédio realmente sacudiu — um pedaço do avião caiu bem em frente da escola. Começaram a cair destroços no nosso telhado. Dava para ver papéis em chamas, voando.

Keturah Bostick, aluna, EMLPS: Achei que fosse morrer. Parecia que não restava mais nenhuma esperança. Encontrei alguns amigos, rezamos juntos, e cada um disse ao outro que o amava. Depois puxei um papel e comecei a escrever uma carta para os meus familiares contando para eles o quanto eu os amava.

Ada Dolch: Para onde poderíamos ir? Onde poderíamos nos reunir com um monte de crianças? Eu disse: "Ah, já sei para onde vamos. Vamos para o Battery Park". Iniciamos um plano de evacuação. Os coordenadores foram de andar em andar, evacuando todos os alunos. Eu fiquei do lado de fora e só dizia: "Segurem nas mãos uns dos outros. Fiquem juntos". Eu lhes dizia: "Rezem. É um bom momento para rezar e rogar a Deus por misericórdia para ficarmos a salvo".

Rosmaris Fernandez, aluna, EMLPS: Conduzi o grupo até o Battery Park.

Keturah Bostick: Corremos, achando que o pior já tinha passado e que nada mais poderia dar errado.

Tim Seto, aluno, EMLPS: Andamos em direção ao Battery Park. Havia muitos destroços no chão — jornais, cinzas, coisas queimadas. As torres pareciam dois cigarros acesos, apontados para cima.[20]

Heather Ordover: Um aluno e eu achamos pedaços de uma chapa de isolamento térmico; peguei uma apólice de seguros de alguém, meio queimada e com as beiradas carbonizadas.

Ada Dolch: As crianças estavam totalmente em choque. Estavam apavoradas. Estavam catatônicas.

Heather Ordover: Fomos levando as crianças até os limites do Battery Park. Sentei-me em um banco com a Liz Collins, professora de matemática. Elas se agruparam ao nosso redor.

* * *

Dan Potter, equipe de resgate 10, CBNY: Quando saí da ponte Verrazano, os carros de polícia estavam passando a mil pela pista exclusiva de ônibus. Entrei atrás deles. Tinha um policial parado na minha frente, então pus meu distintivo para fora da janela e ele sinalizou que eu podia passar. Estávamos em um comboio de veículos policiais indo a mais ou menos 110 quilômetros por hora, o tempo todo entre duas barreiras.

Jean Potter, Bank of America, Torre Norte: Estávamos descendo, mas havia fumaça de novo. Todas as luzes estavam acesas. A luz da escada estava acesa. O ar cheio de fumaça, cheiro de combustível. Estávamos descendo depressa e de repente começou a ficar um pouco engarrafado. Por volta do vigésimo andar, começamos a ver bombeiros subindo. Foi então que vi o Vinnie Giammona [capitão do CBNY]. Agarrei seu braço e disse: "Vinnie, tome cuidado". Eu sabia que ele não sobreviveria.

Dan Potter: Eu não achava que as torres desmoronariam. Era o maior, o mais gigantesco incêndio que eu já tinha visto, mas você faz os cálculos sem saber a extensão do dano. Eu estava convencido de que chegaríamos lá em cima e apagaríamos o fogo.

Jean Potter: Fomos descendo, passamos pelo 11º, pelo décimo, e quando chegamos mais ou menos no oitavo andar, comecei a gritar para as pessoas andarem logo. Eu normalmente não grito — sou uma pessoa de fala macia —, mas comecei a berrar para as pessoas: "Anda logo! Anda logo! Estamos quase lá! Anda logo! Anda logo!". O saguão estava completamente destruído. Havia vidro por toda parte.

Dan Potter: Quando cheguei na rua West, quase com a Rector, notei que a polícia tinha começado a colocar barreiras. Vi pedaços de corpos na rua. Três pedaços grandes e pedaços menores. Então olho para o World Trade Center, lá em cima, e dava para ver as chamas, os bombeiros. Fiquei me perguntando: *Onde ela está? Onde ela poderia estar?* Pensava: *Só pode estar no teto*. Naquela altura, eu estava convencido de que ela estava na cobertura. Eu ia fazer tudo o que pudesse para juntar uma equipe e fazer com que chegasse lá.

Jean Potter: Eles nos levaram até o saguão. Foi muita sorte não ter tirado os sapatos, porque a água batia nos tornozelos e havia cacos de vidro por todo lado. Uma corrente humana de socorristas gritava: "Corram! Corram! Coooorram!". Quando é que te pedem para correr em uma emergência? Foi aterrorizante.

***

Richard Eichen: Chegar ao saguão foi assustador. Parecia que alguém tinha jogado uma churrasqueira lá — estava tudo coberto de cinzas. Só lembro da água escorrendo, escorrendo, escorrendo.

Jeannine Ali, controladora, Morgan Stanley, Torre Sul: Eles direcionavam as pessoas para a saída, subindo pela Borders em direção ao World Trade Cinco. Vi um bombeiro — ele não devia ter mais que dezenove anos — com uma mangueira no ombro. Lembro de olhar para ele e avisar: "Não há nada que você possa fazer. Não entra aí". E ele responder: "Moça, é o meu trabalho. Tenho que entrar".

Linda Krouner, vice-presidente sênior, Fiduciary Trust, Torre Sul: Saí e atravessei a rua. A primeira coisa que percebi foi o som. Eram muitos barulhos. Ouvi sirenes e gente gritando. Era como se você estivesse no meio de um daqueles filmes de ação em que tudo acontece ao mesmo tempo — caminhões de bombeiros, ambulâncias, polícia, pessoas berrando.

Richard Eichen: Quando nos aproximamos das portas, vimos seguranças ajudando a direcionar as pessoas para fora. Para mim, eles foram das pessoas mais corajosas — heróis não reconhecidos do 11 de Setembro —, porque poderiam ter fugido. Não ganhavam para isso. Mas eles ficaram.

Ralph Blasi, diretor de segurança, Brookfield Properties, empresa dona do World Financial Center e do 1 Liberty Plaza: Tenho um respeito enorme pelos seguranças particulares, sujeitos que não ganham mais que 25 mil dólares por ano. Antes do 11 de Setembro, perguntamos várias vezes aos seguranças o que fariam se uma bomba explodisse e eles vissem gente morta. No final das contas, o consenso era sempre de que fugiriam. Mas no 11 de Setembro, sessenta seguranças trabalhavam comigo — e nenhum fugiu. As duas torres queimando e eles lá, com megafones, ajudando as pessoas a sair. Não pensaram duas vezes.[21]

20.
Saltando

"O sol brilhava neles."

Em meio à catástrofe do World Trade Center, nada impressionou mais os socorristas, agentes públicos e responsáveis pela evacuação do que a tragédia das vítimas que — encurraladas nos andares mais altos, sem escapatória, presas em meio a temperaturas insuportáveis, cada vez mais altas, e à fumaça letal — caíram ou preferiram saltar.

Wesley Wong, assistente do agente especial encarregado, FBI, Nova York: Um bombeiro me disse algo que não entendi: "Cuidado com os corpos que estão caindo". Lembro de atravessar a rua West pensando: *O que foi que ele disse sobre corpos caindo? É um incêndio.* Quando me aproximei do prédio, um bombeiro atrás de mim gritou: "Corre! Lá vem um!". Gelei. Olhei por cima do ombro direito para o céu azul, lindo e limpo. Vi um sujeito de braços e pernas abertas despencando do céu. Ele estava de calça social azul-marinho, camisa branca e gravata. Cabelo castanho. Não acreditei no que vi.

David Brink, detetive, esquadrão 3 do Serviço de Emergência, DPNY: Eram muitos corpos caindo. Vi grupos de quatro pessoas saltando dos prédios de mãos dadas, formando correntes. Eu olhava para cima e pensava: *Quero ajudar vocês. Aguentem firme. Por favor, aguentem firme.* Mas eu sabia que não podia fazer nada. Eu me senti muito impotente, muito desamparado.

Charles Hirsch, médico-legista titular, Nova York: É uma visão e um barulho que jamais esquecerei. O som horrível do choque.[1]

Gregory Fried, cirurgião-chefe, DPNY: Primeiro você ouvia um zunido, depois uma pancada e, de repente, algo se espatifando. Um dos policiais me perguntou: "O que foi isso?". Olhei para ele e disse: "Isso era uma pessoa".[2]

Quentin DeMarco, policial, DPAP: As roupas das pessoas que saltavam produziam um som parecido com o de uma bandeira, ou de uma vela durante um vendaval.³

Bill Spade, bombeiro, ambulância 5, CBNY: As portas da entrada da Torre Norte eram automáticas. Elas ficavam abrindo e fechando por causa dos corpos que caíam.

Peter Moog, policial, DPNY: Vi uma pessoa que pulou cair em cima de um bombeiro, perto da esquina da Vesey com a West. Depois descobri que o bombeiro era o Danny Suhr. Ele jogava no time de futebol americano da corporação. Eu era técnico do time e já tinha jogado na linha, então conhecia o Danny. Ele foi um dos primeiros bombeiros a morrer.⁴

William Jimeno, policial, DPAP: O que mais me impressionou — foi quase como se o visse em close — foi um senhor loiro que estava de calça cáqui e camiseta rosa-clara, uma camiseta de universidade; quando ele saltou, foi quase como se estivesse em uma cruz, como Jesus. Ele saltou com os olhos voltados para cima e caiu.

Stanley Trojanowski, bombeiro, equipe de combate a incêndio 238, CBNY: Devo ter feito o sinal da cruz umas quarenta, cinquenta vezes, uma para cada pessoa que saltava.⁵

Bill Spade: Já vimos mortes outras vezes, mas aquilo foi diferente. Era muitas, muitas.

Sargento Mike McGovern, assessor do chefe de polícia, DPNY: Na bainha da minha calça tinha sangue de pessoas que tinham pulado e aterrissado no chão.

Rudy Giuliani, prefeito de Nova York: De repente vi um homem na janela; ele devia estar no centésimo, 101º ou 102º andar da Torre Norte. Ele se atirou da janela. Eu gelei, parei e fiquei vendo ele cair até chegar ao chão. Foi uma experiência totalmente chocante, diferente de tudo o que já vi. Eu me inclinei na direção do comissário de polícia e disse: "Isso é muito pior do que imaginamos. É fora da curva". Estávamos preparados para muita coisa — antraz, gás sarin, acidentes de avião, desabamentos, situações com reféns, trens descarrilhados, o vírus do oeste do Nilo. Eu tinha bastante convicção de que éramos a cidade mais preparada para emergências dos Estados Unidos — talvez do mundo. Mas isso ia além de tudo o que poderíamos imaginar.

Bernie Kerik, comissário do DPNY: Estou nesse meio há 26 anos e não tem nada que não tenha visto. Já estive em tiroteios. Já tive parceiros que foram mortos. Mas nunca me senti tão impotente quanto naquela manhã. Não dava para gritar com aquelas pessoas, pedir que parassem, fazer com que parassem.[6]

Melinda Murphy, repórter de trânsito, WPIX TV: Nossa câmera é bem potente. Perguntei: "O que é aquilo escorrendo do prédio?". Parecia que tinha algo escorrendo. O Chet disse: "Não sei". Então demos um zoom e vimos as pessoas pulando. Estávamos ao vivo e só lembro de dizer: "O.k., chega, sai do zoom, sai do zoom". Não queria que ninguém visse aquilo.

Sunny Mindel, diretora de comunicação do prefeito de Nova York, Rudy Giuliani: Eu me lembro de ver colegas da assessoria de imprensa da polícia cercados por câmeras, as lentes viradas para cima, focadas nas pessoas que saltavam. Quando você faz o que faço, a primeira coisa que aprende é que jamais se tapa a lente de uma câmera. Isso é uma violação da primeira emenda da Constituição, é interferir no trabalho da imprensa. Eu estava tão vidrada naquele momento em que aquelas pessoas estavam tomando a decisão de pular que instintivamente pensei: *Isso é uma invasão do momento mais íntimo possível.* Minhas mãos começaram a se erguer para tapar as lentes. Mas aí pensei: *Não, a história precisa desse registro.* E fiquei lá, parada.

21.
A AFA entra para a história

"Quando isso vai terminar?"

Às 9h42, cinco minutos após o ataque ao Pentágono, a AFA emitiu uma ordem inédita: todos os aviões no país deveriam pousar imediatamente. Fora a imensa desordem no espaço aéreo dos Estados Unidos, mais de cem voos transatlânticos foram desviados para pequenos aeroportos em Newfoundland, Nova Escócia e outros lugares do Canadá. Pilotos, tripulantes e passageiros tentavam entender o que se passava nos Estados Unidos, ávidos por informação de onde quer que ela viesse.

Ben Sliney, gerente nacional de operações, Centro de Comando da Agência Federal de Aviação (AFA), Herndon, Virgínia: Eu disse: "Chega! Vou pousar todo mundo!". Eu me lembro que um colega tentou colocar a mão no meu ombro e pedir: "Espera mais um minuto! Não quer pensar melhor sobre isso?". Respondi: "Já pensei e é isso que vou fazer".

Dan Creedon, controlador de decolagem, Controle de Aproximação (APP), Aeroporto Nacional Reagan, Washington, D.C.: Assim que o voo 77 bateu no Pentágono, ficou claro que ninguém deveria se aproximar de Washington. Não podíamos confiar em nenhuma tripulação.[1]

Ben Sliney: Andei até o meio da sala e todo mundo veio na minha direção. Eu disse: "Vamos pousar todo mundo no aeroporto mais próximo, independentemente do destino do voo".

Major-general Larry Arnold, comandante da Primeira Força Aérea, Comando de Defesa do Aeroespaço Norte-Americano dos Estados Unidos Continental, Base Aérea de Tyndall, Flórida: O Centro de Boston suspendeu todas as decolagens, depois o Departamento de Transporte suspendeu todos os voos, e aí meu chefe declarou CSTAANA, sigla de Controle de Segurança de Tráfego Aéreo e Auxiliares à Navegação Aérea. Isso significa que os militares estavam assumindo o controle de todas as instâncias de suporte à navegação, e do espaço aéreo.

Tenente-coronel Kevin Nasypany, comandante da tripulação da missão, SNDA, Rome, Nova York: Eu ainda estava perdido em relação ao que estava acontecendo, à situação como um todo. Tinha que ficar tentando me atualizar, e detesto ficar nessa posição — nunca gostei, nunca gostarei.

Terry Biggio, gerente de operações, Centro de Controle de Rota de Tráfego Aéreo de Boston: Os controladores começaram a dizer aos pilotos, "Você tem que pousar". Explicávamos a eles: "Você não pode sair do nosso espaço aéreo — tem que escolher um aeroporto, falar com a sua companhia e nos avisar para onde vai e onde vai pousar".[2]

Kristie Luedke, chefe do treinamento de controle aéreo, Aeroporto de Johnstown do condado de Cambria, Pensilvânia: O Centro de Cleveland disse: "Estamos chamando todo mundo de volta. Todo mundo tem que pousar".

Gerald Earwood, piloto, Midwest Express, voo 7: Qualquer avião era uma ameaça em potencial. Devem ter me perguntado umas quinze, vinte vezes: "Você ainda está conosco?". Foi uma enorme e completa confusão.[3]

Major-general Larry Arnold: A única coisa comparável foi quando estive em Da Nang. Da Nang ficou conhecida como a "Cidade dos Mísseis" por causa dos ataques norte-vietnamitas e vietcongues. Eu estava lá em três deles. Se eu pudesse explicar como foi o 11 de Setembro, diria: *Estávamos sendo atacados*. Você não sabe quando vai terminar. Você recebe ligações — no fim, eram 21 ou 22 aeronaves, não sabíamos nunca se 21 ou 22 —, e fica acompanhando tudo, usando marcadores para anotar voos identificados como "possivelmente sequestrados", indicando que alguma coisa estava acontecendo com eles. Era como se estivéssemos sendo atacados, eu me sentia igual a quando estava em Da Nang ouvindo os mísseis se aproximarem: "Quando isso vai terminar?".

Ben Sliney: Quando emitimos a ordem para pousarem todos no aeroporto mais próximo, independentemente do destino, esperava que houvesse certa resistência. De todas as 4500 aeronaves que estavam no ar, só uma pediu para pousar em um aeroporto que não era o mais próximo. Neguei o pedido.[4]

Dan Creedon: Aterrissar 4500 aeronaves em lugares para onde não estavam indo — enquanto os militares tentavam subir seus aviões e controlar o caos — foi uma façanha incrível dos controladores aéreos e gerentes de tráfego aéreo que coordenaram a operação.[5]

George "Bill" Keaton, controlador de tráfego aéreo, Centro de Cleveland: Houve algumas vezes no meu dia em que minha voz ficou embargada. Eu estava trabalhando, fiquei incomodado pelo meu profissionalismo ter deixado a desejar. Mas foi um momento muito emotivo. Tinha gente chorando nos corredores.

Ben Sliney: Para você ter noção, acho que pousaram setecentos nos primeiros dez minutos e 3500 na primeira hora.[6]

Terry Biggio: Eles fizeram um trabalho incrível, de uma precisão inacreditável, em uma situação de guerra.[7]

Ben Sliney: Acho que a indústria da aviação ainda não recebeu o reconhecimento que merece da população dos Estados Unidos.[8]

Rick Greyson, passageiro, ATA Airlines, Chicago-Orlando: Por volta de trinta ou quarenta minutos de voo, depois de estabilizar, ouvi os motores baixarem a marcha e senti que o avião havia começado uma descida rápida. O capitão se pronunciou pelos alto-falantes, disse que "devido a uma emergência nacional, todo o espaço aéreo dos Estados Unidos" havia sido fechado e que pousaríamos "em Louisville em questão de instantes". Minha filha adolescente viu a minha cara e disse: "Pai! O que foi?". Falei que não sabia, mas disse para ela baixar a cortina da janelinha. Acho que eu imaginei uma bomba nuclear e queria protegê-la do clarão. É muito imbecil que a nossa cabeça imagine esse tipo de coisa — como se a cortina fosse ajudar em algo!

Bob Schnarrenberger, comissário de bordo, US Airways, Pittsburgh-Londres: Nossa chefe dos comissários de bordo entrou na cabine. Ela disse: "Bob, preciso que você feche tudo na cozinha, que guarde tudo, tranque todos os carrinhos e encerre o serviço em 45 minutos". Ela foi para os fundos da aeronave e eu fiquei pensando: *Peraí, o que tá acontecendo?* Perguntei, ela me puxou de canto e disse que havia uma situação crítica nos Estados Unidos e que o país estava "sob cerco". Foram as palavras dela. Consigo lembrar como se fosse ontem.

Fomos desviados para uma pequena cidade chamada Stephenville, em Newfoundland. Havia outros cinco aviões de grande porte na pista, vindos de todos os lugares. Fomos os últimos a descer.

Jackie Pinto, passageira, Milão para Newark: O piloto anunciou que nosso voo atrasaria, que o pouso atrasaria. Então continuou: "Nós não vamos aterrissar em Newark hoje". Isso, obviamente, era curioso, mas não achei nada de estranho. Assim que o avião aterrissou, eles anunciaram que havíamos pousado em Gander, Newfoundland, de que eu nunca havia ouvido falar.

Gerald Earwood: Fomos a penúltima aeronave a pousar no LaGuardia. Colocaram a gente na pista apontados para o World Trade Center, assistindo ao World Trade Center queimar.[9]

22.
No Trade Center, o resgate continua

"Você vai sair daí!"

No World Trade Center, os primeiros a sair dos prédios atingidos emergiram nas praças e ruas, onde se depararam com novos horrores. Mas poucos percebiam que o tempo estava acabando e eles tinham apenas alguns minutos para escapar do local.

Michael Jacobs, banqueiro de investimentos, May Davis Group, Torre Norte, 87º andar: Da minha empresa, sobreviveram todos menos um, Harry Ramos, que morreu como herói. Harry era o cara mais gente boa do mundo. Estava ajudando meus colegas a descer e, no meio do caminho, encontrou um homem obeso que havia desistido de seguir. Harry e outro funcionário nosso, o Hong Zhu, começaram a descê-lo. Conseguiram chegar até o trinta e poucos, mas o sujeito desistiu de novo. Os bombeiros gritavam: "Vamos lá, levanta, levanta". Bombeiros que estavam subindo as escadas disseram a Hong e Harry: "Se ele não quer sair, tratem de se mandar vocês". Hong ficou assustado. Disse: "Vamos lá, Harry, vamos embora". O Harry disse: "Não, vou ficar com ele". E ficou. Hong conseguiu sair. Não encontraram mais o Harry.*[1]

Howard Lutnick, CEO, Cantor Fitzgerald, Torre Norte: Fiquei parado na porta que dava para a rua Church. As pessoas saíam e eu gritava para correrem. Perguntava de qual andar estavam vindo. Alguém gritava: "55º!", e eu gritava: "Estamos no 55º!". Estava tentando achar gente vinda de andares mais altos, do 101º ao 105º. O máximo que consegui foi o 91º andar.[2]

---

* O homem que Harry Ramos estava esperando era Victor Wald, um corretor da Bolsa de Nova York de 49 anos, pai de dois filhos. Wald só começou a trabalhar na Avalon no final de agosto. Mais tarde, as famílias de Ramos e Wald solicitariam que seus nomes fossem colocados juntos no Memorial do 11 de Setembro. [N.A.]

Jimmy Mayo, motorista de Howard Lutnick: Não havia nada que pudéssemos fazer. Eu não estava tão preocupado com nossa segurança, pois achei que o que tinham que fazer já estava feito.³

Elia Zedeño, analista financeira, Autoridade Portuária, Torre Norte, 73º andar: Vi destroços por todo o perímetro externo do prédio. Fiquei olhando e pensando: *Meu Deus, é muito pior do que eu imaginava.* Aí comecei a prestar mais atenção. E percebi que o que estava vendo eram corpos.

Joe Massian, consultor tecnológico, Autoridade Portuária, Torre Norte, 70º andar: Eu me lembro de sair do prédio. Eu e meu colega, Larry, estávamos ajudando outra colega, a Theresa — cada um a carregava por um braço. Lembro de parar um minuto para olhar para trás e para cima. Disse ao Larry: "Você tem que ver isso! Hollywood nunca conseguiria fazer um filme assim".

Constance LaBetti, contadora, Aon Corporation, Torre Sul, 99º andar: Destroços, blocos de concreto, incêndios. Vi sapatos e pastas. Parecia que estávamos em uma zona de guerra. Todo mundo arfou, estupefato. Não dava para acreditar no que estávamos vendo.

Harry Waizer, consultor fiscal, Cantor Fitzgerald, Torre Norte, 104º andar: Só quando me deitei na ambulância foi que realmente comecei a sentir alguma coisa. Antes, literalmente não tinha sentido dor nenhuma. Comecei a sentir uma dor gelada. Comecei a tremer. Logo estava tendo espasmos, tiritando.

Bruno Dellinger, consultor, Quint Amasis North America, Torre Norte, 47º andar: Essa experiência vai nos assombrar o resto da vida.

* * *

Próximo à base do World Trade Center, autoridades do município continuavam na busca por um posto de comando adequado, de onde pudessem dirigir o resgate e montar a reação da prefeitura.

Sargento Mike McGovern, assessor do chefe de polícia, DPNY: Acabamos — o chefe, o prefeito, o comissário de polícia, o subdiretor, o comissário de operações — indo parar em um prédio de escritórios na esquina da West Broadway com a Barclay.

Rudy Giuliani, prefeito de Nova York: Eu e o comissário de polícia discutimos as medidas que deveriam ser tomadas. Ele disse: "Fechei os túneis e a ponte. Ninguém mais tem autorização para entrar em Manhattan". Perguntei: "Vocês estão monitorando todos os alvos principais?".

Joe Esposito, chefe de departamento, DPNY: A ordem era a seguinte: evacuar todos os arranha-céus, proteger todos os locais visados, de alto risco. Não sabíamos onde a próxima bomba cairia.

Rudy Giuliani: Conseguiram botar a Casa Branca na linha, e era o Chris Hennick, vice-diretor político do presidente Bush. Perguntei ao Chris como ele estava. Ele respondeu: "Bem". Eu disse: "Nós temos cobertura aérea?". Ele falou: "Já foi solicitada e enviada. Você deve ver os aviões em cinco ou dez minutos". Perguntei: "Posso falar com o presidente?". E ele: "Não; estamos evacuando a Casa Branca neste instante". Ouvir aquilo me assustou muito. Perguntei: "O Pentágono foi atacado?". Tinha ouvido um boato. Chris disse — e eu sempre me lembro da resposta, porque foi bem militar: "Afirmativo".

Bernie Kerik, comissário, DPNY: Conheço o prefeito há uns onze ou doze anos e nunca o vi ficar tão preocupado ou apreensivo em relação a alguma coisa como quando estava no telefone com a Casa Branca. Ele desligou e disse: "Bem, a coisa não está nada boa. O Pentágono foi atingido e eles estão evacuando a Casa Branca". Foi uma indicação clara de que a questão não era mais só Nova York. Era os Estados Unidos.[4]

***

Michele Cartier, Lehman Brothers, Torre Norte, 40º andar: Tentei ligar para o celular do James, o meu irmão, mas ele não atendeu. Tentei ligar para os meus pais, mas deu ocupado, acho. Liguei para o trabalho da Marie, minha irmã. Disse: "Marie, eu estou saindo do prédio. Eles não sabem se é um avião ou uma bomba, mas eu estou saindo. Preciso que você entre em contato com o James. Ele está no outro prédio". A gente morre de preocupação um com o outro. Somos uma família muito unida. O James tinha um trabalho na Aon Corporation.

John Cartier, irmão de James Cartier, eletricista, que estava trabalhando na Torre Sul: Ele estava trabalhando para uma empresa chamada P. E. Stone; eles tinham sido contratados pela Aon para fazer um serviço de elétrica. O Jimmy estava lá, trabalhando no 105º andar da Torre Sul, ele e mais alguns colegas da P. E. Stone.

Michele Cartier: Lembro que fiquei tão feliz quando cheguei no último degrau! Foi tipo: "Aí! Último degrau, pessoal!". Então olhei para a praça e o que vi foi uma verdadeira zona de guerra.

John Cartier: Sou o irmão mais velho da Michele e do James. Somos sete irmãos. Eu estava trabalhando no antigo prédio do *New York Post*, no East Side, perto da avenida FDR, e o Jimmy ligou para me avisar que um avião tinha atingido a Torre Norte, que a Michele estava lá, que tínhamos de bolar um plano, nos juntar, resolver. Eu disse a ele: "Está bem, estou saindo daqui agora e te pego". Segui de moto para o sul da cidade e consegui chegar a um quarteirão e meio do Trade Center.

Michele Cartier: Fiquei lá conversando com meus colegas Barbara e Rob sobre como iríamos para casa. "Será que os trens estão funcionando?" Estava tagarelando, tagarelando, e então vi meu irmão, John, a alguns passos de mim. Lembro que gritei: "John-o!". Eu o abracei. Quando o vi, me senti a salvo de novo. Sabia que ia dar tudo certo.

John Cartier: Em meio às milhares de pessoas que estavam sendo evacuadas, graças ao meu irmão James, que me ligou, me fez ir até lá, olhei e vi minha irmã vindo em minha direção. Ela simplesmente pulou do meio da multidão. As chances de isso acontecer são provavelmente... Deve ser mais fácil ganhar na loteria.

Michele Cartier: O John me botou a par do que havia acontecido enquanto descíamos as escadas. Falou do segundo avião que tinha batido. Eu disse: "Segundo avião? Onde foi o primeiro?".

***

Nos andares acima da zona de impacto, as vítimas ligavam para seus amigos e familiares, compartilhando seu amor e seus últimos pensamentos. Melissa Harrington Hughes, diretora de desenvolvimento de uma rede de comunicação — que tinha ido passar um dia em Nova York, em uma viagem de negócios, e acabou encurralada na Torre Norte —, ligou para seu pai às 8h55.

Bob Harrington, pai: Ela estava meio histérica e eu não conseguia entender o que dizia. Aí eu disse: "Acalme-se um pouco e me diz qual é o problema, assim posso te ajudar". Falei a ela: "Vá para a escada e saia deste prédio o mais rápido que puder". Eu disse que a amava. Ela respondeu: "Também te amo, pai". E aí, falou: "Você precisa me fazer um favor. Você precisa ligar para o Sean, dizer onde estou e dizer que eu o amo".[5]

Minutos depois, Melissa Harrington Hughes ligou para o marido, Sean, que ainda estava dormindo, em São Francisco, e deixou uma mensagem de voz:

Sean, sou eu. Eu só queria que você soubesse que eu te amo e que estou presa em um prédio em Nova York. Está cheio de fumaça e eu só queria que você soubesse que te amo para sempre.[6]

John Cartier: Recebemos quatro ligações do Jimmy. Uma foi para mim e três para minha irmã, Maria, que iam e vinham, e acabaram caindo. A última ligação que recebemos dele foi vinte minutos antes do desabamento. Sabemos que meu irmão estava vivo àquela altura. Ele disse que estava com um monte de gente; estava no 105º andar. Como era de se esperar, pediu à minha irmã: "Diga à mamãe e ao papai que eu os amo e que vamos tentar descer". Foi a última vez que falamos com ele.

Mary Maciejewski, esposa de Jan Maciejewski, garçom do Windows on the World, Torre Norte, 106º andar: Normalmente o turno do Jan era o do almoço, então ele chegava lá às 10h30. Mas na sexta-feira anterior o gerente tinha ligado perguntando se ele não poderia trabalhar no café da manhã. Meu escritório fica a uns dez quarteirões de distância. Assim que cheguei à minha mesa — trabalho no 46º andar —, as pessoas começaram a gritar e correram para a janela. Então meu telefone tocou e era o Jan. Ele me disse que tinha muita fumaça, uma fumaça horrível, e que eles ligaram para os bombeiros, que disseram para não se mover, que estavam indo buscá-los. Disse para ele molhar um guardanapo e cobrir o rosto com ele para conseguir respirar. Ele me disse que não havia água em lugar nenhum, mas que usaria água dos vasos de flor. Aí a segunda torre foi atingida, e eles decidiram evacuar meu prédio. O Jan me disse para desligar e sair do prédio, para ficar a salvo, e ligar para o celular dele quando chegasse do lado de fora. Mas a ligação não completava.[7]

Howard Lutnick, CEO, Cantor Fitzgerald, Torre Norte: Temos um sistema de viva voz em cada escritório — todos os escritórios do país ficam conectados o dia inteiro. As outras unidades escutaram as pessoas no escritório de Nova York dizendo: "Precisamos de ajuda. Precisamos de ajuda. Precisamos de ajuda". Não eram gritos. Não havia para onde ir. Não podiam descer. Não podiam subir.[8]

Stephen Larabee, Cantor Fitzgerald, escritório de Los Angeles: Meu filho Chris trabalhava na Cantor Fitzgerald em Nova York. Ele me ligou logo depois que o avião bateu no prédio. Ainda era muito cedo em Los Angeles. Ele disse: "Pai, você soube que nosso prédio foi atingido por um avião?". Eu disse que não, não sabia. Como já tinha estado no prédio, não fiquei tão preocupado; já tinha visto aeronaves pequenas voando por lá e depreendi que era isso que havia acontecido. Eu disse: "Bem, tome cuidado, saia do prédio, evacue o prédio junto com todo mundo e me ligue quando terminar". Desliguei o telefone e fui pegar um café.

Na nossa sala de operações, algumas pessoas assistiam à CNN ou à NBC, um canal desses, e elas começaram a falar muito alto. Foi então que entendemos o que tinha acontecido. Tínhamos um viva voz conectado a todas as filiais, e alguém no escritório de Nova York disse: "Será que alguém sabe que estamos aqui? Será que tem alguém vindo nos buscar?". Foi quando percebemos o horror da coisa. Frank Harrison, do nosso escritório em Chicago, disse: "Pessoal, fiquem perto do chão, abaixem-se, cubram-se com o que tiverem à mão, não deixem a fumaça chegar a vocês". Ouvimos sons da gente aglomerada, depois só barulho de estática. E o sistema de viva voz ficou mudo.

Howard Lutnick: Meu irmão, Gary, estava no prédio. À noite, falei com a nossa irmã e ela me contou que tinha falado com ele. Ela lhe disse: "Ah, meu Deus! Graças a Deus você não está lá". Ele disse: "Eu estou aqui e vou morrer. Só queria te dizer que te amo". Ele se despediu.[9]

Beverly Eckert, esposa de Sean Rooney, vice-presidente de gestão de risco, Aon Corporation, Torre Sul, 98º andar: Eram mais ou menos 9h30 quando ele ligou. Fiquei tão feliz de ouvir sua voz ao telefone. Eu disse: "Sean, onde você está?", achando que ele tinha conseguido sair e estava me ligando de algum lugar na rua. Ele me disse que estava no 105º andar. Soube imediatamente que Sean nunca mais voltaria para casa.

Abaixo dele havia um prédio em chamas, mas Sean não se deixou abalar. Continuou calmo, falando comigo da maneira como sempre falava. Vou me admirar para sempre da forma como ele encarou a morte. Nem um pouco de medo — nem quando não dava mais para tocar nas janelas ao redor dele, de tão quentes, nem quando a fumaça dificultava a respiração.

Quis aproveitar os poucos e preciosos minutos que nos restavam para apenas conversar. Ele me pediu para dizer à família dele que os amava, e então ficamos falando de quanta felicidade tínhamos tido em nossa vida juntos, da sorte que tivemos de ficar juntos. Em um dado momento, percebi que ele estava tendo mais dificuldade para respirar. Perguntei se doía. Ele hesitou um momento e disse: "Não". Ele me amava demais para dizer a verdade. No fim, quando a fumaça ficou mais espessa, ele só sussurrava: "Eu te amo", sem parar.

Terri Langone, esposa do bombeiro Peter Langone, do CBNY: Meu marido ligou para me avisar: "Ligue a TV, Ter. Estamos achando que um avião bateu nas torres". Em seguida ele continuou a conversar comigo como se nada tivesse acontecido. Depois disse: "Fique de olho na TV. Não vou voltar para casa tão cedo". E foi isso. Foi a última vez em que falei com ele. E ainda tive sorte, porque pude falar com ele naquele dia.[10]

John Cartier: A gente precisa entender a pequena bênção que nossa família recebeu. Muitas famílias não conseguiram ouvir essas últimas palavras, receber um último telefonema. Uma jovem que perdeu seu marido resumiu bem. Ela disse: "Fomos os sortudos entre os desafortunados, pois ouvimos essas últimas palavras".

***

Dan Nigro, comandante de operações, dentro do saguão do World Trade Center, no posto de comando do CBNY: Disse ao comandante Pete Ganci: "Vou dar uma volta rápida para avaliar o prejuízo". Quando cheguei ao meio da rua Vesey, consegui ver claramente a face norte da Torre Sul. As arestas do prédio tinham sido arrancadas. Não tínhamos visto isso quando o avião bateu, ele atravessou a torre bem no meio. Queria voltar e dizer ao Pete: "Acho que temos menos tempo do que imaginávamos. A Torre Sul está em um estado péssimo".

Jean Potter, Bank of America, Torre Norte: Saí [do World Trade Center] às 9h55. Olhei para o meu relógio. Havia destroços em chamas ao meu redor. Andei um quarteirão e vi um dos nossos porteiros. Eu disse: "Richard, o que aconteceu?". Eu me virei — a imagem das torres em chamas era simplesmente inacreditável. O porteiro disse que um avião havia atingido o World Trade Center. Então fiquei tentando contatar o Dan e a minha família porque pensei: *Se alguém vir isso, vão achar que eu estou morta.*

Melinda Murphy, repórter de trânsito, WPIX TV: As torres estavam pegando fogo. Meu câmera, o Chet, havia sido bombeiro. Ele disse: "Os prédios vão cair". Lembro que fiquei bravíssima e respondi com veemência: "Não vão! Eles não vão cair!". E ele: "Vão cair. Vão desmoronar sob seu próprio peso".

Dan Nigro: Ouvi alguém me chamar, um civil que trabalhava no Corpo de Bombeiros. Ele disse: "Comandante, minha esposa trabalha no 92º andar da Torre Sul e eu não estou conseguindo falar com ela". Eu estava realmente atolado de coisas para fazer, mas pensei: *Vou parar por um minuto.* Fiquei com muita pena dele. Sabia que sua esposa tinha dado à luz uns três meses antes. Falei: "Os telefones estão todos fora do ar, Gabe. Tenho certeza de que ela saiu antes disso tudo e que provavelmente já está a alguns quarteirões daqui; então quando os telefones voltarem a funcionar, você vai conseguir falar com ela. Não se preocupe".

Ter parado para conversar com ele, sem que eu soubesse, acabou me salvando e salvando meu auxiliar, que também é meu sobrinho, da morte certa. Estávamos caminhando para o saguão da Torre Sul. Não sei quanto tempo levei para ter essa conversa com o Gabe, mas teria sido tempo suficiente para entrarmos em uma situação da qual não conseguiríamos mais sair.

Bill Spade, bombeiro, ambulância 5, CBNY: Estávamos bem na frente da escada C. As pessoas vinham descendo e a gente ficava falando: "Você está quase saindo, você está chegando lá".

Lila Speciner, paralegal, Autoridade Portuária, Torre Norte: Descemos até o saguão. Os chuveirinhos estavam funcionando. Estava tudo encharcado, muito molhado, enfim, mas nos alegramos porque, que bom, tínhamos conseguido.

William Jimeno, policial, DPAP: Cruzamos com outro grupo de policiais da Autoridade Portuária — um tinha sido meu colega de turma, o Walwyn Stuart. A primeira filhinha dele nascera quando estávamos na academia. Batemos os punhos e dissemos: "Se cuida". Eles foram se afastando. Foi a última vez em que vimos esses policiais da Autoridade Portuária.

Tenente Gregg Hansson, equipe de combate a incêndio 24, CBNY: Estávamos com um comandante no 35º andar. Recebemos um "Mayday" pelo rádio; era para sairmos do prédio: "Mayday" basicamente significa "corra". Não entendemos por que aquela ordem tinha sido dada, não fazia sentido para nós. Segundos depois, a Torre Sul desmoronou.

23.
O primeiro desabamento

"Algo não estava certo."

Às 9h59, menos de uma hora depois de o segundo prédio ser atingido, a Torre Sul desabou, fragilizada pelos incêndios alimentados por milhares de litros de combustível de avião.

Dan Potter, equipe de resgate 10, CBNY: Corri para o quartel da equipe 10 de combate a incêndio, na base do World Trade Center, e o capitão Mallory me agarrou e disse: "Pode assinar o livro porque vamos tirar todo mundo do campo, estamos chamando todos os bombeiros de volta". Lembro de registrar meu horário de chegada no livro e de vestir o equipamento. Outros bombeiros estavam começando a chegar. Um deles era o Pete Bielfeld — achei que eu ia trabalhar com ele. Quando estávamos indo para a frente do quartel, eu disse: "Pete, deixa só eu pegar uma ferramenta. Fica aqui. Só vou ali buscar uma ferramenta de resgate". Eu me virei e corri de volta. Ele não me esperou. Quando eu estava saindo pela frente [do quartel], tinha um bombeiro parado na porta. Eu não o conhecia. Só me lembro dele lá, parado, olhando para cima, e ele viu o topo da torre girar. Quando eu estava passando, ele esticou o braço e me parou. Disse: "Puta merda, vai cair".

Dan Nigro, comandante de operações, CBNY: Ninguém jamais tinha ouvido um arranha-céu desabar, mas assim que eu ouvi, soube o que estava acontecendo.

Donna Jensen, moradora, Battery Park City: Foi um rat-tat-tat-tat-tat-tat-tat-tat, um som de estalos perfeitamente ritmados, um estampido alto, um som de estalo.[1]

John Cartier, irmão de James Cartier, eletricista que estava trabalhando na Torre Sul: No começo era um som distante, mas aí foi chegando cada vez mais perto.

Capitão Sean Crowley, DPNY: Estávamos falando com o [policial do DPNY] Glen Pettit na esquina da Liberty com a West, quando escutamos um estrondo.[2]

Edward "Eddie" Aswad Jr., policial, DPNY: Eu estava de frente para o prédio e o Sean, virado para mim. De repente, ouvimos: "Está caindo!". Olhei para cima e só vi uma nuvem de fumaça preta.[3]

Capitão Sean Crowley: Eu não estava olhando para o prédio, mas para o Eddie. Vi o rosto dele e ele disse: "Corre, porra", algo assim. Ele se virou e correu para onde tínhamos estacionado os carros, bem em frente ao World Financial Center Três, debaixo da passarela. Nunca mais vi o Glen.[4]

William Jimeno, policial, DPAP, no saguão da Torre Sul: Tudo começou a sacudir. Olhei para trás, para o saguão, e vi uma bola de fogo do tamanho de uma casa vindo. O sargento McLoughlin berrou: "Corram!". Pensei comigo: *Onde fui me meter?* Enquanto corria, vi uma luz na minha frente. Lembro que, por um milésimo de segundo, pensei: *Caramba, vou correr para a luz, talvez seja o caminho para sair.* Então lembrei que tínhamos prometido não nos separar. Vi o Dominick correndo; ele virou para a esquerda e eu o segui. Então só senti meu corpo subir no ar e ser atirado contra algo. Dava para ouvir um estrondo retumbante.

John Cartier: O som era ensurdecedor.

Michele Cartier, Lehman Brothers, Torre Norte, 40º andar: Era um barulho estridente, não entendi o que era, mas era muito aflitivo, tipo unhas arranhando o quadro-negro.

Bruno Dellinger, consultor, Qunt Amasis North America, Torre Norte, 47º andar: Ouvi um som que não consigo mais lembrar. Era tão poderoso, tão forte, que o bloqueei. Quase me matou de medo. Eu o bloqueei e não consigo mais trazê-lo à consciência.

Howard Lutnick, CEO, Cantor Fitzgerald: O som mais alto que já escutei.[5]

Gregory Fried, cirurgião-chefe, DPNY: Não consigo nem pensar em uma analogia.[6]

Bill Spade, bombeiro, ambulância 5, CBNY: Foi como se seis ou oito vagões de metrô chegassem à estação freando ao mesmo tempo.

Steven Stefanakos, detetive, Unidade do Serviço de Emergência, caminhão 10, DPNY: Como mil trens de carga batendo.

Kenneth Escoffery, equipe de Resgate 20, CBNY: Como um míssil se aproximando.[7]

James Dobson, paramédico: Como uma avalanche.[8]

Gulmar Parga, engenheiro naval, barco dos bombeiros John D. McKean, CBNY: Como um lustre de cristal gigante, aquele vidro todo se espatifando.[9]

Catherine Leuthold, fotojornalista: Como 30 mil jatos decolando.

Sharlene Tobin, consultor financeiro, One New York Plaza: Como uma metralhadora.[10]

Joe Massian, consultor tecnológico, Autoridade Portuária, Torre Norte, 70º andar: Um estouro e depois algo escorrendo — como quando você abre um saco de açúcar e o despeja em um recipiente.

Al Kim, vice-presidente de operações, TransCare Ambulance: Disse para todo mundo: "Está caindo! Corram!".

Constance LaBetti, contadora, Aon Corporation, Torre Sul, 99º andar: Realmente achamos que o mundo ia acabar.

***

O colapso da Torre Sul instantaneamente encurralou hóspedes, funcionários e equipes de resgate dentro do Hotel Marriott, localizado entre as Torres Gêmeas, conforme os destroços desabavam no telhado.

Frank Razzano, hóspede, Hotel Marriott: Estava lá assistindo TV e pensei: *Jesus Cristo, se eu sair deste prédio hoje sem minhas coisas eles não vão me deixar entrar novamente à noite*. Comecei a guardar todos os meus documentos na mala e me aprontar para ir embora. Pensava comigo: *Será que consigo chamar um carregador para me ajudar a descer com minhas coisas?* Nesse momento, o prédio sacudiu; era como se fosse um terremoto. Olhei pela janela e aquilo que até então fora um dia claro e ensolarado havia subitamente ficado preto como breu. Era como se tivesse descido uma cortina de concreto e ferro, como a cortina de um palco de teatro. Eu literalmente podia vê-la descer, pela janela — quase em câmera lenta — e deixando tudo preto como breu.

Jeff Johnson, equipe de combate a incêndio 74, CBNY: O prédio todo começou a tremer. Ficou tudo preto. Eu caí.

Frank Razzano: Foi como se o prédio estivesse sob um ataque de artilharia. Dava para sentir a torre se desfazendo ao redor.

Jeff Johnson: Imediatamente fizemos uma chamada da nossa equipe. É uma coisa de militar. Chamamos. "Pat?" "Aqui." "John?" "Aqui." "Tenente, é o Jeff." Os quatro estavam lá e aí chamamos o Ruben, e não tivemos resposta. Continuamos gritando: "Ruben? Ruben?".

Frank Razzano: Gritei no que restava do corredor: "Tem alguém aí?". Ouvi uma voz dizendo: "Venha nessa direção". Meu quarto era quase ao lado da escada de incêndio. Bem na base da porta, no meio do entulho, tinha um bombeiro de Nova York. Depois descobri que o nome dele era Jeff Johnson. Perguntei: "Você está bem?". E ele: "Você está bem?". Eu disse: "É, estou bem. Como você está? Posso te ajudar de alguma maneira?". Ele respondeu: "Não, eu estou bem. Quero que você desça pela escada de incêndio".

Jeff Johnson: Bem na nossa frente havia uma parede de destroços.

Frank Razzano: Quando cheguei na entrada do quarto andar, comecei a descer as escadas em direção ao lugar onde a entrada do terceiro andar deveria estar, mas estava bloqueada pelo entulho. Comecei a tentar remover o entulho do caminho para criar uma passagem. Tirei o bastante para conseguir me espremer e passar. No hall do terceiro andar havia três homens e o gerente de gastronomia do hotel.

Jeff Johnson: Imediatamente transmitimos "Maydays" pelo rádio, avisando que faltava um membro da nossa unidade. Ninguém respondia. Mas ouvimos alguém dizendo um "Mayday" no rádio. Era um bombeiro que não sabia onde estava. "Estou preso, mas não sei onde." É a pior situação possível, a mais angustiante.

Frank Razzano: Alguns minutos depois, Jeff Johnson desceu. Estava agora com outros bombeiros que encontrara enquanto descia. Jeff olhou ao redor. Tinha uma viga em I escorada no patamar do terceiro andar e enfiada em um parapeito no segundo andar. Jeff desceu pela viga em I, andou pelo parapeito, voltou e gritou para nós: "Todo mundo vai descer essa viga em I, andar pelo parapeito e voltar para dentro do prédio. Precisamos encontrar uma saída".

Também me lembro de ele dizer: "Olha, não vem ninguém. Ninguém vem nos buscar. Todos os bombeiros ou socorristas que estavam tirando as pessoas dos prédios... estão mortos. Se estavam na rua, estão mortos. Se estavam dentro do prédio, estão mortos. Ninguém vem nos buscar. Vamos ter que sair daqui por nossa conta".

* * *

O colapso sem precedentes — a primeira vez que um arranha-céu desabava — foi testemunhado via televisão por milhões mundo afora, e pessoalmente na região de Nova York, incluindo aqueles que já haviam conseguido evacuar do World Trade Center e do Baixo Manhattan.

Beverly Eckert, mulher de Sean Rooney, vice-presidente de gestão de risco, Aon Corporation, Torre Sul, 98º andar: De repente ouvi um barulho altíssimo de explosão pelo telefone. Ecoou por vários segundos. Prendemos a respiração. Sei que nós dois percebemos o que estava prestes a acontecer. Então ouvi uma rachadura estridente, seguida pelo som de uma avalanche. Ouvi o Sean arfar de espanto quando o chão sob os seus pés se abriu. Fiquei chamando o nome dele pelo telefone sem parar.[11]

Cathy Pavelec, funcionária, Autoridade Portuária, Torre Norte, 67º andar: Encontrei uma mulher que conhecia do meu escritório, a Denise, na rua. Começamos a subir a rampa da ponte do Brooklyn, mas aí vi uns caças. Eu não sabia se eram nossos ou não. Disse a Denise: "Não podemos ir para a ponte. Não podemos ir para nenhum monumento importante". Realmente achei que aqueles caças não eram nossos. Demos meia-volta para sair da ponte. Ouvimos um barulho, olhamos para cima e aí vimos a Torre Sul explodir e desmoronar.[12]

Robert Small, gerente de escritório, Morgan Stanley, Torre Sul, 72º andar, agora na ponte do Brooklyn: Parecia um lançador de faíscas dos fogos de artifício do Quatro de Julho. Aí ele pendeu para um lado e aí cedeu sob o próprio peso. Depois simplesmente desapareceu. Dava para ver o brilho do metal e do vidro enquanto uma grande nuvem cinza se formava.

Michael McAvoy, diretor adjunto, Bear Stearns, Brooklyn: Em segundos, a torre havia desaparecido. Todo mundo começou a gritar de novo. Olhei para meu colega, o Brian, e disse: "Puta merda, 20 mil pessoas acabaram de morrer".[13]

Monica O'Leary, ex-funcionária, Cantor Fitzgerald, Torre Norte: Lembro de ficar lá parada com meu vizinho, John, dizendo: "Para onde foi? Para onde foi? Para onde foi o prédio? Para onde eles foram?".

Judith Wein, vice-presidente sênior, Aon Corporation, Torre Sul, 103º andar: Meu coração pesou. Pensei em todas aquelas pessoas que ainda estavam lá. Era o fim delas.

Melinda Murphy, repórter de trânsito, WPIX TV: Quando o prédio caiu, a matéria passou a me afetar pessoalmente, porque meu marido trabalhava a dois quarteirões dali. Então virou: "Ah, meu Deus, meu marido pode não estar mais vivo". Na frente da câmera, eu estava bem. Assim que disseram que eu estava fora do ar, entrei em desespero.

Peter Jennings, âncora, *ABC News*: Entramos no modo silencioso. Não precisávamos externar nossa ansiedade ou nosso choque. Tudo isso era óbvio para todos. Por toda minha carreira, sempre achei que às vezes as pessoas falam demais na televisão. Em alguns momentos, o silêncio ou o som ambiente são infinitamente mais potentes e relevantes.[14]

Aaron Brown, âncora, CNN: As palavras mais difíceis que pronunciei na TV nesses 25 anos foram: "Os Estados Unidos estão sendo atacados". Demorei tempo demais, acho que meia hora além do que devia, para pronunciá-las. Mas elas estavam na minha cabeça, te garanto. Eu sabia o que era aquilo.[15]

Cathy Pavelec: Ficamos parados lá um minuto, e aí a nuvem começou a vir na nossa direção. Pela primeira vez naquele dia, realmente achei que iríamos morrer.[16]

Richard Grasso, presidente e CEO, Bolsa de Valores de Nova York: Quando a Torre Sul estava desmoronando, meu chefe de segurança entrou a toda pelo saguão. Estava excepcionalmente abalado. Ele disse: "Parece que a cidade entrou no código preto". Isso significa que o prefeito está morto, o comissário de polícia está morto, e o comandante do Corpo de Bombeiros está morto. Naquele momento, virei para meu colega e falei: "Pode tocar o sino — o pregão fechou".

24.
Dentro da nuvem

"Não chegou minha hora, eu não vou morrer aqui."

A Torre Sul desabou à velocidade estimada de duzentos quilômetros por hora, e estimativas posteriores sustentam que os ventos gerados pelo desabamento do World Trade Center tiveram pico de até 110 quilômetros por hora, o que levou a chuvas de destroços a dezenas de metros conforme a força de um furacão espalhou ruínas por todo o Baixo Manhattan.[1]

Rudy Giuliani, prefeito de Nova York: Ouvi alguém berrar: "A torre está caindo". Ouvi um barulhão, vi a mesa sacudindo. Minha primeira impressão ao ouvir "A torre está caindo" foi que a torre de rádio no topo do prédio havia caído. Certamente não entendi que o prédio inteiro havia caído.

Rosmaris Fernandez, aluna, EMLPS: Eu não podia acreditar que o World Trade Center estava desmoronando. Fiquei parada olhando os prédios desabando, estupefata, até que caí na real e vi que era hora de correr.

Ada Dolch, diretora, EMLPS: Foi aí que eu disse: "O.k., é o fim". Vi um tsunami de poeira e destroços vindo na nossa direção. Ele vinha depressa. Senti um formigamento nas minhas costas. Era para lá de aterrorizante.

Heather Ordover, professora de inglês, EMLPS: Lembro de ver aquela fumaça, espessa como uma parede, descendo pela Trinity Place bem na direção do Battery Park.

Jean Potter, Bank of America, Torre Norte: Eu me lembro de pensar: *Talvez eu morra. Talvez seja a minha hora. Como vou correr mais depressa do que isso?* Eu estava completamente em choque. Um policial me pegou pela mão e me arrastou para dentro de uma estação de metrô, a estação da rua Dey, e continuamos descendo cada vez mais para o fundo.

Dan Potter, equipe de resgate 10, CBNY: Tinha uma lona azul em frente ao quartel — acho que iam usá-la na triagem. Tinha um homem chinês na lona, com a perna quebrada. Quando as torres começaram a cair, eu simplesmente o agarrei do jeito que deu e comecei a puxá-lo para trás.

David Brink, detetive, esquadrão 3 do Serviço de Emergência, DPNY: Fomos para baixo das vigas ao lado do prédio Seis. Foi como naqueles exercícios de simulação que faziam na escola na época das ameaças de ataques nucleares russos. Diziam para você se abaixar e se cobrir e ficar embaixo da carteira. A única coisa que havia para nos escondermos embaixo eram as vigas.

Howard Lutnick, CEO, Cantor Fitzgerald, Torre Norte: Olhei por cima do meu ombro e vi um tornado preto, grande, gigantesco, vindo atrás de mim. Eu me enfiei embaixo de um carro, e a fumaça preta simplesmente passou, num "vush".[2]

Jan Kahn, Conselho de Transporte Metropolitano de Nova York, Torre Norte: Um vento de furacão nos jogou no chão.

Tenente Joseph Torrillo, diretor de educação contra incêndios, CBNY: Enquanto corria, aquele vento bateu na parte de trás do meu capacete e vi o capacete sair voando. Ele voava cada vez mais depressa e mais alto, e eu o via enquanto corria. Parecia *O mágico de Oz*. A essa altura, conforme o prédio ia caindo, a pressão do ar ficou tão forte — estimam que tinha a força de um tornado — que me ergueu do chão e eu saí voando.

Tracy Donahoo, guarda de trânsito, DPNY: Ele bateu em mim com tanta força que saí voando. Não sei qual distância percorri, só que voei — eu me via voando. Caí sobre os joelhos e as mãos. Estava escuro. Completamente preto. Não conseguia ver nada e não conseguia respirar. Eu estava sufocando.

Ian Oldaker, funcionário, Ellis Island: A fumaça veio pelas ruas, parecendo dedos. Era muito cinza, muito suja. Não conseguíamos ver as torres, então não sabíamos o que havia caído.

Linda Krouner, vice-presidente sênior, Fiduciary Trust, Torre Sul: Era uma bala de canhão de poeira gigantesca vindo na minha direção pelas ruas. Comecei a correi para evitar que aquela bola de destroços colossal chegasse perto — parecia um pouco a pedra do Indiana Jones.

Joe Massian, consultor tecnológico, Autoridade Portuária, Torre Norte: Meu medo era de que os prédios começassem a cair feito peças de dominó, e eu ficasse preso entre elas. Acho que tiraram aquela foto minha quando eu estava passando pela igreja. Dá para ver as árvores na foto.

Gregory Fried, cirurgião-chefe, DPNY: O cérebro não conseguia dar conta da ideia do World Trade Center desabando sobre você.[3]

Ian Oldaker: Começamos a correr para o sul. Corremos até o rio. Lá tem um guarda-corpos — um grande corrimão de ferro. Muita gente correu conosco. Havia umas duzentas pessoas nesse corrimão. Você olha pra fumaça, olha pra baixo, e fica, tipo: "Rio Hudson. Fumaça. Rio Hudson. Fumaça". Muita gente olhava para a água considerando a possibilidade de saltar.

James Filomeno, equipe marinha I, CBNY: Estávamos ancorados perto do píer. Eu via as pessoas correndo em nossa direção como uma boiada. Via os destroços caindo em cima delas. Algumas mergulhavam de cabeça no convés, gritando. Tentavam me dar seus filhos: "Pegue meu bebê. Não quero ficar aqui. Pegue o meu bebê". Teve gente que caiu na água. Foi horrível.⁴

James Cowan, Divisão Portuária, DPNY: Ficamos gritando para as pessoas na água nos responderem. Havia dezenas de pessoas na água.⁵

Vanessa Lawrence, artista, Torre Norte: Eu só saí do prédio quando ele estava caindo. Comecei a correr pela rua até o metrô, e a grande rajada me alcançou. Assim que botei o pé na calçada, o prédio tinha caído, e eu não conseguia enxergar nada.

Comandante Joseph Pfeifer, batalhão 1, CBNY: Ouvi o barulho do metal e de tudo se espatifando, e aí a rua ficou completamente preta. Como bombeiro, é normal encontrar essa escuridão dentro de um prédio em chamas. Mas não do lado de fora, a céu aberto.⁶

Bruno Dellinger, consultor, Torre Norte: Em cinco segundos, a escuridão caiu sobre nós com uma intensidade inacreditável. E o que era mais surpreendente: não se ouvia som nenhum. O som não conseguia se propagar, de tão denso que estava o ar.

Melinda Murphy, repórter de trânsito, WPIX TV: Essa nuvem de poeira inacreditável veio, e parecia que todo o Baixo Manhattan tinha desaparecido.

Dan Potter, bombeiro, equipe de resgate 10, CBNY: Foi aí que começou — a chuva de destroços. Tudo caindo em volta de você. Eu me joguei no chão, me cobri. E pensei: *Acabou*. Essa força amassou as portas de metal do quartel. Arrebentou todas as janelas. A ambulância que estava lá na frente foi esmagada.

Dr. Charles Hirsch, médico-legista titular, Nova York: Parecia que a saraivada de destroços ia durar para sempre. Provavelmente durou por volta de um minuto.⁷

Edward Aswad Jr., policial, DPNY: Sentia aquelas coisas subindo pelas minhas pernas, a fuligem e os destroços.⁸

Tenente Joseph Torrillo: Um pedaço de aço bateu na parte de cima da minha cabeça e a abriu inteira. Pedaços enormes de concreto atingiam meu corpo. Cada vez que um novo pedaço me atingia, eu sentia meus ossos quebrando.

William Jimeno, policial, DPAP: Senti muita dor, agarrei o capacete e alcancei meu rádio, que estava na minha lapela esquerda, e comecei a berrar "Oito-treze!", que é o código da polícia da Autoridade Portuária para policial ferido. "Oito-treze! Oito-treze!! Policial ferido! Oito-treze! Jimeno, estamos feridos! A equipe está ferida!" Estávamos sendo açoitados pelos destroços. Eu tentava lutar pela minha vida. A certa altura, algo bateu na minha mão esquerda, e o rádio saiu voando. Um pedaço grande de concreto deve ter batido no meu capacete, que saiu voando — arrancou a correia do meu queixo. Cobri a cabeça. E, tão subitamente quanto tinha começado, a coisa acabou.

Sargento John McLoughlin, DPAP: Achei que tivesse morrido. Perdi todos os sentidos. Sem visão, sem olfato, sem audição. Tudo estava em silêncio.

Al Kim, vice-presidente de operações, TransCare Ambulance: Eu estava pegando fogo. Eu me lembro de sentir muito calor, dos pés à cabeça, tipo ruim, muito ruim, mais quente que uma sauna ou banho turco. Minha camisa já tinha ido. Estava toda rasgada e queimada. Perdi todos os meus pelos das narinas. Também perdi parte da sobrancelha e todos os cílios.

Elia Zedeño: Tropecei em alguma coisa e acabei caindo em cima de alguém, um policial. Ele gritava: "Meus olhos estão queimando!" e, ao mesmo tempo, me dizia: "Não se preocupe, vai dar tudo certo". Acho que é assim que funciona a cabeça de alguém que foi treinado para isso. Ele gritava — gritava mesmo, sem exagero — e ao mesmo tempo dizia: "Bem, não se preocupe, vai dar tudo certo, nós vamos sair daqui".

Capitão Sean Crowley, DPNY: Nunca ouvi gritos como naquele dia. Eram todos de homens. Eram gritos simplesmente inacreditáveis. Eu achava que provavelmente iria morrer e pensava nos meus filhos.[9]

Tracy Donahoo: As pessoas gritavam. Comecei a gritar: "Calem a boca! Calem a boca! Calem a boca!". Todo mundo se acalmou. Falei: "Eu sou policial, nós vamos sair daqui!". Eu não fazia ideia de até onde minha voz podia chegar e não sabia se não estávamos de fato encapsulados no cimento e nunca sairíamos de lá.

Vanessa Lawrence: Eu me lembro que em dado momento me senti incrivelmente calma. É sempre estranho contar isso, mas achei que não conseguiria mais respirar e aí me senti muito, muito calma, e pensei: *O.k. Tudo bem. Não consigo mais respirar e tudo bem.* Aí senti uma coisa na barriga, tipo: *Não, você vai conseguir. Você vai conseguir. Vá em frente.* Senti um novo ímpeto e pensei: *O.k., consigo lutar — eu consigo.* Foi uma das sensações mais estranhas de todas, essa calma de pensar *eu desisto*, mas depois aquela pancada na minha barriga.

    Nessa hora também senti um braço ao meu lado e ouvi uma voz. Eu me agarrei a ele com força, e a voz disse: "Precisamos esperar assentar". Eu me lembro de virar e olhar, ele estava de casaco e puxou o casaco para nos cobrir. Então vi seu distintivo, ele era bombeiro. Eu me lembro de ficar grudada nele. A força daquilo — ter alguém do meu lado — me ajudou.

Tracy Donahoo: Na academia, nos dizem: "Se você acha que vai morrer, acaba morrendo". Então não vou morrer aqui. Não chegou minha hora, não vou morrer aqui.

Tenente Joseph Torrillo, CBNY: Eu estava soterrado debaixo da Torre Sul. Não conseguia respirar. Estava sufocando. Estava mais escuro que a noite. Eu não enxergava nada.

Sargento-detetive Joe Blozis, comissário de polícia, perito criminal, DPNY: Depois que o prédio desmoronou, houve uma calmaria que jamais esquecerei. Quando veio a nuvem de poeira, ninguém ouvia nem via nada.[10]

Monsenhor John Delendick, capelão, CBNY: As pessoas que estavam comigo de repente estavam mortas. Eu olhei para um lado, elas foram todas em outra direção e não voltaram mais.[11]

Tracy Donahoo: Pensava na minha família, no cachorrinho chato que eu tinha e que deixava minha mãe louca, e pensei: *Ela vai me matar se o cachorro sobrar para ela.*

Elia Zedeño: Eu tentava respirar, tentava cuspir fora o que tinha na boca, mas não conseguia, então enfiei a mão lá dentro. Enfiei a mão na boca e puxei um monte de coisa. Ia dar para respirar, mas assim que tirei as coisas da boca, vieram outras e a encheram de novo.

Capitão Sean Crowley, DPNY: Imagina que você pega um punhado de farinha e enfia no nariz e na boca. Respirar ali era isso.[12]

Elia Zedeño: Foram momentos de desespero. Eu não conseguia respirar. Eu continuava cavando, cavando, cavando e cavando, até que minha boca, até que a poeira começou a baixar um pouco e eu consegui puxar o ar pela primeira vez.

Heather Ordover: Eu me abaixei ao lado de um homem que estava com uma camisa verde listrada de tecido Oxford. Ajudei a cortar sua camisa com a tesoura do meu canivete suíço, para que ele pudesse cobrir o nariz e a boca com um retalho. Dividimos nossa água.

Ada Dolch: Todo mundo ficava dizendo que tínhamos que molhar um lenço de papel ou pano, lavar o rosto, cobrir a boca com alguma coisa para não respirar aquela fumaça.

Heather Ordover: Consegui alcançar um policial: "Você sabe para onde estamos indo?". "Não — para a balsa para Staten Island?" "Você foi treinado para esse tipo de coisa?" Ele sorriu amarelo: "Mais ou menos".

Ada Dolch: Comecei a sufocar. Eu me levantei, e só conseguia inspirar de leve; quando inspirava profundamente, doía. Um homem virou e disse: "Você precisa tomar água e cuspir". Eu não tinha água, mas me lembro de dizer para ele: "Sou a diretora, eu não cuspo". Você ensina às crianças que isso é algo que não se faz. Ele disse: "Você precisa tomar água e gargarejar". Ele estava ao lado de uma antiga fonte no parque. Tomei água. Cuspi. Limpei a garganta. Cuspi.

Rosmaris Fernandez: O ar ficou um pouco mais limpo. Encontrei alguns amigos e fiquei menos preocupada. Eu sabia que não estava mais sozinha. Um professor da escola vizinha, a escola de ensino médio de Economia e

Finanças, pediu que todos os alunos o seguissem até a ponte do Brooklyn, e fizemos isso. Depois eu me perdi dele e continuei andando para o norte pela avenida FDR.

William Jimeno: Era muita poeira. Olhei para cima e, a uns nove metros de altura, dava para ver a luz penetrando, parecia que havia uma fresta ali. Meu lado esquerdo começou a doer muito. Eu via uma parede de concreto grande e grossa em cima de mim. Tentei me localizar, mas não enxergava nada. Foi quando ouvi o sargento McLoughlin dizer: "Falem! Onde está todo mundo? Falem!". Dominick Peluzzo estava enterrado de bruços do meu lado. Dominick disse: "Peluzzo!". Eu disse: "Jimeno!". Foi tudo que ouvimos. Passei dois minutos gritando "Chris!", chamando o Christopher Amoroso e "A-Rod!", que era o apelido do Antonio Rodriguez. "A-Rod! Chris! A-Rod! Chris!" Foi então que Dominick disse: "Willy, eles estão em um lugar melhor".

25.
Dentro do COEP

"Senhor, temos autorização para atacar?"

Embaixo do gramado norte da Casa Branca, o vice-presidente e os assessores que haviam sido reunidos tentavam se haver com a crise no Centro de Operações de Emergência Presidencial (COEP), também conhecido como bunker da Casa Branca, e descobrir quantos outros aviões sequestrados havia no espaço aéreo. Sabiam de pelo menos um: o voo 93 da United.

Mary Matalin, assessora do vice-presidente Dick Cheney: Vimos o prédio desabar [na TV].

Comandante Anthony Barnes, vice-diretor, Programa de Contingência Presidencial, Casa Branca: Houve um silêncio ensurdecedor, muitos engasgos de espanto, "Ai, meu Deus", esse tipo de coisa.

Mary Matalin: Incredulidade.

Comandante Anthony Barnes: Tem quatro ou cinco televisores grandes, de 55 polegadas, no COEP. Sintonizamos os diversos canais de notícias — ABC, CBS, Fox, NBC — nesses monitores. Só lembro que Cheney ficou tão boquiaberto quanto nós, que estávamos sentados assistindo naqueles monitores. Para a época, uma TV com tela de 55 polegadas era algo gigante. Quando as torres desabaram, a imagem era quase algo de fora deste mundo.

Dick Cheney, vice-presidente: Nos anos que se seguiram, ouvi especular sobre como me tornei um homem diferente depois do 11 de Setembro. Acho que não chega a tanto. Mas admito abertamente que assistir a um ataque elaborado e devastador ao nosso país em um bunker subterrâneo na Casa Branca afeta a forma como você encara as suas responsabilidades.[1]

Mary Matalin: Voltamos imediatamente ao trabalho.

Richard Clarke, conselheiro de contraterrorismo, Casa Branca: Muitos de nós ali achavam que não sairíamos vivos da Casa Branca.[2]

Matthew Waxman, Conselho de Segurança Nacional, Casa Branca: Todo mundo no COEP sabia que a Sala da Crise da Casa Branca estava sendo operada por colegas muito próximos e amigos que tinham ficado em seus postos apesar do perigo iminente. A Sala da Crise, que fica só meio andar abaixo do térreo, fervilhava. Algumas pessoas que ficaram não trabalhavam normalmente lá, mas se sentiram no dever de ficar e ajudar a gerenciar a crise. Sobretudo no começo do dia, havia uma sensação muito palpável de que amigos e colegas próximos poderiam estar correndo um risco considerável.

Ian Rifield, agente especial, Serviço Secreto dos Estados Unidos: Também havia uma frustração, por estarmos lá, sentados. Todo mundo queria revidar o ataque. Somos treinados para partir para cima do problema, e estávamos lá, sentados. Isso gerava muita tensão. Queríamos fazer algo para proteger ainda mais o complexo e o gabinete do presidente, mas estávamos fazendo o que podíamos com o que tínhamos.

Condoleezza Rice, conselheira de Segurança Nacional, Casa Branca: Norm Mineta, o secretário de Transporte, usava um bloquinho amarelo para monitorar o número de cauda das aeronaves. Fez uma chamada. "O que aconteceu com o 671? O que aconteceu com o 123?". Ficava tentando compreender o que estava acontecendo.[3]

Nic Calio, diretor de assuntos legislativos da Casa Branca: Norm Mineta estava sentado em frente a uma dessas TVs que mostravam todos os aviões. O número de aviões em voo era uma coisa impressionante.

Condoleezza Rice: Meu primeiro pensamento foi: *Temos de transmitir ao mundo a mensagem de que o governo dos Estados Unidos da América não está acéfalo*. Essas imagens deviam estar gerando terror, dando a impressão de que os Estados Unidos da América estavam desmoronando. Meu desafio era manter a cabeça no lugar e garantir que não houvesse pânico pelo mundo afora.[4]

Nic Calio: A movimentação era tão intensa e as coisas aconteciam tão rápido que, pelo menos pra mim, não havia tempo para ter medo.

Matthew Waxman: Havia um forte contraste entre o bombardeio caótico de informações sobre o que acontecia em Washington e no país — parte verdadeiras, parte falsas — e as deliberações calmas e ponderadas de boa parte dos responsáveis mais experientes.

Nic Calio: A memória mais vívida que tenho foi de estarmos naquele casulo — recebendo e enviando um monte de informações e ao mesmo tempo sem saber onde estavam nossos parentes. Já devia ser meio da tarde quando tentamos entrar em contato com nossas famílias. Foi uma preocupação enorme. Eu não sabia onde estavam meus filhos. Havia uma incerteza que sobrepujava tudo em relação ao que estava acontecendo, ao que ia acontecer e ao que viria depois.

Coronel Bob Marr, comandante, SNDA, Rome, Nova York: Estávamos em território desconhecido; estamos acostumados a proteger a costa, em alto-mar. Nossos procedimentos e protocolos não haviam sido feitos para aquilo.[5]

Major-general Larry Arnold, comandante da Primeira Força Aérea, Comando de Defesa do Aeroespaço Norte-Americano dos Estados Unidos Continental, Base Aérea de Tyndall, Flórida: Não conseguíamos ver a aeronave. Não sabíamos onde ela estava porque não tínhamos nenhum radar apontado para os Estados Unidos. Tudo que estava dentro dos Estados Unidos era considerado, por princípio, amistoso.

Tenente Heather "Lucky" Penney, pilota de F-16, Guarda Nacional Aeronáutica de D.C.: Nossa cadeia de comando não chegava ao Comando de Defesa do Aeroespaço Norte-Americano (CDANA), não chegava à Primeira Força Aérea, que supervisionava as operações nos Estados Unidos. Eles não tinham nenhum sistema para contatar os níveis inferiores — ou mesmo para saber que a Guarda Nacional de D.C. estava presente e disponível. Não havia regras de engajamento. Eu nunca nem imaginara o que seria uma missão em solo americano.[6]

Comandante Anthony Barnes: Eu estava fazendo a ligação entre os caras de operações que estavam com os agentes do Pentágono no telefone e a sala de reuniões onde estavam os dirigentes. O Pentágono achava que outro avião fora sequestrado e pedia permissão para abater uma aeronave comercial que fosse identificada como sequestrada. Fiz essa pergunta ao vice-presidente e ele respondeu afirmativamente. Perguntei novamente para ter certeza. "Senhor, confirmando que o senhor deu a permissão?" Por ser do Exército e aviador — e estando ciente de toda a magnitude daquela pergunta e daquela resposta —, queria me certificar de que não havia absolutamente nenhum engano sobre o que estava sendo perguntado. Sem hesitar, em uma afirmativa, ele disse que qualquer avião comprovadamente sequestrado poderia ser atacado e abatido.

Coronel Matthew Klimow, assistente executivo do vice-presidente do Estado-Maior Conjunto, general Richard Myers: Ninguém nunca havia considerado a necessidade de abater um avião comercial civil.

Major-general Larry Arnold: Disse ao Rick Findley, em Colorado Springs [no quartel-general do CDANA]: "Rick, precisamos de autorização. Talvez tenhamos que abater um avião que está indo em direção a Washington, D.C. Precisamos de autorização presidencial".

Major Dan "Razin" Caine, piloto de F-16, Guarda Nacional Aeronáutica de D.C.: Passei o telefone ao comandante de ala para que ele falasse com a alta cúpula do governo e recebesse as regras de engajamento.[7]

Dick Cheney: Era o que precisava ser feito. Uma vez que o avião tinha sido sequestrado — e mesmo carregando um monte de passageiros que, obviamente, não faziam parte dessa tentativa de sequestro —, tendo em vista o que havia acontecido em Nova York e no Pentágono, não havia escolha. Não houve dilema.[8]

Matthew Waxman: Foi realmente um soco no estômago — ouvir o vice-presidente dando ordem para abater um avião não identificado que estava voando em direção à capital nacional. Esse momento sobressai como um dos mais assustadores do dia, em parte porque revela a sensação de perigo contínua que havia. Também nos demos conta dos enormes dilemas que os responsáveis teriam de enfrentar naquele momento, com pouco tempo e informações incompletas.

Comandante Anthony Barnes: Eu sabia, sem sombra de dúvida, que era um precedente histórico — nunca havíamos dado autorização para abater um avião comercial. Voltei ao telefone — com algum general do Pentágono —, na linha segura em que estávamos, e me certifiquei de que ele entendera que eu havia feito a pergunta à autoridade nacional, e que a resposta era afirmativa. Eu me esforcei para não gaguejar nem titubear, porque a adrenalina estava muito, muito alta naquele momento. Felizmente, não precisamos fazer uso dessa autorização.

Josh Bolten, chefe de gabinete adjunto, Casa Branca: O vice-presidente Cheney foi muito firme, estava muito calmo. Claramente já havia enfrentado crises e não parecia estar em choque, como muitos de nós.[9]

Comandante Anthony Barnes: O presidente estava mais seguro a bordo do *Air Force One* do que tentando voltar para casa, e o sr. Cheney estava — indubitavelmente — no comando. Ele estava comandando o espaço aéreo, e nós passávamos as informações para ele.

Dick Cheney: Por piores que tenham sido os acontecimentos do 11 de Setembro, havia entre nós pessoas que tinham sido treinadas para enfrentar situações ainda mais difíceis e perigosas — um ataque nuclear soviético generalizado contra os Estados Unidos. Isso ajudou. Naquela manhã, o treinamento mostrou a que vinha.[10]

Eric Edelman, secretário adjunto do vice-presidente de Assuntos de Segurança Nacional, Casa Branca: Ele foi uma influência tranquilizadora, porque as pessoas se sentiriam meio constrangidas de deixar transparecer na frente dele qualquer sentimento do tipo "E agora, meu Deus do céu?".[11]

Condoleezza Rice: Houve momentos naquele dia em que parecia que eu tinha saído do corpo. Mas você tem que continuar funcionando, mesmo sem conseguir acreditar que aquilo está mesmo acontecendo.[12]

26.
Os militares reagem

"Estamos com um probleminha aqui."

Após a ordem do vice-presidente Cheney, os militares correram para encontrar caças que pudessem entrar em combate — mesmo que tivessem que despachá-los sem armamento, em missões kamikaze de colisão contra os aviões sequestrados. Era uma missão inverossímil e inaudita, coisa que não passou despercebida pelos pilotos convocados a assumir. O que ainda não era de pleno conhecimento era que os passageiros do voo 93 planejavam, ao mesmo tempo, tomar o avião por conta própria.

Coronel Matthew Klimow, assistente executivo do vice-presidente do Estado-Maior Conjunto, general Richard Myers: Foi uma decisão muito dolorosa para todos nós. Não queríamos deixar o peso de abater um avião comercial nos ombros de um único piloto de caça, mas também não queríamos que ele tivesse de ir até o topo da cadeia de comando para receber permissão para atirar. Ficou decidido que os pilotos deveriam fazer o possível para afastar o avião e, se ficasse claro que estava indo em direção a uma área densamente povoada, a autorização para atirar poderia ser concedida por um comandante regional.

Tenente Heather "Lucky" Penney, pilota de F-16, Guarda Nacional Aeronáutica de D.C.: Pode parecer absurdo, mas quando me dei conta da dimensão da situação, realmente me despi de toda emoção. De fato me concentrei muito mais em questões como: *O que preciso fazer para proteger a nossa capital? O que preciso providenciar para agilizar a partida?*

General de brigada David Wherley, comandante, Guarda Nacional Aeronáutica de D.C: Traduzi as regras para o Sass [o tenente-coronel Marc Sasseville, piloto de F-16] assim: "Vocês estarão sem armas e o controle vai ser feito por voo". Disse: "Entenderam o que estou pedindo para fazer?". Os dois [Sasseville e a tenente Heather "Lucky" Penney] disseram que sim. Pedi que tivessem cuidado.[1]

Tenente-coronel Marc Sasseville, piloto de F-16, Força Aérea dos Estados Unidos: Caminhando para os aviões, eu e Lucky tivemos uma rápida conversa sobre o que estávamos indo fazer, e dissemos, basicamente, que, se fosse preciso, faríamos o impensável.[2]

Tenente Heather "Lucky" Penney: Nós iríamos colidir com a aeronave. Não tínhamos armas a bordo para abater o avião. Cada um tinha 105 munições de ponta ogival. Enquanto vestíamos o equipamento de voo, na oficina de suporte, Sass olhou para mim e disse: "Vou acertar na cabine". Eu tinha decidido que arrancaria a cauda da aeronave.[3]

Tenente-coronel Marc Sasseville: Não tínhamos muita opção.[4]

Tenente Heather "Lucky" Penney: Não fui treinada para decolar imediatamente. Em geral demoraria uns vinte minutos para ligar as turbinas, inicializar os sistemas aviônicos, fazer todas as checagens pré-voo para ter certeza de que os sistemas estavam funcionando, programar os computadores na aeronave. Isso sem contar o tempo de olhar os formulários, vistoriar o avião e tal. Normalmente, prevíamos gastar entre meia hora e quarenta minutos do momento em que saíamos pela porta à hora em que decolávamos de fato.[5]

Coronel George Degnon, vice-comandante, Ala 113 A, Base Aérea de Andrews: Fizemos tudo que era humanamente possível para botar aquelas aeronaves no ar.[6]

Tenente Heather "Lucky" Penney: Liguei meus rádios e comecei a gritar para o chefe de equipe: "Tire os calços!". Ele tirou os calços e eu apertei o acelerador. Ele ainda estava correndo debaixo da roda para fazer meu equipamento subir — tem um monte de alfinetes de segurança no avião, e ele teve que removê-los enquanto eu taxiava para a decolagem imediata. Eu nem estava com meu sistema de navegação inercial. Não tinha iniciado nada daquilo. A sorte era que o dia estava limpo, azul, porque os aviônicos não estavam todos funcionando. Nem tinham carregado quando decolamos.[7]

Tenente-coronel Marc Sasseville: Eu pensava: *Nossa, estamos com um probleminha aqui.*[8]

Tenente Heather "Lucky" Penney: Sass e eu estávamos totalmente prontos para interceptar o voo 93 e abatê-lo.[9]

Tenente-coronel Marc Sasseville: Eu estava ruminando uma justificativa ética e moral sobre como a necessidade dos muitos se impunha sobre a necessidade de alguns.[10]

Tenente Heather "Lucky" Penney: Eu acreditava de verdade que aquela seria minha última decolagem. Se fizéssemos tudo certo, seria o fim.[11]

Major-general Larry Arnold, comandante da Primeira Força Aérea, o Comando de Defesa do Aeroespaço Norte-Americano dos Estados Unidos Continental, Base Aérea de Tyndall, Flórida: Bob Marr diz que lhe falei que iríamos "tirar vidas no ar para salvar vidas no solo".

Tenente Heather "Lucky" Penney: Foi surreal ver o Pentágono. Foi totalmente surreal ver aquela fumaça preta subindo. Não subimos muito. Estávamos voando a mais ou menos 3 mil pés. Não subimos mais do que isso, ao menos não naquela primeira varredura.[12]

Tenente-coronel Marc Sasseville: Minha cabine se encheu de fumaça. Fiquei enjoado, para falar a verdade — não era "Argh, que fedor", era mais "Meus Deus, nós fomos atingidos no nosso próprio solo e fomos atingidos em cheio". Simplesmente não podia acreditar que eles tinham conseguido entrar e levar a cabo aquele ataque.[13]

Tenente Heather "Lucky" Penney: Os verdadeiros heróis são os passageiros do voo 93, que estavam dispostos a se sacrificar.[14]

Tenente-coronel Marc Sasseville: Eles tomaram a decisão que nós não pudemos tomar.[15]

Tenente Heather "Lucky" Penney: Não lembro a quantos quilômetros de D.C. chegamos, mas voamos por um bom tempo, seguindo o Potomac. Concordamos que devíamos voltar e sobrevoar D.C., porque claramente tínhamos limpado a área. Quando voltamos para D.C. foi que as coisas começaram a se acalmar.[16]

27.
A quarta colisão

"Vamos pegá-los."

Poucos minutos antes das dez da manhã, no voo 93 da United, um passageiro ligou do avião para o 911 e falou com o operador John Shaw, no condado de Westmoreland, na Pensilvânia. Era Edward Felt, que tinha 41 anos, casado e pai de dois filhos. Ele viajava a trabalho, como engenheiro de tecnologia da Bea Systems. Foi a primeira pista que as autoridades do estado receberam de que havia problemas nos céus acima. Esta é uma transcrição resumida da ligação.

Ed Felt: Sequestro em cur...
John Shaw: O que foi? Ei, alguém está comunicando um...
Felt: Sequestro em curso.
Shaw: Senhor, a ligação está falhando, onde o senhor está?
Felt: Voo 93 da United.
Shaw: Espere um minuto, espere, voo da United. Voo 93 da United.
Felt: Sequestro em curso!
Shaw: O.k., onde você está? Onde você está?
Felt: Estou no banheiro, voo 93 da United.
Shaw: O.k., onde vocês estão?
Felt: Não sei.
Shaw: Onde vocês estão?
Felt: Eu não sei onde o avião está.
Shaw: De onde decolaram?
Felt: Newark para São Francisco.
Shaw: Entendi, o.k., fique na linha comigo, senhor.
Felt: Eu estou tentando... [*inaudível*] no banheiro. Não sei o que está acontecendo.
Shaw: Ei, alguém liga para a AFA, Newark para San Francisco e tem um sequestro em curso. O.k., sim. Ponha alguém do aeroporto na linha. Isso é um sequestro em curso. Você ainda está aí, senhor?
Felt: Sim, estou.

Shaw: Qual o seu nome, senhor?
Felt: Edward Felt.
Shaw: Qual o tamanho do avião?
Felt: É tipo um 757.
Shaw: É um 757. Ei, nós precisamos... É um 757. Senhor, senhor?
Felt: Sim.
Shaw: O.k., quantas pessoas estão no avião?
Felt: Estava... estava bem vazio, talvez... [*inaudível*]
Shaw: Ainda está me ouvindo, senhor? Senhor, senhor, ainda me ouve? [*inaudível*]. Tem um avião... Disse que o avião está descendo. Está em algum lugar acima do município de Mount Pleasant. Senhor? Está descendo. É melhor você fazer um anúncio [*inaudível*]. Está em algum lugar sobre Mount Pleasant. Alô?

***

Alice Ann Hoagland, mãe de Mark Bingham, passageiro do voo 93 da United: A diferença do voo 93 é que ele ficou no ar por mais tempo do que os demais aviões. Os passageiros souberam sobre o destino dos outros três voos e fizeram um esforço para tentar impedir os sequestradores, mesmo que não conseguissem salvar suas vidas.

Deena Burnett, esposa de Tom Burnett, passageiro do voo 93 da United: Ficou tudo silencioso, eu ouvia meu coração acelerar. Tom disse: "Nós estamos esperando até estarmos sobrevoando uma área rural. Vamos tentar retomar o avião". Fiquei apavorada e implorei: "Não, não, Tom. Senta, fica parado, fica quieto, não chama a atenção". Ele disse: "Não, Deena. Se eles vão bater o avião, nós precisamos fazer alguma coisa".

Perguntei: "Mas e as autoridades?". Ele disse: "Não dá para esperar pelas autoridades. De qualquer forma, não sei o que elas podem fazer. Está na nossa mão". E depois: "Acho que a gente consegue". Ficamos os dois em silêncio por alguns segundos. Então perguntei: "O que você quer que eu faça? O que eu posso fazer?". "Reza, Deena, reza." "Estou rezando. Eu te amo." Tom disse: "Não se preocupe. Nós vamos fazer alguma coisa", depois ele desligou. Não ligou mais.

Lisa Jefferson, supervisora do airfone da Verizon: Quando o avião mergulhou, dava para ouvir a comoção ao fundo. Ouvi a comissária de bordo gritando. As pessoas urravam: "Ah, meu Deus! Jesus, nos acuda!". Ele [Todd Beamer] me perguntou se eu poderia ligar para a esposa dele, se ele não sobrevivesse. Eu disse que poderia, mas perguntei se não queria que eu transferisse a ligação para ela imediatamente. Ele disse que não, que não queria assustá-la. Ela esperava o terceiro filho deles para janeiro e ele sabia que estava sozinha em casa. E me deu o telefone de sua casa.

Lyzbeth Glick, esposa de Jeremy Glick, passageiro do voo 93 da United: Jeremy disse que estava com três outros caras grandes como ele e que eles iam pular em cima do sequestrador que estava com a bomba e tentar retomar o avião. Ele perguntou se eu achava que essa era uma boa ideia. Discutimos um pouco. Ele disse que eles iam fazer uma votação, mas queria saber o que eu achava que ele deveria fazer. Eu disse: "Vocês têm que fazer isso". Ele é um homem muito forte, muito grande — tem um metro e oitenta e cem quilos. Foi campeão nacional de judô, então realmente era muito preparado em autodefesa. Ele ficou brincando: "Guardei a faca de manteiga do café da manhã". Apesar de tudo, ainda conseguia manter um pouco de senso de humor. Então ele disse: "O.k., eu preciso desligar. Eu já volto. Eu te amo".

Philip Bradshaw, marido de Sandra Bradshaw, comissária de bordo do voo 93 da United: Falamos do quanto nos amávamos e amávamos nossos filhos. Aí ela disse: "Está todo mundo correndo para a primeira classe. Tenho que ir. Tchau". Foram as últimas palavras que ouvi dela.[1]

Lisa Jefferson: Todd se virou para outra pessoa e disse: "Você está pronto?". Eu conseguia ouvir; eles responderam. Ele disse: "O.k., então vamos lá". Foi a última coisa que ouvi.

* * *

Transcrição do gravador na cabine do voo 93 da United:

9h57

Voz em árabe: Tem alguma coisa acontecendo?
Voz em árabe: Uma briga?
Voz em árabe: É?
Voz em árabe: Vamos lá, pessoal. Alá é maior. Alá é maior. Oh, pessoal. Alá é maior.
Voz em árabe: Oh, Alá. Oh, Alá. Ah, o mais misericordioso.
[*Sons de luta, grunhidos*]
Voz em inglês: Fique para trás.
Voz em inglês: Na cabine! Na cabine!
Voz em árabe: Eles querem entrar lá dentro. Segura, segura por dentro. Segura por dentro. Segura.
Voz em inglês: Segura a porta.
Voz em inglês: Segura ele.
Voz em inglês: Senta. Senta. Senta.
Voz em árabe: Tem uns caras. Aqueles caras todos.
Voz em inglês: Vamos pegá-los.
Voz em inglês: Senta.
Voz em árabe: Confie em Alá e nele.

10h

Voz em árabe: Não tem nada.
Voz em árabe: Esse é o lugar? Vamos encerrar?
Voz em árabe: Não. Ainda não.
Voz em árabe: Quando eles vierem, nós encerramos.
Voz em árabe: Não tem nada.
Voz em inglês: Eu estou ferido.
Voz em árabe: Oh, Alá. Oh, Alá. Oh, misericordioso.
Voz em inglês: Na cabine. Se não formos, vamos morrer todos.
Voz em árabe: Para cima, para baixo. Para cima, para baixo, na cabine. Para cima, para baixo. Saeed, para cima, para baixo.
Voz em inglês: Vamos lá.
Voz em árabe: Alá é o maior. Alá é o maior.
Voz em árabe: É isso? Quer dizer, vamos puxar para baixo?
Voz em árabe: Sim, ponha isso aí, puxa para baixo.

Voz em árabe: Corta o oxigênio. Corta o oxigênio. Corta o oxigênio. Corta o oxigênio.
Voz em árabe: Para cima, para baixo. Para cima, para baixo.
Voz em árabe: O quê?
Voz em árabe: Para cima, para baixo.
Voz em inglês: Desliga, desliga.
Voz em inglês: Vai, vai, anda, anda.
Voz em inglês: Põe para cima.
Voz em árabe: Para baixo, para baixo.
Voz em árabe: Puxe para baixo. Puxe para baixo.
Voz em inglês: Para baixo. Empurra, empurra, empurra, empurra, empurra.
Voz em árabe: Ei. Ei. Dá para mim. Dá para mim.
Voz em árabe: Dá para mim. Dá para mim. Dá para mim.
Voz em árabe: Dá para mim. Dá para mim. Dá para mim.

10h03

Voz em árabe: Alá é o maior.
Voz em árabe: Alá é o maior.
Voz em árabe: Alá é o maior.
Voz em árabe: Alá é o maior.
Voz em árabe: Alá é o maior.
Voz em inglês: Não!
Voz em árabe: Alá é o maior. Alá é o maior.
Voz em árabe: Alá é o maior. Alá é o maior.

* * *

Lyzbeth Glick, esposa de Jeremy Glick, passageiro do voo 93: Eu não quis saber o que tinha acontecido, então passei o telefone para o meu pai. Só depois de uns dois dias descobri como foi. Depois o meu pai me contou que ele ouviu gritos. Depois houve mais gritos, e aí parecia uma montanha-russa. E então não teve mais nada.[2]

* * *

Conforme os passageiros e tripulantes a bordo do voo 93 lutavam para tirar o controle do avião das mãos dos sequestradores, as decisões que tomavam no ar mudariam a vida daqueles que viviam nas pequenas cidades do condado de Somerset, perto de Shanksville, Pensilvânia, e que subitamente se viram engolfados na tragédia nacional que continuava a se desenrolar. A colisão semeou ainda mais perplexidade entre os militares e os controladores de tráfego aéreo, que estavam incentivando o governo a reagir a um ataque que eles mesmos ainda não entendiam.

Sargento Patrick Madigan, comandante, Delegacia de Somerset, Polícia Estadual de Pensilvânia: Quando víamos a TV, eu disse: "Pelo menos o condado de Somerset não tem nenhum alvo para terroristas". Pouco depois, recebemos uma ligação [de Ed Felt] dizendo que um avião estava sobrevoando Somerset, e meu primeiro pensamento, minha primeira reação, foi: *E o que eu vou poder fazer?*

Rick King, subcomandante, Companhia de Bombeiros Voluntários de Shanksville: Liguei para minha irmã, Jody [King Walsh]. Jody mora em Lambertsville, não muito longe. Enquanto falávamos, ela disse: "Rick, estou ouvindo um avião". Ela falou: "Rick, está muito alto. Parece um jato". Eu disse: "Ah, meu Deus!". Saí para o alpendre e ouvi o avião. Dava para ouvir o motor gritando.

Anita McBride Miller, moradora, município de Stonycreek, Pensilvânia: Do nada, um barulho absolutamente insuportável, horrível, surgiu do lado de fora. Era ensurdecedor. Sacudiu as janelas e chacoalhou as vigas.

Douglas Miller, motorista de caminhão carvoeiro, James F. Barron Trucking: Por acaso olhei para o céu e lá estava um avião gigante, que vinha diretamente para baixo.

Tim Lensbouer, operador de guindaste, Rollock Incorporated: Não consigo descrever como era o som, era quase o de um míssil — e ele passou por cima de nós muito depressa e aí se chocou com o solo. De repente, todas as luzes se apagaram. Ficou tudo escuro e o prédio inteiro sacudiu.

Douglas Miller: Lembro de entrar no rádio e perguntar a um amigo: "Será que eu vi isso mesmo?". Ele disse: "É". E aí: "Acho que a coisa foi feia".

John Werth, controlador de tráfego aéreo, Centro de Controle de Tráfego de Rota Aérea de Cleveland: Eles não sumiram do radar até que fizeram a descida brusca para a colisão. Monitoramos o alvo até ele chegar no sudeste de Pittsburgh, às 10h03.

Stacey Taylor Parham, especialista em controle de tráfego aéreo, Centro de Controle de Tráfego de Rota Aérea de Cleveland: Localizei um avião próximo ao local do acidente e perguntei se ele poderia procurar por fumaça.

Terry Yeazell, pilota do jato corporativo Falcon 20, sobrevoando a Pensilvânia: Stacey perguntou se havia alguma movimentação à direita do avião, como fumaça ou algo do tipo. Havia um monte de nuvenzinhas brancas na volta. Depois de olhar um tempo, vi uma lufada de fumaça negra, uma nuvem preta subindo. Conforme fomos chegando, vimos basicamente um incêndio florestal perto de uma orla de árvores em campo aberto.

Yates Gladwell, piloto do jato corporativo Falcon 20, voando sobre a Pensilvânia: Era um buraco negro, gigante e fumegante.

Ben Sliney, gerente nacional de operações, Centro de Comando da AFA, Herndon, Virgínia: O outro avião relatou a coluna de fumaça. Na verdade, aquilo estava prestes a encerrar o dia, mas não sabíamos disso — na nossa cabeça, os ataques ainda não haviam terminado, e continuamos a monitorar os oito ou dez, talvez até uma dúzia, de aviões restantes, acompanhando seu progresso, relatando o que estavam fazendo até que eles se resolvessem, até que o rádio deles voltasse a funcionar, eles pousassem, ou fizessem o que quer que fosse que deveriam fazer.

Major-general Larry Arnold, comandante da Primeira Força Aérea, o Comando de Defesa do Aeroespaço Norte-Americano dos Estados Unidos Continental, Base Aérea de Tyndall, Flórida: Nós não sabíamos que aquele era o último avião. Até onde tínhamos conhecimento, ainda estávamos em guerra.

***

Lisa Jefferson: Fiquei chamando o nome do Todd Beamer, torcendo e rezando para que ele ou outra pessoa atendesse aquele telefone. Alguém tocou o meu ombro e disse: "Lisa, aquele era o avião deles" — o avião tinha acabado de cair na Pensilvânia —, "pode sair da linha". Mas eu continuava ligando. Ainda fiquei segurando o telefone por mais uns quinze minutos, rezando para que alguém atendesse.

Lyzbeth Glick: Meu pai ficou na linha por mais de duas horas, alimentando uma última esperança.[3]

Deena Burnett: Eu continuei esperando. Segurei o telefone por quase três horas, esperando que ele retornasse a ligação e dissesse que tinha pousado o avião, que tudo estava bem e que ele viria para casa mais tarde. Comecei a pensar no que eu faria para o jantar. Pensei em mandar as crianças para a escola e em quem poderia buscá-las, porque eu não queria perder a ligação dele. Fiquei lá, sentada.[4]

28.
Medo no Pentágono

"Não tínhamos para onde correr."

A primeira hora das operações de resgate no Pentágono foi de uma intermitência frustrante. Os bombeiros notaram que os círculos externos do prédio, os mais afetados pelo impacto do avião, corriam o risco de desmoronar, e os agentes governamentais temiam notícias de que outras aeronaves sequestradas estivessem indo para lá.

James Schwartz, subcomandante de operações, Corpo de Bombeiros do condado de Arlington: Tínhamos a sensação de estar em um campo de batalha — ou de guerra. Era muito claro que podia haver novas ondas de ataques. Logo no começo, o [agente especial do FBI] Chris Combs me disse: "Ainda há oito aviões sem contato". Estávamos só esperando: será que outro avião vai bater no Pentágono, como em Nova York? Nunca havíamos visto nada parecido com aquilo.

Chris Combs, agente especial, FBI, Pentágono: O centro de comando do FBI me repassava tudo o que estava circulando sobre outros ataques. Diziam que a Casa Branca fora atingida, que a Secretaria de Estado fora atingida. Uma coisa que me lembro de ouvir foi: "Olha, Cleveland também foi atingida". Pensei comigo: *O que tem em Cleveland? Por que estão atacando Cleveland?*

Thomas O'Connor, agente especial, FBI, Pentágono: Estávamos com um cara da Autoridade dos Aeroportos da região metropolitana de Washington e ele tinha um rádio. Ele falou: "Ei, tem um avião que está fora do radar". E disse: "Está a uma boa distância daqui". Pensei: *Tudo bem*. Mas aí ele falou: "Estão calculando" — considerando a velocidade em que estava, ou deveria estar, e a direção — "quanto tempo ele demoraria para chegar a Washington, D.C.". Era uma questão mais urgente do que eu havia imaginado.

Chris Combs: Ele estava a caminho de D.C., estava a vinte minutos de distância. Eles avisaram que tínhamos vinte minutos.[1]

James Schwartz: Decidi evacuar a cena do acidente no Pentágono.

John Jester, chefe de polícia, Serviço de Proteção da Defesa: Estávamos do lado de fora e ouvimos os caminhões dos bombeiros buzinando. Explicaram que era uma chamada para que todos saíssem do prédio, porque havia informações sobre um segundo avião chegando. Tiraram os bombeiros do prédio por algum tempo.[2]

Chris Combs: Olhamos ao redor e decidimos que os lugares mais seguros eram debaixo dos viadutos das rodovias. Todo mundo foi para lá.[3]

Capitão Charles Gibbs, Corpo de Bombeiros do condado de Arlington: É o que chamo de "Todo mundo fora da piscina". Saímos do lado do heliporto e voltamos para o outro lado do Washington Boulevard. Provavelmente não seria longe o bastante, mas foi para onde fomos.

James Schwartz: Removemos todas as vítimas, fizemos de tudo para levar todo mundo para o mais longe possível do local do acidente. E ficamos lá recebendo pelo rádio a transmissão da contagem regressiva que o Escritório de Campo de Washington do FBI estava fazendo.

Chris Combs: Foi bem sinistro... o Pentágono totalmente em chamas e milhares de socorristas e funcionários amontoados debaixo das pontes, esperando.

Thomas O'Connor: O pior de ficar embaixo da ponte era saber que os bombeiros não estavam lá tentando debelar o incêndio — e, com isso, a cada minuto o fogo ficava mais difícil de controlar. Eles estavam muito chateados.

Capitão Charles Gibbs: Foram provavelmente dez, quinze minutos sentados, esperando.[4]

Thomas O'Connor: Eles estavam fazendo uma contagem regressiva mesmo.

James Schwartz: Ficamos lá, parados, olhando para o céu, atentando para ver se algum avião furava as nuvens.

Chris Combs: Já tinham passado uns cinco minutos do prazo. As pessoas estavam ficando meio inquietas. Os membros da equipe de comando me perguntavam: "E aí? Cadê esse avião?".

James Schwartz: Ficamos esperando que alguém nos liberasse.

Chris Combs: Uns dez minutos depois, nos disseram que fora confirmado um acidente em Camp David* e que estávamos liberados.**

James Schwartz: Imediatamente mandei todo mundo voltar ao local do acidente.

Thomas O'Connor: Quando estávamos entrando embaixo da ponte, lembro de olhar em volta procurando a minha esposa, porque sabia que ela estava lá. Eu estava olhando em volta: "Onde ela está?". Eu não conseguia achá-la, então voltei pela estrada porque ela talvez não estivesse sabendo. Eu não conseguia achá-la.

Capitão Robert Gray, resgate técnico, batalhão 4, Corpo de Bombeiros do condado de Arlington: Andamos até a entrada do prédio, e a cena era simplesmente inacreditável. Pensei: *Parece uma coisa tão maligna — que alguém tenha feito isso, e feito isso com um avião cheio de gente*. Era esmagador. Começamos pelo primeiro andar e fomos penetrando no prédio lentamente. No primeiro andar já ficou óbvio que, quando chegássemos ao lugar onde o avião realmente tinha batido, não haveria sobreviventes.

---

* Base militar e casa de campo do presidente norte-americano. [N.T.]   ** Este informe — de uma colisão perto de Camp David — foi a primeira notícia, deturpada, a respeito da queda do voo 93. Inicialmente acreditou-se que o local da queda ficava próximo ao retiro presidencial em Thurmont, Maryland, na fronteira com a Pensilvânia. [N.A.]

29.
A primeira baixa

"Ai, meu Deus, é o padre Mike."

Uma das presenças mais memoráveis no Trade Center foi o padre Mychal Judge, um dos cinco capelães do CBNY. Irlandês, gay, sociável e um alcóolatra em recuperação, ele era conhecido em toda a cidade por pregar para bombeiros, pessoas sem-teto e vítimas da Aids. Era capelão do CBNY desde 1992 e trabalhou em inúmeras emergências, incluindo o acidente do voo 800 da TWA, que explodiu acima do condado de Suffolk, em Nova York, em 1996. No 11 de Setembro, foi um dos primeiros a chegar ao World Trade Center, e acredita-se que o único sacerdote a entrar nas Torres Gêmeas naquele dia.

Mychal Judge, capelão, CBNY: É incrível como às vezes posso começar e terminar um dia sem perceber que tudo o que acontece — cada coisinha — faz parte, de alguma forma, do plano divino.[1]

Frei Michael Duffy: Como os bombeiros, os sacerdotes surgem na vida das pessoas em momentos de crise. Eles têm uma visão de vida parecida — uma necessidade de ajudar, de salvar. Então tínhamos Mike Judge, que tentava fazer isso espiritualmente, e os bombeiros, que o faziam de forma física. Era um casamento natural.[2]

Malachy McCourt, ator: Há um cartão-postal antigo que mostra um Jesus gigante olhando pela janela do Empire State Building, vestindo aquele manto comprido. Em Nova York, Mike Judge era assim. Ele estava pela cidade toda.[3]

Frei Michael Duffy: No dia 11 de setembro, um de nossos freis, Brian Carroll, estava andando pela Sexta Avenida e viu quando o avião passou voando baixo acima dele. Logo depois, viu a fumaça vinda das torres. Ele correu para o quarto do Mychal Judge e disse: "Mychal, acho que vão precisar de você. Acho que o World Trade está pegando fogo". Então ele pulou da cama, tirou o hábito, vestiu seu uniforme do CBNY e — vou ter que contar, só para vocês não ficarem achando que ele era perfeito — se permitiu pentear o cabelo e passar spray. Desceu as escadas correndo, entrou em seu carro junto com alguns bombeiros e foram para as torres do World Trade. Uma das primeiras pessoas que ele encontrou lá foi o prefeito, o prefeito Giuliani.[4]

Rudy Giuliani, prefeito de Nova York: O padre Judge estava andando na direção oposta. Eu caminhava para o sul, ele para o norte. "Padre Judge", eu disse: "Por favor, reze por nós". Ele sorriu e disse: "Rezo sempre". Eu disse: "Obrigado". Dessa vez não tivemos a oportunidade de chegar até o fim da brincadeira. Eu sempre lhe pedia: "Reze por mim". E ele respondia: "Vou rezar". E eu dizia: "Vai ser mais eficaz se você rezar, porque você tem mais crédito com Deus do que eu". E ele respondia: "Tá, mas é melhor você rezar porque é mais incomum, você vai pegar Deus de surpresa".

Por quase uma hora, o padre Judge foi uma presença constante e reconfortante para os socorristas — rezando em voz alta no saguão da Torre Norte e, em determinado momento, correndo para fora para dar a extrema-unção a um bombeiro, Danny Shurr, atingido e morto por alguém que saltou da torre em chamas.

Gregory Fried, cirurgião-chefe, DPNY: Eu vi Mychal Judge, o capelão dos bombeiros, e só lhe disse: "Padre, tenha cuidado". Ele respondeu: "Deus te abençoe", porque ele sempre dizia "Deus te abençoe". Depois ele seguiu para a direita e eu fui para a esquerda.[5]

Bill Spade, bombeiro, ambulância 5, CBNY: Eu já o conhecia de outros incidentes, outros lugares, casamentos e tal. Eu dizia: "Ei, padre, como vai, lembra de mim?". E ele respondia: "Claro que lembro de você, cadê aqueles vinte contos que te emprestei?". Ele estava lá no prédio, na Torre Norte. Tinha um rosário com ele, na mão direita, e estava rezando o rosário. Estava branco. Estava realmente sendo afetado por aquilo tudo que via.

Christian Waugh, bombeiro, equipe de resgate 5, CBNY: Dava para ver no rosto dele. Em geral ele era brincalhão, falava com todo mundo. Dessa vez, estava com uma expressão fúnebre.[6]

Comandante Joseph Pfeifer, batalhão 1, CBNY: Ele estava no saguão conosco e dava para ver que estava rezando.[7]

Tenente Bill Cosgrove, DPNY: Foi então que o prédio todo sacudiu. As luzes se apagaram. Houve um gigantesco som de aspirador. Achamos que era o nosso prédio [Torre Sul] que estava desabando. Não era. A pressão puxava e arrancava todas as janelas da Torre Norte. Ficou tudo escuro.[8]

Wesley Wong, assistente do agente especial encarregado, FBI: Dei dois passos e tropecei em algo que achei que fosse um pedaço de entulho. Mal dava para identificar os contornos do casaco pesado do Corpo de Bombeiros. Disse a outros bombeiros: "Ei, acho que um colega de vocês está ferido". Dois outros entraram para achá-lo naquela escuridão.

Tenente Bill Cosgrove: Um dos bombeiros o iluminou com a lanterna — e eu lembro que disse: "Ai, meu Deus, é o padre Mike".[9]

Wesley Wong: Pegamos o padre Judge e saímos.

Tenente Bill Cosgrove: Eu peguei num braço, outra pessoa pegou no outro. Dois outros caras o pegaram pelos tornozelos.[10]

Wesley Wong: Carregamos o padre Judge na cadeira laranja que aparece naquela foto dele que ficou famosa. Só havia essa cadeira no andar do mezanino. Colocamos o padre Judge na cadeira. Alguns bombeiros começaram a prestar socorro, tentando ajudá-lo a respirar. Mas ele já estava muito mal.

John Maguire, associado, Goldman Sachs: Vi os bombeiros carregando um homem em uma cadeira, que depois descobri ser o padre Mychal Judge. Eu dei uma mão a eles. Precisou de cinco homens, porque o chão era instável sobre os destroços, e era difícil caminhar.[11]

Shannon Stapleton, fotógrafo, Reuters: Notei alguns socorristas carregando um homem em uma cadeira. Vi que era uma imagem bem potente. Eles não gostaram muito.[12]

Tenente Bill Cosgrove: Eu lembro de olhar para cima porque um dos bombeiros estava gritando com um fotógrafo. Ele dizia sem meias palavras: "Saia da frente".[13]

Christian Waugh: Naquele momento, achei que era de péssimo gosto fotografar o padre Judge. Fui atrás do Shannon Stapleton, o fotógrafo, e comecei a gritar com ele. Eu sabia que aquilo estaria na internet em meia hora.[14]

John Maguire: Carregamos o padre até uma esquina e deitamos seu corpo na calçada. Eu bati no peito dele pensando em começar o processo de reanimação. Sem reação. Eu cruzei as mãos dele e cobri o seu rosto com um casaco.[15]

Jose Rodriguez, policial, DPNY: Nós nos ajoelhamos. Segurei a mão do padre Judge. Ele já estava morto. O tenente Cosgrove pôs a mão sobre a cabeça do padre Judge e rezamos um pai-nosso.[16]

Frei Michael Duffy: Os bombeiros removeram o corpo dele, porque o respeitavam e amavam tanto que não quiseram deixá-lo na rua. Rapidamente carregaram o corpo até a igreja St. Peter's Seguiram pela nave e o colocaram em frente ao altar. Cobriram o corpo com um lençol. Sobre o lençol, colocaram sua estola e seu distintivo de bombeiro.[17]

Monsenhor John Delendick, capelão do CBNY: Me disseram que o corpo de Mychal Judge estava na igreja St. Peter's. Fui até lá... tive que andar um pouco para chegar... e ele jazia na frente do altar, como se fosse um velório. Fiz uma pequena oração.

Frei Michael Duffy: O corpo de Mychal Judge foi o primeiro a ser liberado do Ground Zero.* Tem um número "1" no topo do seu atestado de óbito.[18]

James Hanlon, bombeiro, CBNY: Foi a primeira baixa oficial do ataque.[19]

Craig Monahan, bombeiro, CBNY: Acho que ele não iria querer que fosse de outra forma. Foi como se ele tivesse assumido a liderança — para guiar aqueles anjos todos até os portões do Paraíso. Nós encaramos desta forma. Se um daqueles caras estivesse meio confuso na subida lá para cima, ele estaria lá para ajudar na transição desta vida para a próxima.[20]

---

* Após os atentados, o local onde antes se erguiam as torres do World Trade Center passou a ser chamado de Ground Zero, literalmente o "Marco Zero". [N. T.]

30.
Em volta das torres

"Ninguém vem nos buscar."

Na Torre Norte, as equipes de salvamento e os trabalhadores que continuavam no interior do edifício perceberam que corriam risco de vida iminente ao saber do desabamento da Torre Sul.

Capitão Jay Jonas, equipe de resgate 6, CBNY: O gerador reserva começou a funcionar e a luz voltou. Olhei para o [também bombeiro] Billy Burke e disse: "O que foi isso?". Falei: "Billy, vai lá olhar pelas janelas ao sul, eu vou olhar pelas janelas ao norte e a gente se encontra aqui". Não consegui ver nada da minha janela. Só via uma poeira branca grudada no vidro. Nós nos reencontramos na escadaria, e eu achei que o Billy fosse dizer que havia acontecido algo com nosso prédio. Com a cara muito séria, ele olhou para mim e falou: "A Torre Sul desabou".

John Abruzzo, contador da Autoridade Portuária, Torre Norte, 69º andar: Quando chegamos no vigésimo [andar], eu lembro de ouvir um estrondo. Sabíamos que não era coisa boa. Sabíamos que precisávamos sair dali e não parar por nada.

David Norman, policial, Unidade do Serviço de Emergência, caminhão 1, DPNY: Nosso colega no posto de comando, Kenny Winkler, entrou no rádio e disse que a Torre Sul havia desabado. Olha, sei que isso vai parecer meio idiota, mas se você não tivesse visto pela TV, estivesse trancado em uma sala sem janelas, e alguém te dissesse que um prédio de 110 andares já era, seu primeiro impulso seria perguntar: "Tem certeza?". Transmitimos uma mensagem para o Kenny assim, tipo: "Você tem certeza?". Acho até que talvez tenha dito: "Calma", "Retransmita a mensagem". Ele respondeu muito assertivamente: "Não sobrou nada do prédio! Vocês precisam sair daí! Há risco iminente de o seu prédio desabar!".

Capitão Jay Jonas, equipe de resgate 6, CBNY: Aquilo não entrava na minha cabeça. Toda a minha formação dizia que um arranha-céu nunca tinha desabado. Agora o prédio gêmeo do prédio onde estou acabara de desabar. Você começa a fazer as contas.

Sharon Miller, policial, DPAP: Disse ao chefe: "Ei, chefe. Este prédio aqui vai ser o próximo a cair". E ele: "Vamos subir mais dois andares e depois caímos fora".

Capitão Jay Jonas: Tive uma sensação horrível. *Caramba, não vamos conseguir sair daqui. Estamos no 27º andar. Estamos numa terra de ninguém. Vai ser duro sair.* Além disso, tive uma sensação de: *Nossa, quantos bombeiros será que acabaram de morrer?* Mas meu principal instinto me dizia: *Tudo bem. Essa missão não é mais viável. Está na hora de sair daqui.* Olhei para os meus homens e disse: "Se aquele caiu, esse também pode cair. É hora de dar o fora". Eles ficaram... não hesitantes, mas meio "Mas já vamos descer? Subimos até aqui para nada?". Eu disse: "Vamos. Vamos lá. Está na hora de sair daqui". Mandei continuarem carregando as ferramentas, porque achei que a primeira coisa que pensariam seria: *Bem, vamos largar tudo aqui e ir embora.* Eu disse: "Não, levem tudo". No final das contas, foi uma boa decisão.

David Brink, detetive, esquadrão 3 do Serviço de Emergência, DPNY: Eu queria ir embora. Tinha acabado de sobreviver ao primeiro desabamento e estava, tipo: *O.k. Não quero passar por isso de novo de jeito nenhum.* A Torre Sul estava em chamas, obviamente, em ruínas no chão. Vimos muitos civis. Pensei comigo: *Bem, estamos aqui para ajudar essas pessoas. Não podemos simplesmente abandoná-las.*

David Norman: Sentimos que não éramos mais parte da solução. Agora éramos parte do problema.

Tenente Gregg Hansson, equipe de combate a incêndio 24, CBNY: Eu me lembro de virar para um tenente da equipe 5 de resgate, o Mike Warchola, e dizer a ele: "Acabei de ouvir um Mayday mandando todo mundo sair do prédio. Vamos sair". Naquela altura ninguém estava com muita pressa, porque no 35º andar as coisas não poderiam estar mais calmas.

Sharon Miller: Tinha um monte de bombeiros atrás de mim. Dava para ouvir os rádios deles chiando, "Nossa, isso!" e "Nossa, aquilo!". E "A Dois acabou de cair — a Um vai ser a próxima. Mayday, Mayday!". Quando o chefe do DPAP [James] Romito ouviu o "Mayday!", disse: "Tudo bem, vamos lá. Temos que sair daqui". Estávamos no 31º ou 32º andar, e todo mundo deu meia-volta e começou a descer.

John Abruzzo: Conseguimos sair pela entrada da rua West. Tinha vidro por todo lado. Tiveram que levantar a cadeira do chão para me levar até a rua. Me soltaram para descansar. Levou uma hora e meia para ir do 69º andar até o térreo. Não fosse a cadeira de evacuação e as dez pessoas que me levaram para baixo, eu não teria dado conta.

***

Pasquale Buzzelli, engenheiro, Autoridade Portuária, Torre Norte, 64º andar: Éramos os únicos que continuávamos no 64º andar da Torre Norte. Só depois que sentimos o prédio sacudir e tremer foi que começamos a nos questionar: "O.k. Agora a coisa está ficando mais séria".

Louise Buzzelli, Riverdale, Nova Jersey, esposa de Pasquale Buzzelli, Autoridade Portuária, Torre Norte, 64º andar: O segundo prédio a ser atingido começou a ruir e cair. Eu ficava pensando: *O outro prédio é igualzinho a esse.*

Pasquale Buzzelli: Steve e eu nos olhamos e ele disse: "Por que ainda estamos aqui, porra? Vamos sair daqui, porra". Juntamos uns pedaços de pano molhados, lanternas, tudo o que conseguimos achar, sem saber o que encontraríamos na descida. Formamos uma fila e nos preparamos para sair. Contamos quantos éramos: dezesseis. Fui na frente, não porque estivesse liderando nem nada; só calhou de ser onde estava. Aí o Pat disse: "Tudo bem. Vamos lá".

Genelle Guzman, auxiliar de escritório, Autoridade Portuária, Torre Norte, 64º andar: Finalmente decidimos descer as escadas. Meu amigo Pasquale foi na frente. Segurei a mão da [minha colega] Rosa. Ela se agarrou em mim. Estava chorando. Por algum motivo, não chorei. Estava tentando tranquilizá-la.

Pasquale Buzzelli: Encontramos alguns bombeiros sentados nas cadeiras. Estavam exaustos e suando, vestidos com o equipamento. Eles disseram: "Continuem descendo direto até chegar lá embaixo. Não parem". Acho que o rádio deles não estava funcionando. Se soubessem que a [Torre] Dois tinha desabado, teriam descido conosco. Mas não, estavam subindo. Até hoje isso me abala.

Louise Buzzelli: Fiquei rezando para ouvir o telefone tocar e que fosse ele, e ele dissesse que tinha saído e estava em algum lugar do outro lado do rio, qualquer lugar longe dali.

Genelle Guzman: O Pasquale ficava parando a gente para perguntar: "Vocês estão bem?". Sempre respondíamos: "Sim, estamos bem". Continuávamos andando e eu ia contando as escadarias porque o número estava escrito nas colunas. Dizia para a Rosa: "Estamos quase lá". Eu estava de salto alto, então ela me perguntava: "Não quer tirar o sapato?". E eu respondia: "Não, tudo bem, estou bem". Meus pés estavam me matando na descida e minha vontade era parar, mas não queria perder nenhum minuto.

31.
Depois do desabamento

"A Torre Dois sumiu."

Quem sobreviveu ao desabamento da Torre Sul emergiu em um cenário irreconhecível. Perdidos e traumatizados, alguns fugiram, enquanto outros vasculhavam os escombros em busca de sinais de esperança.

Gregory Fried, cirurgião-chefe, DPNY: Não sei dizer quanto tempo fiquei caído, mas uma hora tudo parou. Eu não estava morto, mas sentia muita, muita dor. Fui me contorcendo até conseguir ficar de pé, e acho que o entulho batia no meu ombro em alguns pontos. Minha cabeça aguentou bem, mas senti algo na nádega direita. Era de onde a dor toda vinha. Estava inchado, então eu sabia que estava sangrando. Eu peguei o meu cinto, prendi em volta da região e comecei a caminhar na direção do Hudson.[1]

William Jimeno, policial, DPAP, soterrado sob os escombros da Torre Sul: O sargento McLoughlin perguntou: "Qual a situação de todo mundo?". Dominick disse: "Estou preso, acho que consigo me esgueirar para fora". Eu disse ao sargento: "Estou com muita dor, em todo o meu lado esquerdo, tem um pedaço de concreto em cima de mim, estou sendo esmagado". Naquela altura, o sargento McLoughlin era quem estava mais imobilizado. Estava em posição fetal, uns quatro metros atrás de mim. Eu conseguia ouvi-lo, mas não o via. O corredor havia desmoronado, de alguma forma, e nos separado. Ele estava muito calmo.

Depois de uns sete ou oito minutos, o Dominick conseguiu se esgueirar para fora. Estávamos em um lugar muito apertado, e eu estava deitado de costas a um ângulo de 45 graus. O sargento disse: "Você está livre?". Dominick respondeu: "Sargento, consigo sair por esse buraco". O buraco estava a uns nove metros de altura — parecia arriscado. O sargento McLoughlin disse: "Não, se você sair daqui nunca mais vai nos encontrar. Você tem que soltar o Jimeno, aí vocês dois me soltam". Ficaram debatendo alguns minutos. Somos seres humanos — e estávamos encarando uma situação em que você podia sair de lá para procurar ajuda, se livrar e voltar, ou continuar lá sua equipe nesse — literalmente — buraco quente. O sargento McLoughlin, eu, Dominick Pezzulo, Antonio Rodriguez e Christopher, todos éramos pais de família — todos tínhamos filhos. Não tinha nenhum super-herói ali — só seres humanos comuns. Dominick tinha que tomar uma decisão muito difícil. No final, ele disse: "Vou soltar o Will". Ficou uns quinze minutos tentando. Em um dado momento, parou. E depois: "Não consigo te soltar". Isso foi uns vinte, trinta minutos depois do primeiro desabamento.

Comandante Joseph Pfeifer, batalhão 1, CBNY: Lembro de seguir para o norte pela rua West, caminhando através da escuridão de *downtown*. Eu me dei conta de que meu irmão havia partido, de que centenas de bombeiros tinham partido. Só conseguia pensar no quanto a gente amava trabalhar naquela área, nas muitas vezes que falávamos de trabalho no telefone, ou em casa, ou em festas. Eu me dei conta de que tudo aquilo havia acabado.[2]

Al Kim, vice-presidente de operações, TransCare Ambulance: Olhei ao redor e havia casacos de bombeiros por todo lado. Estavam por toda parte. Lembro de subir nos destroços e alguém gritar: "Tem alguém vivo aqui". Corri para lá. O cara estava bem ferrado. Não tínhamos equipamento nenhum. A ambulância estava pegando fogo, e todos os veículos que eu havia colocado em fila estavam em chamas. Todos, sem exceção. Entrei em um deles, peguei algumas coisas. Peguei a maca e fizemos o que deu. Não lembro de nada, mas fizemos.

Al Kim, no centro, ajuda um bombeiro em meio aos escombros.

Jean Potter, Bank of America: Comecei a andar pela poeira cinza. Estava encharcada porque no saguão tinha água caindo do teto. As pessoas berravam para eu cobrir minha boca, e eu só disse: "Para que lado estão as torres? Estão atrás de mim?". Não queria andar em direção a elas. Consegui chegar a Chinatown e tentei usar o telefone. Eu só queria ficar o mais longe possível daquelas torres.

Steven Bienkowski, divisão aérea, DPNY: Todo o Baixo Manhattan estava coberto por uma gigantesca nuvem de poeira branca. Quando nosso helicóptero voltou para perto da Torre Norte, ainda dava para ver as pessoas caindo e pulando, mas agora a visão não era tão violenta, porque não as víamos bater no chão. Parecia quase plácido, elas caíam dentro de uma nuvem branca.[3]

Andrew Kirtzman, jornalista, NY 1: Meu táxi ia em direção à rua Chambers, perto da prefeitura, e o taxista pisou no freio. Ele disse: "Daqui eu não passo. Pode descer". Fiquei procurando dinheiro e uma mulher veio por fora, abriu a porta e entrou do meu lado. Entrou berrando: "Me tira daqui!". Falei: "Só um segundo. Eu vou descer". "Você vai descer?" Eu disse: "Sou jornalista. Tenho que cobrir essa pauta". Ela parecia incrédula. A mulher me largou na rua, eu sozinho na rua Chambers, que num dia de semana normal está apinhada de gente. Estava coberta de fuligem branca. Um silêncio assustador, coisa de deixar qualquer um desorientado.

Lila Speciner, paralegal, Autoridade Portuária, Torre Norte, 88º andar: Parecia quase um globo de neve, só que com papéis voando e a poeira do prédio que estava desabando. Ainda não tínhamos entendido o que acontecera. Estávamos encharcados, tinha entulho no meu cabelo, minhas meias estavam rasgadas, enfim... Os socorristas corriam de um lado para outro: "Você está ferido? Vá logo ali. Se não está ferido, ande para o norte. Se afaste deste prédio. Nós não sabemos o que vai acontecer. Vá embora".

Frederick Terna, sobrevivente do Holocausto e morador do Brooklyn: As cinzas caíam, e eu estava novamente em Auschwitz, com as cinzas caindo. Bem, suponho que eu sabia o que eram aquelas cinzas — eram restos de um prédio e restos mortais.

Joe Blozis, comissário de polícia, perito criminal, DPNY: Pode ser que eu esteja exagerando, mas parecia que as ruas estavam cobertas por uma camada de 45 centímetros de papel. Toneladas e toneladas de papel vindas daqueles prédios comerciais todos. Os papéis estavam em chamas, e botaram fogo em nossos veículos de emergência. Precisávamos pegar o equipamento antes que ele queimasse, então fomos esvaziando os caminhões, pegando o oxigênio, as ferramentas, as cordas e todo o resto.[4]

Dan Potter, equipe de resgate 10, CBNY: Comecei a ver pessoas saindo dos lugares onde haviam se abrigado. Eu me reorganizei, me concentrei novamente. Pensei: *Aquela era a Torre Sul. Tenho quase certeza de que era a Torre Sul.* E então: *Eu preciso chegar à minha esposa.*

Lila Speciner: Conforme nos afastávamos mais e mais de lá, começamos a ver prédios comerciais. As pessoas nos chamavam para entrar e perguntavam: "Você quer se limpar? Nossos telefones estão funcionando. Quer ligar para a sua família?". Recebemos camisetas de uma empresa que estava organizando um piquenique e tinha algumas sobrando. Nossas roupas estavam todas imundas e encharcadas.

Tenente Joseph Torrillo, diretor de educação contra incêndios, CBNY: Os gritos ao meu redor viraram choro, e o choro se transformou em gemidos, e os gemidos se transformaram em silêncio. Não ouvia mais ninguém.

Em Nova Jersey, do outro lado do porto de Nova York, um policial novato da Guarda Costeira, o tenente Michael Day, começou a colocar em ação um gigantesco transportador de barcos para ajudar a evacuar as pessoas do extremo sul de Manhattan.

Tenente Michael Day, Guarda Costeira dos Estados Unidos: Estávamos todos no Centro de Comando, vidrados nas nossas televisões enormes, com a cobertura da CNN, e, quando a primeira torre desabou, perdemos um dos canais de comunicação que tínhamos com os barcos pequenos; os nossos barcos utilitários de doze metros estavam indo para lá. Perdemos as imagens do radar quando a primeira torre desabou, por causa dos destroços. Fomos informados de que as pessoas estavam se reunindo no extremo sul de Manhattan. Foi então que o caos realmente começou, quando a primeira torre desabou.

Rick Schoenlank, presidente, Associação Beneficente de Pilotos Unidos de Sandy Hook e Nova Jersey: A Guarda Costeira emitiu um chamado para todos os barcos prestarem assistência no sul de Manhattan. Nosso barco, o *New York*, de 56 metros, atendeu e foi a todo vapor para o Battery. Também mandamos uma série de lanchas que tínhamos para ajudar.

Tenente Michael Day: A marina estava cheia de bombeiros, policiais, socorristas, e eles pulavam nos barcos que estavam lá, vindos de tudo quanto é lado, e os barcos estavam ficando sobrecarregados. Os bombeiros descartavam o equipamento e pulavam em rebocadores em movimento. Foram provavelmente uns 25 a trinta bombeiros que ficaram se debatendo na água porque o prédio tinha caído.

Edward Aswad Jr., DPNY: Atravessamos a marina e entramos em um barco, ou tentamos entrar em um barco. O Sean repetia que precisava de água e eu vasculho o barco inteiro — havia um armário prateado, parecido com um refrigerador, e eu o abri e tinha água e cerveja. Fomos pegando as garrafas e derramando a água no rosto, na cabeça, e arrancando nosso casaco.[5]

***

A poucas quadras do World Trade Center, as lideranças municipais, que haviam sido forçadas a postos de comando improvisados — dado que o centro de gerenciamento de emergências de Nova York ficava na World Trade Center Sete e estava danificado —, viram-se tendo que fugir mais uma vez após o colapso da Torre Sul.

Rudy Giuliani, prefeito de Nova York: Andamos até o saguão do número 100 da rua Church e, em segundos, tive a sensação de que as coisas iam de mal a pior. O que vi do lado de fora na rua Church foi uma grande nuvem que a atravessava.

Sunny Mindel, diretora de comunicação do prefeito de Nova York, Rudy Giuliani: Estava tudo cinzento — um mundo colorido acabara de ficar monocromático de tanta cinza e fuligem. Nesse mundo monocromático, a primeira partícula de cor surgiu na forma de um sujeito chamado Tibor Kerekes, que era da equipe de segurança do prefeito. Ele entrou no prédio e estava completamente cinzento, exceto pelo sangue.

Rudy Giuliani: Tibor Kerekes estava todo machucado, sangue escorrendo pelo rosto, e parecia em choque. Veja bem, o Tibor Kerekes é faixa-preta em caratê, é militar — ninguém é mais duro na queda que ele. Vê-lo assim, vergado pela dor, acentuou a percepção da gravidade daquilo tudo.

Andrew Kirtzman, jornalista, NY 1: Um policial veio em minha direção e disse: "Sai da rua". Falei: "Sinto muito, sou jornalista", como se meu cracá de imprensa fosse algum artefato mágico. Eu disse: "Preciso encontrar o Giuliani". Ele respondeu: "Ah, o Giuliani está logo ali". De fato, Giuliani estava a uns três metros, cercado por seus assessores: Bernie Kerik, o comandante-geral Tommy Von Essen, Tony Carbonetti, vários deles. Eles surgiram, e eu corri em sua direção.

Rudy Giuliani: Eu falei: "O.k., nós vamos sair. Vamos subir a Church e achar um novo centro de comando, e tomaremos uma decisão enquanto vamos caminhando para lá, mas vamos sair logo deste prédio". Agarrei o braço do Kirtzman e disse: "Vamos, Andrew, você vem comigo".

Andrew Kirtzman: Meu relacionamento com o Giuliani não era dos mais calorosos. No ano anterior eu havia escrito um livro sobre ele chamado *Rudy Giuliani, Emperor of the City* [Rudy Giuliani, imperador da cidade]. Ele havia jurado que jamais o leria. Quando acenou para que eu me aproximasse, de repente tudo mudou. Ele disse: "Vamos andar para o norte. Temos que dar o fora daqui". Como a Secretaria de Gerenciamento de Emergências tinha sido destruída, a Prefeitura, evacuada, e a sede do DPNY perdera contato com o mundo, não havia lugar onde ele pudesse assumir o comando.

Rudy Giuliani: Começamos a caminhar para o norte. As pessoas foram nos seguindo e continuamos incentivando-as a se juntarem a nós.

Sunny Mindel: Enquanto subíamos a Broadway, as pessoas foram se juntando a nós, como se tivéssemos uma flauta mágica.

Rudy Giuliani: Enquanto caminhávamos, discutíamos. Por exemplo, onde deveríamos botar o posto de comando?

Andrew Kirtzman: Era bem estranho, pois ali estavam o prefeito e a cúpula da prefeitura, e eles estavam tão desamparados quanto qualquer outra pessoa andando pela rua. Como cidadão, era assustador que ninguém estivesse no comando — ou que a pessoa que devia estar no comando não tivesse como agir.

Sunny Mindel: Lembro de ver uma mulher mais velha sentada em um parque. Ela estava tomando um café da Starbucks, imóvel — estava lá, sentada, tomando café. Não queria assustá-la, mas pensei: *Ela precisa dar o fora daqui*. Eu me aproximei e falei: "Senhora, você precisa ir para o norte", e ela respondeu: "Não, estou bem aqui". Eu disse: "Você tem mesmo que sair daqui". Mas ela não estava assustada. Acho que talvez tenha tido a mesma reação que eu tive quando olhei para a TV e pensei: *Isso não é minha vida, é só uma coisa a que estou assistindo*.

***

Tendo acabado de sobreviver ao colapso da Torre Sul, os irmãos John e Michele Cartier montaram um plano para fugir da devastação do Baixo Manhattan, preocupados com o irmão James, sem saber se ele havia conseguido escapar como eles.

John Cartier, irmão de James Cartier, eletricista que estava trabalhando na Torre Sul: Não fomos muito longe e entramos em uma delicatéssen. O dono só disse: "Peguem tudo. Peguem água. Peguem o que quiserem".

Michele Cartier, Lehman Brothers, Torre Norte: Naquela altura John já tinha pegado sua água, eu peguei a minha e lembro de pegar uma para meu irmão, James, e jogá-la na pasta que estava levando. Começamos a falar da moto do John, onde estava e se era longe.

John Cartier: Comecei a andar em direção à moto. Ela estava na calçada, inteira coberta de fuligem. Eu só pensei: *Espero que essa coisa dê partida. Por favor, meu Deus, faça ela pegar*. A moto pegou imediatamente. Encostei, Michele subiu e partimos devagar. As pessoas ficaram nos fotografando, cobertos de fuligem, indo embora.

Michele Cartier: Estava de saia azul e na motocicleta do meu irmão. Estava totalmente desorientada. Não tinha noção de para qual lado estávamos indo.

John Cartier: Só tínhamos um objetivo: chegar em casa. Ela ficava me perguntando do James. Eu disse: "Ele provavelmente saiu pelo lado oeste". Era o que eu achava, mesmo.

Michele Cartier: Aí ele disse: "Reza. Só reza".

32.
Resgate em Shanksville

"Torcendo para encontrar alguma coisa."

Assim como seus colegas em Nova York e Washington, os socorristas e agentes governamentais em Shanksville tiveram que improvisar uma reação ao pior cenário imaginável.

James Clark, primeiro chefe adjunto, Corpo de Bombeiros Voluntários de Somerset: Eram mais ou menos dez horas quando nossos pagers avisaram que havia caído uma aeronave grande.

Alan Baumgardner, coordenador do 911 do condado de Somerset: Parecia que todas as linhas de telefone da Central tinham acendido no mesmo instante. Todo mundo saiu atendendo e as ligações eram todas iguais: "Caiu um avião perto de Lambertsville".

Rick King, subcomandante, Corpo de Bombeiros Voluntários de Shanksville: Entrei no quartel. Lembro do operador dizendo: "Avião caído. Lambertsville Road, em Lambertsville". Perguntei quem havia sido convocado além da gente e eles disseram: "Seu quartel, Friedens e Stoystown", que eram dois outros quartéis. Eu sabia que o 911 do condado achava que era um avião pequeno. Eu disse: "Condado, ouvi o avião caindo. Estou convencido de que era um avião comercial". Falei: "Quero mais quartéis". Eu pedi Central City, Somerset, Listie, Berlin e a Unidade de Emergência com Produtos Químicos. Eles começaram a despachar todos.

Sargento Patrick Madigan, comandante, Delegacia de Somerset, Polícia Estadual da Pensilvânia: Arrumamos nossas coisas e partimos para Shanksville.

Rick King: O Keith Custer estava no banco do carona ao meu lado. Ele disse: "Não consigo engolir. Minha boca está seca". A minha também estava.

Aquilo simplesmente acabou comigo. Já havíamos estado em situações com acidentes de carro horríveis e coisas desse tipo. Isso era diferente. Eu sabia que, de alguma forma, estava ligado a tudo o que estava acontecendo.

Keith Custer, bombeiro, Corpo de Bombeiros Voluntários de Shanksville: Ficamos mudos durante toda a viagem de caminhão até lá. Acho que não trocamos mais do que cinco palavras.

Rick King: Tínhamos um celular no caminhão então, e eu peguei o telefone; estava com medo, com tudo que estava acontecendo em nosso país. Liguei para minha esposa e disse: "Pegue as crianças na escola. Não sei o que está acontecendo". Eu estava achando que iam começar a despencar aviões do céu indiscriminadamente. Disse: "Aproveite e aconselhe a escola a fechar mais cedo".

Kevin Huzsek, paramédico, Associação de Ambulâncias da Região de Somerset: Depois de nos afastar um pouco da nossa central pela Rota 30, olhamos para o horizonte e vimos uma enorme nuvem de fumaça preta. Alertamos nossa central de operações para convocar ambulâncias de todos os centros de emergência dos condados de Somerset e Cambria que tivessem duas ou mais.

* * *

Os primeiros a chegar na cena do acidente em Shanksville foram vizinhos que haviam testemunhado a colisão: os trabalhadores de um ferro-velho próximo e dois motoristas de caminhões carvoeiros. Logo depois, os bombeiros voluntários começaram a chegar. Então, em questão de horas, agentes estaduais e federais — e centenas de repórteres — desceriam em massa na antiga área de mineração, criando uma cidade provisória que continuaria existindo por meses, enquanto os investigadores averiguavam e vasculhavam os destroços. O local da colisão do voo 93 deixou muitos socorristas perplexos, pois a terra macia da antiga mina havia engolido os destroços e enterrado boa parte do avião sob o solo.

Douglas Miller, motorista de caminhão carvoeiro, James F. Barron Trucking: Nós viramos e imediatamente entramos para a direita, o que nos levou direto ao local do acidente, que estava a uns trinta metros. Naquela hora, não havia mais ninguém lá.

Robert "Bobby" Blair, motorista de caminhão, James F. Barron Trucking: As árvores estavam pegando fogo.

Douglas Miller: O calor — que suponho que era do combustível do avião — era tão forte que precisei dizer para o Bob: "Ei, é melhor a gente se afastar", porque fiquei com medo de empolar a pintura do meu capô. Dava para sentir o calor com as janelas fechadas.

Robert "Bobby" Blair: Tínhamos levado nossos extintores de incêndio e apagamos o fogo que estava se espalhando pelo campo bem depressa. Havia um pneu grande atirado perto do buraco; ainda estava queimando. Tentamos apagar, mas assim que parávamos o extintor, ele acendia novamente.

Eric Peterson, morador, município de Stonycreek: Quando cheguei lá, ainda havia pedaços de correspondência e coisas assim caindo do céu.

Douglas Miller: À primeira vista, não havia nada que indicasse que era um avião — parecia que tinha acontecido um acidente com um caminhão de correspondência, ou alguma coisa carregada de papel. Tinha papel — cartas e envelopes — espalhado por toda parte.

Kevin Huzsek: O caminhão do Corpo de Bombeiros de Shanksville chegou junto com a gente. Nós recuamos, o caminhão deles passou, e acho que tinha uma unidade do Corpo de Bombeiros de Stoystown logo atrás deles.

Merle Flick, bombeiro, Corpo de Bombeiros Voluntários de Shanksville: Não havia muito o que ver.

James Broderick, policial, Polícia Estadual da Pensilvânia: Lembro que abri a porta do carro e estava prestes a botar o pé para fora. Por acaso olhei para baixo e vi um fragmento de corpo humano — um osso ou uma junta. Vendo o tamanho daquele pedacinho, entendi que ninguém poderia ter sobrevivido ao acidente. Voltei para o carro. Percebi que havia estacionado perto demais. Dei ré.

Ralph Blanset, comandante dos bombeiros, Companhia de Bombeiros Voluntários de Stoystown: O policial Broderick e eu estávamos parados ao lado da cratera e um dos meus bombeiros se aproximou e disse: "Você está no comando aqui?", como é protocolo das companhias de bombeiros. Rick King, do Corpo de Bombeiros de Shanksville, falou: "Eu estou no comando". Antes que ele terminasse de dizer essas palavras, o policial Broderick disse: "Eu estou no comando. Isso é uma cena de crime". Isso esclareceu tudo rapidamente.

James Broderick: Eu sabia que precisávamos isolar a área, manter as pessoas longe, porque já tinha gente começando a pegar coisas do chão.

Rick King: As pessoas vinham me perguntar: "O que a gente faz? O que você quer que a gente faça?". Não havia nada a fazer.

Norbert Rosenbaum, bombeiro, Companhia de Bombeiros Voluntários de Stoystown: Eles disseram: "Podem começar a busca e o resgate". Quando eu vi as partes e tudo mais, falei: "Acho que vocês não vão resgatar ninguém. O buraco é grande demais". Vi muitas coisas que já tinha visto; eu servi no Vietnã. Só havia partes de pedaços de corpos. Só isso: pedaços.

James Broderick: Só lembro do cheiro. Quando você sente o cheiro de diesel misturado com corpos humanos, você nunca mais esquece.

Tenente Robert Weaver, Polícia Estadual da Pensilvânia: Foi a primeira coisa que notei — o cheiro.

Michael Rosenbaum, Companhia de Bombeiros Voluntários de Stoystown: Tinha alguma coisa com um cheiro muito adocicado. Eu não sabia o que era, pensei que fosse uma flor, algo na floresta. Era um cheiro muito doce. Perguntei para o meu pai diversas vezes o que era aquilo e ele não me respondia. Mais tarde, um dos bombeiros me disse o que era.

Sargento Denise Miller, Departamento de Polícia de Indian Lake: Pensei: *O inferno deve ser assim.* O chão fumegava e ardia.

Keith Custer: Fizemos uma varredura da área e em uns dez, quinze minutos percebemos que não acharíamos nenhum sobrevivente.

Cynthia Daniels, técnica em emergência médica, Associação de Ambulâncias da Região de Somerset: Kevin falou por rádio com a gerente de Somerset, a Jill Miller, e ela lhe disse que era melhor voltarmos e nos reunirmos no pavilhão das ambulâncias. Realmente não havia nada que pudéssemos fazer. Não havia nada — ninguém para socorrer.

Kevin Huzsek: Foi uma conversa sinistra.

Tim Lensbouer, operador de guindaste, Rollock Incorporated: Saímos gritando pela floresta e não havia nada lá, só os pinheiros pegando fogo. Procuramos muito. Corremos muito. Só havia papel. Alguém achou uma mochila, uma mochila de criança.

Cabo Louis Veitz, perito em reconstituição de colisões, Polícia Estadual da Pensilvânia: Incrivelmente, achamos dinheiro intacto. Lembro de achar cadernetas com fotos de família, roupas, o sapato de alguém.

Sargento Craig Bowman, Unidade de Investigação Criminal, Polícia Estadual da Pensilvânia: Tinha uma Bíblia aberta, jogada lá. Considerando o estado dos outros destroços, estava relativamente ilesa.

Tenente Michael Lauffer, policial, Polícia Estadual da Pensilvânia: Achei um diário de voo de um dos comissários de bordo jogado lá embaixo, entre os pinheiros. Foi quando soube que era um voo da United, porque tinha "United Airlines" impresso. "Bradshaw" era o nome que estava nele.

James Broderick: Lembro que era da comissária de bordo Sandra Bradshaw. Tinha uma foto dela com a família. Levei isso comigo, porque começamos a pegar as coisas e colocá-las na traseira do caminhão de bombeiro. Estavam começando a queimar, ou ser levadas pelo vento. Queríamos proteger tudo que pudesse ser prova, ou coisas para ser devolvidas aos familiares.

Clyde Ware, subcomandante, Companhia de Bombeiros Voluntários de Stoystown: Naquele dia só fazíamos olhar em volta e torcer pelo impossível.

Tenente Robert Weaver: Estávamos conversando e eu disse: "Não acredito que era um avião comercial, Wells". Em alguns minutos, [o agente do

FBI] Wells [Morrison] recebeu um telefonema e confirmou que era o voo 93. Ele disse: "Sim, confirmado — esse é o voo 93".

Keith Custer: Foi só então que juntamos todas as peças: "Ah, este é o quarto avião".

Paula Pluta, moradora, município de Stonycreek: Comecei a pensar: *Mas o que eles iriam querer em Shanksville, Pensilvânia?* Aqui não tem nada!

Sargento Denise Miller: Quando cheguei ao local, confesso que estava um pouco nervosa. Eu me perguntava qual seria a importância daquele campo, o que o governo teria escondido no subsolo para eles quererem. Não conseguia entender por que o avião tinha caído aqui.

Wells Morrison, agente especial de supervisão, FBI: Agora nossa prioridade era preservar o local do acidente e tentar recuperar tudo o que tivesse valor como evidência.

Pouco após a queda do voo 93, os primeiros repórteres chegaram ao local e começaram a confirmar para o mundo que outro ataque havia ocorrido e que havia ocorrido em um campo aberto próximo a Shanksville.

Laurence Kesterson, fotógrafo, jornal *The Philadelphia Inquirer*: Tudo o que tínhamos era: "Caiu um avião no oeste da Pensilvânia. Vá para lá!". Meu chefe disse: "Vai indo. Pega a rodovia e segue para o oeste. Nós vamos te avisando do que a gente descobrir".

Peter M. "Mike" Drewecki, fotógrafo, WPXI-TV, Pittsburgh: Ficamos tentando descobrir onde ficava Shanksville exatamente, porque eu nunca tinha ouvido falar do lugar.

David Mattingly, correspondente nacional, CNN: Isso foi antes de todo mundo ter GPS no carro, então você ainda tinha que chegar lá à moda antiga: tinha que parar e comprar um mapa.

Cabo Jeffrey Braid, Unidade de Patrulha Aérea, Polícia Estadual da Pensilvânia: Havia um silêncio assustador nos rádios que anunciam os aviões.

Durante toda a viagem até Shanksville, não houve virtualmente nenhuma comunicação entre aviões e o solo.

Tony James, investigador, AFA: Fui de carro até o hangar 6 da AFA em Washington, que fica no Aeroporto Ronald Reagan, e coloquei minhas coisas no avião. Éramos eu, dois funcionários do CNST (Conselho Nacional de Segurança no Transporte) e os dois pilotos. Éramos o único avião no céu. Falamos com o controle de tráfego aéreo e eles disseram: "Vocês estão totalmente liberados. Podem ir à altitude e na velocidade que quiserem".

Cabo Jeffrey Braid: Já tínhamos percorrido uns oito quilômetros e ainda não tínhamos visto nada. Começamos a contatar as unidades em terra e perguntar: "Essas coordenadas estão certas?". Ainda não víamos nenhuma fumaça nem destroços. Já estávamos quase em cima do lugar, e então começamos a ver os carros e tal.

Tony James: Chegamos lá e vimos a floresta pegando fogo e fizemos alguns rasantes que chamaram bastante atenção.

Braden Shober, Corpo de Bombeiros Voluntários de Shanksville: Keith Custer apontou para o céu e disse: "Aquilo não deveria estar aqui". Olhamos, e havia um avião grande voando na nossa direção. Nessa altura, todos sabíamos que não deveria haver mais nenhum avião no céu, porque a AFA havia pousado todo mundo. Foi meio aflitivo. Você começa a olhar ao seu redor: *Onde vamos nos esconder?*

Keith Custer: O que você faz para fugir de um avião que está vindo na sua direção? Tenta ir mais rápido do que ele? Ele está vindo depressa na sua direção.

Capitão Frank Monaco, Polícia Estadual da Pensilvânia: Havia um jato gigantesco voando bem acima da nossa cabeça. Parecia um episódio de *Além da imaginação*. Todo mundo gelou. Ninguém se mexia. Ninguém falava. Ficaram todos paralisados. "Será mais um?"

Keith Custer: Quando ele passou por nós, todo mundo meio que disse: "Uau!".

Peter M. "Mike" Drewecki: Havia um grupo de trabalhadores parados em frente à Highland Tank Company. Alguns estavam fumando; outros estavam só lá, parados, coçando a cabeça. Eles sabiam por que estávamos lá e só apontaram com o polegar por cima do ombro, dizendo: "O que quer que você esteja procurando, está naquela direção".

Jon Meyer, repórter, WNEP-TV, Scranton: Quando dei por mim, estava bem ao lado da cratera. Foi uma experiência esmagadora. Só dava para ver que era um avião pelo tamanho — era uma cratera bem grande.

Peter M. "Mike" Drewecki: Um fotógrafo do *Greensburg Tribune-Review* chamado Sean Stipp veio ao meu encontro. É estranho — não estávamos olhando um para o outro, mas para aquilo que tínhamos para fotografar. Lembro de falar: "Sean, começou a Terceira Guerra Mundial".

David Mattingly: A primeira entrada ao vivo que fiz foi pelo telefone. Expliquei onde estava — em um cenário bucólico, com o pasto à minha direita, um milharal à esquerda, colinas verdejantes ao redor, o céu azul acima de mim. Parecia um lugar muito, muito improvável para estar fazendo uma matéria sobre um possível atentado terrorista.

Quando as notícias sobre o quarto acidente começaram a correr, as famílias das vítimas a bordo do voo 93 perceberam que seus piores medos haviam se concretizado.

Alice Ann Hoagland, mãe de Mark Bingham, passageiro do voo 93 da United: Ouvimos a notícia de que o voo 93 havia caído na Pensilvânia. As imagens apareceram na TV tão rapidamente, mostrando socorristas já no local e um gigantesco buraco em brasa. Foi assim que eu soube que o Mark havia sido morto.

Deena Burnett, esposa de Tom Burnett, passageiro do voo 93 da United: Percebi que tinha passado a manhã inteira correndo pela casa de pijama. Achei que devia me vestir e subi as escadas, levando o telefone comigo. Coloquei-o no parapeito perto do chuveiro para que o visse tocando, caso não o escutasse. Não tirei os olhos do telefone nem um segundo enquanto tomava banho. Eu me vesti e desci. Tinha um policial parado no fim da escada e dava para ver no rosto dele que havia algo de errado. Ele disse: "Acho que tenho uma má notícia para te dar". Lembro de virar em direção à TV e ver que havia outro acidente de avião. Corri até a TV e perguntei: "É o avião do Tom?". Ele disse: "Sim, é o voo 93". Senti meus joelhos fraquejarem.

Lyzbeth Glick, esposa de Jeremy Glick, passageiro do voo 93 da United: Eles me disseram que o avião do Jeremy havia caído. A polícia veio à minha casa, e alguém disse que havia sobreviventes no avião. Pensei: *O.k., se tem sobreviventes, ele será um deles, porque ele é um sobrevivente*. O meu pastor tinha vindo me ver, e nós nos sentamos lá e rezamos. Eu sabia que já que ninguém havia me ligado, as notícias não poderiam ser boas. A United provavelmente me ligou umas três horas depois de o avião ter caído. Eu disse: "Não precisa me dizer. Eu já sei".

33.
Na escola em Arlington, Virgínia

"Um pânico lento, silencioso."

Como os ataques haviam acontecido pela manhã, professores de toda a Costa Leste viram-se diante de uma decisão que não tinham preparo algum para tomar: de que maneira iriam comunicar aos alunos as tragédias que estavam desenrolando-se em Nova York e Washington. Uma das escolas que enfrentou esse dilema mais profundamente fica na cidade que abriga o Pentágono, a apenas alguns minutos do local da colisão. Os diretores da Escola H. B. Woodlawn tentavam acalmar seus seiscentos alunos — muitos deles filhos de pessoas que trabalhavam no Pentágono, no Capitólio, na Casa Branca e em outras repartições públicas —, enquanto pais, em pânico, também começavam a chegar para buscá-los.

Ray Anderson, diretor, Escola H. B. Woodlawn, Arlington: Por volta das nove horas, começaram a aparecer no meu escritório crianças que tinham acabado de descer do ônibus. Elas estavam de Walkman e ouviram no rádio sobre as coisas terríveis que aconteciam em Nova York.

Frank Haltiwanger, diretor adjunto, Escola H. B. Woodlawn: Em algum momento da primeira aula, a segunda torre foi atingida.

Ray Anderson: Tivemos que nos adaptar àquelas coisas inacreditáveis. Não havia referência nenhuma, e logo percebemos que manter os alunos na escola seria um problema. Entrei no alto-falante e disse para todo mundo, disse para os professores desligarem todas as TVs. Ninguém precisava passar a manhã inteira assistindo aos acontecimentos horríveis de Nova York.

Theresa Flynn, bibliotecária, Escola H. B. Woodlawn, Arlington: Meu telefone tocou e era a minha mãe — ela tinha ouvido uma explosão no Pentágono e correu para a frente da casa dela. Ela me disse: "Estamos em perigo. Você precisa vir para casa".

Frank Haltiwanger: Quando o Pentágono foi atingido, tudo mudou — porque temos muitos alunos com pais que trabalham lá.

Ray Anderson: O sistema de telefonia rapidamente ficou inoperante, os celulares ficaram mudos. Estava todo mundo tentando usar o telefone ao mesmo tempo.

Theresa Flynn: As pessoas simplesmente pararam as aulas. Não sabiam o que fazer. Mais ou menos um terço da nossa equipe e dos alunos têm familiares que estavam no Pentágono, que estavam trabalhando no centro da cidade. As notícias não ajudavam. Começaram a dizer: "Um carro-bomba na Secretaria de Estado", "Ainda tem outro avião no ar", "Não sabemos quantos aviões estão no ar", "Estão todos vindo para D.C.". Ficou todo mundo em pânico, mas era um pânico muito lento, silencioso.

Frank Haltiwanger: Conseguimos manter uma ordem razoável no andar de baixo, segurando as crianças nas salas de aula. Dois ou três alunos que tinham pais no Pentágono ou em voos para Nova York ficaram histéricos e começaram a correr pelo corredor. Chamei alguns para o meu escritório. Chamei outro professor que era um bom conselheiro e pedi que ficasse com eles.

Ray Anderson: Os pais começaram a aparecer na escola, querendo levar os filhos.

Frank Haltiwanger: Eu diria que cinquenta ou setenta pais apareceram. A maior parte veio, viu que o filho estava bem e foi embora.

Ray Anderson: Entrei no sistema de som, provavelmente umas 10h15 ou 10h30, no mais tardar, e disse, sem ser mais específico: "Talvez precisemos fazer um exercício de simulação de tornado hoje". Lembrei que o treinamento de simulação para tornados não é igual ao de incêndio — no qual saímos do prédio e nos afastamos dele. Na simulação de tornados, descemos até o porão e os corredores do primeiro andar.

Mary McBride, diretora adjunta, Escola H. B. Woodlawn: Felizmente os pais que estavam trabalhando no Pentágono ficaram bem. Foi a notícia mais importante daquele dia para nós, porque uma diretora da escola não teve a mesma sorte.

Ray Anderson: O marido da diretora da Escola Hoffman Boston, em Arlington, estava no avião que atingiu o Pentágono e passou voando bem por cima do prédio dela. Ela imaginou que isso podia ter acontecido, mas continuou trabalhando na coordenação da escola, exercendo a mesma função que eu, até o fim do dia. Então descobriu que o que imaginara tinha acontecido.

Theresa Flynn: Eram umas cem, 150 pessoas de pé na biblioteca — tínhamos um televisor em cada extremidade. Não se escutava nenhum som além do noticiário. Os apresentadores dos jornais estavam começando a tecer teorias sobre Osama bin Laden. Um garoto — na época ele estava no primeiro ano do ensino médio — se virou para mim e disse: "Por que eles fizeram isso com a gente?". Era a grande questão para as crianças. Respondi: "Bem, eles não gostam muito de nós". E ele: "Por que não?".

34.
A bordo do *Air Force One*, em algum lugar sobre o golfo do México

"Não temos para onde ir."

Carregado para os céus a bordo do Air Force One *minutos após o ataque ao Pentágono, o presidente George W. Bush e sua comitiva de viagem tentavam entender o massacre que acontecia sob eles — e descobrir aonde eles mesmos poderiam ir. Quando o presidente Bush e o vice-presidente Cheney finalmente conseguiram contato por telefone, debateram a ordem mais monumental daquele dia: autorizar caças a derrubarem aeronaves sequestradas. Ainda não ficou claro se a conversa aconteceu antes ou depois de o vice-presidente Cheney emitir sua ordem para derrubada, direto do* COEP.

O Boeing 747 customizado que então funcionava como Air Force One *contava com uma cabine privativa para o presidente e um escritório — conhecido como o "Salão Oval aéreo" — na frente do avião, no deque principal; de lá, uma escada leva até o deque de voo e à sala de comunicações. Outras cabines na traseira da aeronave, no deque principal, abrigavam a Unidade Médica da Casa Branca, convidados, seguranças, jornalistas e a tripulação. Isolados nas alturas, com as redes de comunicação cortadas, passageiros e tripulação tentavam descobrir o que havia se passado em solo e estavam em um limbo temporal.*

Dave Wilkinson, auxiliar do agente encarregado, Serviço Secreto dos Estados Unidos: Quando soubemos que um avião tinha atingido o Pentágono, dissemos: "Não vamos voltar para Washington". Foi questão de "direção de interesse". No início, a ameaça estava em Nova York. Depois que o avião atingiu o Pentágono, a sede do governo passou a ser a questão.

Coronel Mark Tillman, piloto presidencial, *Air Force One*: A ideia inicial era levá-lo para uma base da Força Aérea a pelo menos uma hora de distância de Washington. Talvez tentássemos levá-lo para Camp

David.* Tudo mudou quando soubemos que havia um avião indo em direção a Camp David. Fiz a decolagem e a subida para entre 25 mil e 30 mil pés, saí da cabine e entreguei para o piloto reserva. Tínhamos três pilotos a bordo. Disse a ele para continuar voando em direção a Washington.

Major-general Larry Arnold, comandante da Primeira Força Aérea, o Comando de Defesa do Aeroespaço Norte-Americano dos Estados Unidos Continental, Base Aérea de Tyndall, Flórida: Estávamos conversando com o Serviço Secreto e eles ficavam mudando de ideia quando perguntávamos se queriam que o seguíssemos. Havia uma aeronave AWACS [vigilância aérea] na Costa Leste em uma missão de treinamento, então redirecionamos essa aeronave para Sarasota, de forma a acompanhar o presidente quando ele decolasse. Eles disseram: "O.k., vamos seguir o presidente. Para onde ele está indo?". Respondemos: "Não sabemos".

Ari Fleischer, secretário de imprensa, Casa Branca: Quando saíamos de Sarasota, conseguimos um sinal de TV. O programa foi interrompido para os comerciais. Eu não podia acreditar. Começou um comercial de produto para combater a calvície. Eu me lembro de pensar: *No meio disso tudo, estou aqui assistindo a um comercial para produto contra a calvície?*

Andy Card, chefe de gabinete, Casa Branca: Blake Gottesman era meu assistente pessoal, mas naquele dia estava me substituindo como assistente do presidente. Eu disse: "Blake, seu trabalho é se certificar de que as pessoas não cheguem na suíte. Ninguém entra lá a não ser que tenha sido chamado pelo presidente".

Karl Rove, consultor sênior, Casa Branca: Eu e Andy [Card] estávamos com o presidente. Ele recebeu um telefonema de Cheney. Ele disse "sim", depois houve uma pausa enquanto ele escutava. Depois outro "sim". Por todo aquele dia, a noção de tempo ficou completamente irreal. Não sei se foram dez segundos ou dois minutos. Então ele disse: "Você tem a minha

---

* Os primeiros informes sobre o voo 93 foram deturpados, pois afirmavam que Camp David, o retiro presidencial próximo à fronteira entre Maryland e Pensilvânia, havia sido o alvo. [N.A.]

autorização". Depois ele passou mais um tempo escutando. Então encerrou a conversa. Ele se vira para nós e diz que havia acabado de autorizar que os aviões comerciais sequestrados fossem abatidos.

Andy Card: Assim que ele desligou o telefone, disse: "Fui piloto da Guarda Nacional Aeronáutica — eu seria uma das pessoas a receber essa ordem. Não posso imaginar receber uma ordem dessas".

Dave Wilkinson: Naquele dia, qualquer tipo de comunicação era um desafio. Até para o presidente falar com a Sala da Crise foi difícil.

Sargento-mestre Dana Lark, superintendente de comunicações, *Air Force One*: As pessoas vinham à mesa de comunicações com as mais diversas solicitações. Um agente do Serviço Secreto chegou e disse: "O presidente quer saber qual a situação da primeira família". E fui obrigado a dizer que não tinha como descobrir. Não posso nem imaginar como o presidente se sentiu.

Karl Rove: Ele estava muito equilibrado. Ficou verdadeiramente calmo aquele dia inteiro.

Sargento-mestre Dana Lark: Temos diversos sistemas de comunicação — comerciais e terrestres — e estavam todos congestionados. Minha cabeça começou a girar: "Que diabos está acontecendo? Será que alguém sabotou nossa comunicação?". Só mais tarde percebi que os sistemas comerciais estavam simplesmente saturados. Eram exatamente os mesmos sistemas que todos os pilotos de avião estavam usando, simultaneamente, para falar com seus operadores.

Coronel Mark Tillman: Começamos a ter que utilizar os satélites militares, que só usávamos em caso de guerra.

Andy Card: Um dos primeiros pensamentos do presidente, de Sarasota até [a base aérea de] Barksdale [no Arizona], foi Vladimir Putin [presidente da Rússia].

Ari Fleischer: Putin foi incrível naquele dia. Em 2001, ele era outro Vladimir Putin. No 11 de Setembro, a América não poderia ter aliados melhores que Putin e a Rússia.

Gordon Johndroe, secretário assistente de imprensa, Casa Branca: Falar com Putin era importante. Todos os sistemas militares foram criados para gerar alertas nucleares. Se estávamos em alerta, precisávamos avisar Putin que não estávamos preparando um ataque à Rússia. Ele foi ótimo — disse imediatamente que a Rússia não reagiria.

Ari Fleischer: Eu nunca tinha ouvido a expressão "ataque de decapitação", mas pessoas como Andy, que estavam lá durante a Guerra Fria e tinham recebido esse treinamento, sabiam o que estava acontecendo. O Serviço Secreto disse ao presidente: "Não achamos que é seguro para você voltar a Washington".

Andy Card: Então soubemos que o voo 93 havia caído. Ficamos nos perguntando: "Será que fomos nós?".

Coronel Mark Tillman: Todos ali achamos que tínhamos abatido o avião.

Dave Wilkinson: Ao ouvir isso tudo, ficamos pensando que, quanto mais longe ficássemos de Washington, mais seguros estaríamos.

Coronel Mark Tillman: Recebemos um relatório de que houve uma ligação dizendo: "O Angel é o próximo". Ninguém sabia de onde aquilo tinha vindo — se foi uma tradução equivocada ou truncada da Casa Branca, da Sala da Crise, dos operadores de rádio. "Angel" era o nosso codinome. O fato de saberem o que era "Angel" — bem, você precisava ser do círculo mais íntimo para saber. Aquilo foi decisivo para mim. Estava na hora de nos preparar e de nos armar.

Major Scott "Hooter" Crogg, piloto de F-16, Esquadrão de Caças 111, Houston: Eu tinha acabado de sair do meu turno em alerta em Ellington Field, em Houston. Normalmente ficávamos em alerta por 24 horas, na maioria das vezes para interditar drogas. Eu tinha acabado de voltar para a cama, estava assistindo TV e vi a notícia do avião atingindo a torre. Quando o segundo avião bateu, eliminou qualquer dúvida. Eu tinha de voltar para o trabalho. O clima estava tenso na base aérea. Recebemos umas mensagens crípticas do Setor Sudeste de Defesa Aérea. Pedi à manutenção para colocar mísseis armados nos caças e carregar as armas. Dois mísseis guiados por calor e os tiros de uma arma de vinte milímetros. Não são muita coisa se você tem que derrubar um avião sequestrado, mas foi o máximo que conseguimos. Enviamos dois caças para proteger o *Air Force One*.

Coronel Mark Tillman: Colocamos um policial na base da escada [que levava à cabine de comando do avião]. Nunca tínhamos feito isso.

Sargento William "Buzz" Buzinski, segurança, *Air Force One*: Will Chandler, o principal encarregado da segurança na Força Aérea, foi chamado para a frente e lá ficou, protegendo as escadas que levam à cabine. Isso fez a gente pensar: *Será que existe uma ameaça interna?*

Sargento de equipe Paul Germain, operador de sistemas de comunicação aéreos, *Air Force One*: Então o coronel Tillman disse: "Vamos passear pelo golfo um pouquinho". Esse era o nosso Pearl Harbor. Você treina para uma guerra nuclear, mas isso é o que você tem que encarar. Todo o dinheiro que injetaram no nosso treinamento se pagou.

Dave Wilkinson: O coronel Tillman nos levou para uma altitude tal que, se víssemos uma aeronave vindo na nossa direção, saberíamos que não era por acaso. Eu estava certo de que estávamos mais seguros no ar do que em qualquer lugar em terra.

Coronel Mark Tillman: Subi para 45 mil pés. Um 747 não vai muito mais que isso.

Ann Compton, repórter, *ABC News*: Estávamos em pé na cabine de imprensa. Um agente do Serviço Secreto estava no corredor e apontou para o monitor e disse: "Olha para baixo, Ann, estamos a 45 mil pés e não temos para onde ir".

Condoleezza Rice, conselheira de Segurança Nacional, Casa Branca: Liguei para o presidente e ele disse: "Eu estou voltando". Respondi: "Fique onde você está. Você não pode voltar pra cá. Washington está sendo atacada".[1]

Karl Rove: Houve certo mal-estar. O presidente Bush não ergueu a voz. Não esmurrou a mesa. Mas quando atravessamos a península da Flórida, Andy Card e [o assessor militar do presidente] Tom Gould ficavam fazendo objeções a um retorno para Washington. Nesse momento, Cheney e Rumsfeld ligaram e disseram o mesmo.

Dave Wilkinson: Ele passou o dia inteiro brigando com unhas e dentes para voltarmos a Washington. Basicamente nos recusamos a levá-lo de volta. O princípio aqui é que, pela legislação federal, o Serviço Secreto tem que proteger o presidente. O desejo daquela pessoa, naquele dia, era secundário em relação ao que a lei exige de nós. Teoricamente, a decisão não é dele. É nossa.

Eric Draper, fotógrafo presidencial: Ele estava visivelmente frustrado, muito irritado. Eu estava a poucos metros dele, e parecia que ele não estava me vendo. Ele se virou com raiva.

Karl Rove: Gould entrou e disse: "Senhor presidente, não estamos com o tanque cheio. Temos muitas pessoas que não são imprescindíveis a bordo. Não poderemos ficar sobrevoando Washington se for preciso". Ele sugeriu: "Vamos para uma base militar, deixamos todas as pessoas que não forem essenciais lá, abastecemos e reavaliamos".

Sonya Ross, repórter, Associated Press: Não sabíamos para onde estávamos indo, mas eles deviam estar voando em círculos, porque o sinal do mesmo canal local da Flórida ficava entrando e caindo. Aquela era a nossa minúscula janela para o mundo lá fora.

Ari Fleischer: Não tínhamos TV por satélite no avião. Os canais de notícias ficavam caindo e voltando, era frustrante. Eu não tinha noção de que o presidente estava recebendo uma cobertura negativa por não ter voltado para Washington. Todos os âncoras perguntavam: "Onde está o Bush?". Eles o criticaram instantaneamente.

Karen Hughes, diretora de comunicações, Casa Branca: Como estava em casa, vi uma boa parte da cobertura pela TV, tal qual o resto do povo americano, e percebi que havia uma impressão de que o governo americano estava hesitando. Eu estava no telefone com minha chefe de gabinete na Casa Branca quando disseram que ela deveria evacuar o prédio. Eu podia ver o Pentágono queimando. Mas sabia que muitos setores do governo estavam operantes — aviões estavam sendo recolhidos, planos de emergência estavam sendo implementados. Achei que alguém deveria dizer isso ao povo americano, então quis falar com o presidente. Quando liguei para a operadora para tentar entrar em contato com o *Air Force One*, o operador retornou à linha e disse: "Senhora, não conseguimos contatar o *Air Force One*". Mary Matalin havia me informado de que o avião estava sob ameaça. Foi aterrorizante. Por um milésimo de segundo, fiquei muito preocupada.

Sonya Ross: Eu e a Ann Compton, do *ABC News*, estávamos tentando estabelecer uma linha do tempo — que horas eram quando Andy Card entrou e sussurrou no ouvido do presidente. Estávamos ouvindo a televisão em nossos fones de ouvido, mas não estávamos prestando muita atenção. Então ouvimos o repórter dizer: "A torre está desabando". Olhei para a TV e tive uma reação de choque.

Eric Draper: Estávamos no escritório do presidente quando as torres caíram. Sabíamos que haveria uma perda catastrófica de vidas. A sala ficou muito silenciosa. Todos nos afastamos, um a um, e o presidente ficou lá, sozinho, assistindo à nuvem se espalhar.

Andy Card: Perguntei aos assessores militares: "Para onde vamos?". Eu queria alternativas. Queria uma pista de pouso longa, um local seguro, boa comunicação. Eles sugeriram a Base Aérea de Barksdale. Eu disse: "Não contem a ninguém que estamos indo".

Dave Wilkinson: Era o meio-termo perfeito — perto, seguro e poderíamos deixar muitos passageiros lá. Precisávamos de um lugar com veículos blindados disponíveis.

Andy Card: Entrei na cabine do presidente e disse a ele: "Vamos para Barksdale". Ele respondeu: "Não, vamos voltar para a Casa Branca". Ele estava furioso comigo. Eu só repetia: "Acho que você não deveria tomar essa decisão agora". Ele hesitou. Não foi uma conversa — foram cinco, seis, sete conversas.

Coronel Mark Tillman: Solicitamos caças de apoio. Responderam: "Eles estão a toda, atrás de vocês, praticamente na sua cola". Estavam na velocidade supersônica, os F-16 da unidade de guarda do presidente. Eles nos escoltaram até Barksdale.

Major Scott "Hooter" Crogg, piloto de F-16, 111º Esquadrão de Combate, Houston: O clarim soou de novo no Ellington Field de Houston e eu e Shane Brotherton, também piloto de F-16, decolamos. Nem sabíamos qual era a missão. Nos disseram: "Vocês precisam interceptar o voo Angel". Não tínhamos a menor ideia do que aquilo queria dizer. Nunca tínhamos ouvido chamar o *Air Force One* por esse nome.

Deputado Adam Putnam (R-Flórida), a bordo do *Air Force One*: O deputado Dan Miller e eu fomos até a cabine do presidente e ele nos atualizou. Disse que, "de um jeito ou de outro", todos os aviões haviam sido reconhecidos, exceto dois. Essa foi a frase que ele usou: "De um jeito ou de outro". Disse que o *Air Force One* estava a caminho de Barksdale e que nos deixaria lá. Quando saímos da cabine, me virei para o Dan e disse: "Você não achou aquela frase esquisita?". Ele não havia percebido. Eu disse: "'De um jeito ou de outro' insinua que tem algo que ele não está dizendo". Falei: "Será possível que nós os abatemos?". Ficamos sem saber.

Gordon Johndroe: Eu estava sentado a uma mesa em frente ao [assessor presidencial da CIA] Mike Morell na cabine da equipe. Perguntei: "Mike, vai acontecer mais alguma coisa?". Ele disse: "Sim". Foi um soco no estômago.

Brian Montgomery, secretário de gabinete do presidente, Casa Branca: Perguntei ao Mike Morell quem ele achava que tinha sido. Ele disse: "OBL". Sem hesitar. "Quem é OBL?" Quem não estava familiarizado com o jargão de Langley não fazia ideia.

Mike Morell, assessor presidencial da CIA: O presidente me chamou para sua cabine. Estava lotada de gente. A Frente Democrática para a Liberação da Palestina havia assumido a autoria do ataque. O presidente me perguntou: "O que sabemos desses caras?". Expliquei que eles possuíam um longo histórico de terrorismo, mas que não tinham capacidade para fazer aqueles ataques. Eu garantia. Quando eu estava saindo, ele me disse: "Michael, mais uma coisa. Ligue para o George Tenet e diga-lhe que quando ele descobrir quem fez isso, quero ser o primeiro a saber. Entendeu?".

Sonya Ross: Eu estava nervosa. Eu pensava — sei que é muito mórbido —, mas eu pensava: *E se eles vierem atrás do presidente? Nós seremos "os outros doze". Ninguém nem fica sabendo o seu nome se você morre junto com o presidente.* Mas o Eric Washington, que era o cara do som da CBS, estava com o assento reclinado, os pés para cima. Ele disse: "Você está preocupada com o quê? Você está no avião mais seguro do mundo".

Gordon Johndroe: O *Air Force One* era, ao mesmo tempo, o lugar mais seguro e o mais perigoso do mundo.

Karen Hughes: Quando finalmente consegui contatar o *Air Force One* e falei com o presidente, a primeira coisa que ele disse foi: "Você não acha que eu preciso voltar?". Ele estava fazendo uma campanha para voltar. Eu disse: "Sim, assim que puder". Cada um de nós tem um papel diferente, e eu não estava pensando no aspecto da segurança nacional — eu estava vendo a situação pela perspectiva das relações públicas.

Andy Card: Mark Tillman disse: "Ele pode dizer o que quiser. Quem está no comando do avião sou eu".

Dave Wilkinson: Uma vez o presidente me disse que, quando ele assumiu a presidência, o principal conselho que sua mãe foi lhe deu foi sempre obedecer ao Serviço Secreto. Naquele dia, eu o lembrei disso diversas vezes. Eu e o presidente nos conhecíamos muito bem — tínhamos passado muito tempo juntos em seu rancho — e diversas vezes naquele dia, meio gaiato, eu disse: "Lembre do que a sua mãe te disse".

Sargento-mestre Dana Lark: Muita gente subia para o segundo andar porque não estávamos atendendo os telefones lá embaixo. Ficou bem cheio. Por fim, alguém subiu e disse para todo mundo sair de lá. O único membro da equipe que ficou lá conosco foi a [a estenógrafa da Casa Branca] Harriet

Miers — ela ficou sentada em uma das cadeiras dos diretores de segurança, com um bloquinho, fazendo registros para os arquivos históricos.

Andy Card: O presidente estava preocupado com sua esposa, seus filhos, seus pais. Depois, começou a se perguntar: "E se acontecer em outra cidade? O que vai acontecer agora?". Todos pensávamos que não podíamos fazer nada. Estávamos em um avião, no céu, a doze quilômetros de altura.

Dave Wilkinson: Chamamos o [diretor do gabinete militar da Casa Branca] Mark Rosenker para a frente do avião e pedimos para ele botar o comandante de Barksdale no telefone. Ele nos garantiu que a base estaria completamente fechada.

Andy Card: Fiquei aliviado ao ver que Barksdale já estava em alerta. Lá seria seguro. Nenhum terrorista aleatório teria adivinhado que o presidente iria para Barksdale.

Tenente-general Tom Keck, comandante, Base da Força Aérea em Barksdale: Já estávamos no meio de uma simulação de THREATCON Delta, que é o nível mais alto de ameaça. Eu disse para fecharem a base de verdade. Meu adjunto disse que durante a THREATCON Delta, os oficiais de alta patente tinham que usar uma arma reserva escondida. Tentei recusar, mas ele insistiu. Então eu carregava uma pistola reserva, algo que nunca faço. Recebemos uma mensagem por rádio — um Código Alfa — que indica que uma aeronave de primeira prioridade estava se aproximando. Eles pediam 68 mil quilos de combustível, quarenta galões de café, setenta marmitas e dez quilos de bananas. Mas se recusavam a se identificar. Era uma aeronave grande, claro. Não demorou muito para descobrirmos que o Código Alfa era o *Air Force One*.

Ann Compton: Quando estávamos pousando em Barksdale, Ari voltou para a cabine da imprensa e disse: "Vocês não podem citar o governo como fonte, mas o presidente está sendo removido". Eu disse: "Não dá para não citar a fonte dessa informação. É um fato histórico e aterrorizante. Precisa ser divulgado oficialmente".

35.
Entre os que sabiam

"Bin Laden me vem à mente."

Enquanto o país digeria as notícias e o horror dos ataques terroristas a Washington, Nova York e Pensilvânia, âncoras de telejornal e repórteres procuraram especialistas que pudessem explicar os ataques — os quais, para a maioria dos norte-americanos, pareciam ter acontecido do nada. Poucos conheciam o nome Osama bin Laden. Ao meio-dia do 11 de Setembro, os âncoras da NBC-4 TV de Washington trouxeram ao estúdio um homem que compreendia o pano de fundo dos ataques.

Doreen Gentzler, apresentadora, NBC-4: Agora gostaríamos de conversar com um convidado que está conosco aqui no estúdio. É o Paul Bremer. Quero me certificar de que estou pronunciando seu nome corretamente, já que estamos nos conhecendo agora. Você é especialista em terrorismo.

Tenente Paul Bremer III, ex-presidente da Comissão Nacional de Terrorismo de 1999: Em contraterrorismo, espero.

Doreen Gentzler: E você poderia nos falar um pouco sobre quem poderia... Quer dizer, existe um número limitado de grupos que poderiam ser responsáveis por algo desta magnitude. Certo?

Paul Bremer: Sim, isso é algo muito bem planejado, um ataque muito bem coordenado, o que sugere que parta de um centro bastante organizado. E só existem no mundo três ou quatro candidatos que realmente poderiam ter realizado esse ataque.

Jim Vance, apresentador, NBC-4: Bin Laden me vem à mente de imediato, sr. Bremer.

Paul Bremer: De fato, ele com certeza vem à mente.

Desde meados dos anos 1990, dois esquadrões da Força-Tarefa Conjunta de Terrorismo do FBI em Nova York, conhecidos como I-49 e I-45, vinham monitorando o crescimento de um grupo terrorista conhecido como Al-Qaeda. Apesar de ser um nome novo para a maioria dos norte-americanos no 11 de Setembro, o líder da organização, Osama bin Laden, já estava no radar do FBI *havia algum tempo e tinha sido incluído na lista de Dez Mais Procurados da agência em junho de 1999, por seu papel no planejamento e no financiamento dos bombardeios de embaixadas dos Estados Unidos no Quênia e na Tanzânia, em 1998. Em 1999, o cuidadoso trabalho de agentes da justiça interceptou os planos da Al-Qaeda para um ataque aos Estados Unidos durante as comemorações do Milênio e, em 2000, os terroristas da Al-Qaeda atacaram o* USS Cole *no porto do Iêmen, matando dezessete marinheiros norte-americanos. O embaixador itinerante para contraterrorismo do Departamento de Estado, Michael Sheehan, havia se pronunciado com muita irritação a oficiais militares em 2000, indignado com a falta de foco do governo Clinton no combate à ascensão do grupo terrorista de Bin Laden, e declarou de forma visionária: "A Al-Qaeda só vai chamar atenção de vocês quando atingir o Pentágono?".*[1]

Em 2001, os agentes do I-45 e I-49 do FBI *já seguiam os passos do grupo de Bin Laden pelo mundo. Na manhã daquela terça-feira, uma equipe de agentes ainda estava em Aden, no Iêmen, investigando o bombardeio do* Cole, *e outra estava na Escandinávia, onde, na noite de segunda-feira, 10 de setembro, invadira uma casa na esperança de capturar um dos responsáveis pelo atentado às embaixadas. Em Washington, no dia 11, às oito horas (horário da Costa Leste), agentes de contraterrorismo do* FBI *se reuniam com o novo diretor do* FBI, *Robert Mueller — que começara no cargo no dia 4 de setembro — para atualizá-lo sobre a situação das investigações da Al-Qaeda e do atentado ao* Cole.

O ataque de 11 de Setembro ao World Trade Center aconteceu a poucos quarteirões dos escritórios dos esquadrões do FBI, *no número 290 da Broadway, e a poucos quarteirões, também, do escritório principal da agência na cidade, no número 26 da Federal Plaza. Muitos dos mesmos agentes que monitoravam Bin Laden desde muito antes foram empurrados para as ruas repletas de destroços e atingidos pelo colapso da torre. Por ironia, os ataques acabariam matando o agente John O'Neill, um veterano no* FBI *que comandou a força-tarefa dedicada à Al-Qaeda e que se aposentara poucos dias antes para começar um novo trabalho como diretor de segurança no World Trade Center.*

John Anticev, agente especial, Força-Tarefa Conjunta de Terrorismo do FBI: Quem trabalha em campo consegue ver o futuro antes de todo mundo. Acho que o detetive do DPNY Lou Napoli e eu fomos as primeiras pessoas a incluir o OBL nos arquivos do Bureau, no início dos anos 1990. Sabíamos que aquele movimento afegão não estava interessado só em lutar contra os russos. Só não o chamávamos de Al-Qaeda ainda.

Robert "Bear" Bryant, vice-diretor do FBI, 1997-9: Ouvi o nome Osama bin Laden pela primeira vez do John O'Neill. John sabia muito bem quem ele era e quem era seu grupo, a Al-Qaeda.[2]

John Miller, correspondente, *ABC News*: Em 1998, eu me sentei com Osama bin Laden em uma cabana no Afeganistão e ele me disse que estava declarando guerra aos Estados Unidos: "Estamos certos da vitória. Nossa batalha contra os americanos é maior que nossa batalha contra os russos. Prevemos um dia triste para a América e o fim dos Estados Unidos". Desde que Bin Laden declarou guerra à América, uma de suas maiores frustrações parecia ser o fato de não conseguir fazer a América declarar guerra a ele.[3]

Jackie Maguire, agente especial, Força-Tarefa Conjunta de Terrorismo do FBI: A FTCT é muito conhecida pelo trabalho que fez após o primeiro atentado ao World Trade Center, em 1993. Também mandou gente para o mundo inteiro — a investigação do caso do atentado na embaixada na África oriental foi coordenada em Nova York, a do caso do *USS Cole* também.

Fran Townsend, diretora, gabinete de Políticas e Análise de Inteligência, Departamento de Justiça dos Estados Unidos: Graças à sua experiência na divisão de terrorismo internacional da sede, em Washington, John O'Neill começou a cuidar do caso de Ramzi Yousef [o homem que bombardeou o World Trade Center em 1993]. Conforme as coisas avançavam, ele mergulhou de cabeça. Lia tudo o que conseguia achar sobre fundamentalismo radical. Estava atento a isso desde antes do primeiro atentado ao World Trade Center — já pensava sobre o assunto e seus desdobramentos.

Quando aconteceu o primeiro atentado ao World Trade Center, percebi — pelas coisas que me disse — que ele já achava que isso seria um problema muito grande para nós, e de longo prazo, e que não estávamos preparados para lidar com ele.

Steve Gaudin, agente especial, Força-Tarefa Conjunta de Terrorismo do FBI: Era difícil chamar a atenção das pessoas para isso. Naquela primavera, estávamos julgando quatro dos responsáveis pelos atentados às embaixadas. Lembro que o Puff Daddy estava sendo julgado no tribunal municipal e o advogado dele era o Johnnie Cochran. Foi um circo, e atraiu todos os holofotes. Ninguém estava nem aí para o que estava acontecendo no tribunal federal.

Richard Clarke, consultor em contraterrorismo, Casa Branca: Em junho de 2001, a comunidade de inteligência emitiu um alerta de que aconteceria um grande ataque terrorista da Al-Qaeda nas semanas seguintes. Disseram que não tinham conseguido descobrir exatamente onde seria, e que achavam que poderia acontecer na Arábia Saudita. Perguntamos: "Pode acontecer nos Estados Unidos?". Eles disseram: "Não podemos descartar essa possibilidade".[4]

Abby Perkins, agente especial, Força-Tarefa Conjunta de Terrorismo do FBI: Falou-se muito desse assunto no verão de 2001. As engrenagens estavam se movendo, as pessoas estavam a postos. Foi um verão pesado. Achamos que seria um ataque internacional.

Almirante Edmund Giambastiani, auxiliar militar sênior, gabinete do secretário de Defesa: Sabíamos que havia uma ameaça de nível mais elevado, mas não sabíamos onde, quando e nem como.

Fran Townsend, diretora, gabinete de Políticas e Análise de Inteligência, Departamento de Justiça dos Estados Unidos: John O'Neill estava frustrado com a incapacidade dos Estados Unidos de reconhecer essa ameaça de fato — e enfrentá-la de maneira eficaz. Tinha certeza de que estávamos vulneráveis naquele verão, e certamente sentia que alguma coisa iria acontecer, que alguma coisa grande iria acontecer.[5]

Jerry Hauer, diretor da divisão de emergência de Nova York, 1996-2000: Na noite do dia 10 de setembro, ele me disse: "Estamos prontos. Estamos prontos para algo enorme".[6]

Steve Bongardt, agente especial, Força-Tarefa Conjunta de Terrorismo do FBI: Eu me lembro de ler um relatório de inteligência naquela manhã, no dia 11 de setembro de 2001, dizendo que Bin Laden estava reabrindo

Tora Bora, seu complexo no Afeganistão. Fiquei me perguntando: *O que ele pensa que está fazendo?*

George Tenet, diretor, CIA: A luz vermelha do sistema estava piscando.[7]

Comissão do 11 de Setembro: Nosso tempo se esgotou.[8]

Steve Gaudin: Estávamos no escritório, no número 290 da Broadway, quando o primeiro avião bateu na torre. Parecia que o ar-condicionado tinha começado a funcionar, só um baque surdo, mas naquela época do ano já não ligávamos mais o ar-condicionado. No início, achamos que tinha sido um problema de aviação civil. Mas vestimos nosso uniforme de trabalho — talvez o DPNY precisasse de ajuda para controlar a multidão.

Wesley Wong, assistente do agente especial encarregado, FBI, Nova York: Achei que os bombeiros viriam, que iam apagar o fogo, que as pessoas iriam descer pelas escadas, que o CNST entraria lá e investigaria o acidente. Não haveria nada para o FBI fazer.

Jackie Maguire: Vimos pessoas que tinham obviamente sido atingidas por destroços, que sangravam. Tinha gente sentada nas ruas, muita gente chorando, perturbada.

Steve Bongardt: Parei um bombeiro e perguntei: "O que podemos fazer?". Ele disse: "Só tira as pessoas de perto do prédio". Ele começou a se afastar, mas então se virou: "Me dá sua lanterna — vamos precisar de umas extras". Dei minha Maglite para ele.

Fran Townsend: Quando o primeiro avião bateu na torre, meu primeiro instinto foi ligar para o John O'Neill, e foi o que fiz. A ligação não completou. Eu ainda estava parada com o telefone na mão quando vi o segundo avião, e aí, é claro, não havia mais dúvida nenhuma do que era aquilo. Depois que o segundo avião bateu na Torre Sul, ele me mandou uma mensagem no pager avisando que estava bem. Foi o último contato que tivemos.[9]

Jackie Maguire: Assim que o segundo avião bateu, acho que todo mundo já sabia o que estava acontecendo.

Fred Stremmel, analista de terrorismo, FBI: Sabíamos que era terrorismo, mas não conseguíamos aceitar. É como saber que você está com câncer. Você tenta negar a coisa o máximo que pode.

Jackie Maguire: Soubemos na hora que muito provavelmente tinha sido a Al-Qaeda.

Steve Bongardt: Meu primeiro pensamento foi: *Então é por isso que eles estão dando um trato em Tora Bora.*

Steve Gaudin: Dissemos: "Precisamos começar a coletar provas". Foi uma mistura de estado de choque e piloto automático.

Abby Perkins: O Steve Gaudin achou um pedaço do avião.

John Anticev: Quando cheguei lá, as pessoas já estavam fugindo. Parecia *Godzilla*. Pensei: *É a porra da Al-Qaeda.*

Wesley Wong: Eu estava no centro de comando no saguão do World Trade Center, e o John O'Neill me viu e se aproximou. John vivia com o celular na orelha — a hora que fosse, estava sempre falando no celular. Naquela manhã, na manhã do 11 de Setembro, foi igual, ele estava no celular. Ele me viu e disse: "Wes, o que você pode me contar?".

Ele havia acabado de se aposentar do FBI e era seu segundo dia como diretor de segurança do World Trade Center. Disse a ele: "Você não está mais no FBI. Não tem mais acesso. Não posso te contar o que está acontecendo". Mesmo em horas de estresse ou de crise, costumo ser engraçadinho. Ele disse: "Wes, se você não me contar, torço esse seu pescocinho magricelo". Disse a ele o que eu sabia e ele perguntou: "Parece que o Pentágono foi atingido, foi?". Eu disse: "Estou ouvindo isso agora. Vou confirmar", e liguei para o nosso escritório central. Eles confirmaram que o Pentágono havia sido atingido.

Passei a informação ao John. Ele disse: "Bem, eu preciso ver como está meu pessoal da Torre Sul". Enquanto ele se afastava, eu lhe disse: "Ei, John.

Estou te devendo um almoço. Perdi seu almoço de despedida. Quando tudo isso passar, vamos almoçar". Ele disse algo que soa como música ao ouvido de qualquer agente: "Wes, agora eu tenho um cartão corporativo — o almoço vai ser por minha conta".

John O'Neill foi visto pela última vez nas escadas do 48º andar da Torre Sul.

Jackie Maguire: Ouvimos o estrondo da primeira torre começando a cair. Saímos correndo.

David Kelley, procurador adjunto da República, Departamento de Justiça: Eu estava com o Barry Mawn [diretor-assistente do FBI e encarregado do Escritório de Campo de Nova York] e a gente correu. Então, fomos inteiramente soterrados. Eu não conseguia respirar. É um pó muito fino — era como estar enterrado embaixo de uma pilha enorme de toners de impressora. Eu sabia que corria mais depressa que o Barry, então imediatamente calculei que ele não tinha sobrevivido.

Abby Perkins: Ficamos escondidos dentro de um banco. Enquanto a torre caía, me lembrei de quantas vítimas do atentado na embaixada de Nairóbi tinham sido mortas ou feridas por lascas de vidro. Queria me afastar das janelas de vidro. Pensava: *Como será a sensação de estar enterrado sob o concreto?* Achamos que ficaríamos muito tempo presos lá. Minha colega, Debbie Doran, e eu nos lembramos da Rosie, que foi resgatada viva dos destroços em Nairóbi, mas morreu de desidratação. A Debbie é a pessoa mais organizada, aquela que planeja tudo em nosso grupo, e ela imediatamente começou a tentar achar latas de lixo para enchermos de água.

Steve Gaudin: Então você está lá olhando e não tem mais torre.

David Kelley: Mais tarde, liguei para a Mary Jo White, procuradora da República em Manhattan. Disse a ela que o Barry Mawn tinha morrido. Ela começou a rir e disse: "Acabei de falar com ele — ele me disse que *você* é que tinha morrido".

Jackie Maguire: Já começavam a aparecer pistas. As pessoas ligavam para o FBI e contavam atividades suspeitas que tinham presenciado.

John Miller: John O'Neill tinha passado quase uma década lutando contra o terrorismo e grande parte dos cinco anos anteriores tentando pegar Bin Laden. Agora, Osama bin Laden havia derrubado os dois prédios que estavam sob a proteção dele. Passei o dia inteiro ligando para o telefone de O'Neill, torcendo, torcendo por um milagre.[10]

Steve Gaudin: Começamos a caminhar para o norte, para a rua 26, para o estacionamento onde o FBI estava montando um posto de comando. Foi devastador. O dia nunca terminou realmente.

36.
Escapando do Pentágono

"Precisamos evacuar o prédio — entendido?"

Os primeiros esforços de resgate no Pentágono foram conduzidos principalmente por seus funcionários militares e civis, colegas que correram para dentro das chamas e da fumaça para encontrar companheiros ausentes, perdidos e feridos, seguindo a máxima militar de "não abandonar nenhum soldado no campo de batalha". Quase todas as pessoas salvas no Pentágono foram encontradas nos primeiros trinta minutos.

James Schwartz, subcomandante de operações, Corpo de Bombeiros do condado de Arlington: Com todos os louros que a segurança pública, os bombeiros, os socorristas e o departamento de polícia receberam pelos seus esforços no 11 de Setembro, acho que perdemos de vista os esforços verdadeiramente heroicos dos civis e do pessoal uniformizado que trabalha no Pentágono. Foram eles que realmente tiraram seus colegas, seus camaradas, de lá.[1]

Capitão Paul Larson, Departamento de Polícia do condado de Arlington: Quando chegamos, havia uma muralha de militares — provavelmente 2 mil ou 3 mil — que estavam saindo do prédio, e assim que eles ouviram os gritos pedindo ajuda, todos imediatamente deram meia-volta e retornaram ao prédio para ajudar qualquer pessoa que precisasse.

Capitão Charles Gibbs, Departamento de Polícia do condado de Arlington: Chegamos lá em dez minutos, no máximo. Encontramos o comandante Schwartz. Ele disse: "Vão até lá", apontando para o local do impacto, que ficava no lado do heliporto, "vejam o que está acontecendo e me avisem". Pus meu equipamento e fui para lá com o bombeiro Keith Young. O Corpo de Bombeiros de Fort Myer já estava no local.

James Schwartz: Entre as unidades acionadas, tínhamos os veículos de resgate e incêndio do Aeroporto Nacional, que estavam posicionados no gramado ocidental e, naquela altura, eram os que tinham a maior capacidade extintora. O incêndio era grande.²

John Jester, chefe de polícia, Serviço de Proteção da Defesa: A fumaça era tanta que não se via nada, e o calor era absurdo. Milhares de galões de combustível de avião pegavam fogo pelos corredores.³

Steven Carter, subgerente do prédio, Pentágono: A visibilidade devia ser de uns sessenta centímetros. Havia uma sensação nítida de calor emanando da área, mas a pior coisa, a que mais perturbava meus sentidos, era a fumaça densa, acre.

Chris Combs, agente especial, FBI: Lembro vividamente de caminhar pelo estacionamento, sentindo o calor gigantesco do incêndio. No início isso me deixou confuso. Eu fiquei, tipo: "Caramba, o que será que está pegando fogo lá dentro?". Eu não sabia que era um avião.

Steven Carter: Olhando para cima, para as janelas do segundo e do terceiro andar, dava para ver as pessoas batendo nas janelas para chamar a atenção ou para tentar sair, mas as janelas não quebravam. A parede traseira tinha explodido e, para algumas pessoas, aquela era a única saída.

Um grande contingente de ocupantes do Pentágono molhava a camisa na água que se acumulava, cobria o rosto com ela e tentava entrar novamente no prédio para ajudar a tirar as pessoas de lá.

Sargento de equipe Christopher Braman, chefe de cozinha, Exército dos Estados Unidos: Assim que saí da escada, encontrei um policial do Serviço de Proteção da Defesa carregando uma mulher e lutando para segurar seu bebê. Peguei a criança das mãos do policial e corremos juntos uns cinquenta metros. Pus o bebê nos braços da mulher, mas ela ficou dizendo: "Cadê meu bebê? Cadê meu bebê?". Percebi que estava em choque, porque o bebê estava no colo dela e ela não tinha noção. O policial me instruiu: "Vá buscar ajuda, vá buscar ajuda".

Steven Carter: O pátio central do prédio estava sendo usado como área de triagem para os feridos. Iam colocando as pessoas espalhadas sobre a grama. As equipes médicas estavam trazendo o máximo de equipamento que podiam, mas era pouco material para muita gente.

John Milton Brady Jr., investigador técnico de segurança, Secretaria de Defesa: As pessoas estavam em pânico. Não sabiam para que lado ir. Fiquei lá parado, usando a lanterna como um farol e chamando-as para virem na minha direção. Elas começaram a obedecer.

Sargento de equipe Christopher Braman: Vi uma ambulância estacionando. Eu me aproximei de um bombeiro e ele parecia alheio ao que eu estava falando. Tentava descarregar seu equipamento todo o mais rápido possível. Eu ficava repetindo: "Há um bebê aqui, preciso de ajuda. Há uma mulher e um bebê". De repente os olhos dele se fixaram em algo acima de mim. Por trás de mim, estavam trazendo uma mulher que havia se queimado da nuca até a parte traseira das coxas. Era uma mulher negra, mas sua pele estava cor-de-rosa das queimaduras.

Tenente Michael Nesbitt, Serviço de Proteção da Defesa: Recebi um telefonema e alguém disse que tinha entendido que precisávamos de helicópteros. Confirmei. Ele me pediu para dizer para onde eles deveriam ir, e que mandaria quarenta helicópteros. Respondi que seria bom.

Tenente-coronel Ted Anderson, oficial de ligação legislativo, Exército dos Estados Unidos, Pentágono: Abri uma porta corta-fogo com um chute e gritei para todo mundo me seguir. Acho que havia cinquenta, talvez cem pessoas lá, e elas me seguiram para a saída. Vi um campo cheio de destroços espalhados — tudo cinza e metálico. Todo mundo estava indo para a direita e eu virei para a esquerda e corri em direção aos destroços. Só o Chris Braman veio comigo — ele é o cozinheiro do comandante de equipe do Exército.

Sargento de equipe Christopher Braman: Naquele momento, encontrei um tenente-coronel, o Ted Anderson. Para mim, ele é um líder. Ele só repetia: "Meu general não morreu na minha guarda. Meu general não morreu na minha guarda". Ele tinha conseguido sair e estava delirando.

Tenente-coronel Ted Anderson: Cheguei o mais perto que pude do prédio, tentando encontrar uma porta por onde pudéssemos entrar. Encontramos duas mulheres no chão perto do prédio. Haviam sido jogadas para fora pelo pessoal que estava resgatando gente lá dentro. Uma delas estava acordada. A outra estava inconsciente. Peguei a moça que estava consciente. Ela tinha quebrado o quadril e estava com uma dor excruciante. As duas estavam muito queimadas. O fogo estava próximo. O calor era horrendo. Eu a avisei que iria doer, então a levantei e a joguei sobre as minhas costas. Ela berrou de dor. Corri com ela uns 360 metros, até o outro lado do heliporto. Chris Braman carregou a outra moça. Nós as deitamos e outras pessoas vieram prestar socorro. Chris e eu voltamos correndo.

Sargento de equipe Christopher Braman: Havia uma abertura adjacente ao local do impacto. Nós nos esgueiramos por ela — os bombeiros foram conosco. Não dava para ver nada. Estava tão escuro que ouvi falar que chamam isso de "escuridão rural".

Tenente-coronel Ted Anderson: Lá dentro, gritamos para que as pessoas viessem na direção da nossa voz. Não dava para ver nada. A fumaça estava subindo e era difícil respirar. Eu me abaixei no chão e fui tateando a parede enquanto me movia. Senti um corpo bem em frente à porta. Era uma mulher extremamente pesada. Ela estava consciente. Sangrava pelas orelhas e pela boca e estava completamente em choque. Estava presa contra a parede por um cofre gigantesco. Era um cofre de seis gavetas que havia tombado e estava escorado nela. Precisávamos tentar tirá-la de lá. Pareceu uma eternidade, mas finalmente conseguimos soltá-la. Tivemos que arrastá-la para fora.

Sargento de equipe Christopher Braman: Estava tão quente lá dentro que dava para sentir o fogo. Meu rosto estava queimando. Eu estava só de camiseta, uma camiseta sem mangas, que arranquei e botei sobre o rosto.

Tenente-coronel Ted Anderson: Chris e eu entramos novamente no prédio e ficamos tentando descobrir o que fazer. Notei um clarão brilhante passando por mim. Achei que fosse o prédio desabando. Ouvi o Chris gritar "Me ajuda". Era uma pessoa em chamas tentando sair do prédio.

Sargento de equipe Christopher Braman: Pulamos em cima do homem e fizemos o possível para apagar o fogo.

Tenente-coronel Ted Anderson: Imediatamente, pegamos o homem e o carregamos para fora, levando-o até o mais longe possível do prédio. Com cuidado o deitamos no chão. Ele estava queimado — horrivelmente, horrivelmente queimado — do topo da cabeça à sola dos pés. Seus olhos não tinham cor. Estavam totalmente brancos. Dava para ver que era civil porque estava de terno. Dava para ver que estava com uma camisa branca, mas toda a parte da frente tinha sido consumida pelo fogo. A parte de trás da gola ainda estava no lugar, o cinto das calças estava no lugar e tinha derretido e se fundido com a lateral do corpo. Tudo o mais estava preto e carbonizado.

***

Tenente-coronel Rob Grunewald, oficial de gestão de informação, Exército dos Estados Unidos, Pentágono: O avião entrou no prédio e passou por baixo dos nossos pés, literalmente — pelo andar de baixo. Uma amiga que estava no outro extremo da mesa, Martha Cardin, gritou pedindo ajuda, e eu disse a ela: "Você está comigo, Martha, vou te buscar". Para onde cada um foi e como cada um saiu da sala é algo muito relevante, porque é nesse momento que você toma decisões que podem ser fatais, provocar ferimentos, exaustão mental ou muita consternação. Muitos colegas que estavam naquela reunião saíram em uma direção e infelizmente nenhum sobreviveu. A pessoa que estava sentada à minha direita e a sentada à minha esquerda, parece, saíram pela porta, viraram à direita e entraram no Círculo E, onde, acreditamos, morreram. Uma decisão — ir em uma direção ou em outra — pode ser muito importante.

Major James Phillips, Serviço de Proteção à Defesa, Pentágono: Se o avião tivesse atingido qualquer outra parte do prédio, a devastação teria sido bem maior. Por ironia, ele bateu na face recém-reformada.

Philip Smith, chefe de setor, Exército dos Estados Unidos, Pentágono: Foi um verdadeiro milagre o avião ter atingido a parte mais robusta do Pentágono — que havia sido completamente reformada seguindo todos os novos padrões antiterrorismo — e estava praticamente desocupada. Em qualquer outra face do Pentágono, haveria 5 mil pessoas e o avião teria atravessado tudo e chegado até o meio do prédio.

Tenente-coronel Rob Grunewald: Quando saímos da sala de reuniões, entramos numa repartição cheia de baias. Era aquele escritório típico, como nos quadrinhos do Dilbert, com dezenas e centenas de cubículos em diversas configurações: quatro mesas ali, seis mesas lá, um corredor ali, uma sala lá, um corredor ali, uma passagem lá, vinte ali, sala de xerox, sala de fax, sala de reuniões. E agora, engatinhando no escuro, tínhamos que tentar manter o senso de direção. "Para onde ir? Onde é seguro e como chegar lá?" O avião estava pegando fogo no andar de baixo. Conforme íamos rastejando, o piso ia cedendo e chamas o atravessavam como um maçarico.

Capitão Darrell Oliver, gabinete de Revisão Quadrienal da Defesa, Exército dos Estados Unidos: Nós nos organizamos em times de maqueiros para ajudar a tirar as outras pessoas do prédio. O fogo estava intenso demais para entrarmos novamente e os bombeiros nos instruíram a ficar perto da porta. Eles traziam os indivíduos para fora e nós os levávamos até a área de triagem. Uma das primeiras pessoas que pegamos tinha queimaduras graves nos dois braços. Os bombeiros a carregaram até nossa maca e a deitaram. Para posicioná-la na maca, tivemos que tocar nela. Sua pele parecia uma folha de papel branco. Conforme a tocávamos, desgrudava e saía em nossas mãos.

Tenente-coronel Rob Grunewald: A fumaça estava começando a ficar muito densa e descia cada vez mais, mais, e mais, e nós continuávamos nos arrastando, de quatro. Você não consegue ver para onde está indo e, devido à força da colisão, tinha cadeiras jogadas, mesas jogadas, arquivos tombados, máquinas de xerox, faxes, paredes. Eu ia tirando as coisas do caminho, a Martha segurava meu cinto, e nós seguíamos em frente.

Continuei rastejando pelo corredor até chegar à cantina, que estava tinindo de tão nova — ainda nem tinha sido reaberta, pois havíamos acabado de nos mudar após a reforma. Foi então que percebi que não havia mais fogo nem fumaça e que estávamos relativamente seguros. Eu me levantei. Confiei Martha a outras pessoas. Disse: "Martha, eu vou voltar lá para dentro para procurar mais gente". Ela achou que eu não devia ir, mas fui assim mesmo. Porém não consegui chegar muito longe. A fumaça já estava muito, muito perto do chão, então não dava para enxergar nada. Ficou bem claro que se eu voltasse, estaria correndo muito perigo.

***

Sheila Denise Moody, contadora, Escritório de Serviços de Recursos, Pentágono: Eu estava em estado de choque. Continuava sentada à minha mesa com as mãos no colo e realmente não tinha saído do lugar, exceto pela pressão que me empurrara para trás um pouquinho. Destroços caíram do teto em chamas em cima das minhas mãos. Sacudi as mãos, me levantei da cadeira e comecei a olhar ao redor. Tudo em volta estava em chamas.

Louise Rogers, contadora, Escritório de Serviços de Recursos, Pentágono: Ficou tudo preto. O único ruído era do crepitar das chamas, e a devastação era total. Eu me lembro da fuligem rilhando em meus dentes. Olhei ao meu redor, tentando achar uma maneira de sair. Felizmente, como eu estava na máquina de fax, estava diante de uma mesa, uma escrivaninha, que estava em frente à janela. Depois, fui tentando ver se conseguia tirar meus pés do entulho. Puxei um pé, depois o outro, e andei até a mesa. A janela havia sido arrancada pelo impacto, e eu subi e saí por ela.

Sheila Denise Moody: Eu estava presa na minha baia, sem ter para onde ir e sem saída. Tinha outra colega sentada atrás de mim, e ela berrou: "O que é isso? O que está acontecendo? Tem alguém aí?". Respondi: "Estou aqui, estou aqui". Ela disse: "Quem é você?". Falei: "Sou eu, a Sheila". Ela disse: "Minha pele está pegando fogo. Tenho a sensação de que estou queimando". Eu disse a ela: "Sei que está doendo, querida, mas a gente precisa achar um jeito de sair daqui".

Louise Rogers: Quando eu estava saindo pela janela, surgiu o primeiro carro da polícia do Pentágono, contornando o prédio. O policial me viu, parou, veio na minha direção e me disse para sentar no banco traseiro do carro. Eu disse a ele: "Vi outra pessoa no escritório, ela não estava conseguindo sair". Estava viva — naquele momento eu ainda não tinha percebido que nem todo mundo estava vivo —, mas em dificuldade. Ele voltou para buscar ajuda, outras pessoas, para tirá-la de lá. Conseguiram levá-la para a UTI, mas ela foi uma das pessoas que não sobreviveram.

Sheila Denise Moody: Vi uma janela à direita. Era muito alta. Até consegui alcançá-la e tocar nela, mas o vidro era grosso demais. Quando bati na janela, deixei uma marca ensanguentada da minha mão no vidro. Ainda nem tinha percebido que estava sangrando. Eu disse: "Meu Deus, não acredito que você me trouxe aqui para morrer desse jeito". Mal falei essas palavras, ouvi uma outra voz através da fumaça: "Tem alguém aqui?". Gritei de volta: "Sim! Estamos aqui!". Ele disse: "Não estou te vendo". E eu: "Também não te vejo, mas estamos aqui. Por favor, continue vindo".

Depois dessas últimas palavras, a fumaça e os gases começaram a me tirar o fôlego. Não conseguia mais falar e passei a tossir e a engasgar. Tossindo e me engasgando, algo me veio à mente e ouvi: "Bata palmas". Comecei a bater palmas com toda a força, o mais alto que pude, na esperança de que ele conseguisse seguir o som. Dava para ouvir um extintor de incêndio.

Sargento de equipe Christopher Braman: Tinha uma mulher de joelhos, batendo palmas. Ela não conseguia respirar. Estendi a mão para ela, tentando alcançá-la através da nuvem.

Sheila Denise Moody: Por um milésimo de segundo, vi uma silhueta em meio à fumaça. Passei por cima dos destroços, estendi a mão através da fumaça, e havia uma mão estendida e ele me puxou para fora.

Sargento de equipe Christopher Braman: As mãos dela estavam travadas, o rosto cheio de cinzas. Depois me disseram que a posição fetal é comum nas vítimas de queimaduras. Corremos com ela para um local seguro, o coronel e eu.

Sheila Denise Moody: Quando o sargento Braman surgiu no meio da fumaça, chamando "Tem alguém aí?", minha voz foi a única a responder.

Sargento de equipe Christopher Braman: O coronel Anderson e eu entramos no prédio pelo menos quatro vezes. Lá dentro era tão quente que parecia que o sol estava te beijando.[4]

Sheila Denise Moody: Fui resgatada pelo sargento Christopher Braman. Conversando com ele nos meses seguintes, descobri que na verdade ele chegou à área onde eu estava na terceira vez em que entrou no prédio, tentando ver se podia ajudar a salvar alguém. De todas as pessoas que conseguiu tirar de lá, fui a única que sobreviveu.

Tenente-coronel Ted Anderson: Estávamos nos preparando para entrar novamente quando os bombeiros nos impediram. Vieram outros bombeiros, nos contiveram à força e nos arrastaram para longe do prédio. Nessa altura eu estava total e completamente fora de mim; tinha entrado em "modo combate". O Chris também. Ele serviu no regimento dos Rangers. Ele lutou em Mogadíscio. Para mim, aquilo era uma situação de combate.

Sargento de equipe Christopher Braman: Estávamos pilhados de adrenalina. O coronel Anderson ficava arrumando briga com diferentes figuras de autoridade — bombeiros, militares, não importava quem. Não havia dúvida de que aquilo era um novo campo de batalha.[5]

Sheila Denise Moody: Era o caos. As pessoas corriam para todo lado, chorando. Gritavam. Eu fui para a fila dos feridos. Quando estava indo para lá, ouvi alguém chamar meu nome: "Sheila!". Olhei e era a Louise. Ela estava sentada no banco de trás de um carro de polícia.

Louise Rogers: Tinha cada vez mais gente saindo, e nós íamos andando cada vez mais para trás, para sair do caminho, até que ficamos sentados com as costas apoiadas na mureta da rodovia.

Sheila Denise Moody: Acho que acabaram colocando três ou quatro de nós na traseira da ambulância e nos levaram para o Hospital Arlington.

Louise Rogers: Nessa altura eu já não estava me sentindo muito bem. Assim que entrei na ambulância, minhas mãos começaram a doer — uma dor que ardia. Eu disse ao médico: "Bem, está começando a doer". E desmaiei. Não lembro de quase nada dos dias seguintes.

Tenente-coronel Ted Anderson: Um general de três estrelas apareceu, com outros dois generais, e eu expliquei a eles o que estava acontecendo. Esse general de três estrelas tinha basicamente a mesma opinião que eu. Ele foi até o comandante local do Corpo de Bombeiros e disse: "Olha, eu assumo a responsabilidade totalmente. Precisamos tentar entrar e resgatar nosso pessoal". O comandante dos bombeiros disse não. Depois entendi que ele estava correto. Hoje tenho certeza de que os bombeiros salvaram minha vida e estou certo de que salvaram a vida do Chris também. A forma como eu via os bombeiros americanos mudou naquele dia. Para mim, esses caras foram os verdadeiros heróis daquele dia. Conversei com bombeiros que entraram naquela área mais tarde, e não havia saída. Aquele último sujeito queimado que tiramos de lá foi a última pessoa a sair viva do prédio naquele lado externo do Pentágono.

Sheila Denise Moody: Perdemos 34 colegas naquele dia, entre a divisão de gerência e contas, que era o escritório onde eu estava, e o escritório de orçamento, que ficava do outro lado do corredor. Dá para dizer que aquela área foi diretamente atingida pelo avião.

Dennis Smith, inspetor de manutenção, Escritório do Administrador do Edifício do Pentágono: Eu estava com meu uniforme antichama, o Aparelho Respiratório Isolante de Circuito Aberto (Arica). Eu tinha ar para quatro horas. Fiz uma varredura em cada sala para ver se ainda havia alguém vivo. Quando atravessei a fumaça e as chamas, havia água no chão por toda a parte, uns vinte ou 25 centímetros de água, porque os canos tinham estourado. As escadas pareciam cachoeiras. Havia partes de corpos flutuando à deriva. Vi um pé, um tronco, uma mulher pendurada de ponta-cabeça em uma cadeira. A cabeça de alguém em cima de um arquivo, totalmente queimada. Vi pessoas inteiramente incineradas sentadas a uma mesa de reunião. Vi um homem de pé contra uma parede, os braços estendidos em posição de defesa. Parecia que ele tinha visto o que vinha pela frente. Estava inteiro queimado. Fui de andar em andar pelo lado desmoronado do Corredor Quatro e gritei para ver se ainda havia alguém vivo. Não encontrei ninguém.

Capitão Robert Gray, resgate técnico, batalhão 4, Corpo de Bombeiros do condado de Arlington: Tinha combustível de avião por tudo. Ele formava uma película na superfície da água que estávamos atravessando, e o cheiro ficou no equipamento.

Tenente-comandante David Tarantino, médico, Marinha dos Estados Unidos: As chamas e a fumaça eram tão intensas naquela altura que nem as equipes de resgate conseguiam penetrar muito nos prédios. Pouca gente foi resgatada depois disso.

Capitão Robert Gray: Foi realmente impressionante, porque você chegava ao segundo ou terceiro andar e encontrava uma sala totalmente intocada. E cercada pela destruição total: dutos de ventilação jogados no piso, arquivos destroçados. E aí havia outro cômodo assim, sem nem a mais leve camada de fumaça na parede. Bandeirinhas, revistas sobre a mesa. Isso pela forma como o gás se misturou ao ar e circulou pelos prédios sob pressão, explodindo algumas áreas e preservando outras.

Capitão Charles Gibbs, Corpo de Bombeiros do condado de Arlington: Os militares botaram o seu pessoal para carregar macas e tal, mas simplesmente não havia gente para carregar.

* * *

Nos minutos logo após o ataque ao Pentágono, o secretário de Defesa, Donald Rumsfeld, viu-se dividido entre sua função oficial — que exigia dele comandar a reação do país — e o ímpeto humano de examinar o local do acidente e ajudar os homens e mulheres que estavam sob seu comando e haviam sido feridos.

Aubrey Davis, policial, Unidade de Serviço de Proteção, Serviço de Proteção da Defesa: O secretário caminhava depressa e nós andávamos depressa atrás dele. Quando entramos naquele corredor, um coronel com um corte na testa se aproximou e disse: "Senhor, é perigoso, não vá por ali".

Gilbert Oldach, policial, Unidade de Serviço de Proteção, Serviço de Proteção da Defesa: Estávamos no meio da fumaça e finalmente vimos a luz do sol. As portas estavam abertas e o sol estava entrando. Dava para ver a luz.

Donald Rumsfeld, secretário de Defesa: Vi o campo lá fora, salpicado de pedaços de metal.

Aubrey Davis: Eu me lembro de o secretário se abaixando e apanhando um pedaço do avião com o nome da aeronave ou algo assim. Ele disse: "É da American Airlines".

Donald Rumsfeld: Ah, meu Deus, o lugar inteiro estava em chamas. As pessoas estavam sendo removidas lá de dentro, e as macas, levadas para ambulâncias.

Aubrey Davis: O Centro de Comunicações ficava perguntando onde o secretário estava, e eu repetia que estávamos com ele. Eles não conseguiam escutar.

Victoria "Torie" Clarke, subsecretária de defesa de relações públicas: Em diversos momentos ao longo dos trinta minutos que se seguiram, as pessoas perguntaram onde o secretário estava. A resposta era: "Fora do prédio". Usávamos isso para dar a entender que ele havia sido levado para um lugar seguro. Mas, na verdade, ele tinha ido para o local do atentado.

Mary Matalin, assessora do vice-presidente Dick Cheney, Casa Branca: Estávamos muito preocupados, querendo receber informações sobre as baixas no Departamento de Defesa. Primeiro achamos que o secretário Rumsfeld havia sido atingido, depois ouvimos falar que ele estava tirando corpos dos escombros. Não conseguíamos localizar o secretário de Defesa.

Joe Wassel, assessor de comunicações, gabinete do secretário de Defesa: Tinha gente sentada na grama à nossa esquerda. Estavam começando a fazer uma triagem quando ouvimos alguém dizer: "Ei, preciso de ajuda".

Aubrey Davis: Lembrei que o secretário Rumsfeld tinha servido na Marinha. Ele parecia um capitão disposto a afundar com o navio — antes de voltar, tinha de se certificar que estava tudo bem.

Donald Rumsfeld: Tentei botar um pessoal para ajudar e ajudei um pouco também. Conversei com algumas pessoas sobre o que havia acontecido.

Aubrey Davis: Uma hora alguém correu para o secretário pedindo ajuda. Rumsfeld perguntou do que ele precisava e apontou seu assessor de comunicação, Joe Wassel. Disse: "Diga a ele do que você precisa". Ele disse que precisávamos de helicópteros e tal. Ainda estávamos tentando tirar o secretário do local do impacto. Soubemos que um helicóptero da Polícia dos Parques Nacionais, o Eagle One, ia pousar para tirá-lo de lá. O secretário disse: "Não, se um helicóptero pousar, devem usá-lo para transportar os feridos".

Donald Rumsfeld: Decidi que já tinha feito o que podia, havia bastante gente, e entrei.

Victoria "Torie" Clarke: Quando dei por mim, ele tinha entrado no centro de comando — sujo, suado, o paletó sobre o ombro.

Coronel Matthew Klimow, assistente executivo do vice-presidente do Estado-Maior Conjunto, general Richard Myers: Por volta das 10h30, o secretário Rumsfeld se juntou a nós. Imediatamente pediu para ser atualizado, sobretudo em relação às regras de engajamento. Explicamos a diretriz que havíamos acordado com o general [Ralph] Eberhart: tentaríamos persuadir um avião possivelmente sequestrado a pousar — mas se ele estivesse se aproximando de uma cidade grande, o abateríamos. Todos estavam calmos e controlados. Depois Rumsfeld confirmou as regras de engajamento com o vice-presidente Cheney. Era por volta de 10h30 quando recebemos um relatório avisando que havia uma aeronave desconhecida a mais ou menos oito quilômetros. Era um "bip" na tela do radar que havia desaparecido. Pensamos que fosse o fim. Em questão de minutos, talvez até segundos, o avião nos atingiria.*

---

* Pode ter sido mais informação deturpada sobre o voo 93, que as autoridades governamentais em Washington ainda não sabiam que havia caído na Pensilvânia. [N. A.]

37.
Entre os desabamentos

"Estava tocando aquela música sinistra."

Os 29 minutos entre os desabamentos das torres Sul e Norte foram repletos de tensão para quem continuava dentro do edifício que restava — assim como para aqueles que esperavam para saber se seus familiares poderiam escapar. Devido às comunicações truncadas, nem todos os bombeiros que estavam na Torre Norte receberam a ordem de evacuar o local; assim, mesmo nos últimos momentos da existência do prédio, alguns bombeiros do CBNY ainda galgavam seus degraus rumo à zona de impacto. Outros, porém, ouviram o aviso e simplesmente se recusaram a sair.

Thomas Von Essen, comandante-geral, CBNY: Para conseguir entender isso tudo, é importante entender o que significa ser bombeiro. Bombeiros não fogem. Se acham que podem ficar, eles não vão embora.[1]

Capitão Jay Jonas, equipe de resgate 6, CBNY: O intervalo entre os dois desabamentos foi o momento mais aterrorizante. O desconhecido estava prestes a chegar e te pegar. Era como ver aqueles filmes antigos do Frankenstein, quando você era criança, com aquela música sinistra tocando no fundo. Bem, a música sinistra estava tocando, porque o monstro estava prestes a te pegar. Foi um momento de muita ansiedade, o pior daquele dia.

Joe Graziano, bombeiro, equipe de resgate 13, CBNY, escadarias da Torre Norte: Mandaram a gente evacuar a Torre Um. Cruzei com um bombeiro, o Billy Kasey, da equipe de combate a incêndio 21. Ele carregava um senhor que estava com problemas cardíacos, um sujeito grande, e estava difícil. Virei para o meu capitão, Walter Hynes, e disse: "Capitão, vou ajudar esse cara a descer".[2]

Capitão Jay Jonas: Escutei pelo rádio o comandante [Pete] Hayden ordenar a evacuação do local, mandando os caras saírem. Ele convocou o Paddy Brown em particular, chamando-o pelo nome. "Capitão Paddy Brown. Posto de comando da equipe de resgate 3. Capitão Paddy Brown. Evacue o prédio". Paddy entrou no rádio e disse: "Eu me recuso a seguir essa ordem. Estou no 44º andar. Tem muita gente queimada aqui. Não vou abandoná-los". Mesmo naquela situação de alta ansiedade, pensei: *Caramba! Isso é inacreditável!* Foi um ato de bravura incrível.

David Norman, policial do Serviço de Emergência, caminhão 1, DPNY: Começamos a descer as escadas rapidamente. Na descida, íamos informando todo mundo das outras unidades do Corpo de Bombeiros que estavam nos andares: "Gente, recebemos ordem de evacuar o local. Estamos indo embora". Encontramos uns funcionários da Autoridade Portuária que não conseguiam acreditar — eles achavam que, por estarem vinte, trinta andares abaixo dos andares afetados pelo incêndio, estavam seguros: "Eu não sei por que vocês estão indo embora. Não é para tanto".

Joe Graziano: Eu e o Billy convencemos um senhor a descer. Apenas dissemos: "Olha, não vamos deixar você aqui. Vamos te tirar daqui". Não achávamos que havia urgência. O homem se chamava Ralph. É tudo que lembro a respeito dele.[3] Ralph foi corajoso. Lembro de passar por outros bombeiros nas escadas. Passei por todos os caras do caminhão 2 e pelo capitão Freddy III, que eu conhecia. A correia da minha máscara estava caindo e eu disse: "Freddy, faz um favor, ajeita a minha correia". Ele a puxou e nós seguimos em frente.

Bill Spade, bombeiro, ambulância 5, CBNY: Um policial, o John D'Allara, se aproximou de mim e começamos a conversar. Nem cheguei a saber que o Corpo de Bombeiros estava evacuando os prédios. Passava gente por mim aos montes, caminhando entre os quarteirões cobertos de destroços. Depois o fluxo de pessoas diminuiu. O policial D'Allara disse: "Acho que deveríamos voltar para aquela porta e ver quantas pessoas estão na escada". Falei: "É, acho que sim". Tão logo chegamos na escada, ele disse: "Acho melhor irmos embora já". Éramos só oito dos nossos na escada naquele momento. Eu disse: "Vamos juntos, ficamos juntos".

David Norman: Quando chegamos lá embaixo, me dei conta da dimensão daquilo tudo. Pensei: *Não tem mais prédio. Não sobrou literalmente nada dele.* Disse ao resto da equipe — e acho que eles viram a urgência da coisa no meu rosto: "Escutem. Precisamos sair e precisamos sair neste minuto. Não sobrou nada do prédio". Ouvir isso é muito diferente de ver com os próprios olhos.

***

Capitão Jay Jonas: Estávamos descendo as escadas e lá pelo vigésimo andar encontramos a Josephine Harris. Ela estava parada numa porta, chorando. Faltavam só uma ou duas semanas para ela completar sessenta anos. Havia conseguido descer do 73º andar — trabalhava como contadora na Autoridade Portuária — com ajuda de alguém do seu escritório. Tinha dito para seguirem sem ela. Provavelmente não tinha mais força física para descer nem um degrau.

Billy Butler, equipe de resgate 6, CBNY: Quando encontramos a Josephine, alguém me disse: "Ajude esta mulher".[4]

Capitão Jay Jonas: O Tommy Falco me olhou e disse: "Capitão, o que a gente faz com ela?". Olhei para ela e parecia uma decisão óbvia: "Vamos ajudá-la, é claro". Cada fibra do meu ser gritava para eu sair do prédio. A música sinistra estava tocando. Olhando em retrospecto, hoje, sim, era uma decisão fácil. Mas na verdade não era, porque não apenas eu estava me arriscando, como também era responsável por cinco bombeiros e suas famílias. Não era uma decisão nada fácil. Olhei para ela e simplesmente não pude dizer não. Disse: "Está bem. Tragam ela conosco". E foi o que fizemos.

Billy Butler: Comecei a descer com a Josephine.[5]

Capitão Jay Jonas: Agora íamos muito devagar. O que antes era uma marcha de ritmo normal, agora era um passo de cada vez. Bloqueávamos a passagem das pessoas atrás de nós. Umas duas vezes precisamos dar um passo para o lado para liberar o fluxo, continuando em seguida.

Billy Butler: Todo mundo tentava nos empurrar para a frente e era um processo muito demorado.[6]

***

Após os dois ataques e o colapso do primeiro prédio, familiares de toda a região começaram a busca frenética pelos entes queridos. Alguns foram direto ao World Trade Center. Os sobreviventes, por sua vez, espalhavam-se pela cidade ainda sem ter certeza do que havia acontecido.

Dan Potter, equipe de resgate 10, CBNY: Eu estava decidido a chegar até ela [minha mulher], mas enquanto tentava, também tinha que cumprir minhas muitas tarefas de bombeiro. Quando alguém disse "Verifique a escada rolante", fui e verifiquei bem depressa. Mas aquilo ficou martelando na cabeça: "Preciso descobrir o que ela está fazendo". Havia vítimas no Deutsche Bank e eu as ajudei. Você tinha que cumprir suas obrigações como bombeiro. Você está lá de uniforme, representando a cidade de Nova York como bombeiro. Sim, eu preciso cuidar da minha esposa, mas continuo tendo que ser bombeiro.

John Napolitano, pai do bombeiro John Napolitano, do CBNY: Quando a Torre Sul caiu, tentei entrar na cidade, vindo de nossa casa fora do município, mas não consegui. Pensei: *Meu filho é muito bom no que faz. Ele provavelmente está em algum lugar seguro ou foi com seu pessoal para algum lugar.* Não queria imaginar o pior, é óbvio. Fui para a casa da minha nora.

Dan Potter: Atravessei a avenida Greenwich e segui direto para o prédio do Deutsche Bank. Entrando no prédio, vi uma mulher tremendo. Disse: "Muito bem, vamos para os fundos do prédio, você vai melhorar". Cinco ou seis pessoas circulavam pelo prédio, ensanguentadas, rosto, mãos, tudo coberto de cinza. Ficavam vagando como zumbis. Repeti: "Vão lá para o fundo".

Jeannine Ali, controladora, Morgan Stanley, Torre Sul: Caminhamos até o South Seaport. Havia uma Pizzeria Uno lá — na verdade essa é uma história engraçada —, no segundo andar, com cadeiras na área externa e tal. Deixamos nossas coisas nas cadeiras e, quando fomos entrar na pizzaria, a porta estava trancada. O garçom estava encostado no bar, assistindo televisão e limpando um copo, de costas para nós. Ficamos esmurrando a porta, tipo: "Deixa a gente entrar! Deixa a gente entrar!". Ele se virou e disse: "Só abrimos às 11h30". Respondo: "Olha para a TV! Deixa a gente entrar!". E ele só repetia: "Ainda não estamos abertos. Só abrimos às 11h30".

Dan Potter: Vi uma creche, então corri para dentro para ver se tinha alguma criança lá. Mas havia destroços demais. Tive que voltar para a rua Greenwich. Pensei: *Vou dar a volta, tentar chegar ao posto de comando e entrar na Torre Norte para salvar a minha esposa.*

John Napolitano: Minha nora estava no trabalho quando aconteceu. Ela trabalhava na Computer Associates, e muitos colegas dela sabiam que o marido era bombeiro. Eles lhe disseram: "É melhor você buscar os seus filhos e ir para casa". Quando cheguei na casa dela, muitos dos amigos deles já estavam lá. Anne estava sentada e as duas filhinhas deles estavam brincando. Elizabeth tinha seis anos; Emma, três.

Dan Potter: Saí do prédio do Deutsche e encontrei um velho amigo que eu provavelmente não via fazia uns dezessete anos. Ele é inspetor de incêndios, o Mel Hazel. Ele não me reconheceu porque eu estava carregado de equipamento. O que ele reconheceu foi o número 31 no meu capacete, porque ele tinha trabalhado lá como bombeiro. Ele se virou e disse: "Ei, 31, você está bem?". Vi que era ele e disse: "Mel Hazel. Mel, sou eu, o Dan". Ele falou: "Meu Deus, não te reconheci. Você precisa de ajuda?". "Preciso encontrar a Jean. Ela está no teto da primeira torre. Eu estou convencido de que ela está lá. Você consegue me ajudar nisso?"

* * *

Capitão Jay Jonas: Na descida, encontrei o tenente Mike Warchola, da equipe de resgate 5. Aquele seria seu último dia no Corpo de Bombeiros. Ele ia se aposentar no dia 12 de setembro. Eu conhecia o Mike. Tínhamos servido juntos. Ele e dois bombeiros de sua equipe ajudavam um homem que estava com dores no peito a descer. Olhei para ele e disse: "Mike, vamos embora! Está na hora de ir!". Ele respondeu: "Tudo bem, Jay, você tem seu civil e nós temos o nosso. Estamos logo atrás de você".

Seguimos em frente e chegamos ao quarto andar. Josephine Harris caiu no chão. Gritava que a deixássemos, que a deixássemos sozinha. Não íamos deixá-la.

Billy Butler: O prédio todo começou a balançar.[7]

Capitão Jay Jonas: Começaram a aparecer umas estrias parecidas com ondas no chão.

Billy Butler: E aí ficou tudo preto.[8]

38.
O segundo desabamento

"Era como uma nuvem em formato de cogumelo."

Às 10h29, 102 minutos depois de ser atingida pelo voo 11 da American Airlines, a Torre Norte desabou, seus andares cedendo sob o próprio peso, exatamente como havia acontecido com a Torre Sul. Centenas de pessoas ficaram trancadas no prédio, incluindo muitas encurraladas acima ou abaixo da área de impacto. Outros milhares que haviam acabado de evacuar o prédio, ou que assistiam ao desdobramento dos fatos, ficaram presos nas redondezas do World Trade Center.

Richard Eichen, consultor, Pass Consulting Group, Torre Norte, 90º andar: Tinha uma roda de técnicos em emergência médica ao lado da porta — eles vieram na minha direção e eu disse: "Não, peguem ela", porque eu estava levando a Lucy nas minhas costas de novo. Eu a entreguei a um técnico. Dei quatro passos na calçada e alguém atrás de mim falou: "Cuidado!". Eu me lembro de virar, tipo: "Que diabos você quer de mim agora?". Vi que ele estava olhando para cima. Então olhei para cima. E era o prédio começando a desabar.

Joe Graziano, bombeiro, equipe de resgate 13, CBNY: Billy e eu finalmente chegamos com o Ralph no saguão. Quando saímos, a Torre Um caiu. Eu via o prédio vindo bem na minha direção. Não fazia ideia de que a Torre Sul já tinha caído.[1]

Bill Spade, bombeiro, equipe de resgate 5, CBNY: Havia um beiral, acho, no World Trade Center Seis. Estávamos tentando atravessar aquele pátio. Ainda caía um monte de coisas lá de cima. O policial D'Allara, do DPNY, disse: "Eu vou na frente". Fomos todos atrás dele.

David Norman, policial, Unidade do Serviço de Emergência, caminhão 1, DPNY: Íamos em duplas. Era quase como você vê nos filmes de guerra. Um corria até um ponto seguro e depois ficava de guarda e dava cobertura enquanto o outro avançava.

Bill Spade: Não fazia nem trinta segundos que tínhamos saído do Trade Center e ouvi aquele barulho de novo.[2]

Pasquale Buzzelli, engenheiro, Autoridade Portuária, Torre Norte, 64º andar: Eu estava lá pelo 22º andar quando, de repente, o prédio começou a sacudir violentamente. Veio um barulho enorme lá de cima, muito, muito alto. Eu devo ter pulado uns cinco ou seis lances de escada e me enfiei em um canto. Basicamente me encolhi em posição fetal e cobri a cabeça com as mãos.

Genelle Guzman, auxiliar de escritório, Autoridade Portuária, Torre Norte, 64º andar: A poeira, o prédio, as paredes simplesmente se abriram.

Tenente Gregg Hansson, equipe de combate a incêndio 24, CBNY: O pátio tinha ficado inteiramente branco. Parecia uma nevasca. De repente, veio um rugido estrondoso. A primeira coisa que pensei foi que outro avião estava se aproximando, para você ter noção do barulho. Parecia que estava bem acima de nós. Então ficou tudo completamente escuro. Até hoje não sei como sobrevivemos. Os policiais que estavam atrás de nós morreram no desmoronamento. Sei que o Bill Spade e dois outros policiais estavam na retaguarda.

Stephen Blihar, policial, Unidade do Serviço de Emergência, caminhão 10, DPNY: Ouvi um barulho medonho de algo se rachando. Olhei para a Torre Um e ela estava vergando sobre a minha cabeça, como uma onda.

Dan Nigro, comandante de operações, CBNY: O mesmo barulho, a mesma nuvem de poeira. Dessa vez, nem minha cabeça nem meu corpo conseguiram lidar com aquilo. Sabia que teríamos perdido centenas de bombeiros.

Juana Lomi, paramédica, Hospital Beekman Downtown de Nova York: Corremos para a esquina. Quando chegamos na escada do metrô, era tanta gente tentando entrar que acabamos sendo empurrados até lá embaixo. Todo mundo caiu. Foi tipo uma bola de gente despencando pelos degraus.

James Luongo, inspetor, DPNY: Corri sem parar. Alcancei um bombeiro que também estava correndo, um sujeito alto e magricelo. Olhei e vi que estava escrito "Capelão" no capacete dele. Era o capelão John Delendick, do Corpo de Bombeiros da igreja St. Michael's, no Brooklyn. Correndo ao lado dele, lhe disse: "Você é padre?". E ele: "Sim". Eu disse: "Padre católico?". E ele: "Sim". "Então, que tal me dar a absolvição?"

Monsenhor John Delendick, capelão, CBNY: Um policial se aproximou, correndo junto comigo, e disse: "Padre, posso me confessar?". Disse a ele: "Estamos em guerra, então vou dar uma absolvição geral, para todos", e foi o que fiz. A absolvição geral da Igreja católica perdoa todo mundo de uma vez só.[3]

James Luongo: Enquanto corria, eu olhava por cima do seu ombro — e dava para sentir os estilhaços voando. Vi um policial cair na minha frente. Imaginei que ele tivesse sido atingido por um estilhaço. Abaixei e o levantei pelo cinto, porque ele ia acabar sendo pisoteado. Perguntei: "Você está bem? Onde foi atingido?". Ele virou e disse: "Não, deixei minha caneta cair". Para você ver como é a cabeça da gente — correndo para salvar sua vida, ele abaixou para pegar uma caneta que tinha deixado cair.

Bill Spade: Eu me lembro de ser içado e lançado contra uma parede. Bati de cara nela com tanta força que achei que tinha perdido um olho. Mas pensei: *Não vou morrer aqui*. Achei uma janela e rolei para dentro dela. Caí em um escritório. Coloquei a cabeça debaixo da mesa. Estava tudo desabando. Disse adeus a minha esposa e a meus filhos.

David Norman: Achei um caminhão de bombeiro e pulei para debaixo do eixo traseiro. Inicialmente, eu era o único debaixo do caminhão de bombeiros, mas depois cada centímetro do espaço foi ocupado por alguém que teve a mesma ideia. Os destroços começaram a bater no caminhão. Pensei comigo mesmo: *Cara! Esse caminhão vai me esmagar! Eu me meti aqui para me proteger, e agora ele vai me esmagar.*

Pasquale Buzzelli: Ouvi pessoas gritando. Era tão alto, parecia uns rochedos caindo, cofres, sei lá o quê, um barulho parecido com o de um trem de carga. No próximo milésimo de segundo, senti a parede ao meu lado ceder e rachar até se abrir.

Louise Buzzelli, Riverdale, Nova Jersey, esposa de Pasquale Buzzelli: O telefone tocou e era uma das tias do Pasquale. Quando estava no telefone com ela, comecei a ver o prédio mudando — algo nele estava mudando. A fumaça aumentou e foi ficando mais escura. Comecei a ver a antena se mexer e então eu soube. Pronto — agora é o prédio dele que vai cair.

Pasquale Buzzelli: Eu me vi caindo em queda livre. Sentia o vento, um vento abrasivo. Continuei enrolado na posição fetal. Vi clarões de luz dos impactos, quando algo atingia minha cabeça, cinco ou seis vezes. Via aquelas estrelas que vemos quando batemos a cabeça.

Louise Buzzelli: Fazia talvez uns 25 minutos que eu tinha falado com ele, então sabia que não havia chance nenhuma de ele ter conseguido descer do 64º andar com aquela multidão. Eu só gritava: "Não! Não! Não! Não! Não!". Cada partícula de energia que havia em mim se esvaiu. Desabei no chão, gritando descontroladamente. Assistindo àquilo caindo e pensando: *Nossa bebê jamais conhecerá seu pai. Ela nunca vai vê-lo.*

Eu não conseguia mais assistir. Saí de casa. Não sei o que era pior — estar lá fora sob a luz linda do sol daquele dia maravilhoso, com as flores de setembro, aquela paz, os pássaros cantando, ou ficar lá dentro naquele horror, assistindo àquilo. Era inconcebível eu estar no meu jardim e meu marido — eu tinha acabado de vê-lo morrer, ao lado de milhares de outras pessoas.

Tenente-coronel Tim Duffy, piloto de F-15, Base Aérea de Otis, Cape Cod, Massachusetts: Nós passamos pelo Kennedy e afastamos um avião que estava lá. Estava voltando para verificar a situação na Torre Norte. Quando olhei diretamente para ela, percebi que estava explodindo diante dos meus olhos. Foi o pior mal-estar que já senti.[4]

Frank Lombardi, engenheiro-chefe, Autoridade Portuária, Torre Norte: Eu vi a antena da Torre Um começar a cair lentamente, como um míssil retrocedendo para dentro de seu silo.

Dan Potter, bombeiro, equipe de resgate 10, CBNY: Um policial veio correndo pela rua e disse: "A Torre Norte vai cair a qualquer momento, a qualquer momento". Quando ele acabou de passar, ouvimos aquele mesmo som de algo ruindo.

Jean Potter, Bank of America: Eu estava em Chinatown quando escutei o desabamento da Torre Norte.

Dan Potter: Parecia um trem de carga, uma trovoada. Deitamos no chão em frente ao Deutsche Bank porque calculei que simplesmente não conseguiria correr rápido o bastante para escapar daquela massa de coisas caindo. Se aquilo te atingisse, pronto — você já era.

Andrew Kirtzman, repórter, NY1: Houve uma explosão gigantesca, gigantesca, e uma enorme coluna de fumaça. Enquanto o prédio caía como uma panqueca, aquela mistura de fumaça, fuligem e fogo se virou para o norte. Começou a nos perseguir, e saímos correndo para nos salvar.

Tenente Terri Tobin, DPNY: As pessoas gritavam: "A segunda está caindo. Saiam daqui". O melhor a fazer era correr em direção à água, então comecei a correr. Levei uma pancada forte nas costas e caí de joelhos. Eu me virei e vi a nuvem preta vindo, se aproximando muito depressa.[5]

Rudy Giuliani, prefeito de Nova York: Senti alguém me agarrar e começar a me arrastar, como você faria com um animal, um cavalo, tipo: "ANDA!". Acho que corremos um terço de quarteirão. Nem entendi o que estava acontecendo.

Andrew Kirtzman: O guarda-costas do Giuliani jogou o braço ao redor dele e começou a correr. Todos disparamos, seguidos por essa nuvem em formato de cogumelo.

Rudy Giuliani: Ele foi me arrastando e eu disse: "PARA". Nós nos viramos, e pude ver a nuvem monstruosa chegando entre os prédios. Realmente parecia um ataque nuclear.

Tracy Donahoo, guarda de trânsito, DPNY: De repente aquela fumaça negra veio voando e apareceu na esquina, como um monstro de filme. Ela deu uma guinada e subiu a Broadway.

Richard Eichen: Eu estava subindo a rua Fulton correndo e o sujeito na minha frente ia caminhando. Eu o empurrei para o lado. Outro sujeito correu e ficou na minha frente e eu o joguei para o lado. Ele tropeçou e eu rezei para não ter selado seu destino. Passei por cima do capô de um carro — quem me conhece vai achar isso hilário — e segui em frente.

Joe Esposito, chefe de departamento, DPNY: Empurrávamos as pessoas para dentro de qualquer porta, de qualquer prédio onde pudessem se esconder. Você só via aquele negócio rolando na sua direção como uma onda gigantesca.[6]

Richard Eichen: A manhã inteira foi uma calamidade — uma calamidade de proporções bíblicas — atrás da outra. Uma hora antes, eu estava comendo um *bagel*, lendo jornal, preocupado com a comida do meu clube de campo, e agora estava aqui, no meio daquela devastação bíblica.

Charles Christophe, advogado: Estávamos totalmente cobertos de poeira. Era inacreditável — parecia que você estava em um filme, numa ficção científica. Não era a realidade. Você não sabia o que estava acontecendo. Eu só trazia meu celular comigo. Fiquei o tempo todo tentando falar com a Kirsten, minha esposa.

Ian Oldaker, funcionário, Ellis Island: Chegamos ao South Street Seaport rapidinho. Entramos em um bar, que estava lotado. Tomamos um suco, uma água. Ficamos assistindo à CNN, e dava para ver as torres pela vidraça. A TV estava bem na nossa frente, e a vista das torres, à esquerda. Vimos a segunda começar a cair. O bar inteiro virou a cabeça para a janela. Quando a torre caiu a ponto de não conseguirmos mais vê-la, todo mundo se virou de volta para a TV para assistir ao fim do desmoronamento.

Monica O'Leary, ex-funcionária, Cantor Fitzgerald, Torre Norte: Eu estava no apartamento do meu vizinho quando nosso prédio caiu. Só lembro de me jogar no chão, gritando: "Não deu tempo! Não deu tempo de saírem!". Fiquei deitada no chão, gritando. Sabia que eles tinham morrido.

Robert De Niro, ator, Nova York: Eu morava nove quarteirões ao norte do World Trade Center. Minha televisão de tela grande estava à minha esquerda e eu estava de frente para uma janela. Quando vi a Torre Norte começar a cair, tive que olhar para a TV para confirmar aquilo que estava vendo com meus próprios olhos. Era irreal.[7]

***

Roger Parrino, tenente encarregado dos detetives, DPNY: Não tenho lembrança de nenhum som. Não ouvi nada caindo ao meu lado. Dava para ver um monte de coisa caindo do meu lado, mas não conseguia acreditar que não estavam caindo em mim. Vi muita coisa cair e bater. Vi um carro ser virado. De repente, parecia que tinham me coberto com cobertores. É a única maneira de descrever aquilo. Era realmente muito macio e até bem confortável. Parecia que eram vinte cobertores. Depois, em um milésimo de segundo, comecei a sufocar.[8]

David Norman: Foi aí que a onda de poeira de concreto — era tão espessa! — nos envolveu. Eu não conseguia respirar. Era quase como se você estivesse tentando respirar através daquelas partículas que usam para isolamento térmico — aquele pó — e não conseguisse.

Dan Potter: Lembro de engolir a fumaça, e parecia aquelas meias cinzas de lã. Parecia que dava para mastigá-la.

Stanley Trojanowski, bombeiro, equipe de combate a incêndio 238, CBNY: Você sufocava, tentava respirar, seus olhos estavam cheios de detritos, você não conseguia enxergar nada.[9]

Richard Eichen: Percebi que a minha boca estava cheia de destroços — era a poeira. Tentei limpar a boca — meti dois dedos nela e puxei aquilo para fora. Então percebi que continuava sem conseguir respirar. Aí enfiei o dedo até a garganta e consegui abrir uma passagem para o ar.

Dan Potter: Não sabia mais onde estava. Raspei o chão, vi o asfalto preto e disse: "Estamos na rua, estamos na rua!".

Gary Smiley, paramédico, CBNY: Toda vez que eu inspirava, era como se minha cabeça estivesse afundada na areia.[10]

Bill Spade: Tive que enfiar a mão na boca e arrancar uns tufos de coisas. Quando eu respirava, doía. Parecia que estava inalando vidro. Olhei em volta. Só restavam quatro de nós — eu e três outros bombeiros. Perdemos o policial e todo mundo que estava naquele beco.

Sharon Miller, policial, DPAP: Eu me perdi dos meus parceiros, não sei como. Parei e olhei para ver se via alguém — o capitão, o chefe, o pessoal. Não encontrei ninguém. Não sei até onde corri. Corri até ver o inspetor [Lawrence] Fields e um policial. Eles estavam parados em uma esquina. Corri até eles e falei das pessoas que não estava conseguindo encontrar. Eles me olhavam como se eu fosse louca. Disseram: "Do que você está falando?". Falei: "Eu entrei no prédio com o chefe [James] Romito, a capitã [Kathy] Mazza, o tenente [Robert] Cirri, Richie Rodriguez, Jimmy Nelson, Jimmy Parham, Steve Huczko". E disse: "Eu me perdi deles". Eu nunca mais os veria. Eles nunca foram encontrados. Morreram todos.

39.
Presos nos escombros

"Achei que estava morto até começar a tossir."

Quando a segunda torre desabou, mais de 2600 pessoas estavam mortas nos destroços ao redor do World Trade Center, incluindo 343 bombeiros de Nova York, 37 membros do DPAP, 23 do DPNY e uma dúzia de outros agentes públicos e socorristas, além do ex-agente do FBI John O'Neill.

Alguns poucos afortunados sobreviveram ao desabamento, escondidos no Hotel Marriott ou soterrados entre os escombros das torres Norte e Sul.

Jeff Johnson, bombeiro, equipe de combate a incêndio 74, CBNY: Quando entramos no salão de banquetes, tentamos nos orientar e entender onde estávamos. Aí veio o segundo desabamento.

Frank Razzano, hóspede, Hotel Marriott: Jeff obviamente sabia o que tinha sido aquilo, porque me disse: "Deita no chão". Fomos soterrados por mais destroços.

Jeff Johnson: Foi a mesma coisa: ficou tudo preto, eu não conseguia respirar, asfixia. Simplesmente não dava para respirar. Não dava para abrir os olhos.

Frank Razzano: Lembro de dizer a mim mesmo: *Isso não pode ter acontecido comigo duas vezes no mesmo dia. É impossível.* Pensava: *Não tenho tanta sorte, não vou sobreviver duas vezes.* Comecei a rezar.

Jeff Johnson: Fiquei tão furioso! Pensava: *Não me deixe morrer.* Comecei a rezar. Não achei que fosse sobreviver.

Frank Razzano: Cada inspiração vinha cheia de fuligem e cinzas. Era como se afogar.

Jeff Johnson: Gritei: "Está todo mundo bem?". Ouvi: "Eu estou bem", "Estou bem", "Estou bem". Mas não ouvi o quarto "Estou bem". Perguntei: "Quem está bem?". Eles gritaram seus nomes, mas o Pat não estava entre eles. Comecei a chamar o Pat Carey aos berros.

Frank Razzano: Jeff começou a procurar uma saída. Olhava ao redor freneticamente para tentar descobrir um jeito de sair. Encontrou uma abertura bem pequena em um muro do prédio que dá para a rua West. Disse: "É a nossa saída. Vamos descer".

Jeff Johnson: Pegamos as cortinas e as colocamos para fora do buraco para podermos descer por elas, de ré. Fiquei por último, os civis foram primeiro. Eles colocaram o traseiro e as pernas para fora e foram rastejando. O primeiro passou, depois o próximo, depois o Frank e aí eu saí de ré.

Frank Razzano: Tinha visto o diretor de gastronomia do hotel. Ele desceu pelas cortinas e conseguiu chegar lá embaixo. Pensei: *Se ele consegue, eu também consigo.*

Jeff Johnson: Eles se mandaram. Só fui saber quem era o Frank um ano depois. Continuo sem saber o nome dos outros dois. Os três sumiram, basicamente se enfiaram no entulho.

Frank Razzano: Não dava para dizer que era uma rua, porque não era mais uma rua. Não havia nada que indicasse que era uma rua — era um campo de destroços. A primeira coisa que me lembro de ver, quando olhei para cima, foram as grades de proteção do World Trade Center enfiadas nos destroços.

William Jimeno, policial, DPAP: De novo, naquela altura não fazíamos ideia de que a Torre Dois tinha caído. Ouvimos outra explosão, *bum!*, igual à primeira. Eu me lembro que o Dominick [Pezzulo] recuou um pouco e eu disse a ele: "Pronto, já era". Parecia uma locomotiva gigantesca vindo na nossa direção. Eu só conseguia pensar: *Vou morrer*. Uma das coisas que eu sempre fazia com minhas filhas — Allison e Bianca — era dizer "eu te amo" na língua de sinais. Eu fazia o sinal de "eu te amo" e cruzava as mãos sobre o peito. Achei que se morresse ali e eles me encontrassem, pelo menos iam poder dizer à minha esposa que minhas mãos estavam cruzadas daquele jeito, e ela saberia que eu estava pensando nela.

Eu ouvi o sargento McLoughlin gritar. Um pedaço de concreto que caiu de uma pequena abertura tinha jogado o Dominick no chão feito uma boneca de pano. Comecei a ser atingido com mais força. Gritei. Foi exatamente igual ao primeiro desabamento, pareceu durar para sempre, mas tudo aconteceu muito rápido.

***

O desabamento também pegou os bombeiros que estavam descendo a escadaria B com sua civil ferida, Josephine, e um oficial do DPAP que estava evacuando o prédio com eles, David Lim.

Capitão Jay Jonas, equipe de resgate 6, CBNY: Todo o ar do prédio estava sendo comprimido, o que gerava ventos com a força de um tornado na escada. Fomos açoitados por destroços. Era como umas trinta pessoas te socando ao mesmo tempo. A poeira era de uma força industrial. Nos cobrimos e esperamos pelo que achamos que seria nosso fim. Mas, para nós, ele não veio.

Tenente Mickey Kross, equipe de combate a incêndio 16, CBNY: Foi um estrondo tremendo. E depois um vento — um vento muito, muito forte. Ele começou a me erguer do chão.

Capitão Jay Jonas: Aquela sensação de medo e ansiedade que senti entre os dois desabamentos? Quando o desabamento começou, ela sumiu. Senti uma paz. Seja lá o que fosse acontecer, já estava acontecendo.

Tenente Mickey Kross: Eu me agachei, fui para o canto da escada, perto do corrimão, e me encolhi o máximo que pude. Acho que a melhor maneira de descrever seria dizer que tentei me enfiar dentro do meu capacete de bombeiro.

Capitão Jay Jonas: E então, quando a coisa estava quase chegando na gente, ela parou.

Tenente Mickey Kross: Os destroços batiam em mim e ficou tudo escuro. Depois foi só silêncio. Nada. Não tinha vento, nem barulho, nem luz. Nada.

***

Joe Esposito, chefe de departamento, DPNY: Disse ao meu sargento: "Acabamos de perder muita gente". Lembro de dizer: "Se perdermos menos de cem, será um milagre". E foi um milagre. Perdemos 23 pessoas, o que ainda é um número absurdo, mas foi um milagre.[1]

William Jimeno: Quando tudo se acalmou, olhei para minha direita e consegui ver o Dominick. Havia sido esmagado pelo concreto. Ele disse: "Willy, estou morrendo". O sargento McLoughlin berrava, sentindo muita dor. Eu também sentia muita dor, mas estava lutando, queria falar com o Dominick. Eu disse: "Aguenta aí, Dominick, aguenta aí".

Naqueles seus últimos dois minutos, Dominick vira e diz para o sargento McLoughlin: "Me dá um três-oito?", que é o código, na Polícia da Autoridade Portuária, para pedir um intervalo. No meio de tanta dor, ele ainda tinha senso de humor. O sargento McLoughlin, apesar de estar gritando, disse: "Tá, pode fazer um três-oito". Dominick disse: "Willy, não se esqueça que morri tentando salvar vocês". Em seus últimos momentos, ele lutou para tirar a arma do coldre. Então a apontou para cima, para aquele buraco no entulho bem acima da nossa cabeça. Ficamos gritando: "Policiais do DPAP feridos!", na esperança de que alguém ouvisse. Aí ele apontou a arma para cima, para o buraco, e atirou, em um último esforço para que alguém nos ouvisse. Então caiu para a frente e morreu.

Psicologicamente, fiquei muito, muito mal. Já havíamos perdido dois policiais — Christopher [Amoroso] e Antonio [Rodriguez] — e agora eu tinha visto o Dominick falecer. Foi muito, muito difícil. Eu disse: "Sargento, o Dominick se foi". O sargento respondeu: "Aguenta aí. Aguenta aí. Eu sei". Continuamos assim por um tempo, os dois tentando conversar. Eu disse: "Sargento, o que fazemos? O treinamento diz o quê?". E ele: "Will, isso vai muito além de qualquer treinamento que qualquer pessoa já tenha recebido".

Sargento John McLoughlin, DPAP: Ninguém tinha sido treinado para aquilo.[2]

Tenente Mickey Kross: Fiquei encapsulado entre destroços. Não conseguia me mexer muito e vi que não parecia ferido. Tentei colocar a cabeça no lugar. Eu disse: "Muito bem. Vamos ver o que tenho de equipamento comigo". Fui tateando. Ainda tinha uma lanterna. Todo o resto do equipamento que carregava havia sumido.

Billy Butler, equipe de resgate 6, CBNY: Imediatamente você começa a se olhar para ver se todos os dedos ainda estão lá, se os dedos do pé ainda estão lá, e se mexe para se certificar de que nada está quebrado. Eu tinha apanhado, mas estava bem. Fiquei tentando me desvencilhar, tirar aqueles pedações de reboco de cima de mim, quando de repente a Josephine surge em meio à poeira, tipo a Bolha Assassina emergindo do pântano. Ela me deu um susto do cacete.[3]

Tenente Mickey Kross: Eu não enxergava nada direito, achei que tivesse ficado cego. Fiquei pensando: *Ah, Jesus, estou preso no World Trade Center e ainda por cima, cego — será que tem como piorar?* Toquei meus olhos e senti uma crosta. Era uma camada de meio centímetro de poeira encrustada, feito concreto. Tentei descascá-la, mas não saía. Consegui tirar a luva e botei meu mindinho na boca, tentando molhar o dedo para tirar aquela crosta dos olhos. Por fim, consegui arrancar a maior parte dela, abri os olhos e pude pelo menos enxergar o espaço minúsculo onde estava. Eu não estava cego; ainda tinha minha visão.

Capitão Jay Jonas: Meus primeiros pensamentos foram: *Quem ainda está comigo? Quem ainda está vivo?* Fiz uma chamada e todo mundo respondeu. Eu ainda não sabia o nome da Josephine. Eu só a chamei de "a mulher"; disse: "A mulher ainda está conosco?". Responderam: "Sim, ela continua aqui".

Josephine Harris, escriturária da Autoridade Portuária, Torre Norte, 73º andar: Tinha alguém olhando por nós no dia. Não quebramos nem um osso. Não temos nenhuma cicatriz.[4]

Capitão Jay Jonas: Pra mim, tudo certo, está tudo correndo bem. Tá legal, vamos sacudir a poeira e cair fora. Só que não foi tão rápido.

Genelle Guzman, auxiliar de escritório, Autoridade Portuária, Torre Norte, 64º andar: Quando finalmente parou, fez-se um silêncio absoluto, mortal. Pensei que estivesse sonhando. Fechei os olhos, torcendo para que quando os reabrisse, tudo não tivesse passado de um pesadelo. Vi que não era um pesadelo. Não conseguia me mexer. Tentei me levantar. Estava presa. Eu estava deitada de lado, os pés entrecruzados. Não podia me mover. Não conseguia enxergar nada. Tinha poeira — de tudo — na minha boca. Estava completamente escuro. Percebi que aquilo tudo estava realmente acontecendo.

Pasquale Buzzelli, engenheiro, Autoridade Portuária, Torre Norte, 64º andar: Acordei com galos na cabeça. Meu corpo estava dormente. Olhei para cima e vi o céu limpo — o céu azul. Por um instante, achei que estava morto, pois não sentia dor. Achei que estava morto até que comecei a tossir. Aí comecei a sentir minha perna doendo, e foi então que percebi: *Ah, meu Deus! Não acredito que realmente sobrevivi. Eu estou vivo.*

40.
Depois do desabamento
"Tanta calma e paz."

O desabamento de ambas as torres cobriu o sul de Manhattan de entulho e poeira; quando os sobreviventes emergiram por entre as nuvens, encontraram uma cidade tragicamente transformada e uma paisagem urbana, antes familiar, praticamente irreconhecível. Grupos de socorristas e civis foram soterrados pelo entulho ou ficaram presos nos prédios vizinhos, onde tentaram se abrigar do desabamento.

James Luongo, inspetor, DPNY: Depois foi aquele silêncio — não sei como explicar, mas era aquele silêncio que cai sobre a cidade sempre que neva muito.

David Norman, policial, Unidade do Serviço de Emergência, caminhão 1, DPNY: Quando você sai durante uma nevasca e há tanta calma e paz — foi assim que ficou, momentos depois.

Sharon Miller, policial, DPAP: Ficou tudo muito silencioso, parecia que estava tudo coberto de algodão, parecia marshmallow, algo assim.

Richard Eichen, consultor, Pass Consulting Group, Torre Norte: Na rua, parecia que você estava na praia. Os pés afundavam naquilo, e cada vez que você dava um passo, subia mais uma lufada de fumaça. As pessoas, todo mundo tinha ficado da mesma cor.

David Norman: Estávamos literalmente emplastados. Todos estavam cinza. Apesar de usarmos uniforme azul-marinho, estávamos cobertos de cinza branca e destroços.

Al Kim, vice-presidente de Operações, TransCare Ambulance: Ficamos que nem zumbis por alguns minutos, ou foram horas? Não sei dizer.

David Brink, detetive, esquadrão 3 do Serviço de Emergência, DPNY: Alguns veículos estavam pegando fogo e os pneus começaram a explodir. Pensei, tipo: *Cadê os bombeiros? Por que não estão apagando esses incêndios?* Quando olhei mais para a frente, vi um caminhão de bombeiro pegando fogo e isso me trouxe de volta à realidade: *Ah, sim. Agora eu sei por quê.*

Bill Spade, bombeiro, ambulância 5, CBNY: O cômodo parecia estar cheio de entulho até o teto. Não conseguíamos sair. Olhei em volta. Um dos bombeiros perguntou: "O que vamos fazer agora?". Um deles, um tenente, respondeu: "Vamos respirar o ar rente ao chão. Vamos tirar as coisas do caminho e nos abaixar e tentar respirar o oxigênio lá embaixo". Falei: "Não vou ficar aqui". Um sujeito disse: "Podemos gritar por ajuda". Falei: "Ninguém vem buscar a gente aqui".

Gary Smiley, paramédico, CBNY: Comecei a me arrastar para fora de lá, cavando entre as pedras e os destroços. Assim que saí, um bombeiro que também tinha ficado preso nos destroços conseguiu se livrar. Nós dois cambaleamos de um lado para outro. Não sei por quanto tempo caminhamos.[1]

Bill Spade: Tentei bater nas paredes para fazer um buraco, mas não deu em nada. Estávamos muito cansados, exaustos, acabados. Acho que passamos uma hora nessa sala. Um dos bombeiros mais novos disse: "Acho que achei uma saída. No final do prédio comercial, na janela mais alta à esquerda, parece que tem uma passagem". Caminhamos seguindo o muro, tateando — estava meio escuro —, passando por cima das coisas, e realmente havia um ponto mais iluminado lá em cima. Fomos subindo pelos destroços até lá e alargamos a passagem. Fomos até a beirada de onde estávamos, a mais de dez metros de altura. Eu me lembro de olhar lá para fora. Estava tudo pegando fogo.

Gary Smiley: Umas pessoas começaram a gritar: "Tem alguém aí?". Nós andamos em direção às vozes. Era o dono de uma delicatéssen e sua esposa. Eles nos puxaram para dentro da loja. Já havia uns seis ou sete policiais e alguns bombeiros lá, com diferentes ferimentos e dificuldade de respirar. Eles tinham puxado uma mangueira da cozinha para limpar todo mundo.[2]

Jeff Johnson, bombeiro, equipe de combate a incêndio 74, CBNY: Finalmente consegui sair. Vi algumas luzes piscando, dessas que chamamos de Mars, aquelas que ficam girando no alto dos caminhões dos bombeiros e da polícia. Vi as listras amarelas de uns dois casacos, porque elas refletem a luz imediatamente. A rua não existia mais.

Alan Reiss, diretor do World Trade Center, Autoridade Portuária: Estava tudo em silêncio, exceto por uma coisa: os alarmes PASS.

David Brink: Os alarmes PASS dos bombeiros têm um som muito estridente; eles sinalizam que o bombeiro está caído, em perigo, e imóvel. Só ouvia esses alarmes disparando sem parar. Não dava para saber de onde vinham.

Al Kim: Estavam por toda parte. Era tudo que você ouvia. *Bip, bip, bip, bip, bip* por tudo.

Alan Reiss: Você só ouvia um monte deles disparando.

Jeff Johnson: Caminhei em direção a um caminhão de bombeiro. E aconteceu de estarem lá um comandante da equipe de resgate e um bombeiro, Paul Hashagen, que por acaso eu conhecia. Paul me perguntou: "Você está bem?". Respondi: "Sim, e você, está bem? O que está acontecendo?". Ele virou e disse: "As torres desabaram". Então me virei para olhar e vi que as torres realmente tinham sumido. Eu não podia acreditar.

Imediatamente fui até o comandante e comecei a tentar chamar sua atenção. Era frustrante, porque ele não ouvia o que eu falava. Eu olhava para ele — de homem para homem —, olhava nos olhos dele, e dizia: "Comandante, não estou achando o Ruben, nem tal sujeito, não sei onde esse cara está, nós estávamos no 22º andar". Vou passando para ele todas as informações que tenho, contando tudo que me vem à cabeça. Meu amigo, Paul, vira e diz: "Jeff". Respondi: "O quê?". E ele: "Jeff, olha para trás". Virei para trás e percebi que o 22º andar não existia mais — o Marriott tinha desaparecido. O comandante nos disse: "Caminhem em direção à água".

As Torres Gêmeas foram destaque no panorama urbano
de Nova York durante quase trinta anos.

Em 10 de setembro de 2001, câmeras posicionadas pela artista Monika Bravo, no 91º andar da Torre Norte, captaram um temporal que passava por Nova York. Bravo viria a batizar o vídeo de *Uno nunca muere la víspera* (*Ninguém morre de véspera*).

Vista da Torre Norte depois de o voo 11 da American Airlines ser lançado contra o prédio, às 8h46 de 11 de setembro de 2001.

Uma das 92 pessoas a bordo do American Airlines 11 era Betty Ong, comissária de bordo que telefonou ao serviço de reservas da companhia aérea para comunicar o sequestro.

Cartão de Richard Eichen para acesso temporário à Torre Norte. Eichen sobreviveu. Estar sem a chave para entrar no seu escritório do 90º andar naquela manhã foi o que salvou sua vida.

Por volta das nove da manhã, praticamente todos os canais de notícias transmitiam imagens ao vivo da Torre Norte em chamas. Espectadores e âncoras ficaram estarrecidos ao ver o voo 175 da United Airlines, o segundo avião sequestrado naquele dia, colidir com a Torre Sul, às 9h03.

Em questão de vinte minutos após a primeira colisão, as duas Torres estavam em chamas, e ficou evidente que as colisões haviam sido propositais. Na Torre Norte, os andares 93 a 99 sofreram impacto direto; na Torre Sul, entre o 78º e o 83º andar, tudo foi destruído.

O presidente Bush estava em um evento para a imprensa na Escola de Ensino Fundamental Emma Booker, em Sarasota, Flórida, quando foi informado de que os Estados Unidos estavam sofrendo um ataque.

O vice-presidente Cheney, em Washington, assistiu ao desenrolar dos acontecimentos de imediato a partir da sua sala na Casa Branca; instantes depois, ele foi levado às pressas pelo Serviço Secreto.

Às 9h37, o voo 77 da American Airlines colidiu com a Cunha 1 do Pentágono, em Arlington, Virgínia. Câmeras de segurança captaram o impacto. A data na câmera de vigilância estava configurada erroneamente para 12 de setembro, um dia à frente.

Conforme o desenrolar da manhã, as escadarias de ambas as Torres lotaram de trabalhadores descendo e de bombeiros subindo.

Mike Kehoe, que acabaria sobrevivendo, foi um de muitos bombeiros que subiram as escadas da Torre Norte para evacuar os andares superiores.

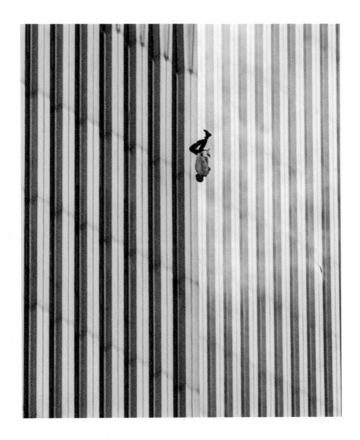

Richard Drew, fotógrafo da AP, captou uma das imagens mais horripilantes do 11 de Setembro, às 9h41: uma foto da Torre Norte que acabou conhecida como *Homem em queda*. A pessoa nunca foi identificada em definitivo.

Às 9h59, a Torre Sul do World Trade Center desabou. A Torre Norte teve o mesmo destino às 10h28, 102 minutos depois de o primeiro avião atingir o prédio, chocando espectadores que não acreditavam que as Torres poderiam desabar completamente.

Rudolph Giuliani, prefeito de Nova York, se dirigiu imediatamente à zona sul, passando pelo Hospital St. Vincent's com sua equipe.

Após a queda das Torres Gêmeas, o Baixo Manhattan foi tomado por cinzas e fumaça, forçando milhares de pessoas a deixar Manhattan a pé pela ponte do Brooklyn.

Aproximadamente trinta minutos depois de atingida, a Cunha 1 do Pentágono desabou. Quase todos os resgatados dos destroços foram encontrados nessa meia hora.

Conforme militares e funcionários civis corriam para prestar socorro, bombeiros lutavam para enfrentar as chamas ferozes dentro do prédio.

Donald Rumsfeld, secretário de Defesa, estava em outra cunha do Pentágono quando o ataque ocorreu, mas dirigiu-se rapidamente ao local do impacto para estimar danos e prestar apoio.

O FBI também dirigiu-se a Arlington com o objetivo de coletar evidências e destroços para uma eventual investigação do ocorrido.

O bunker da Casa Branca, conhecido como COEP, lotou durante a manhã.

No meio daquela manhã, o vice-presidente Cheney e a secretária de Estado Condoleezza Rice estavam protegidos no bunker, de onde coordenaram autoridades no Capitólio e em outros locais, enquanto muitos temiam a iminência de outro ataque.

Conforme autoridades em Washington reuniam-se em solo, o presidente Bush e Andrew Card, chefe de gabinete da Casa Branca, encontravam-se a bordo do *Air Force One* sem ter uma ideia exata de para onde poderiam dirigir-se.

Depois que as Torres desabaram em Nova York, retirar os habitantes por via marinha foi uma das únicas opções viáveis que as autoridades permitiram.

Conforme milhares de pessoas enchiam os embarcadouros tentando fugir, balsas e barcos privados foram requisitados para transporte, o que resultou na maior evacuação marítima desde a Segunda Guerra Mundial.

Pouco após as dez da manhã, o voo 93 da United Airlines caiu na terra fofa de uma antiga mina em Shanksville, Pensilvânia, depois que passageiros frustraram o plano dos sequestradores de, supostamente, atacar a capital, Washington.

Socorristas do condado de Somerset tiveram que correr ao local imediatamente, forçados a improvisar um resgate sem precedentes.

Quando as equipes chegaram ao local do impacto, ficaram horrorizadas ao perceber que não havia ninguém para resgatar, o que levou a um breve impasse nos trabalhos.

Equipes de agentes do FBI e socorristas direcionaram-se a coletar provas na zona de impacto.

Um dos únicos resquícios do voo 93 da United.

Frank Culbertson, astronauta da Nasa, era o único norte-americano que não estava no planeta Terra no dia 11 de setembro de 2001. Ele documentou o panorama de Nova York pós-ataques a partir da Estação Espacial Internacional.

O presidente Bush, sua equipe e jornalistas que o acompanhavam passaram boa parte da manhã em voo, tentando encontrar um local seguro para pousar. Às 14h50, eles finalmente conseguiram desembarcar na Base Aérea de Offutt, próximo a Omaha, Nebraska.

Ainda sem saber se os ataques haviam se encerrado, oficiais tomaram todas as medidas para proteger o presidente, posicionando o Serviço Secreto nas entradas do bunker de Offutt.

No meio da tarde, o presidente Bush finalmente conseguiu conversar, via teleconferência protegida, com seus principais assessores e outras lideranças nacionais.

Conforme a nuvem de poeira em torno do local do desabamento dispersava, os estragos no Baixo Manhattan ficavam mais evidentes e impressionantes.

No rastro do ataque, os túneis, pontes e autoestradas
que levavam a Nova York foram fechados.

Evacuações marítimas prosseguiram ao longo do dia, transportando
feridos e sobreviventes ao Brooklyn e a Nova Jersey.

Desde o momento em que soou o alarme, com a colisão do primeiro avião, até a sequência de queda das Torres, bombeiros, policiais e socorristas que estavam de folga correram ao Ground Zero para auxiliar no resgate. Muitos passariam os próximos dias na "Pilha", à procura de amigos e sobreviventes.

A fachada desabada do World Trade Center, próximo às ruas Church e Liberty.

Às 16h36, o *Air Force One* partiu de Offutt para levar o presidente a Washington, D.C. O avião foi escoltado por caças F-16.

De volta à Casa Branca, o presidente Bush reuniu-se com sua equipe e assessores para confirmar que os ataques aos Estados Unidos estavam encerrados, e planejou seu discurso à nação para aquela noite.

Por volta das sete da noite, legisladores reuniram-se no Capitólio
e cantaram, espontaneamente, o hino *God Bless America*.

Bombeiros trabalharam ao longo da noite para
conter as chamas no telhado do Pentágono.

Depois do discurso do presidente, o vice-presidente Cheney e sua esposa, Lynne, partiram de Washington para passar a noite em Camp David.

Em 12 de setembro, caças armados, como esse F-16 da Guarda Nacional Aérea de Vermont, patrulhavam os céus das maiores cidades dos Estados Unidos.

Os resgates no local que acabou conhecido como Ground Zero prosseguiram diante da paisagem fantasmagórica.

O detetive David Brink trabalhou no resgate e nas buscas no Ground Zero durante meses após os ataques.

Veterinários da Fema também contribuíram com o resgate administrando os cães de salvamento.

Nos dias e semanas que se seguiram ao 11 de Setembro, cartazes que pediam informação sobre entes queridos desaparecidos cobriram vitrines, estações de metrô e postes de Nova York.

A Cunha 1 do Pentágono depois dos ataques.

O capacete que protegeu o tenente Mickey Kross, dos bombeiros de Nova York, quando a Torre Norte desabou em cima dele.

O chapéu de Sharon Miller, oficial do DPAP foi recuperado dos escombros de Ground Zero durante as operações de limpeza.

Welles Crowther, socorrista civil, usou uma de suas bandanas vermelhas enquanto resgatava colegas na Torre Sul.

Socorristas e militares desdobram uma bandeira sobre a fachada do Pentágono no dia 12 de setembro.

O Memorial do Pentágono, que consiste em 184 bancos — um para cada vítima —, foi inaugurado em 2008.

O memorial Torre das Vozes, no Memorial Nacional do Voo 93, inaugurado em 2018.

O Tributo de Luz sobre o Memorial Nacional do 11 de Setembro, consagrado no décimo aniversário do ataque.

41.
No cais

"Todos os barcos disponíveis."

Para aqueles que estavam no extremo sul de Manhattan, a única rota de evacuação acabou sendo a água. Uma armada desorganizada e improvisada, formada por mais de 130 balsas, iates recreativos, embarcações turísticas, barcos da Guarda Costeira e da polícia, barcos dos bombeiros e rebocadores, que se apresentaram para o serviço — muitos sem ter sido convocados — em Battery Park e nos píeres próximos.[1] No fim do dia, tinham evacuado entre 300 e 500 mil pessoas de Manhattan — um resgate pela água maior que a evacuação de Dunkirk, na Segunda Guerra Mundial.

Tenente Joseph Torrillo, diretor de educação contra incêndios, CBNY: Duas equipes de ambulância cavaram, cavaram, e me encontraram. Eles me tiraram de debaixo do entulho e me botaram em uma prancha plástica longa e dura, uma maca imobilizadora, e prenderam minhas mãos contra o peito. Prenderam meu pescoço na maca — acharam que podia estar quebrado —, correram comigo até o porto atrás do World Financial Center e me colocaram em um barco.

Bem nessa hora houve um estrondo alto, um rugido, e as pessoas que estavam no barco começaram a gritar: "Ah, meu Deus! Lá se vai o outro prédio!". Todo mundo pulou do barco. Fiquei lá sozinho, e pedaços de vidro da Torre Norte começaram a voar em cima de mim. Freneticamente dobrei o dedo e soltei o cinto de segurança. Minhas mãos ficaram livres e eu arranquei a fita ao redor do meu pescoço. Rolei para fora da maca e pulei para dentro de uma porta, sem saber que estava mergulhando na casa de máquinas do barco. Pedaços da Torre Norte atingiam o convés do barco. O barco sacudia. Achei que fosse afundar.

Peter Moog, policial, DPNY: Ouvi uma moça gritando: "Me ajuda, TARU!". Ela tinha lido "TARU" [Technical Assistance Response Unit, ou Unidade de Apoio Técnico e Socorro] nas costas da minha camisa. Era uma tenente que eu conhecia, a Terri Tobin, e estava com um pedaço de concreto enorme encravado na cabeça e dois cacos de vidro dentados saindo das costas, à direita e à esquerda de sua coluna. Estava deitada no chão.²

Tenente Terri Tobin, policial, relações-públicas, DPNY: Ele foi muito fofo. Disse: "Acho que vou te carregar até o rio". Respondi: "Peter, tudo bem, eu já fui atendida pelos paramédicos. Eles enfaixaram minha cabeça". Ele disse: "Não, pela sua blusa — entre as omoplatas — tem um estilhaço de vidro fincado nas suas costas".³

Peter Moog: Eu a carreguei até a água. Eu e outro policial achamos um barco perto na Marina North Cove.⁴

Tenente Terri Tobin: Um barco do DPNY se aproximou e o capitão — que eu conhecia — pulou para fora e me viu. Ele disse: "Você precisa ir para o hospital". Mas eu não podia embarcar com o estilhaço de vidro nas costas; eles temiam que, se o barco sacudisse, aquilo faria um estrago maior. Chamaram dois técnicos de emergência médica e, enquanto eu me agarrava ao corrimão, eles apoiaram os pés contra o corrimão e arrancaram o vidro das minhas costas.⁵

Peter Moog: Havia um ou dois barcos do Corpo de Bombeiros e alguns barcos civis, e as pessoas estavam sendo embarcadas neles. Um dos barcos do porto se aproximou e eu conhecia um cara a bordo, o Keith Duvall. Ele disse: "Pegue uma marreta. Vamos arrombar um desses iates e usá-lo". Havia umas mil pessoas ali, todas esperando para sair correndo daquela ilha. Keith e eu arrombamos um barco. Eu disse: "Os ricos sempre deixam as chaves no barco". Acabamos conseguindo achar as chaves, e o Keith deu partida no barco. Acho que ele foi e voltou de Jersey umas dez vezes, levando umas cem pessoas por viagem.⁶

Jeff Johnson, equipe de combate a incêndio 74, CBNY: Caminhei em direção à água e acabei chegando ao extremo sul da marina. Tinha uma mangueira por lá, e foi então que consegui limpar meus olhos pela primeira vez. Encontrei uma pessoa que conheço, o detetive Keith Duvall, que estava em um barco. Ele estava indo e voltando de Jersey para levar gente. Só nos dissemos: "Keith, você está bem?", "Sim, Jeff, e você?", "Tudo certo". Só amigos, só conferindo.

Tenente Joseph Torrillo: Uma meia hora depois, quando eu já estava perdendo os sentidos, ouvi pancadas no convés do navio e ouvi vozes. Ouvi alguém dizendo: "Ligue os motores. Ligue os motores". Alguém desceu pela escadaria longa e íngreme para ligar os motores e, na escuridão, pisou no meu peito. Soltei um grito alto. Quase o matei de susto.

James Luongo, inspetor, DPNY: Chegamos ao Hudson. A balsa da New York Waterways havia encostado e tinha uma fila de pessoas para ser evacuadas. Era surreal, porque as pessoas nos barcos diziam: "Mulheres e crianças. Mulheres e crianças. Mulheres e crianças".

Rick Thornton, capitão da balsa Henry Hudson, New York Waterways: Era como se você fosse o último bote salva-vidas do *Titanic*.[7]

Tom Sullivan, marítimo I, CBNY: Vinham mães e babás com bebês nos braços e nos entregavam as crianças. Teve uma hora que estávamos com umas quatro ou cinco, todas enroladas em mantinhas, e as colocamos nos beliches do alojamento da tripulação. Eu coloquei quatro bebês em um beliche, pareciam quatro amendoins enfileirados.[8]

Tenente Michael Day, Guarda Costeira dos Estados Unidos: Tinha um barquinho no extremo sul de Manhattan. Pensei que fosse virar, de tanta gente tentando embarcar.[9]

Jack Ackerman, piloto do porto de Sandy Hook: A qualquer hora, o Battery Park estava rodeado por dez ou doze barcos esperando para receber as pessoas.[10]

Herb Jones, engenheiro, Mary Gellatly: Passamos o dia inteiro indo e vindo, levando quanta gente o barco comportasse. Era muita, muita gente.[11]

Jacqui Gibbs, vice-presidente, JPMorgan Chase: Quando chegamos ao píer, milhares de pessoas esperavam em fila — milhares. Ainda assim, dava para ouvir um alfinete caindo no chão — isso era o mais assustador. Andamos quarteirões e quarteirões tentando achar o final da fila. A espera durou três horas.[12]

Rick Schoenlank, presidente, Associação Beneficente de Pilotos Unidos de Sandy Hook e Nova Jersey: Começaram a pendurar lençóis onde se lia "Nova Jersey" ou "Brooklyn" na proa dos barcos. As pessoas apenas embarcavam. Estavam péssimas, precisavam sair da ilha.

Tenente Michael Day: Resolvemos mandar uma mensagem pelo rádio: "Todos os barcos disponíveis, aqui é a Guarda Costeira dos Estados Unidos a bordo do barco-piloto, Nova York. Qualquer barco disponível para ajudar na evacuação do Baixo Manhattan, apresente-se na Governor's Island". Quinze, vinte minutos depois, o horizonte estava coalhado de barcos.[13]

Rick Schoenlank: Eram barcos comerciais, rebocadores, balsas, barcos de pesca, lanchas, barcos-restaurante — todo mundo convergiu para o sul de Manhattan para fazer a evacuação da ilha.

Capitão James Parese, Balsa de Staten Island: Rebocadores: nunca vi tantos rebocadores juntos.[14]

Keturah Bostick, aluna, EMLPS: Eu e meus colegas Chante e Luis nos encontramos no banheiro masculino da balsa. Ficamos lá até vermos o sr. Sparnoft e alguns outros alunos entrando na balsa de Staten Island.

Heather Ordover, professora de inglês, EMLPS: Só queria sair daquela ilha. Brinquei com outro professor, dizendo que nunca quis tanto ir a Staten Island.

Keturah Bostick: Liguei para minha mãe de um orelhão lá perto, chorando, e disse: "Mãe, estou bem — não se preocupe comigo. Alguns alunos estão indo para Staten Island, te ligo quando chegar lá".

Heather Ordover: Olhei para a água e vi outra balsa. No meu entender, era muito mais seguro ir para Jersey do que atravessar qualquer ponte para o Brooklyn. Reunimos todo mundo que quisesse ir conosco e fomos com tudo para o barco. Só tivemos que gritar: "Estamos com nossos alunos" e os adultos abriram o caminho, como se fossem o mar Vermelho.

Tim Seto, aluno, EMLPS: Eram milhares de pessoas em uma balsa pequena. Todo mundo ia de pé, tentando abrir espaço para o máximo de gente possível.[15]

Keturah Bostick: Quando passamos pela Estátua da Liberdade, me perguntei se ela também ia explodir. *Será que Manhattan inteira ia pegar fogo e, se for assim, minha família vai ficar bem?*

Heather Ordover: Estávamos a caminho, vestindo coletes salva-vidas que os barqueiros insistiam que não precisávamos. Essa pode ter sido a coisa mais engraçada que ouvi naquele dia. Tente dizer para uma pessoa que está fugindo de um prédio que caiu que ela não precisa de um colete salva-vidas — tipo, você realmente acha que estamos podendo dar sorte para o azar?

Bert Szostak, corretor de valores, 100 Wall Street: Tinha uma balsa azul da New York Waterway lá, meio cheia, e embarcamos sem nem querer saber onde nos levaria. Havia três passageiros de origem árabe a bordo; estavam com mochilas, e as pessoas — pessoas comuns, não eram policiais — exigiram saber o que havia naquelas mochilas. Os caras pareciam assustados e abriram as mochilas. Só havia livros dentro.[16]

Capitão James Parese: O barco estava coberto de poeira. As pessoas choravam, algumas estavam cobertas de poeira, outras sem sapato. Tínhamos mais de 6 mil pessoas no barco.[17]

Tenente Michael Day: Centenas de pessoas esperavam para entrar na barca no lugar onde estávamos, e tínhamos um capitão — ele disse: "Não tenho tripulação". Já haviam embarcado 350 pessoas. Ele vira e diz: "Preciso de ajuda". Havia uns policiais de Nova Jersey e eu falei: "Ei, será que vocês podem ajudar esse cara?". Eles responderam: "Sem problemas, faremos o que for preciso". Pensei algo como: *Realmente espero que nada aconteça com essa barca.* Provavelmente violei mais regras naquele dia do que havia cumprido em toda a minha carreira na Guarda Costeira.

Paul Amico, empreiteiro do porto, Amico Ironworks: Se houvesse feridos a bordo — a maioria era bombeiros —, soltávamos a escada imediatamente e mandávamos o barco para Jersey.[18]

Tenente Joseph Torrillo: O barco saltitou pelo rio Hudson e dava para ouvir a comoção, gente gritando do convés para as pessoas que estavam na orla em Jersey. Havia ambulâncias nos esperando.

Joseph Lott, que tinha agendado participar do congresso da Risk Waters, havia fugido do prédio depois de trocar a camisa para usar sua gravata nova. Ele saiu pelo sul, na direção do Battery Park, e foi parar em um dos barcos de fuga.

Joseph Lott, representante de vendas, Compaq Computers: Ficamos uns quatro ou cinco minutos na balsa e de repente ela zarpou. Em questão de dois minutos, estávamos ao sol radiante. Um dia lindo, a Estátua da Liberdade à nossa frente, o rio lançando ondinhas contra a balsa. Olhei ao meu redor, e o barco estava lotado: tinha feridos, a maioria coberta de fuligem, cinzas e pó. Todo mundo ali, sentado, e eu só conseguia pensar na quantidade de amianto queimado que devia ter na minha boca. Era um pó muito grosso. *Preciso beber alguma coisa.* Fui no barzinho da balsa e não tinha ninguém. Lá dentro tinha um monte de cerveja, tudo no gelo. Peguei umas garrafas e fui até meus colegas, dizendo: "Olhem o que eu achei! Alguém tem um abridor?". Alguém apareceu com um abridor e falou: "Eu abro se você me der uma!". Todo mundo sentou, bebemos cerveja, e eu não lembro de tomar uma cerveja mais gostosa na vida.

Frank Razzano, hóspede, Hotel Marriott: Quando atravessávamos o rio, olhei para trás, para a cidade, achando que iria ver o World Trade Center — achando que veria uma torre sem a parte de cima. Mas elas não estavam lá. Eu disse ao cara que estava pilotando o barco: "Cadê o World Trade Center?". Ele respondeu: "Amigo, não existe mais". Eu disse: "Olha, eu estava lá quando a parte de cima dos prédios caiu, mas onde está o resto dos prédios?". Ele falou: "Não foi só a parte de cima dos prédios. Eles desabaram até o alicerce".

Michelle Goldman, advogada trabalhista, One Battery Park Plaza: Quando descemos do barco em Jersey City, os socorristas tinham formado um corredor para passarmos. Eles ajudaram as pessoas que estavam com dificuldade para caminhar e nos deram água, comida e toalhas. Foi quase como cruzar uma linha de chegada.[19]

* * *

Do outro lado da cidade de Nova York, todos pareciam atordoados após os desabamentos. Os agentes governamentais lutavam para descobrir quem sobrevivera. Quem havia se ferido buscava ajuda médica em meio ao caos.

Dan Nigro, comandante de operações, CBNY: Quando você voltava ao local e via o que restara, era igual a uma guerra.

Monsenhor John Delendick, capelão, CBNY: Dan Nigro veio caminhando pela rua Chambers. Ele disse: "Quem está no comando? Sabemos quem está no comando?". Eu respondi: "Comandante, não sei. Acho que é você".

Dan Nigro: Soube que o centro de comando agora era na esquina da Barclay com a Broadway, na ponta do City Hall Park, e que o subcomandante [Tom] Haring, da divisão 6, estava no comando. Achei que, se era assim, todos os demais deviam ter morrido — todos os outros oficiais de alta patente do departamento.[20]

Monsenhor John Delendick: Muita coisa daquele momento virou um borrão para mim. As pessoas começaram a revirar tudo, tentando achar gente.

Dan Nigro: Eu queria voltar ao posto de comando dos bombeiros para ver se as pessoas que deixei na rua West tinham sobrevivido. No caminho, encontrei uma pessoa que eu conhecia e ela disse: "Dan, o Pete se foi. O Pete se foi".

Sharon Miller, policial, DPAP: Meu marido já estava a caminho de casa, vindo de carro da Flórida. A filha dele conseguira contatá-lo e dissera: "Pai, eu vi a Sharon. Ela está fora do prédio, está bem. Ela está com outros dois policiais". Ela me viu na TV quando corríamos pela rua West. Ele não acreditou. Depois, um amigo ligou para ele: "Ray, a Sharon está bem. Eu a vi na TV. Ray, eu tenho uma TV de cinquenta polegadas. Eu a vi". Ele estava em uma área de descanso na estrada. Sentou-se e acendeu um charuto. Depois, continuou dirigindo para casa.

Al Kim, vice-presidente de operações, TransCare Ambulance: Comecei a ver gente de camisa limpa. Não era pouca coisa. A cavalaria havia chegado, digamos. Eu me lembro de ver pessoas que conheço limpas e sem queimaduras — normais. Foi uma visão muito alentadora.

Richard Grasso, presidente e CEO, Bolsa de Valores de Nova York: Meu colega, Howard, se virou para mim com o telefone na mão e disse: "É o prefeito". Peguei o telefone e ele falou: "Como você está?". Eu estava atordoado — a única coisa que me ocorreu foi repetir a pergunta dele: "Como você está?". Parecia um comercial da Budweiser. "Não, como *você* está?" Eu finalmente disse: "Como *eu* estou? Disseram que você tinha morrido". Ele falou: "Não estou morto. Estou bem".

David Brink, detetive, esquadrão 3 do Serviço de Emergência, DPNY: Estávamos caminhando rua acima e vimos a igreja St. Paul's. Uma das portas estava aberta, então nos enfiamos lá dentro, nós cinco. Eu me escondi na frente, perto do altar, e comecei a rezar. Caí de joelhos e disse: "Obrigado, Deus, por ter permitido que eu sobrevivesse". E, depois: "Por favor, me dê forças para seguir em frente e ajudar as pessoas que estão lá". E disse: "Eu sei que perdemos muita gente lá. Meu Deus, por favor, cuide deles".

Meus olhos estavam cobertos por uma crosta de caquinhos de vidro, poeira e destroços. Não conseguia enxergar. Encontrei a água benta — eu estava procurando só água — e enfiei as mãos em concha nela. Lavei os olhos e meu rosto ficou todo molhado.

Eu precisava de alguma coisa para secar o rosto. Meu uniforme estava coberto de poeira de cima a baixo. Entrei pelo altar e achei as vestes e outros panos usados nos rituais e nas cerimônias da Igreja católica. Peguei um paninho — era aquele pano branco que eles põem sobre o cálice na cerimônia do vinho — com uma pequena cruz bordada.

Molhei o pano na água benta e comecei a limpar os olhos. Olhei para cima, e o padre estava lá. Eu disse: "Eita, agora estou encrencado". E ele: "Não, meu filho. É para isso mesmo que serve. Não tem problema". Eu disse: "Obrigado, padre", e voltei a molhar o pano na água benta. Depois eu o amarrei no pescoço, porque a água fria dava uma sensação gostosa na minha nuca.

Richard Eichen: Por um caminho bem sinuoso, consegui entrar no hospital Beekman Downtown. Tinha uma rampa e escadas e eu disse: "Eu vou pela rampa. Para mim já deu de escadas por hoje". Eles me levaram de elevador lá para baixo, no que deveria ser uma cantina; tinham montado um centro de triagem ali. Uma mulher de roupas hospitalares se aproximou e me examinou. Ela abriu uma garrafa de água e a despejou sobre mim, no meu rosto, tentando descobrir quanto eu estava ferido. Eles me levaram para um assento em frente a uma médica — uma jovem — e ela fez uns três ou quatro grandes pontos em X na minha testa, só para suturá-la.

Só soube do que tinha acontecido no setor de enfermagem — estava passando na televisão. Eu continuava sem entender nada. Lembro de pensar: *Cacete. Eu não sei quem fez isso, mas eles derrubaram nosso prédio. Estamos todos na rua. Está na hora de fazer alguma coisa contra o inimigo. Alguma coisa biológica.* E eu lá sei algo sobre essas coisas? Calcei meus sapatos, sem meias, botei minha calça — nessa altura, ela estava cinza. Minha camisa estava em um saco — um saco hospitalar —, e eu estava de camisola. E saí assim.

42.
Pentágono, meio da manhã

"Podem enviar apoio aéreo?"

No fim da manhã, os agentes governamentais perceberam que poucos sobreviventes ainda seriam encontrados dentro do Pentágono. Eles se esforçaram para calcular a dimensão do estrago causado ao gigantesco prédio, conter o fogo que se espalhava e reunir provas do ataque. Enquanto isso, as vítimas e os funcionários do Pentágono se espalhavam por Arlington, começando sua angustiante viagem de volta para casa enquanto o choque inicial dos ataques começava a se dissipar. A apreensão da manhã, nervosa, coletiva, de que mais ataques estivessem a caminho só se apaziguou quando os militares chegaram em massa ao local.

Chris Combs, agente especial, FBI, no Pentágono: Agarrei um cara do Serviço de Proteção da Defesa — a equipe da SWAT deles estava lá — e disse que queria uma equipe da SWAT. Depois de estudar com os israelenses, tínhamos aprendido que, após um ataque, os terroristas sabiam que seria criado um posto de comando e mandavam um homem-bomba para dentro dele.[1]

Stephen Holl, comandante adjunto, Departamento de Polícia do condado de Arlington: Colocamos uns dois contra-snippers no prédio do Departamento de Controle de Drogas do outro lado da [Rodovia Interestadual] 395. Assim, eles conseguiriam enxergar todo o estacionamento sul, onde estavam se concentrando muitas das operações de emergência.

Chris Combs: Também pedi imediatamente que o FBI nos enviasse equipes de monitoramento. Se houvesse um caminhão-bomba parado em algum outro lugar em Arlington, ou se tivessem quatro caras dentro de uma minivan com armas automáticas, precisávamos encontrá-los antes que nos atacassem. Pegamos nossas equipes de monitoramento e fizemos com que dessem uma volta em torno dos arredores do Pentágono, tentando antecipar qualquer outro tipo de ataque.

Scott Kocher, empreiteiro, SAIC, Pentágono: Uma mulher estacionou o carro e ligou o rádio. O apresentador anunciou que uma das torres do World Trade Center havia desabado. Ninguém conseguia conceber aquilo, parecia impossível. Só mais tarde realmente compreendemos o que aquilo significava.

Stephen Holl: Um dos detetives trouxe uma TV pequena para o posto de comando e a colocou no porta-malas de um veículo utilitário. Eu olhava de vez em quando, mas simplesmente não conseguia assistir àquilo. O que acontecera lá no Pentágono já era enlouquecedor o bastante. Eu não conseguia nem imaginar o que estava acontecendo em Nova York.

Mike Walter, correspondente sênior, *USA Today Live*: Tinha um jornalista do *Wall Street Journal*. Eu me lembro que ele chegou para mim mais tarde e disse: "Ambas as torres desabaram". Fiquei, tipo: "O quê?". Ele vira e diz: "Não sobrou nada". Ele apontou para o Pentágono e disse: "Olha só para isso — nunca cobriremos nenhuma notícia maior do que essa em toda a nossa vida". E diz: "E eu nem sei se vai estar na primeira página do jornal amanhã". Era incrível. É claro que no fim das contas o Pentágono saiu na primeira página do jornal, mas acho que nunca deixou de ser um acontecimento secundário em relação a Nova York.

Thomas O'Connor, agente especial, FBI: Realmente não sabíamos que tinham caído os outros prédios em Nova York até bem tarde naquela primeira noite. Estávamos completamente tomados pelo que estávamos fazendo.

James Schwartz, subcomandante de operações, Corpo de Bombeiros do condado de Arlington: Fiquei sem saber do desabamento do World Trade Center até depois das dez da noite.

Chris Combs: Estávamos trabalhando freneticamente para recolher o máximo possível de provas na parte externa do prédio.

Thomas O'Connor: Por horas a central de coleta de provas do FBI ficou operando na traseira do meu carro oficial, até conseguirmos mais gente lá conosco.

Jean O'Connor, agente especial, FBI: Nós começamos a fazer buscas lineares do lado de fora. Você coloca dois indivíduos um do lado do outro e eles caminham em uma direção, procurando provas no chão.

Chris Combs: Tentávamos encontrar pedaços do avião, qualquer objeto de uso pessoal. Estávamos muito atentos a qualquer vestígio. Havia pedaços da aeronave em todas as direções a até centenas de metros de distância. Eles acharam pedaços do avião até no cemitério de Arlington, que ficava depois de uma rodovia de quatro pistas e de um gramado de 180 metros.

Jean O'Connor: O avião tinha atingido um dos postes de luz altos ao se aproximar, arrancou a parte da luz do poste e ela atravessou o para-brisa de um táxi e parou do lado das pernas do motorista. Esse taxista, dissemos, foi um dos sujeitos mais sortudos daquele dia. Se ele estivesse quinze centímetros mais para o outro lado, não teria saído ileso. Tom até entregou seu celular para ele e disse: "Ligue para a sua família e avise que você está bem".

Chris Combs: Logo cedo eu soube que não tínhamos pessoal suficiente. Tínhamos gente em D.C. e mais gente no norte da Virgínia, em Tysons Corner, enviados para o aeroporto Dulles porque o avião sequestrado tinha saído de lá. Precisávamos de gente lá para recolher provas. Eu tinha operações acontecendo ao mesmo tempo em duas áreas grandes na Virgínia.[2]

Jean O'Connor: Tom estava falando com outro chefe de equipe do FBI que tinha ido para o nosso depósito de equipamentos. Ele disse: "O que você quer que eu traga?". Tom respondeu: "Tudo".

***

Tenente Jim Daly, Departamento de Polícia do condado de Arlington: Eu estava no posto de comando — estávamos em uma rampa que descia da 395 para o Washington Boulevard — e olhei para a rua South George. Era a imagem do Armageddon. Só via centenas e centenas de pessoas andando sem direção. Eram civis, militares, e ninguém dizia para onde deveriam ir — era só uma massa de gente descendo a rua George.

David Allbaugh, serviços técnicos, Biblioteca do Pentágono: Seguimos pela rua Army Navy, passando pelo Anexo da Marinha na rodovia Columbia Pike, passando por baixo do elevado para o forte Myers, conversamos um pouco, tentando entender o que estava acontecendo.

Bruce Powers, diretor de Análise de Disponibilidade, Marinha dos Estados Unidos: Eu sabia que havia um shopping a oitocentos metros. Sabia que havia orelhões que eu poderia usar. Cheguei ao lugar onde ficavam e na frente de cada orelhão tinha uma fila de 25 pessoas. Eu sabia de um telefone na garagem; fui até lá e ele estava disponível. Liguei para minha esposa — deu ocupado porque as pessoas estavam ligando para ela para perguntar: "O Bruce está bem?". Liguei para nossa filha e pedi que ela avisasse à mãe, o mais rápido possível, que eu estava bem e ia voltar para casa a pé.

Scott Kocher: Decidimos simplesmente ir para casa. Nossa primeira parada, como estávamos caminhando pela rodovia Columbia Pike, foi um hotel. Nós entramos, e havia uma fila enorme para usar os telefones. Continuamos seguindo pela Columbia Pike.

Bruce Powers: Andei, andei e andei e depois de onze quilômetros finalmente cheguei em casa.

Tenente-coronel Ted Anderson, oficial de ligação legislativo, Exército dos Estados Unidos, Pentágono: Eu e um amigo tentávamos descobrir como voltar para casa. Estava tudo dentro do prédio, inclusive a chave do meu carro. Começamos a perambular, dois sujeitos bem-vestidos que pareciam ter caído do caminhão de mudança e sido arrastados por um campo de espinhos. Estávamos emplastados de fuligem e sangue. Era nojento. Pegamos um metrô para Springfield, Virgínia, e as pessoas nos olhavam incrédulas. Ninguém falava no trem. Silêncio total. Todo mundo estava em choque.

Robert Hunor, empreiteiro, Radian Inc., Pentágono: Depois me senti culpado, mas na hora foi quase uma sensação de júbilo. Você não deveria ficar feliz — você tem noção da gravidade da situação, percebe que é realmente muito séria. Mas ser um sobrevivente traz uma sensação de "Ei, eu escapei", uma euforia que toma conta de você. "Uau! Eu ainda estou aqui. Eu sobrevivi!" Eu e meu colega sentíamos isso. Acabei ficando com ele o resto do dia. Acabamos caminhando de volta para Falls Church. Tinham fechado o metrô. Fecharam a rota 66. Fecharam todas as pontes para Washington, D.C.

***

Jennifer Meyers, operadora, Central de Comunicações de Emergência do condado de Arlington: Todos nós, que trabalhamos naquele dia, nos lembramos de momentos que não esqueceremos até o fim da vida. O meu foi o telefonema de um homem que falava com uma calma incrível — acho que devia estar em choque — e me contou que sua esposa estava no avião que bateu no Pentágono e que ele sabia que ela não sobrevivera. Ele queria que eu o ajudasse a descobrir quem estava sentado ao lado dela. Queria saber quais tinham sido as últimas palavras dela — queria falar com os sobreviventes. Meu coração ficou apertado, a voz dele ficou gravada em mim para sempre. Eu não podia divulgar para o público, mas tínhamos quase certeza que não havia nenhum sobrevivente do avião.

Major James Phillips, Serviço de Proteção da Defesa: Minha esposa não saía da minha cabeça. Ela trabalha para o Exército naquele prédio. Ao longo do dia, fiquei tentando entrar em contato com ela. Pelo que eu podia ver de fora — vou ser honesto —, achei que ela tinha morrido. Eu não disse nada a ninguém até umas quatro ou cinco horas depois. Por volta das 14h45, recebi um telefonema de casa. Pensei que era ela, mas era minha filha, que era caloura na faculdade. Ela perguntou: "Mamãe te deu notícias?". Respondi: "Não, meu amor, não deu". Mais ou menos uma hora depois, recebi um telefonema — e era ela. Você não imagina como me senti.

Robert Hunor: Eu vi a esposa de um dos meus colegas — ela estava no fim da gravidez e parecia muito pálida. Eu não me dei conta, mas o marido dela ainda estava desaparecido. Das quatro pessoas na minha equipe que sumiram, duas foram localizadas naquele dia mesmo, mas o marido dela jamais foi localizado. Nem seus restos mortais foram encontrados.

Deputado Martin Frost (D-Texas), líder da bancada do Partido Democrata da Câmara: Na época, minha esposa era general adjunta do

Exército — general de uma estrela — e tinha marcado uma reunião com seu chefe no Pentágono naquela manhã. Ela não pôde ir e enviou duas pessoas da sua equipe. O local do impacto do avião no Pentágono foi o escritório do chefe dela, um general de três estrelas. Ele morreu, e os dois membros da assessoria que estavam na reunião também. Se minha esposa tivesse ido à reunião, teria morrido. Se os acontecimentos tivessem tomado um rumo um pouco diferente naquele dia, talvez eu tivesse sido morto e ela também.

Chris Combs: Um senhor se aproximou de mim e disse: "Tenho que entrar no Pentágono". Eu disse: "Senhor, ninguém pode entrar no Pentágono. Ele é a cena de um crime. Além do mais, ainda tem um incêndio em todo o prédio. Ninguém entra lá". Depois notei que havia alguém em pé atrás do cara que estava falando comigo; ele ficava batendo em seu ombro — no próprio ombro —, tentando me dizer algo. Olhei para o sujeito com quem eu estava falando e vi que tinha quatro estrelas no uniforme. Rapidamente entendi que era um general de quatro estrelas do Exército. Ele disse: "Sou responsável pelo centro de comando nacional. Preciso entrar no prédio". Eu então me dei conta: "Sim, precisa mesmo". Tivemos que providenciar um grupo de policiais do Pentágono e de agentes do FBI para escoltá-los.

Tenente Jim Daly: Uma jovem se aproximou de mim, ela parecia muito angustiada. Perguntei se estava bem, e ela disse que não, que não estava bem, e apontou para o Pentágono. Ela tinha saído do escritório uns quatro ou cinco minutos antes de o avião bater para entregar a correspondência em outro setor do Pentágono e, caminhando pelo corredor, sentira o calor da explosão. Todo mundo do escritório dela havia morrido.

Capitão Randall Harper, Serviço de Proteção da Defesa: Eu estava olhando para um oficial com quem havia trabalhado por uns dois anos e, de repente, ele caiu no choro. O sargento me disse que ele tinha visto umas coisas bem traumáticas. Tive que me segurar. Você está no meio de uma situação caótica, mas ainda se preocupa com as pessoas. Esse foi um daqueles dias. Em combate, essas coisas são esperadas. Mas você nunca esperaria ver algo assim nos Estados Unidos.

John Milton Brady Jr., investigador técnico de segurança, Secretaria de Defesa: Um general que estava encarregado dos funcionários do Exército ficou tentando entrar no prédio para salvar seu pessoal. Dizia que seus assessores estavam lá e que queria buscá-los. Uma hora, ele caiu no choro. Tinha duas estrelas.

James Schwartz: Transportamos 94 pessoas para o hospital naquela manhã. Só uma delas sucumbiu aos seus ferimentos — isso é uma forma bem ilustrativa de dizer que, naquela manhã, se você saísse do Pentágono com a ajuda dos outros ou por conta própria, você sobreviveria.[3]

***

A perplexidade e os alertas incessantes sobre aviões que podiam ser sequestrados deixaram as equipes de resgate e os socorristas do Pentágono sem chão e sem saber se ainda eram alvo, ansiando por mais garantias.

Capitão David Herbstreit, Departamento de Polícia do condado de Arlington: Pediram para sairmos do Pentágono duas ou três vezes, por causa de aviões que estariam se aproximando.

Capitão Charles Gibbs, Corpo de Bombeiros do condado de Arlington: Houve mais uma dessas evacuações "todo-mundo-para-fora-da-piscina, avião desconhecido se aproximando". Todo mundo largava o que estava fazendo e recuava. E ficava assistindo. Mais um atraso de quinze a vinte minutos.

Thomas O'Connor: Eu entrei no rádio — e sei que não devemos falar palavrões no ar —, contatei a central e disse: "Diz para todo mundo enviar a porra do apoio aéreo para cá!". Tipo, quem sou eu para pedir apoio aéreo? Literalmente trinta segundos depois, um caça voou por cima do Pentágono — e não teve nada a ver com o FBI. Ele atravessou a barreira do som, deu a volta e fez um grande estrondo enquanto passava. Todos os caras ficaram lá parados, tipo: "Que poderoso!". Pensei: *Agora sim*.

Major Dean Eckmann, piloto de F-16, Base Aérea de Langley: O SNDA queria saber a dimensão do dano ao Pentágono. Voei pelo monumento de

Washington, dei meia-volta e fiz um rasante sobre o Pentágono. Eu disse a eles que os dois círculos externos tinham sido danificados. Ninguém me dissera nada sobre um avião ter atingido o Pentágono. Perguntaram se eu sabia o que havia acontecido e eu disse que imaginava que tinha sido um caminhão-tanque grande, julgando pela quantidade de fumaça e pelas chamas que subiam.[4]

Dennis Smith, inspetor de manutenção, escritório do administrador do edifício do Pentágono: Eu vi o F-16 lá em cima, a toda, e pensei: *SIM! Agora está tudo de boa.*

Sargento de equipe Christopher Braman: Eu vi um jato norte-americano: "Gente, eu estou aqui, gente, eu estou aqui". Foi a coisa mais linda que já vi.

43.
Capitólio, meio da manhã

"Ninguém entrou em contato."

Ao redor do bairro de Capitol Hill, em Washington, assessores, jornalistas, funcionários e membros do Congresso se perguntavam o que aconteceria a seguir — e para onde deviam ir.

Deputado Mike Ferguson (R-Nova Jersey): Eu estava passando pela Suprema Corte. De repente, ouvi uma explosão muito alta. Agora, vendo em retrospecto, sei que foi a explosão sônica de uma aeronave militar sobrevoando Washington. Mas, quando aconteceu, eu e todos os outros paramos, nos encolhemos e ficamos estáticos dois ou três segundos. Então saímos correndo.

Eve Butler-Gee, ex-secretária, Câmara dos Deputados dos Estados Unidos: Descemos uns três quartos do caminho para o Mall e não sabíamos o que fazer. Disseram que deveríamos estar prontos para nos esconder. Eu e minha colega, Gigi Kelaher, paramos, olhamos uma para a outra e pensamos: *Isso aqui é o Mall. Não tem árvores. Esconder aonde?* Costumo brincar quando estou nervosa. Olhamos para um pequeno espelho d'água que fazia parte da decoração do Mall. Tinha mais ou menos 1,20 metro, com 1,50 metro de diâmetro. Dissemos: "Bem, no pior dos casos, mergulhamos ali".

Brian Gaston, diretor de políticas do líder da maioria Richard Armey (R-Texas): Ninguém sabia o que fazer.

Brian Gunderson, chefe de gabinete do líder da maioria, Richard Armey (R-Texas): Os meios de comunicação foram um grande problema no 11 de Setembro. Naquela época, tínhamos recursos de certa forma primitivos, pelos padrões de hoje. Tínhamos BlackBerrys. Saímos do Capitólio tão corridos que muita gente estava de mãos atadas — as mulheres sem bolsa, os homens sem paletó, e muitos sem os celulares e os BlackBerrys.

Tish Schwartz, secretária, Comitê Judiciário da Câmara: Os BlackBerrys funcionavam. Os celulares, não.

Tom Daschle (D-Dakota do Sul), líder da maioria, Senado dos Estados Unidos: Os congressistas foram levados para o andar de cima do prédio da polícia do Capitólio, que fica pertinho do campus do Capitólio. Fecharam as persianas, o que sempre achei muito estranho. Nossa preocupação mais urgente era entrar em contato com nossas famílias. Os celulares não funcionavam, então tivemos todos que fazer fila para telefonar; era uma fila consideravelmente longa, com Câmara e Senado, republicanos e democratas. Lembro de me sentir quase como um refugiado, parado na fila, esperando minha vez de usar o telefone fixo para ligar para minha esposa.

Deputado Martin Frost (D-Texas), líder da bancada do Partido Democrata: Voltei para casa, liguei a TV e fiquei assistindo às notícias.

Tom Daschle (D-Dakota do Sul), líder da maioria, Senado dos Estados Unidos: Discutiu-se a ideia de irmos para um local secreto; alguns sugeriram a Base Aérea de Andrews. Outros achavam que talvez não devêssemos concentrar todos os líderes em um local único. Havia muita divergência. Acabamos decidindo nos dispersar. Fui para o escritório de um de nossos consultores e fiquei algum tempo por lá, assistindo aos desdobramentos pela televisão.

44.
Com o secretário de Defesa

"Não vamos sair do Pentágono de jeito nenhum."

Quando Donald Rumsfeld voltou do local do ataque para o Centro Nacional de Comando Militar (CNCM), dentro do Pentágono, os líderes militares da nação — que ainda não sabiam se os ataques haviam terminado ou se uma segunda onda ainda viria — tentavam compreender o que já tinha acontecido, formular uma reação e tomar as medidas necessárias para proteger o país, enquanto os esforços de resgate e de combate ao incêndio continuavam do lado de fora. Ainda assim, se viram embarreirados pelo sistema de comunicação precário. Quem estava dentro do centro operacional militar estava frustrado com o sistema de comunicação falho e, conforme a manhã se desenrolou, temendo a fumaça dos incêndios que ainda se alastrava da parte danificada do prédio.

William Haynes, diretor jurídico, Departamento de Defesa: A comunicação era muito precária. Não tínhamos a capacidade de gerar uma videoconferência segura [no CNCM], como fazíamos no andar de cima. O secretário estava usando um telefone comum para falar com o vice-presidente.

Victoria "Torie" Clarke, subsecretária de defesa de relações públicas: Donald Rumsfeld ligou para a Casa Branca. Condi Rice e o vice-presidente estavam lá, e ele rapidamente entrou na linha com o [diretor da CIA] George Tenet.

Coronel Matthew Klimow, assistente executivo do vice-presidente do Estado-Maior Conjunto, general Richard Myers: Às 10h40, fizemos uma conferência telefônica com o vice-presidente Cheney. Ele nos disse: "Pelo que entendi, abatemos um avião". Tenho certeza que se referia ao voo 93. Lembro que o secretário Rumsfeld olhou para o general Myers — todo mundo estava perplexo. O secretário Rumsfeld disse: "Não podemos confirmar".

Joe Wassel, agente de comunicações, gabinete do secretário de Defesa: A Casa Branca ligou para o secretário Rumsfeld do *Air Force One*. Eu disse: "O sinal está muito ruim, mas hoje é um dia estranho". Normalmente eu não passaria uma ligação tão ruim para o secretário, mas, claro, naquele dia tínhamos que atender qualquer tipo de comunicação possível.

Almirante Edmund Giambastiani, auxiliar militar sênior, gabinete do secretário de Defesa: Pouco depois o ar-condicionado do prédio pifou.

Donald Rumsfeld, secretário de Defesa: O prédio estava pegando fogo e foi ficando cheio de fumaça. Estava difícil enxergar, os olhos penavam, a garganta sofria.

William Haynes, diretor jurídico, Departamento de Defesa: Começou a entrar muita fumaça no CNCM.

Steven Carter, subgerente do prédio, Pentágono: Recebemos telefonemas tanto do gabinete do secretário quanto do Estado-Maior Conjunto, e ficamos no telefone com o CNCM o tempo todo, falando dessas condições. Conseguiríamos manter nossa posição ou as coisas iam piorar? O fogo estava indo na direção deles? Teríamos de pensar em evacuar o Pentágono inteiro?

Victoria "Torie" Clarke: Várias pessoas — Larry Di Rita, o subsecretário de Defesa Steve, o vice-presidente do Estado-Maior Conjunto — disseram, em diferentes ocasiões, que queriam tirar o secretário do prédio. Pelo que me lembro, ele não dizia que não, [mas] continuava trabalhando. Fazia anotações sem parar em seus pedaços de papel amarelo.

Coronel Matthew Klimow: O subsecretário de Defesa, Paul Wolfowitz, perguntou ao secretário Rumsfeld: "Para onde você quer que eu vá? Posso ir para o COEP" — o Centro de Operações de Emergência Presidencial na Casa Branca —, "ou para o Local R". O Local R era um bunker subterrâneo supersecreto, à prova de ataques nucleares, fora do anel viário, mas ao alcance de helicópteros. O secretário Rumsfeld mandou que ele fosse para o Local R e instalasse nossa central de comando lá.

Donald Rumsfeld: Eu havia decidido ficar lá o máximo de tempo possível.

Victoria "Torie" Clarke: O secretário não saía de lá, mas pessoas que realmente conheciam os procedimentos e a necessidade de manter uma liderança operante diziam que o subsecretário tinha que sair do local. Um dos principais motivos para o secretário querer ficar era que ele sabia que nada era mais importante que as comunicações — com a Casa Branca, a CIA, a AFA, o presidente —, e essas estavam funcionando bem. Com isso, ele se sentia bem mais seguro.

Coronel Matthew Klimow: Começaram a chegar helicópteros ao Pentágono. Eles pegaram o subsecretário de Defesa Wolfowitz, Mary Turner e nosso sargento de equipe encarregado do gabinete General Myers, e foram todos para o Local R.

Dan Creedon, controlador de decolagem, APP, Aeroporto Nacional Reagan, Washington, D.C.: Sobre esses planos para o Juízo Final e a continuidade do governo: diversos setores militares e da AFA treinam todos os dias como transportar autoridades de Washington para um local seguro e confidencial. E tudo isso aconteceu naquele dia. O plano vinha sendo desenvolvido havia anos e foi modificado conforme as coisas iam acontecendo. Helicópteros e diversos outros veículos chegaram à área para recolher as pessoas e levá-las a locais seguros. Enquanto isso, os caças estavam armados e no ar. Não confiávamos em ninguém. O fato de não termos abatido uma aeronave de evacuação por acidente é mérito dos caras da Guarda Nacional Aeronáutica de D.C., dos pilotos de F-16 e dos controladores de tráfego aéreo que estavam no comando.[1]

Lawrence Di Rita, assistente especial do secretário Rumsfeld: Fui para o Local R com o subsecretário. Começamos a traçar planos para dar continuidade às nossas operações em outro lugar. Nem sei se, naquela altura, eu sabia que um avião tinha batido no nosso prédio. Só sabia que alguma coisa tinha acontecido.

Coronel Matthew Klimow: Éramos só seis na sala. O secretário Rumsfeld, o general Myers, o diretor jurídico, Bill Haynes, a assessora de imprensa do secretário, Torie Clarke, o vice-almirante Ed Giambastiani e eu. Eu estava em um canto, fazendo anotações. Tive uma dor de cabeça terrível e não conseguia me concentrar. Realmente achei que ia desmaiar. O vice-almirante continuava falando comigo — falando, falando, falando — e eu só pensava: *Por que você não cala a boca e me deixa em paz? Não estou me sentindo bem.*

Almirante Edmund Giambastiani: Sou tripulante de submarino, então estou acostumado a ficar em espaços confinados. Medimos a pressão do ar o tempo todo.

Coronel Matthew Klimow: Por fim, o almirante começou a me sacudir e disse: "Coronel, coronel, você não está entendendo — eu sou tripulante de submarino. Sei o que está acontecendo". Ele disse: "Não tem oxigênio nesta sala. Está ficando cheia de dióxido de carbono". Eu disse: "Bem, podemos ir para outro lugar. Estou tentando entrar em contato com o Centro de Operações da Marinha. Não posso tirá-lo daqui, mas o Centro de Operações do Exército está operante". Eu ainda não sabia que o Centro de Operações da Marinha tinha sido destruído; estavam todos mortos. Ele disse: "Quero que você procure um monitor de qualidade do ar para ver se está muito ruim".

Para minha surpresa, o capitão Donahue veio surgindo na sala com o capitão dos bombeiros do condado de Arlington e seu especialista em qualidade do ar. Ele disse: "O.k., o negócio é o seguinte: em alguns corredores do Pentágono, o ar está com mais ou menos 88% de dióxido de carbono. Isso é letal. Nos escritórios externos, aqui no CNCM, vocês estão com 33% de oxigênio. Na Instalação para Compartilhamento de Informações Sigilosas [usada para videoconferências], vocês têm 16% de oxigênio; com 13%, não dá mais para sobreviver. Vocês têm que ir embora". Eu me lembro de interromper o secretário Rumsfeld e o general Myers para dar a informação a eles. Começou então uma discussão dramática sobre a possibilidade de evacuar o Pentágono.

Victoria "Torie" Clarke: Rumsfeld olhou para cima e percebeu que havia por volta de 75 pessoas no entorno. Disse algo indicando que elas poderiam ir embora se quisessem. Myers disse: "Senhor, elas só vão embora se você for. Estão com você até o fim". Eu estava fazendo anotações e, na margem, escrevi: "Opa, isso pode ser bem grave". Ele simplesmente voltou ao trabalho.

Coronel Matthew Klimow: O general Myers externalizou sua preocupação com os soldados que ainda estavam operando no Pentágono, com a saúde deles. Estava pensando como soldado. O pensamento do secretário Rumsfeld era mais estratégico. Ele disse: "Não é assim que vamos sair do Pentágono". Acrescentou: "Ele é um símbolo da potência militar americana. Não podemos sair".

45.
Na Base Aérea de Barksdale

"Estamos em guerra!"

Por volta das 11h45, horário da Costa Leste, o Air Force One *aterrissou na Base Aérea de Barksdale, nos arredores de Shreveport, Louisiana, onde poucas horas antes realizava-se um exercício de simulação da Guerra Fria de codinome VIGILANT GUARDIAN (Guardião Vigilante), cujo objetivo era reagir à ameaça de um ataque de bombardeiros nucleares russos. A própria frota de bombardeiros B-52 de Barksdale havia sido equipada com armas nucleares naquela manhã e estava pronta para se lançar em uma guerra imaginária. Em vez disso, o* Air Force One *trazia com ele um novo tipo de conflito.*

Coronel Mark Tillman, piloto presidencial, *Air Force One*: Quando estávamos chegando a Barksdale, apareceu um avião. Os caças estavam com a gente. Ainda lembro dos F-16 indo para cima do sujeito — altitude, rumo, radial e distância. Vi o F-16 deslizar para longe — eles perguntaram: "Ei, quem autoriza o abate?". Eu disse: "Você". Foi um momento intenso. No fim das contas era só um avião agrícola, algum aviador civil que estava por fora dos acontecimentos.

Gordon Johndroe, secretário assistente de imprensa, Casa Branca: Não dá para esconder um 747 azul e branco com "Estados Unidos da América" escrito em cima. Não dá para deslocá-lo secretamente em plena luz do dia. Para onde as TVs locais vão quando acontece uma emergência nacional? Vão para uma base militar. Então, ficamos observando nosso avião pousar em um canal de TV local. O apresentador dizia: "Parece que o *Air Force One* está pousando". A comitiva de imprensa olhou para mim, tipo: "E nós não podemos divulgar?".

Sargento de equipe William "Buzz" Buzinski: Barksdale estava passando por uma inspeção de segurança nuclear. Já havia um monte de policiais de colete com M-16. Estavam com tudo engatilhado. Assim que pousamos, eles cercaram o avião.

Brian Montgomery, secretário de gabinete do presidente, Casa Branca: Assim que aterrissamos, eu e Mark Rosenker, chefe do gabinete militar da Casa Branca, descemos pelas escadas traseiras. Tinha um sujeito parecido com o general Buck Turgidson do filme *Dr. Fantástico* — alto, todo paramentado, de jaqueta *bomber*. Parecia que tinha saído direto do elenco principal. Dissemos: "Do que você precisa?". Ele respondeu: "Tá vendo aqueles aviões? Estão todos carregados de armas nucleares — me diga onde querem que eles fiquem". Olhamos adiante e havia uma fila de B-52, um do lado do outro. Brinquei: "Caramba, não conta para o presidente!".

Capitã Cindy Wright, enfermeira presidencial, Unidade Médica da Casa Branca: Eu me lembro de como as coisas estavam diferentes quando pousamos em Barksdale. Nós descemos do avião e estávamos em guerra.

Dave Wilkinson, auxiliar do agente encarregado, Serviço Secreto dos Estados Unidos: Minha maior preocupação eram os Humvees.* Eles estariam lá? Quando vi os quatro ou cinco Humvees deles encostando, tive uma sensação de alívio genuíno. Um dos agentes manifestou preocupação com o fato de que a Força Aérea estaria conduzindo o presidente — em geral só o pessoal do Serviço Secreto pode levá-lo. Eu disse: "Essa é a menor das nossas preocupações".

Coronel Mark Tillman: Desembarcamos o presidente pelas escadas de baixo: se houvesse um *sniper*, uma posição inferior seria vantajosa.

Ari Fleischer, secretário de imprensa, Casa Branca: Normalmente há toda uma infraestrutura que viaja à frente do presidente. Em Barksdale, tudo que esperava por ele era um Humvee armado com espaço para um artilheiro de pé. O motorista da Força Aérea estava nervoso, dirigia o mais rápido que podia.

Andy Card, chefe de gabinete, Casa Branca: O cara ia muito rápido e o centro de gravidade de um Humvee não é tão baixo quanto você imagina.

---

* Apelido dos HMMWV, sigla de High Mobility Multipurpose Wheeled Vehicle, ou veículo multifunção de alta mobilidade. [N. T.]

O presidente disse: "Mais devagar, filho, não tem terroristas nessa base! Você não precisa me matar agora!".

Coronel Mark Tillman: Desci para a pista para providenciar o reabastecimento do avião. Nós podíamos carregar combustível para catorze horas de voo. Eu queria catorze horas de combustível. Por acaso, havíamos parado do lado de um tanque de reabastecimento quente que eles usam para os bombardeiros. Um civil bateu boca com nossa equipe: "Só temos autorização para usar os reservatórios de combustível em caso de guerra". Um sargento da Força Aérea — Deus o abençoe — ouviu e respondeu, rugindo: "Nós estamos em guerra!". Ele puxou uma faca e começou a arrancar o lacre. Para mim, isso define bem o que foi aquele dia.

Tenente-general Tom Keck, comandante, Base Aérea de Barksdale: O presidente já tinha pousado e eu fui encontrá-lo. Ele estava indo para o centro de conferências. Bati uma continência firme para ele, e suas primeiras palavras para mim foram: "Acho que coloquei vocês no mapa". Ele me disse que precisava de uma linha telefônica segura para ligar para o governador [George] Pataki [de Nova York]. Levei-o para minha sala. Quando ele estava começando a ligar, parou por um segundo: "Me diga, onde estou?". Eu disse: "Você está ao leste do rio Red, em Bossier City, na Base Aérea de Barksdale, perto de Shreveport, Louisiana".

Brian Montgomery: Andy Card veio e disse que era uma oportunidade para ligarmos para nossos entes queridos, mas que não podíamos dizer onde estávamos.

Deputado Adam Putnam (R-Flórida): Quando chegamos a Barksdale — lembre-se que ainda não tínhamos visto nenhuma imagem clara pela televisão —, fomos tomados pela consternação, porque nos atualizamos rapidamente de coisas que todo mundo já tinha tido duas horas para digerir. Liguei para minha esposa e disse: "Estou em segurança. Não posso te dizer onde". Ela falou: "Ué, você não está em Barksdale? Foi o que vi na TV".

Tenente-general Tom Keck: Andy Card e Karl Rove entraram no meu escritório com ele.

Karl Rove, consultor sênior, Casa Branca: Foi ali que, pela primeira vez, ele se inteirou de fato da situação. Os três ataques tinham terminado, então sabíamos a extensão do prejuízo. Seu primeiro instinto foi reunir todos os líderes do governo, mas cada um estava em um lugar. É incrível como a tecnologia mudou. Naquela época, a única maneira de juntar todo mundo seria ir para a Base Aérea de Offutt, o local mais próximo com capacidade de produzir uma videoconferência entre vários locais. Hoje, o presidente viaja com uma maleta Halliburton preta com uma tela que faz isso em qualquer conexão de banda larga. É incrível.

Coronel Mark Tillman: Entrei na sala da crise da base e disse a eles que eu precisava colocar o cara em algum lugar subterrâneo. Onde poderia ser? Offutt era a melhor opção.

Tenente-general Tom Keck: As pessoas esquecem a confusão que reinou naquele dia a respeito do que realmente estava acontecendo. Oficiais de inteligência mandavam informes o tempo todo. Um deles disse que havia um objeto indo em alta velocidade para o rancho do presidente, no Texas. Eu o vi questionar quem estaria no rancho. No final das contas, era uma informação falsa.

Major Scott "Hooter" Crogg: Eu pensava: *Já fiz centenas de horas de Patrulhas de Combate Aéreo no Sul do Iraque, inspecionando a zona de exclusão aérea, e agora me vejo fazendo isso nos Estados Unidos.* Era muito estranho. Não havia mais ninguém voando.

Ellen Eckert, estenógrafa, Casa Branca: Enquanto esperávamos pelo presidente, nos levaram para o Clube dos Oficiais. Eu era basicamente a única pessoa naquela viagem que fumava — ou pelo menos foi o que pensei. De repente, todo mundo começou a pedir um cigarro. "Espera aí, você nem fuma!" Estava todo mundo muito perturbado.

Tenente-general Tom Keck: Estávamos todos absortos em nossas tarefas. O presidente revia as declarações que faria para o país. Perguntou em voz alta: "Usei a palavra 'solucionar' duas vezes aqui — será que isso é ruim?". Ninguém respondia, então eu disse: "Acho que os americanos provavelmente querem ouvir isso".

Brian Montgomery: Conversando com alguém de lá, descobrimos uma sala de recreação, ou algo assim, com as paredes cheias de recordações da base. Gordon e eu começamos a mexer em tudo — pegamos umas bandeiras, achamos um palanque. Sabíamos que isso era importante. Todo mundo queria ver o presidente.

Gordon Johndroe: Barksdale é um borrão para mim. Foi muito caótico. Ninguém se lembra do pronunciamento do presidente lá. A iluminação estava ruim, o cenário era ruim, mas era importante que ele dissesse algo à nação. O pronunciamento se perdeu na história.

Sonya Ross: Ditei um relatório resumido para minha colega Sandra Sobieraj, que tinha ficado em Washington. Depois deixei meu telefone ligado para que ela ouvisse o pronunciamento do presidente, que foi curto. Ele disse: "Nossos militares, no país e no mundo inteiro, estão em alerta máximo. Tomamos as medidas de precaução necessárias para que o governo continue desempenhando suas funções". Ele reiterou que havia sido um ataque terrorista e pediu às pessoas que ficassem calmas.

Ellen Eckert: Eu nunca tinha visto o presidente tão sisudo. Fiquei deitada no chão, aos pés dele. Não sabíamos se a transmissão [do noticiário na TV] estava funcionando, então fiquei lá deitada segurando o microfone sobre a cabeça, para o caso de ninguém estar gravando a declaração.

Andy Card: Não queríamos chamar a atenção para o lugar onde estávamos antes de sairmos de lá. Então gravamos o pronunciamento para que ele fosse transmitido quando estivéssemos saindo.

Tenente-general Tom Keck: Depois da coletiva de imprensa, ele voltou para o meu escritório. Ficou sentado no meu sofá e viu as torres caindo na TV. Ele se virou para mim, porque era eu quem estava lá, e disse: "Eu não sei quem foi, mas nós vamos descobrir e vamos atrás deles, e não vamos dar só uma bronca neles". Eu disse: "Estamos com você". Sabia que ele estava falando sério.

Ari Fleischer: Andy Card decidiu reduzir o número de passageiros. Não sabíamos para onde iríamos. Todo mundo que não fosse essencial seria deixado lá, incluindo os parlamentares, que não gostaram nem um pouco. Vários funcionários da Casa Branca tiveram que desembarcar. Andy perguntou se daria para reduzir a comitiva de imprensa a três pessoas. Achei que deveriam ser cinco, no mínimo.

Deputado Adam Putnam: Quando subimos a bordo, caminhões de suprimentos se aproximaram e começaram a descarregar comida — bandejas e bandejas de carne, pães e mais pães, centenas de galões de água. Percebemos que estavam abastecendo o avião para ficar dias no ar. Foi realmente aflitivo.

Gordon Johndroe: Foi duro dizer para metade da comitiva de imprensa que eles não iriam conosco. Sua reação foi meio profissional — "Vamos perder a matéria da nossa vida" — e meio pessoal: "Vocês vão deixar a gente na Louisiana com o espaço aéreo fechado?".

Sonya Ross: Enfiaram a gente em um ônibus escolar azul. O Gordon entrou no ônibus. Ele leu em voz alta quem iria com eles: o repórter da Associated Press, o fotógrafo da AP, um câmera de TV, um operador de som da TV e um cara de rádio. Todos os outros, ele disse que teriam que ficar. A Judy Keen, repórter do jornal *USA Today*, e o Jay Carney, que era de uma revista, se revoltaram. Catei minhas coisas e corri.

Karl Rove: Quando estávamos no carro, voltando ao avião, o presidente disse algo parecido com "Eu sei que isso é uma enrolação — estão tentando me manter longe de Washington —, mas eu vou engolir essa e vou para Offutt. Porém depois vamos para casa".

Tenente-general Tom Keck: Quando o presidente se virava para subir as escadas, eu disse a ele: "Esses soldados são treinados, estão a postos e farão tudo que pedirmos". Ele me disse: "Eu sei". Batemos continência um para o outro. Ele ficou em terra por uma hora e 53 minutos.

Ellen Eckert: Ari me disse que eu estava fora. A imprensa não tinha gostado de ficar, mas eu aceitei bem. Só pensei: *Estou segura aqui na Louisiana*. Mas aí o avião ligou os motores, aquele barulhão, estávamos todos em volta, e o Gordon apareceu na escada traseira e gritou: "Ellen, o Ari disse para você entrar no avião! Ele mudou de ideia!". Não era o que eu queria, mas aí pensei: *Eu devia ter vergonha. Está todo mundo nesse avião.* Fui a última a embarcar.

Sonya Ross: Quando partimos, eles não sabiam dizer quanto tempo ficaríamos fora. Disseram que providenciariam acomodações se tivéssemos que ficar um dia ou dois. Eu disse ao meu chefe: "Não sei para onde vamos e nem quanto tempo ficarei fora".

46.
Nova York, meio-dia

"Você teve notícias do meu pai?"

Familiares e amigos no país inteiro tentavam entender se seus entes queridos estavam entre as vítimas daquele dia; em Nova York, dezenas de milhares eram tidos como desaparecidos, talvez dados como mortos. Em meio às tragédias da manhã, três irmãs tentavam descobrir se o pai delas, que trabalhava no Windows on the World, estava entre os que se foram.

Joann Gomez, oitavo ano, escola de ensino médio 56: Estávamos em aula e ouvimos uma grande explosão — a escola toda tremeu.

Melissa Gomez, quarto ano, escola de ensino médio 56: O diretor tinha mencionado as Torres Gêmeas em seu pronunciamento; disse que haviam sido atingidas por um avião.

Joann Gomez: Meu pai, Jose Bienvenido Gomez, e meu tio, Enrique Gomez, nasceram em Santiago, na República Dominicana. Eles vieram para os Estados Unidos no começo dos anos 1980 e começaram a trabalhar no World Trade Center em 2000.

Joanna Gomez: Meu pai estava muito animado de trabalhar no World Trade Center. Eu me lembro quando nos contou — dava para ver as Torres Gêmeas do nosso apartamento, então ele mostrou da nossa janela, tipo: "Olha! É lá que eu vou trabalhar!". Ele era ajudante de cozinha, então picava os vegetais, os camarões e tal. Na verdade, eram quatro irmãos trabalhando lá. Dois outros tios meus também trabalhavam lá — um saiu ferido do 11 de Setembro e o outro estava na República Dominicana, não estava lá naquele dia.

Joanna Gomez: Eu tinha só treze anos, então para mim o World Trade Center eram as Torres Gêmeas, e não o World Trade Center. Perguntei a um colega se o World Trade Center era onde ficavam as Torres Gêmeas. E ele:

"Sim, é lá mesmo". Comecei a chorar. Depois mandaram todo mundo ir para a classe, e eu encontrei minha irmã no corredor.

Melissa Gomez: Aí começaram a chegar os pais.

Joanna Gomez: Mandaram a gente para a diretoria e de lá ligamos para casa. Disseram que meu primo iria nos buscar. Da escola, vimos a segunda torre cair. Lembro do meu primo me dizendo: "Não se preocupe. A torre onde seu pai trabalha é aquela que tem uma antena grande, e ela continua de pé. Ainda há esperança. Vão tirar ele de lá com um helicóptero ou algo assim".

Melissa Gomez: Eu tinha nove ou dez anos. Cheguei em casa e estava todo mundo chorando. Fiquei confusa. Não sabia o que tinha acontecido, porque não sabia onde meu pai trabalhava — sabia que ele trabalhava em algum lugar, mas não sabia que era lá, especificamente. Eu era bem ingênua.

Joanna Gomez: Fizemos as ligações, colamos cartazes com fotos, idade, nome. Minha mãe não falava inglês, então eu e minha irmã tivemos que ir aos hospitais, falar com os agentes do FBI. Tivemos que fazer tudo.

***

No sul de Manhattan, algumas das pessoas surpreendidas pelo desabamento atravessavam a destruição, emergindo das nuvens como fantasmas cobertos de poeira, fugindo pela ponte do Brooklyn a pé ou subindo para o norte, na direção de uma Nova York abalada pelo desastre. Todos estavam em estado de choque, desesperados para contatar seus parentes e contar que estavam vivos. Desconhecidos estenderam a mão e fizeram o que podiam para auxiliar esses refugiados.

David Kravette, corretor de valores, Cantor Fitzgerald, Torre Norte, 105º andar: Eu estava andando e pensei: *Preciso pedir um telefone emprestado.* Usei o telefone de um sujeito. Falei com minha esposa dois segundos, e o sinal caiu. O homem viu que eu tinha ficado chateado. Ele veio e me abraçou — aquele desconhecido. Foi curioso. Um desconhecido me deu um abraço e disse: "Você vai ficar bem", e continuou andando. Foi isso.

Richard Eichen: Saí do hospital andando. Encontrei uma mulher, a Pansy, que também estava saindo. Dividimos um refrigerante. Tinha um cara na entrada do hospital, um segurança, dizendo: "Não saiam". Eu disse: "Não, eu quero sair". E ele: "Está bem, se você vai mesmo, tome aqui", e me deu uma máscara cirúrgica. Atravessamos a ponte do Brooklyn, eu e a Pansy — ela morava no Brooklyn e meus pais, no Queens. Cruzando a ponte, senti o sol batendo em meu rosto. Eu me lembro de tirar a máscara, e era uma delícia a sensação do sol no rosto. Foi tipo: *Tudo bem, agora terminou.*

Somi Roy, morador, sul de Manhattan: Parecia aquela cena de *Os dez mandamentos*, em que o Charlton Heston guia as pessoas pelo deserto do Sinai. Era um rio de gente atravessando a ponte do Brooklyn. Infindável. Na parte de baixo, era outro rio de gente, todo mundo coberto de poeira, as pastas meio abertas, as mulheres sem sapatos. Tiveram que fechar a avenida FDR, que ficou vazia, sinistra. O som era outro, porque normalmente há um rugido constante de trânsito no fundo.[1]

Howard Lutnick, CEO, Cantor Fitzgerald, Torre Norte: Seguimos andando, esfregando o rosto, lavando a boca e os olhos. No meio da rua. Não tinha carro. Era muito estranho, parecia o fim do mundo.[2]

Betsy Gotbaum, candidata, Promotoria de Justiça de Nova York: As pessoas no nosso prédio estavam em choque, totalmente em choque. Não sabiam o que fazer. Chamamos os ascensoristas para entrar e assistir com a gente, porque eles não tinham televisão.

David Kravette: Caminhei para o norte, até o apartamento do Howard Lutnick, e começamos a nos reunir lá, os poucos sobreviventes. O Howard subiu. Ele estava coberto de fuligem, porque estava por perto quando a torre desabou. Começamos a ligar para os cônjuges de alguns colegas, mas ninguém tinha tido notícias do marido ou da esposa.

Jillian Volk, professora de educação infantil, sul de Manhattan: Achei que meu noivo, Kevin, estivesse fora do World Trade Center. Achava sinceramente que ele ia entrar pela porta da escola para me buscar. Esperei até umas 10h30. A maioria das crianças já tinha ido embora, então comecei a caminhar para o norte. Não sabia para onde ir.[3]

Richard Eichen: Tinha um cara, o Gary, que ia buscar a sobrinha na Escola de Direito do Brooklyn. Ele perguntou: "Quer uma carona para a casa dos seus pais? Onde eles moram?". Falei: "Na Rockaway". Eu disse: "Estou imundo". E ele: "Não se preocupe". E me deu uma carona. Ele parou na casa dele para pegar água para mim, e o pessoal dele me perguntou: "Quer tomar uma ducha?". Respondi: "Não, só quero mesmo é chegar à casa dos meus pais". Aí ele me levou até Rockaway. Meu pai tinha pendurado uma bandeira em frente à casa. Eu entrei e minha irmã disse: "Quer tomar uma ducha?". Respondi: "Sim".

Betsy Gotbaum: Teve um momento em que saí na rua. O dia estava lindo e eu, completamente transtornada. Moramos do lado do parque. Ele estava absolutamente silencioso. Não se ouvia nada. Era sinistro. Em toda a minha vida, eu nunca sentira aquilo em Nova York. O silêncio.

＊＊＊

Enquanto as pessoas fugiam do sul de Manhattan, milhares de novos bombeiros, policiais, técnicos de emergência médica, paramédicos e socorristas afluíam para aquilo que ficaria conhecido como Ground Zero, tanto na esperança de resgatar sobreviventes quanto para avaliar as perdas enormes que seus próprios e outros departamentos haviam sofrido nos desabamentos. Devido à tradição de integração geracional do CBNY e do DPNY, muitos dos que foram ao resgate tinham irmãos, irmãs, filhos, filhas, pais, mães ou outros parentes que haviam perecido. Todos se defrontaram com um cenário apocalíptico, repleto de fogo, destroços e morte.

Joe Finley, bombeiro, equipe de resgate 7, CBNY: Entrei no carro e fui para lá. A polícia tinha fechado todas as entradas e saídas. A única forma de pegar a via expressa era usar seu distintivo ou sua identidade. Centenas de carros cheios de policiais e de bombeiros afluíam continuamente para a cidade.[4]

Capitão Joe Downey, equipe 18, CBNY: Eu não conseguia acreditar que a torre tinha caído. Achava que fosse algum engano. Até chegar ao local, ainda não tinha entendido que tinha caído tudo. Fui para o quartel de bombeiros do meu pai, de Operações Especiais, na ilha Roosevelt. Começamos a nos reagrupar lá e, quando juntamos bastante gente, fomos para Manhattan.

Paul McFadden, bombeiro, ambulância 2, CBNY: Diziam que tinham morrido dezenas de milhares de pessoas. Parecia que tinha morrido o Corpo de Bombeiros de Nova York inteiro.

Capitão Joe Downey: Quando cheguei ao quartel, é óbvio que minha primeira pergunta foi: "Vocês tiveram notícias do meu pai?". Tive aí meu primeiro mau pressentimento — ninguém tinha falado com ele.

Joe Finley: No ponto de encontro no Cunningham Park, no Queens, centenas de bombeiros esperavam os ônibus municipais que viriam buscá-los. Ninguém dizia nada no caminho. Todo mundo só olhava pela janela para a *skyline* de Nova York e a enorme coluna de fumaça que subia quilômetros pelos ares.[5]

Paul McFadden: Havia policiais em cada esquina. Você mostrava seu distintivo e eles acenavam para você passar. Antes, quando trabalhei na ambulância 2, meu capitão era Ray Downey; agora, no 11 de Setembro, ele estava comandando todas as operações especiais, então eu sabia que ele estaria nas torres. Naquele dia, indo para lá, eu disse: "Olha, quando chegarmos lá vamos direto para o posto de comando; vamos falar com o Ray. Ele vai ficar feliz de nos ver e vai nos botar em um serviço, uma área de busca ou algo para procurar".

Tenente Chuck Downey, CBNY: Estava tudo branco, o lugar inteiro. A poeira parecia uma espécie de nevasca.

Jeff Johnson, bombeiro, equipe de combate a incêndio 74, CBNY: As ruas estavam cobertas por uma camada de quinze a trinta centímetros de uma poeira que parecia um talco, meio branco, meio cinza. Sempre que passava um caminhão de bombeiros ou outro veículo, ficava impossível respirar.

Joe Finley: Não ouvíamos nem nossos próprios passos. Ninguém falava nada. Não havia nenhum som, nenhum carro. Era o sul de Manhattan ao meio-dia, e o silêncio era absoluto.[6]

Capitão Joe Downey: Desci pela rua West, e o primeiro senhor que encontrei foi o comandante Frank Carruthers. Ele era chefe do meu pai. Perguntei a ele: "Você viu meu pai?". Ele abaixou a cabeça e se afastou. Foi então que eu soube que ele provavelmente tinha partido.

Paul McFadden: Quando chegamos ao terreno do World Trade Center, as duas primeiras pessoas que vi foram os dois filhos do Ray, Joe e Chuck. Caminhei direto para eles — achei uma feliz coincidência a gente se encontrar — e disse: "Joey, Chuckie, onde fica o posto de comando? Onde está seu pai?". Joey me olhou e disse: "Estamos indo para casa ficar com a minha mãe. Meu pai está debaixo dos escombros". Aquilo foi como levar um coice na cabeça. Era a última coisa que eu esperava ouvir: que Ray estava morto. Isso deu uma ideia do que seria aquela noite.

Jeff Johnson: Naquela altura o Prédio Sete estava inteiro em chamas. Não havia ninguém tentando apagar aquele incêndio. Obviamente, estávamos ocupados fazendo outras coisas. Era surreal ver aquele prédio ali, pegando fogo.

James Luongo, inspetor, DPNY: Teve uma hora que vieram uns duzentos pedreiros descendo a rua West. Eu disse: "Quem está no comando?". E eles: "Não tem ninguém no comando. Viemos ajudar". Jamais vou me esquecer daqueles homens — uns caras grandes, fortões, chegando. Tanta coisa daquele dia, tanta coisa daquele dia falava dos nova-iorquinos. Pessoas capazes de ajudar as outras. O Corpo de Bombeiros recebe uma grande parte do mérito, o departamento de polícia e os socorristas também. Mas nós somos pagos para isso. Foi incrível a quantidade de nova-iorquinos — apenas nova-iorquinos comuns — que não fugiram da raia naquele dia.

***

Tanto Dan quanto Jean Potter saíram ilesos do colapso do World Trade Center, mas sem ideia de como se reencontrar. Jean não sabia que o marido bombeiro estava frenético procurando por ela.

Dan Potter, bombeiro, equipe de resgate 10, CBNY: Tinha fogo em todos os prédios ao redor do Trade Center. O papel que voara das torres tinha coberto as escadas de incêndio mais próximas. Agora os papéis e as escadas estavam pegando fogo, todas, da rua Greenwich inteira. Era fogo para todo lado, carros em chamas na rua — parecia um cenário de filme. Pensei: *Tenho que achar minha esposa.*

Jean Potter, Bank of America, Torre Norte: Um senhor muito amável perguntou se eu precisava de ajuda. Eu disse: "Você tem água e um telefone?". Eu estava em um estado lastimável. Ele me convidou para entrar na casa dele — era um sobrado em Chinatown —, mas eu estava com muito medo. Pedi a ele: "Não, posso ficar do lado de fora, por favor?". Ele levou uma cadeira lá para fora e me deu um telefone.

Dan Potter: Não me lembro de ver nenhum civil. Lembro das ambulâncias viradas, do caminhão 113 pegando fogo. Passei por eles rapidamente. Estava focado em encontrá-la, mas não via ninguém.

Jean Potter: O tempo todo eu achava que o Dan estava estudando na escola, estudando para a prova para tenente. Pensava: *Ele está em Staten Island. Ele não está em casa. Não está trabalhando. Ele está longe, graças a Deus.*

Dan Potter: Meu plano A era: *O.k., ela vai estar em casa. Depois penso na próxima etapa.* Você tenta driblar aquele pensamento inevitável. Andei até em casa e no caminho peguei uma garrafa d'água em uma loja de sucos. A porta estava aberta, não tinha ninguém lá. Até hoje eu devo um dólar para aquele cara.

Jean Potter: Em caso de emergência, o Dan sempre me dizia, vá para o quartel de bombeiros. Pensei: *Preciso ir para um quartel de bombeiros.* O cara que estava me ajudando me levou para o quartel de Chinatown.

Dan Potter: Andei até nosso apartamento em Rector Place. O porteiro, Arturo, estava lá. Ele virou e perguntou: "Precisa de ajuda, senhor?". Respondi: "Sou eu — o Dan". Ele custou para me reconhecer. Disse: "Estamos seguros aqui, bombeiro?". Eu falei: "Sou eu, o Dan. Eu moro aqui. Estou procurando a Jean. A Jean veio para casa?". Ele respondeu: "Não, não a vi". Eu disse: "O.k.". Tinha umas pessoas no saguão do prédio. Acharam que eu era um bombeiro que tinha ido lá para ajudá-las. Depois viram que era eu. Estavam acostumadas a me ver de calça social, de sapatos, nunca inteiro equipado e coberto de um negócio cinza.

Jean Potter: Um casal passou pelo quartel. A mulher disse: "Meu telefone está funcionando". Consegui ligar para a minha mãe. Ao ouvir minha voz, minha mãe começou a chorar. Eu avisei: "Eu estou bem". E disse: "O Dan está na escola, então ele está bem, ligue para a June" — minha sogra — "e diga a ela que ele está bem". Falei aquilo porque, até onde eu sabia, ele ainda estava em Staten Island, fazendo os simulados.

Dan Potter: Atravessei a rua, e foi aí que sentei no banco. Eu só precisava parar para pensar. *O que eu faço agora?* Sentado naquele banco, fui ficando cada vez mais perturbado. Um cara tirou uma foto de mim. Eu disse a ele: "Não é o momento para isso".

Matt Moyer, fotógrafo: Quando estava chegando na marina, vi um bombeiro sentado sozinho num banco. Era uma cena de paz em meio ao caos. A expressão corporal dele transmitia uma perda sem tamanho. Quando ele finalmente ouviu o clique do meu obturador, ergueu a cabeça, olhou para mim, levantou a mão e fez um não bem devagar com a cabeça, pedindo para eu parar com as fotos. Tirei a câmera do olho e, antes que eu pudesse falar, ele disse: "Acabei de perder minha esposa". Sua voz era dolorida. Só consegui chegar em "Sinto muito". Ele abaixou a cabeça e continuou ali sentado.

Jean Potter: Achei que tinha que ser útil, então comecei a atender o telefone. Dá para imaginar? Uma mulher, coberta de poeira — eu estava em estado de choque. Eu disse: "Me dá o telefone, eu atendo". As ligações começaram: "Eu sou o pai do fulano, sou a esposa do sicrano". Então alguns dos bombeiros entraram e me disseram: "O.k., vamos lá para os fundos. Precisamos relaxar".

Dan Potter: Entrei no saguão e pensei: *Minhas coisas estão todas no armário da equipe de resgate 10. Estou sem as chaves do apartamento.* Comecei a forçar a porta para entrar. A porta finalmente se abriu e o telefone estava tocando. A primeira ligação foi de uma tia da Jean. Eu disse: "Olha, não posso falar. Preciso procurar a Jean". Desliguei, e a ligação seguinte foi do meu pai. Ele estava chorando, muito abalado. Eu disse: "Pai, eu estou bem, mas não consigo encontrar a Jean". E ele: "Eu sei onde ela está". Fiquei, tipo: "E onde ela está?". Ele disse: "Ela está no quartel de bombeiros de Chinatown". Eu disse: "Ai, meu Deus do céu. Obrigado". Desliguei o telefone. Não me lembro de ter pisado em nenhum degrau ao descer os nove andares. Voltei para a rua e saí. Minha caminhonete estava coberta de poeira cinza. Dirigi pela rua South e subi até o quartel de bombeiros de Chinatown, na rua Canal.

Jean Potter: Eu estava sentada no quartel, assistindo pela televisão.

Dan Potter: Entrei no quartel e disse: "Tem uma ruiva com vocês por aqui?". Outro bombeiro, o mais novato da equipe, disse: "Sim, ela está lá nos fundos". Entrei e foi então que a vi.

Jean Potter: Ele estava com os equipamentos e o casaco de proteção. Seus olhos estavam vermelho-sangue por causa dos destroços e da poeira toda. Nunca imaginei que ele estivesse lá na cena. Achei que viria me buscar com suas roupas normais. Aqui estava ele, me buscando, totalmente, totalmente emplastado, com os olhos vermelho-sangue.

Dan Potter: Nós nos abraçamos. Ela estava toda coberta de poeira cinza. Apenas nos abraçamos e nos beijamos. Eu disse: "O.k., vamos sair daqui. Para onde você quer ir?". Ela estava muito abalada, tremendo, e disse: "Vamos para a casa da minha mãe". Era uma viagem de uma hora para o interior da Pensilvânia.

Jean Potter: Nossa vida estava revirada, como ovos mexidos. Estávamos muito gratos por nossa vida ter sido poupada, mas tudo o que conhecíamos mudou naquele dia. Fomos poupados, porém tudo mudou.

* * *

Herb Ouida, Associação dos World Trade Centers, Torre Norte, e pai de Todd Ouida, Cantor Fitzgerald, Torre Norte, 105º andar: Eu me lembro que estava na rua, na Broadway, e as pessoas diziam que o World Trade Center não existia mais. Perguntei: "O que isso quer dizer?". Elas responderam: "Os prédios desabaram". Eu não podia acreditar de jeito nenhum. Quando cheguei ao apartamento da minha filha, vi na TV que, de fato, os prédios tinham desabado feito panquecas. Eu ficava pensando: *O Todd* *estava no 105º andar*. Uma coisa que não me larga e que vai ficar comigo até eu morrer é a pergunta: "Como será que foi para o Todd? Será que ele sabia que era o fim? Será que estava consciente?".

Adrian Pierce, Wachovia Bank, Torre Norte: Entrei no banheiro feminino de um prédio vizinho. Estava inteira grudada. Lavei meu cabelo, lavei minha blusa e, quando estava saindo, vi dois sacos plásticos. Enrolei um deles em volta do meu pé e o outro em volta da cabeça. Lá fora, dois sujeitos brancos estavam sentados em um banco com uma maleta de rodinhas. Perguntei a eles: "Vocês têm uma camisa que eu possa usar?". Um deles tirou a própria camisa e me deu. Tirei minha camisa, pus a dele, amarrei minha camisa em volta do pé. Saí caminhando, e chorava. Quando dei por mim, estava atravessando a ponte.

Ian Oldaker, funcionário, Ellis Island: Era hora de caminhar para casa. Nós começamos a andar junto com uma multidão que subia a rampa da ponte do Brooklyn. Para mim, o momento mais assustador foi quando vi as pessoas gritando aleatoriamente. Era só silêncio, silêncio, silêncio. Então, de repente, alguém começava a gritar, porque se dava conta de que tinha perdido um amigo. Um cara que estava ao meu lado, caminhando, me perguntou onde ele estava. Respondi, tipo: "Estamos na ponte do Brooklyn, cara". Ele estava de terno. Ele me perguntou o que havia acontecido. Eu disse: "O World Trade Center acabou de desabar".

Atravessamos a ponte do Brooklyn e chegamos à Cadman Plaza. Vimos uma fila de ônibus. O motorista berrava para a gente: "Estou indo para o sul de Flatbush". Entramos no ônibus e estava muito silencioso. Todos pareciam estar em transe.

Adrian Pierce: Quando atravessamos a ponte, me sentei no meio-fio. Pensei: *Não consigo continuar. Não posso mais*. Uma ambulância parou para me pegar, e o motorista disse: "Senhorita, você precisa vir comigo". Eu estava chorando. Respondi: "Não quero ir com você. Quero ir para casa. Só quero que a minha mãe, meu marido e meu filho saibam que estou bem".

Joe Massian, consultor tecnológico, Autoridade Portuária, Torre Norte: Eu simplesmente continuei caminhando. Foi chocante. Todo mundo tinha parado na calçada. Quem estava andando e tinha vindo de lá estava coberto de poeira. As pessoas me olhavam, levavam a mão à boca e ficavam paradas, chorando. Depois de algum tempo, pensei: *O.k. O que está acontecendo? O que está acontecendo comigo que eu não sei?* Eu passei por um prédio que tinha um espelho e percebi que eu estava coberto de alguma substância.

Jared Kotz, Risk Waters Group: Finalmente, por volta das onze horas, acho, talvez 11h30, por aí — não sei bem que horas eram —, percebi que não tinha comido e que minha decisão de abdicar do café da manhã e correr de volta para o escritório tinha sido mais uma razão pela qual eu sobrevivera. Se tivesse ficado lá para tomar café, eu não estaria vivo. Senti fome, então caminhei rua abaixo em busca de um *muffin* ou alguma coisa para comer. Andei até a esquina na avenida A, e o sul de Manhattan estava sendo evacuado, as pessoas estavam vindo da área do World Trade Center. No Tompkins Square Park, vi um jovem. Ele parecia estar em choque. Estava coberto de poeira da cabeça aos pés. A parte de trás de sua mochila, lembro bem, era a coisa mais estranha que você poderia imaginar. Devia ter uns cinco ou sete centímetros de poeira na mochila dele — uma camada muito grossa — e ele estava coberto de poeira cinza da cabeça aos pés. Não consigo entender por que não parei para ajudar esse sujeito. Estava preso na minha própria confusão.

Robert Snyder, professor, Universidade Rutgers e sobrevivente dos desabamentos: Entrando na região do East Fifties,[*7] o cenário era estranho. Havia bandos de pessoas caminhando para o norte; pareciam refugiados saídos de um filme de guerra ou de catástrofe. Mas também havia as pessoas que estavam no horário do almoço delas e nos assistiam. Passei por um restaurante, e todas as pessoas que trabalhavam lá estavam sentadas na janela, vendo a gente passar.

Constance LaBetti, contadora, Aon Corporation, Torre Sul: Andamos, andamos e andamos. Passamos por uns bairros bem barra-pesada do Brooklyn e tinha gente na rua, na frente de casa, com suas mangueiras: "Você quer um gole d'água na nossa mangueira?".

---

* Região de Manhattan entre as ruas 51 e 59, a leste da Primeira Avenida. [N. T.]

Vanessa Lawrence, artista: Era estranho passar pelas lojas onde as pessoas se juntavam em volta de uma TV ou de um rádio. Eu só pensava: *Não! Não! Não dá!* Eu só queria ir em frente, passar reto.

Bruno Dellinger, consultor, Quint Amasis North America, Torre Norte: Fui seguindo pela Broadway. Havia aglomerações, carros parados, gente assistindo. Eu só fazia rediscar, rediscar, rediscar. Consegui falar com meus pais. Quando falei com minha mãe, desabei. Era demais para mim. Não conseguia articular uma palavra. Só chorava — imagina, um cara do meu tamanho.

Joe Massian: Acabei chegando a um semáforo onde havia um caminhão-baú com um pessoal sentado na traseira. Eles estavam dando carona para quem quisesse ir para o norte. O cara falou: "Entra aí, você pode saltar quando quiser". Peguei ele na rua 14, saltei na 53 e fui direto para a Cushman & Wakefield, onde minha noiva trabalhava. Quando saí do elevador e abri a porta, lembro que todo o pessoal da empresa levantou e começou a chorar. Agarrei minha noiva. Perguntei: "Como você sabia que eu estava bem?". E ela: "Sua foto apareceu na internet, no MSNBC.com". Também estava na primeira página do Yahoo. Na Reuters. Em vários sites diferentes. Descobri que muita gente sabia que eu tinha saído do prédio.

Vanessa Lawrence: Consegui entrar em contato com minha amiga Amelia, e ela falou: "Vem para cá já!". Acho que ela estava perto da rua 28. Amelia disse que, quando me viu, eu parecia uma escultura andando em direção a ela. Disse que foi realmente bizarro. Eu estava completamente emplastada. Tomei uma ducha e aí comecei a me coçar e arder. Tive que tomar três banhos para me livrar da sensação de algo que me pinicava na pele, no cabelo, em tudo.

* * *

John Napolitano, pai do bombeiro John Napolitano, CBNY: Eu estava no carro indo em direção a *downtown* com meu cunhado. O telefone dele tocou e, durante a ligação, ele começou a ficar muito agitado. Ele dizia: "Sim, sim, sim, sim, está bem, está bem". E então: "Dá meia-volta e vai para casa". Olhei para ele, e seu rosto estava tomado pela preocupação. Eu perguntei:

"O que houve?". Ele disse: "Dá meia-volta e vai para casa. Você precisa ir para casa. Aconteceu uma coisa. Você tem que ir para casa". Rapidamente peguei um retorno.

Terri Langone, esposa do bombeiro Peter Langone, CBNY: Fui buscar as meninas na escola. Eu tinha certeza absoluta de que ele estava lá. Quando vi o prédio cair, sabia, no fundo do coração, que ele tinha partido. Eu não tinha dúvida. Ele estava na segunda torre que caiu, a Torre Um. Depois, naquela tarde, eu soube do irmão do Peter, Thomas Langone. Era policial e trabalhava no caminhão 10 da Unidade do Serviço de Emergência. Ele estava na outra torre.[8]

Michael McAvoy, diretor adjunto, Bear Stearns, Brooklyn: Resolvi ir até o quartel de bombeiros do meu irmão, na rua 13.[9] A alguns quarteirões de distância, vi um monte de bombeiros e um monte de caminhões de bombeiro. Eu tinha um pouco de esperança. Os bombeiros vinham de quartéis da cidade inteira. Estava um pandemônio total. Vi um bombeiro que conheço. Ele estava coberto de fuligem. Olhei nos seus olhos e perguntei: "Meu irmão estava lá?". Ele respondeu: "Sim". E eu: "Alguma chance de haver sobreviventes? Pode me dizer a verdade". Ele disse: "Mike, queria ter uma notícia melhor para te dar, mas não. Aquilo foi a pior coisa que qualquer um de nós já viu".

John Napolitano: Cheguei em casa. Subi as escadas, e minha esposa estava ajoelhada no chão, nos braços de sua irmã. Ela gritava: "Meu bebê! Meu bebê!". Repetia aquilo sem parar: "Meu bebê! Meu bebê!". Olhei para minha cunhada. Ela falou: "Recebemos um telefonema. O John está desaparecido".

Paul McFadden, ambulância 2, CBNY: Eu me lembro de conversar com um bombeiro — acho que foi perto do O'Hara's, na rua Cedar — e ele me contou que sua filha trabalhava no 109º andar e perguntou: "Você não acha que ela escapou, acha, Paul?". O que você diz para um sujeito desses? Respondi apenas: "Não sabemos. Vamos manter as esperanças".

John Cartier, irmão de James Cartier, eletricista que estava trabalhando na Torre Sul: Encostamos na casa dos meus pais e estávamos ambos completamente cobertos de uma fuligem acetinada, da cabeça aos pés. Meus pais saíram de casa e abraçaram minha irmã, e então só me lembro da minha mãe perguntando pelo James. Olhei para o meu pai e falei: "Eu não consegui chegar até ele. Não consegui".

***

As autoridades municipais se viam refugiadas em sua própria cidade, impossibilitadas de se comunicar, e tentavam achar um lugar para se reunir e coordenar os esforços de resgate e socorro.

Andrew Kirtzman, repórter, NY1: Continuamos andando, e Giuliani ficava se virando para mim e dizendo: "Você precisa avisar as pessoas para ficar longe daqui, para que os veículos de emergência consigam passar". Ele dizia, tipo: "Por favor. Todo mundo que está no sul tem que sair daqui. Eles têm que ir para o norte. Ninguém deve descer para o sul". Eu falei: "Bem" — estava com o meu celularzinho Startac —, "você toparia dizer isso você mesmo, ao vivo, na New York 1?". Liguei para a New York 1 umas dez vezes. Finalmente a ligação completou, e a sala de controle estava um caos. Eu disse: "Eu estou com o Giuliani na linha!". Eles ficaram perplexos. Esperei e esperei. Não sei se foram trinta segundos ou três minutos. De repente o telefone ficou mudo. Não consegui mais falar com eles. Estávamos por nossa própria conta.

Rudy Giuliani, prefeito de Nova York: Alguns policiais foram na frente e escolheram um hotel que poderíamos usar como posto de comando.

Andrew Kirtzman: Continuamos subindo a rua Church. Havia multidões nas ruas, nas calçadas, e quando viam o Giuliani, as pessoas começavam a aplaudir. Alguém disse algo tipo: "Vai, Giuliani!". Andamos mais um pouco e encontramos uma policial jovem que tentava controlar o pandemônio das milhares de pessoas que andavam de um lado para outro. Ela fez contato visual comigo e com o Giuliani. Estava morta de medo. Giuliani afagou a bochecha dela ao passar. Foi algo bem paternal; ele tentou acalmá-la.

Chegamos ao extremo sul do Greenwich Village e decidimos nos alojar em um quartel de bombeiros. Tem um quartel a oeste da Sexta Avenida. Estava deserto, porque todos os bombeiros estavam no Trade Center, e trancado. Agora a cúpula da cidade estava reunida na porta do quartel — sem conseguir entrar.

Bernie Kerik, comissário, DPNY: Tivemos que arrombar a porta.¹⁰

Rudy Giuliani: O detetive do DPNY John Huvaine teve que arrombar a porta do quartel. Usou um extintor de incêndio para isso, e entramos. Foi a primeira vez que consegui um telefone fixo, com fio. A primeira coisa que fiz foi ligar para o governador Pataki, que estava tentando falar comigo. O governador disse: "Como você está? Estávamos muito preocupados com você. Recebemos informações de que você estava desaparecido". Então ele perguntou: "Eu notifiquei a Guarda Nacional. Você precisa deles aí?".

Em parte, eu nunca quis a Guarda Nacional, porque acho que temos um departamento de polícia bem grande, e com uma expertise de nosso ambiente urbano que a Guarda Nacional não tem. Sempre resisti à Guarda Nacional. Disse, imediatamente: "Sim, quero a Guarda Nacional". Desde o momento em que vi aquele homem saltar, eu sabia que não daríamos conta. Isso estava além do alcance dos recursos da maior cidade dos Estados Unidos. Eu precisava de toda a ajuda que eu pudesse arranjar. Falei: "George, eu preciso deles".

Andrew Kirtzman: Quando entrou naquele escritório do comando dos bombeiros, Giuliani ligou para o New York 1 e transmitiu sua mensagem. O New York 1 é um canal vinculado à CNN, então eles repassaram o material para que a CNN transmitisse aquilo para o mundo. Eu devo dizer, o Giuliani é um homem cheio de defeitos, mas era uma das pessoas mais calmas daquele grupo. Jamais deu mostras de pânico ou de medo. Alguém disse uma vez que o Giuliani ficava descontrolado quando as coisas estavam calmas, e calmo quando as coisas estavam descontroladas. Esse era o exemplo perfeito. A cidade, o mundo, estavam desesperados por uma liderança. Bush ficou horas fora de comunicação. Eles só tinham o Giuliani, e ele não fez por menos.

Sunny Mindel, assessora de comunicação do prefeito de Nova York, Rudy Giuliani: Vi minha colega Beth Petrone; o marido dela, o Terry Hatten, é capitão da equipe de resgate 1. Perguntei a ela onde o Terry estava e ela me olhou e disse: "Ele está morto". Olhei para ela. Fiquei brava e disse: "Não, Beth, você não tem como saber isso". Beth talvez seja a pessoa mais coerente que eu conheço. Ela ficou nervosa comigo. Disse: "Ele está morto. Eu sei que ele está morto. Sei que ele estava lá dentro e ele está morto".

Andrew Kirtzman: A ficha então começou a cair. Corri para fora do quartel. Estava completamente desidratado. Entrei numa delicatéssen do outro lado da rua e comprei todos os Gatorades que consegui. Perguntei ao homem se podia usar o telefone dele. Liguei para os meus pais. De repente, entendi — eu me dei conta de quantas pessoas estavam perdendo a vida.

Hector Santiago, detetive, DPNY: Meu chefe [o comissário do DPNY Bernard Kerik] tomou uma decisão de comando. "O.k., nós vamos estabelecer um posto de comando. Não vamos contar para ninguém. Não quero que dê no rádio. Não sabemos o que está acontecendo". Confiscamos um monte de carros e fomos de carreata até a academia de polícia, onde nos reagrupamos.[11]

George Pataki, governador de Nova York: Naquela tarde, nos juntamos — minha equipe, o Giuliani e a equipe da prefeitura — para discutir o que tinha acontecido e o que faríamos. Havia uma enorme incerteza quanto a ataques adicionais. Decidi que deveríamos ter uma central de emergência única — não poderia ser um centro de comando municipal, um estadual, um Centro Nacional de Comando da Agência Federal de Gestão de Emergências. Tínhamos que ficar todos juntos.

Sunny Mindel: Havia uma área na academia de polícia que transformamos em central de credenciamento de imprensa, e tivemos que fazer uma coletiva oficial que seria transmitida ao vivo. De repente me ocorreu — enquanto estávamos no quartel — que a cidade continuava em perigo. Se usássemos o palco do auditório, nossa localização exata ficaria muito clara para qualquer um que estivesse assistindo pela TV. Olhei para o lugar e disse: "Vamos todo mundo virar para o outro lado. Desculpe, vamos ter que fazer isso do outro lado".

George Pataki: Nunca vou me esquecer de um senhor obviamente sem-teto que se aproximou e me abraçou. Eu disse a ele: "Vamos superar isso". E ele: "Obrigado. Tenho certeza que sim".[12]

47.
Washington, meio-dia

"Eu te amo. E eu vou ficar."

Sob a Casa Branca, no complexo de bunkers do Centro de Operações de Emergência Presidencial, o vice-presidente e seus assessores se esforçavam para compreender o que havia acontecido e estimar o número de vítimas.

Comandante Anthony Barnes, vice-diretor, Programa de Contingência Presidencial, Casa Branca: As coisas começaram a assentar — por volta do meio-dia, uma da tarde, já sabíamos que o último impacto tinha acontecido. Soube, por relatórios, que o ponto de impacto do avião no Pentágono tinha sido o Centro de Operações da Marinha. Como também sou da Marinha, lembro nitidamente de pensar: *Eu tinha amigos e companheiros de tripulação que estavam no ponto de impacto. Provavelmente perdi amigos próximos.* E, de fato, perdi.

Matthew Waxman, Conselho de Segurança Nacional, Casa Branca: Lembro que em dado momento alguém estimou que 50 mil pessoas teriam morrido quando as torres desabaram. Recebíamos um monte de informações — algumas eram corretas, outras erradas.

Mary Matalin, assessora do vice-presidente Dick Cheney: Um momento muito emotivo foi quando descobrimos que a Barbara Olson, que era amiga de todos nós e esposa do advogado-geral em exercício, estava no avião que atingiu o Pentágono. O horror de assistir a prédios desabando e aviões se enfiando em prédios simplesmente não se equiparava a nenhuma outra experiência nossa. Mas ver aquilo se concentrar em uma pessoa que estava sentada em um avião — obviamente aterrorizada — fez dos ataques uma questão pessoal para todo mundo. Foi um momento de terror e emotividade genuínos para todos nós.

Matthew Waxman: O enfoque passou da reação imediata à crise a uma discussão mais prática sobre o que fazer a seguir. Fizemos perguntas básicas — "Colocamos o presidente na TV? E o que queremos que ele diga?" — e começamos a planejar os dias que se seguiriam, organizando reuniões para garantir ao presidente a informação mais completa possível sobre o que estava acontecendo, preparar as alternativas de reação que seriam necessárias, coisas dessa natureza.

Além disso, havia um monte de perguntas ou questões com as quais os superiores teriam de lidar e resolver. Pelo menos dois chefes de Estado estrangeiros estavam nos Estados Unidos — da Austrália e da Lituânia —, e eles não podiam voltar para casa com as viagens aéreas suspensas. Perguntas como: "Então, um chefe de Estado estrangeiro precisa sair do país. O que fazemos?".

Gary Walters, chefe da equipe doméstica, Casa Branca: Recebi um telefonema da equipe da sra. Bush. Sua assistente, Sarah Garrison, me perguntou onde estavam a empregada doméstica deles, os cachorros e o gato. Ela falou: "Vou voltar escoltada por um agente do Serviço Secreto para pegar algumas roupas para a sra. Bush. Não sei o que vai acontecer daqui para a frente e nós gostaríamos de levar o cachorro e o gato". Eles foram para um local secreto.

Enquanto os incêndios continuavam a arder do outro lado do prédio, a liderança do Pentágono trabalhava freneticamente para proteger o país. Fora do centro de comando, os bombeiros e os agentes de operações continuavam a luta para salvar o Pentágono, enquanto as famílias esperavam notícias de seus entes queridos e a comunidade se congregava para ajudar.

Coronel Matthew Klimow, assistente executivo do vice-presidente do Estado-Maior Conjunto, general Richard Myers, Pentágono: Eu me lembro de o secretário Rumsfeld dizer, com sua voz de comando: "O.k., pessoal, o que mais o inimigo pode fazer?". Ele queria que pensássemos. O Rumsfeld é assim. Sempre desafiando sua equipe a ir além do óbvio. Quase imediatamente, o general Myers soltou: "NBQ". O que significa "Nuclear-Biológico-Químico". Além de um ataque com um avião, parecia ser a coisa mais óbvia que um terrorista tentaria fazer.

Almirante Edmund Giambastiani, auxiliar militar sênior, gabinete do secretário de Defesa: Às 11h47, só havia duzentas aeronaves voando em todos os Estados Unidos. Era realmente extraordinário. Às 12h18, eram cinquenta.

Coronel Matthew Klimow: O chefe da polícia do Pentágono, John Jester, um civil, veio trazer novas informações. Disse que os incêndios nos andares mais baixos ainda não haviam sido contidos. Isso foi pouco antes de uma da tarde. Era difícil saber quantas pessoas realmente estavam no prédio. Algumas estavam em reuniões e eles simplesmente não tinham como dizer quantas estavam desaparecidas. O general [Ralph] Eberhart relatou que, por volta das 13h30, fechariam as portas gigantescas do bunker do CDANA nas montanhas Cheyenne, em Colorado Springs. Isso evocava um cenário apocalíptico. Não sabíamos o que mais poderia acontecer.

Joe Wassel, agente de comunicações, gabinete do secretário de Defesa: O secretário estava muito preocupado em descobrir onde a sra. Rumsfeld estava. De vez em quando, no meio de outro assunto, perguntava: "Já encontramos a Joyce?". A segurança a encontrou na Base Aérea de Bolling, na casa de um general, assistindo a tudo pela televisão junto com a esposa dele.

Coronel Matthew Klimow: Minha esposa, Edie, estava lidando com a situação como podia. Finalmente, Mary Turner, nossa secretária, conseguiu falar com ela e disse: "O general e Matt Klimow estão bem". Ela foi até a Escola Secundária de Williamsburg, aqui em Arlington, onde nosso filho de doze anos estuda. Tinha uma fila de pais do lado de fora. Uma professora entrou para buscar meu filho, Daniel, e quando ele desceu o corredor e viu a mãe, as primeiras palavras que saíram de sua boca foram: "O papai ainda está vivo?". Ela respondeu: "Sim".

Tenente-coronel Rob Grunewald, oficial de gestão de informação, Exército dos Estados Unidos: Por volta do meio-dia, pensei: *Vou lá dentro ligar para a minha esposa*, porque os telefones celulares não estavam funcionando. Entrei e foi realmente muito perturbador, porque não tinha ninguém no Pentágono. Todas as portas estavam trancadas. As pessoas estavam tão preocupadas com segurança que trancaram, fecharam as portas. Não achava um lugar para ligar para a minha esposa. Por fim, encontrei uma cabine da elétrica e liguei para ela de lá. Ela estava em pânico e perguntou: "Como você está?". Respondi: "Eu estou bem. Consegui sair". Ela disse: "Você está com uma voz péssima". Só então percebi que estava com uma tosse horrível.

Sargento de equipe Christopher Braman, chefe de cozinha, Exército dos Estados Unidos: Os segundos viraram minutos, os minutos viraram horas. Eram 13h47. Estava dividindo o celular com cem pessoas — ninguém conseguia completar uma ligação. Quando alguém conseguia linha, usávamos o telefone. Na minha vez, sentia gosto de adrenalina na boca e tremia; e deu para ouvir o medo na voz da minha esposa quando ela atendeu. Eu disse: "Estou bem. Eu te amo. E vou ficar aqui".

Ileana Mayorga, especialista em administração, Voluntários de Arlington: Exatamente à uma hora da tarde, os telefones começaram a tocar. As pessoas queriam vir ajudar. Coloquei o nome de todas em uma tabela do Excel e anotei o que queriam fazer na coluna ao lado. Elas queriam ajudar a tirar as pessoas do Pentágono. Queriam fazer elas mesmas a segurança da área. Queriam se alistar para lutar. Teve um homem que ligou e falou: "Eu tenho oitenta anos. Meu uniforme de piloto da Segunda Guerra ainda cabe em mim. Ainda enxergo bem. Ainda escuto bem. Mantive meu treinamento de piloto em dia. Avise a quem você puder que estou pronto para servir". Aquilo partiu meu coração, um homem de oitenta anos dizendo algo assim.

Chris Combs, agente especial, FBI: No começo da tarde, cidadãos começaram a aparecer espontaneamente com comida e água. Eu me lembro muito bem de estar no centro de comando e de repente vieram todos os supermercados trazendo mais comida. Todos os vegetais, frutas, todo tipo de fruta. Não sei se estava com tanta fome, mas foram as melhores uvas que já comi.

Ileana Mayorga: Tinha gente ligando de todo canto dos Estados Unidos. Uma empresa de transporte ouviu falar que precisávamos de caminhões para retirar os escombros. Consegui falar com uma pessoa que estava no comando do incidente e ela disse: "É, precisamos de caminhões, mas de caminhões novos, porque temos de conservar tudo que for removido. Um caminhão velho estará cheio de ferrugem e não vai funcionar". Liguei de volta para a mulher e falei: "Sinto muito, precisamos sim de caminhões, mas eles têm que ser novos". Ela respondeu: "Posso pelo menos comprar um. Diga a eles que vou comprar um novo; assim, a gente pode ajudar".

Kyra Pulliam, telefonista, Departamento de Polícia do condado de Arlington: Um de nossos policiais parou uma caminhonete de Maryland cheia de bombeiros voluntários que vinham dispostos a ir lá para ajudar.

Mike Walter, correspondente sênior, *USA Today Live*: Mais para o fim do dia, apareceu um garoto que devia ter uns dezoito anos. Ficou tentando passar pela barreira da polícia. Tinha um monte de piercings, essas coisas, ficamos meio assim: "Vixe, quem é esse sujeito?". Ele começou a ficar muito emotivo e disse aos policiais: "Por favor, preciso ir lá, preciso doar sangue, preciso ajudar aquelas pessoas".

Ileana Mayorga: Foi tremendamente impressionante o sentimento de apoio, de união. Fiquei muito orgulhosa de minha comunidade, a comunidade hispânica, querer ajudar. De repente os telefones tocavam e as pessoas diziam, "Esse é o país para onde escolhemos vir. Ninguém vai destruir nosso país". Perguntavam: "Não estou nos Estados Unidos legalmente. Você acha que eu seria aceito para trabalhar como voluntário?".

Tenente Michael Nesbitt, Serviço de Proteção da Defesa: Temos duas salas de telefone; se perdêssemos aquelas linhas, o Pentágono ficaria basicamente incomunicável. Um cara, o Al Tillis, encarregado da Verizon, teve que andar até em casa. Ele vive em Old Town, Alexandria. Voltou para cá de bicicleta para manter os telefones funcionando. Não arredou o pé por cinco dias.

48.
Voando, em algum lugar acima das planícies

"Eu apostaria o futuro dos meus filhos."

Mesmo horas após o fim dos ataques, a equipe do presidente ainda não achava que seria seguro levá-lo de volta a Washington. Em vez disso, eles voaram da Base Aérea de Barksdale, em Louisiana, para a Base Aérea de Offutt, nas cercanias de Omaha, Nebraska. Durante a Guerra Fria, Offutt fora o lar das forças nucleares nacionais e do Comando Aéreo Estratégico, e contava com uma das melhores estruturas de comunicação do Exército fora do Pentágono, além de um bunker subterrâneo seguro.

Tenente-general Tom Keck, comandante, Base Aérea de Barksdale: Quando o avião do presidente estava decolando, dois F-16 se aproximaram de sua asa. Isso me fez pensar que as coisas finalmente estavam entrando nos eixos. Kurt Bedke, um dos oficiais, me contou depois que, enquanto assistíamos à partida, eu lhe disse: "Você não está se sentindo em um livro do Tom Clancy?".

Major Scott "Hooter" Crogg, piloto de F-16, Houston: Começamos a seguir o *Air Force One*, que voava para o norte. Eu esperava que, em algum momento, ele fosse virar para o leste e seguir para Washington. Mas quanto mais voávamos para o norte, mais eu percebia que ainda havia inquietação. "Eles ainda não se sentem seguros o bastante para voltar a Washington." Pedi que uma aeronave-tanque viesse me encontrar e, depois de acoplar o avião, pedi que ele compartilhasse todos os canais de rádio de lá até o Canadá.

Ann Compton, repórter, *ABC News*: Em cada cabine do *Air Force One* há três relógios digitais visíveis na antepara — os números em LED mostram o horário em Washington, na localização atual e no destino final do avião. Os três relógios mostravam 13h36, horário da Costa Leste, até que o relógio do destino final mudou para o horário central, 12h36. Foi a única — e acachapante — confirmação que tivemos de que o *Air Force One* estava indo para o oeste, para longe de Washington.[1]

Andy Card, chefe de gabinete, Casa Branca: Houve muitas lágrimas. Muitos momentos de silêncio diante da tela da TV. Nada de conversas. Houve preces. E o medo. Nem sequer era uma montanha-russa, pois só havia quedas. "Ai, meu Deus, é horrível." "E isso, agora, é pior." "E isso é pior ainda." E o tempo todo estávamos recebendo bilhetes, atendendo telefonemas, dando ordens.

Major Scott "Hooter" Crogg: Havia um silêncio aflitivo no rádio. Simplesmente não tinha ninguém no espaço aéreo. Só conversávamos entre nós, pilotos de caça, no nosso rádio. "Será que estamos indo para o Canadá?" Houve vários "Cara, que merda de situação". Eu também expliquei para os caras qual seria o procedimento, se fosse preciso abater alguém. O mundo está assistindo, então vamos fazer tudo de acordo com as regras e fazer o que for possível para proteger o presidente. Sabíamos que ele era um alvo ideal, mas também achamos que ninguém ia imaginar que o *Air Force One* estivesse voando sobre o Kansas naquela hora, indo para o norte.

Ari Fleischer, secretário de imprensa, Casa Branca: Não tínhamos TV ao vivo. Isso nos punha em uma situação muito diferente da maioria dos americanos naquele dia. Ao redor do mundo, as pessoas estavam grudadas aos seus televisores. Tínhamos um sinal intermitente no *Air Force One*. Tivemos acesso em Barksdale, no escritório do comandante da base. Mas naquela época não tínhamos e-mail no *Air Force One*. Quando estávamos no ar, ficávamos sem conexão.

Eric Draper, fotógrafo presidencial: Todo mundo estava ávido por informação. Não conseguíamos ver nada, a não ser quando o avião sobrevoava uma cidade grande.

Ellen Eckert, estenógrafa, Casa Branca: O avião ficou parecendo o *Além da imaginação*. Não tinha mais ninguém a bordo. A cabine da tripulação estava vazia, a cabine dos convidados estava vazia. Foi então que a coisa me pegou. Vi um dos agentes parado no corredor e fui até ele: "Então, esse é o lugar mais seguro para estar, né? O *Air Force One*, né?". Ele respondeu:

"Daria no mesmo se tivéssemos pintado um X vermelho, enorme, na barriga do avião. Somos o único avião no céu". Aquilo me apavorou. Entrei no banheiro e usei um bloquinho do *Air Force One* para escrever uma carta para minha família — meus seis irmãos e meus pais. *Mas eles nunca lerão isso, a carta será incinerada em um caos flamejante.* Uma das comissárias de bordo abriu a porta e me consolou. Ela me deu uma toalha de rosto para eu me enxugar. "Está tudo sob controle. Estamos todos juntos."

Major Scott "Hooter" Crogg: Quinze minutos depois de abastecermos, vimos o *Air Force One* começar uma descida. Raciocinei e concluí que provavelmente estavam indo para Offutt. Bem, agora estávamos com o tanque cheio. Não dá para pousar um avião pequeno desse jeito, então fizemos um giro de 360 graus com a pós-combustão a 2100 metros, para gastar combustível suficiente para pousar.

Mike Morell, assessor do presidente, CIA: No voo de Barksdale para Offutt, o presidente pediu para me ver a sós — ficamos só eu, ele e o Andy Card. Ele me perguntou: "Michael, quem fez isso?". Expliquei que não tinha informações de inteligência, então o que poderia oferecer era meu melhor chute. Ele estava muito atento e disse: "Compreendo, vá em frente". Eu disse que havia dois países capazes de levar a cabo um ataque como esse, Irã e Iraque. Mas eu acreditava que ambos teriam tudo a perder e nada a ganhar com aquilo. No final das contas, o rastro nos levaria até Osama bin Laden. Disse a ele: "Apostaria o futuro dos meus filhos nisso".

49.
À tarde em Shanksville

"Um buraco grande e fumegante no chão."

Em Shanksville, os socorristas rapidamente perceberam que não havia ninguém a socorrer. No lugar deles, centenas de policiais estaduais e times de investigadores do FBI, da AFA, do Conselho Nacional de Segurança no Transporte e de outras agências avançaram para proteger o local do ataque e começar a examinar os destroços. Eles sabiam que passariam um bom tempo por lá.

Andrea Dammann, agente especial, Equipe de Coleta de Provas, FBI: Naquele primeiro dia, basicamente só olhamos o local, vimos o que tinha acontecido e tentamos descobrir de quais instrumentos precisaríamos.

Tony James, investigador, AFA: Reconheci parte do trem de pouso e parte do motor. O FBI disse: "Bem, o que gostaríamos de fazer é recuperar a cabine do piloto". Eu falei: "Não vamos achar a cabine nunca. Não vamos encontrar as pessoas porque elas simplesmente evaporaram e sumiram, porque esse avião bateu com muita força".

Wells Morrison, agente especial de supervisão, FBI: Recuperamos uma boa quantidade de itens probatórios, de valor probatório considerável, no local da colisão. Diferentemente do World Trade Center e do Pentágono, aqui não havia toneladas e toneladas de destroços sobre o avião, então deu para recuperar algumas coisas. Recuperamos itens que acreditamos que foram usados como armas — facas pequenas e coisas desta natureza — no local.

Sargento Patrick Madigan, comandante, Estação de Somerset, Polícia Estadual da Pensilvânia: Em termos de provas, o local era um dos mais ricos, entre todas as colisões de aviões do 11 de Setembro.

Wells Morrison: O primeiro item — veja que interessante —, apesar da devastação absoluta, o primeiro item de valor probatório considerável foi resgatado por um policial estadual que estava de guarda em seu posto na tarde do 11 de Setembro. Era a carteira de um dos sequestradores, e estava intacta, caída sobre o chão. Também encontramos o que era, basicamente, uma lista de afazeres de um dos sequestradores. Foi muito produtivo.

Sargento Denise Miller, Departamento de Polícia de Indian Lake: Ficamos de olho nas pessoas que ainda tentavam entrar na área para levar uma lembrança. Foi cômico: estávamos sentados no campo e vimos um rebanho de ovelhas andando atrás de alguma coisa. As ovelhas estavam seguindo umas pessoas que atravessaram o campo para chegar ao local da colisão. Mandamos que dessem meia-volta e voltassem.

T. Michael Lauffer, policial, Polícia Estadual da Pensilvânia: Prendemos duas pessoas que estavam invadindo a área. Acho que todo mundo queria ver o que estava acontecendo. Esses aí chegaram a achar cartas que estavam no avião e estavam indo embora com elas pelo bosque. Tivemos que prendê-los. Lembro que eram um cara e uma garota.

Braden Shober, bombeiro, Corpo de Bombeiros Voluntários de Shanksville: Conforme as coisas avançavam, ainda havia vestígios de pequenos incêndios na mata, focos localizados que reacendiam de vez em quando. Como não queríamos um monte de equipamento lá, prejudicando a investigação, combatíamos esses focos como se combate um incêndio no mato. Quando algum começava a reacender, mandávamos dois sujeitos com aqueles tanques rudimentares que você põe nas costas para pulverizar água; depois eles pegavam um ancinho e batiam nele.

Rick King, subcomandante, Corpo de Bombeiros Voluntários de Shanksville: Umas boas cinco, seis horas depois — aquele tempo todo, eu não tinha saído um minuto do local do acidente —, começamos a pegar a estrada. Vi caminhões com antenas por todo lado.

Tenente Robert Weaver, Polícia Estadual da Pensilvânia: As primeiras oito, dez horas passaram como se fossem minutos. Antes que percebêssemos, uma pequena cidade havia se instalado naquela antiga empresa de mineração, com centenas de pessoas.

***

Tom Ridge, governador da Pensilvânia: Eu estava curtindo um fim de semana prolongado longe de Harrisburg, Pensilvânia, na minha cidade natal, Erie, Pensilvânia. Quando soube dos ataques, eu tinha que chegar a Shanksville imediatamente. Embarquei com assessores e alguns policiais estaduais que fazem minha segurança em um antigo helicóptero do Exército, um Chinook. No voo para Shanksville, quase não falamos. Lembro-me bem do silêncio, muito solene, todos perdidos em seus próprios pensamentos. Quando estávamos descendo no local, eu imaginava que veria o que já tinha visto — assim como os americanos, infelizmente — em coberturas de acidentes de aviação comercial: um campo cheio de pedaços consideráveis do avião, fuselagem, cauda, motor, asas. Jamais esquecerei meu choque — meu espanto — ao ver algo que era, basicamente, um buraco grande e fumegante no chão.

Rick King: Um helicóptero Chinook de duas asas, grande, veio voando na nossa direção, e depois sobrevoou o local do acidente. Dava para ver, nitidamente, um cara de camisa branca se inclinando para fora da janela. Era o governador Tom Ridge.

Sargento Patrick Madigan: O governador Ridge voou para lá e pousou no local. Ele queria se informar, saber o que estava acontecendo, e eu repassei o que tinha de informação, e realmente era pouca, àquela altura. Eu me lembro dele declarar que se precisássemos de qualquer coisa para trabalhar, ele garantiria que tivéssemos. Lembro que ele estava muito, muito preocupado e muito determinado.

William Baker, especialista em endereços dos Serviços de Emergência e vice-diretor de Administração de Emergência, condado de Somerset: Lembro de o governador Ridge na minha frente, do outro lado da mesa, dizendo: "Obviamente isso está conectado aos outros incidentes".

Jere Longman, repórter, *The New York Times*: Montaram uma espécie de palco em um milharal, e o governador Ridge fez uma coletiva de imprensa ali.

Rick Earle, repórter, WPXI-TV, Pittsburgh: Tom Ridge apareceu e roubou uma frase do discurso de Gettysburg, do Lincoln, sobre como as pessoas não se lembrarão do que dissermos aqui, mas jamais se esquecerão do que foi feito aqui.

Steve Aaron, vice-diretor de comunicações do governador Tom Ridge: A coisa que mais me marcou naquele dia foi o voo de volta para casa. Entramos no helicóptero, e a traseira estava aberta, então o voo inteiro foi com um pôr-do-sol lindo. O dia estava maravilhoso. Não conseguíamos conversar por causa do barulho do helicóptero; então ficamos lá, sentados, perdidos em pensamentos.

50.
Em Mount Weather

"Isso é o que temos para o inverno nuclear."

Os ataques daquele dia acionaram um sistema concebido para garantir a continuidade do governo dos Estados Unidos, um sistema secreto que jamais havia sido utilizado. Em poucas horas, helicópteros do Primeiro Esquadrão de Helicópteros da Força Aérea recolheram líderes parlamentares no gramado leste do Capitólio e na Base Aérea de Andrews e os levaram para um bunker nas montanhas, construído originalmente para a Guerra Fria. No decorrer do dia, outros assessores e funcionários também embarcaram para aquele "lugar não revelado", que mais tarde se revelou Mount Weather, em Berryville, na Virgínia, a oitenta minutos de voo a oeste de Washington, enquanto outros eram evacuados para Raven Rock, um também enorme bunker nas montanhas que deveria funcionar como um Pentágono reserva e que fora construído em Waynesboro, Pensilvânia, perto de Camp David.

Deputado Dennis Hastert (R-Illinois), presidente da Câmara: Eu estava saindo para a Base Aérea de Andrews. Finalmente consegui falar com o vice-presidente. Ele ainda estava na Casa Branca. Disse que tinha mandado pousar todos os aviões. Depois da conversa, o vice-presidente me disse: "Você vai para um local secreto". Quando dei por mim, estava em um helicóptero, sobrevoando o sul de Washington. Passamos por cima do Aeroporto Nacional Reagan, e nenhuma aeronave se movia pela pista. Olhei pela janela do outro lado do helicóptero e vi labaredas subindo do prédio do Pentágono, e uma fumaça preta, azulada.[1]

Tom Daschle (D-Dakota do Sul), líder da maioria do Senado: Ligaram para me dizer que haviam decidido nos evacuar para um local secreto. Eu poderia levar uma pessoa da minha equipe, a Laura Petrou.

Laura Petrou, chefe de gabinete do senador Tom Daschle: Recebemos ordem de nos apresentar no gramado oeste do Capitólio. O helicóptero estava lá, com um monte de veículos blindados em volta. Eu já estava no helicóptero, ou prestes a embarcar, quando alguém me olhou e disse: "Você já está autorizada, né?". Eu falei: "Não". E a pessoa: "Bem, não tem importância".

Brian Gunderson, chefe de gabinete do líder da maioria, Richard Armey (R-Texas): Socaram a gente em um helicóptero e gritaram as recomendações de segurança por cima do barulho do motor do helicóptero.

Laura Petrou: Lembro de pensar: *Não faço ideia de para onde vamos e nem quanto tempo vamos ficar.*

Dennis Hastert: Fui parar em um local secreto. O senador Lott estava lá, o senador Daschle e Dick Gephardt, o líder da minoria, outros membros da liderança.[2]

Brian Gunderson: Penetramos bastante no interior do país e pousamos no local secreto. Desembarcamos, e um cavalheiro se aproximou do helicóptero — supus que fosse o responsável pela instalação. Ele disse algo bem jovial, na linha de "Bem-vindo a...", e o nome do lugar. Lembro de ficar impressionado com a calma e o preparo do cara — mesmo sabendo que seu trabalho era estar preparado e calmo em uma situação dessas. Seu dia começara como qualquer outro e, de repente, tinha um monte de oficiais do governo saltando de helicópteros Huey em cima dele.

Laura Petrou: Dentro do governo, há uma rede de pessoas que assumem o comando; elas dizem o que você tem que fazer e você obedece.

Brian Gunderson: Tinha uns sujeitos de pé na área de pouso — de uniforme de combate urbano cinza e M-16 na mão.

Laura Petrou: Eles dividiram nosso grupo e nos colocaram em carros. Foi bem esquisito entrar de carro naquele subterrâneo.

Tom Daschle: É um lugar bem austero. Cômodos totalmente genéricos — paredes brancas, cadeiras e mesas bem básicas.

Laura Petrou: Era bastante espartano. Basicamente, diferentes tons de cinza por tudo. Fomos levados por túneis e por fim chegamos a uma sala cheia de baias e escrivaninhas.

Steve Elmendorf, chefe de gabinete do líder da minoria da Câmara, Richard Gephardt (D-Missouri): Havia um grupo de funcionários no local que estava esperando que alguém aparecesse ali desde a Guerra Fria.

John Feehery, assessor de imprensa do presidente da Câmara, Dennis Hastert (R-Illinois): Havia uma sensação de deslumbramento, tipo: "Nossa, então isso é o que temos para o inverno nuclear".

Brian Gunderson: Eles obviamente haviam se preparado para o caso de termos de ficar um bom tempo por lá. Quando percorremos o lugar, atravessamos uma sala onde havia um conjunto de livros de direito, uma cópia do Código dos Estados Unidos, caso precisássemos legislar enquanto estivéssemos lá.

Tom Daschle: Fizemos uma ligação com o presidente em viva-voz — acho que foi primeiro com o presidente, depois com o vice-presidente — para falar das circunstâncias. Eles basicamente relataram sua própria experiência, onde estavam e o que sabiam dos relatórios de inteligência que tinham recebido.

Brian Gunderson: Trouxeram alguns tira-gostos — me lembro de sacos de Cheetos ou Doritos, de refrigerantes abertos —, e todos nos sentamos na frente da TV e assistimos a um vídeo das torres do World Trade Center caindo. Passamos várias horas ali.

Steve Elmendorf: Quando estávamos no local secreto, o que mais me impressionou foi que nossa principal fonte de informação — ainda — era a CNN. Ficamos sentados em uma sala — os principais líderes da Câmara e do Senado, juntos — assistindo à CNN. Cheney ligou várias vezes e passou informes a algumas pessoas, mas não me lembro de receber nenhuma informação diferente do que estava vendo na TV.

John Feehery: Havia uma sensação de choque e também de confusão. Os parlamentares estavam nervosos. As lideranças de ambos os lados, da Câmara e do Senado, estavam longe de seus correligionários, o que não é uma situação desejável.

Laura Petrou: Eles não se sentiam confortáveis de estar longe dos colegas e das famílias. Mal chegamos lá, já queriam voltar.

Steve Elmendorf: Durante um dos telefonemas com o Cheney, Don Nickles, que era o líder da bancada republicana no Senado na época, sugeriu que deveríamos ir embora. Ele estava inquieto, tipo: "Por que estamos todos aqui? A situação está clara. Precisamos voltar". Cheney ficou abertamente irritado com isso, e sua voz veio do meio da mesa, pelo viva voz, dizendo: "Don, nós controlamos os helicópteros. Nós decidimos quando você vai embora".

Brian Gunderson: Recebi ligações de outros assessores da liderança, que ainda estavam na central da Polícia do Capitólio com os demais congressistas. Eles estavam ligando para dizer, basicamente: "Bem, o clima por aqui está bastante pesado".

John Feehery: Um parlamentar disse ao presidente da Câmara que o considerava um covarde por não voltar. Ficou decidido que faríamos uma coletiva de imprensa na escada do Capitólio para mostrar ao povo americano que não deixaríamos o terrorismo vencer.

Brian Gunderson: Naquela altura todo o tráfego aéreo civil havia sido suspenso e não havia nenhuma aeronave que não fosse militar voando no espaço aéreo dos Estados Unidos. A sensação era de que, no aspecto de segurança, a coisa estava estabilizada; de que tínhamos alguma segurança de que não haveria mais ataques, pelo menos não imediatamente e, portanto, seria seguro retornar. Por fim, decidiu-se que sim, estava na hora. Podíamos voltar para os helicópteros.

John Feehery: Liguei para uma assistente, a Paige Ralston, que estava no [prédio da] Polícia do Capitólio, e ela me ajudou a organizar a coletiva de imprensa nos degraus do Capitólio. Trent Lott queria só a liderança presente. Decidi que todos os parlamentares deveriam estar lá.

Dennis Hastert: Não sabíamos o que viria pela frente, mas sabíamos que haveria muito trabalho legislativo a fazer. Soubemos que o presidente estava voltando e que pousaria em Washington às seis horas da tarde. Decidimos voltar logo depois do presidente.[3]

51.
No Ground Zero

"Estamos no modo sobrevivência."

Enquanto se dava algum contorno de organização à carnificina no World Trade Center — um solo subitamente sagrado que nos dias seguintes seria chamado de a "Pilha" e, mais tarde, "Ground Zero" —, socorristas angustiados se esforçavam para encontrar sobreviventes.

William Jimeno, policial, DPAP: Acredite se quiser, alguém nos encontrou. Mais ou menos uma hora depois que o Dominick morreu, alguém surgiu sobre o buraco dizendo: "Quem está aí embaixo?". Gritei: "Jimeno, DPAP!". E disse: "Temos policiais feridos aqui". A voz foi embora. Foi muito, muito frustrante; fiquei muito bravo e disse ao sargento: "Como eles podem deixar a gente aqui?". O sargento McLoughlin disse: "Não sabemos o que está acontecendo lá em cima, a pessoa pode estar ferida, pode estar alucinada, você precisa manter o foco". Falei: "Sargento, estou com muita dor. Um nível de dor extremo". O sargento McLoughlin respondeu: "Você tem que aguentar firme".

Steven Stefanakos, detetive, Unidade do Serviço de Emergência, caminhão 10, DPNY: Eles pediram a todos os membros da Unidade do Serviço de Emergência que estivessem lá para se mobilizar — ironicamente — no memorial da polícia no Battery Park. O Serviço de Emergência da cidade tem dez equipes na cidade, e nos enfileiramos todos — da primeira à décima — ao lado do memorial. Só então começamos a ter noção de quem estava faltando.

Sal Cassano, subchefe, CBNY: Fui levado para o hospital — algumas costelas quebradas, alguns galos e hematomas —, mas me liberaram. Pedi que me levassem de volta à central e comecei a trabalhar no Centro Operacional, atendendo telefones, tentando montar uma lista de desaparecidos, das companhias que estavam desaparecidas, entender como estávamos. Ficamos tentando dar conta da situação.

Dan Nigro, comandante de operações, CBNY: Apagamos os incêndios das ruas onde todos os carros estavam pegando fogo. Apagamos incêndios em alguns prédios no decorrer do dia, mas percebemos que não tínhamos nem água nem tempo o bastante para apagar os incêndios que tinham começado no Prédio Sete do World Trade Center. Eu disse: "Depois do que aconteceu, é melhor isolar um perímetro de desabamento ao redor do prédio".

Scott Strauss, policial, Unidade do Serviço de Emergência, caminhão 1, DPNY: Viramos a esquina do City Hall Park e vimos um dos nossos veículos do Serviço de Emergência em chamas. Parecia um filme. Foi tipo: "Não! Aqui é o sul de Manhattan. Essas coisas não acontecem aqui. Elas acontecem lá no Oriente Médio".

Tenente Michael Michelsen, Corpo de Bombeiros de Wilton (Connecticut): Quando tiraram os caminhões dos escombros, naquele primeiro dia, quando começaram a arrancar as coisas, vimos caminhões de bombeiros — para a maioria das pessoas, algo incrivelmente resistente, indestrutível — quebrados como brinquedos de criança. Parecia que eram de papel machê, e que tinham sido pisoteados.[1]

Scott Strauss: Encontrávamos muitos pedaços de corpos, mas ninguém que pudesse ser resgatado. Passamos o dia inteiro fazendo isso.

Dan Nigro: Naquela altura, estávamos tentando encontrar alguém, qualquer pessoa que pudéssemos resgatar.

William Jimeno: Ficamos falando um com o outro, tentando nos manter acordados. Eu gritava com o sargento quando sentia que ele estava perdendo a consciência; ele gritava comigo quando eu começava a apagar. Só dava para torcer e rezar, e foi isso o que fizemos. Rezamos juntos, em um dado momento. McLoughlin disse: "Nem sei seu primeiro nome". Respondi: "Will". E ele: "O meu é John".

***

Ainda presos na escadaria B da Torre Norte — devastada mas miraculosamente intacta —, uns poucos bombeiros do CBNY que haviam sobrevivido torciam para que seus colegas lá fora os encontrassem.

Pasquale Buzzelli, Autoridade Portuária, Torre Norte: Os bombeiros que estavam na escadaria B estavam bem embaixo de mim. Estavam tipo no segundo ou terceiro andar, acho, e ficaram em uma espécie de nicho, uma parte do prédio que não tinha desabado. Eu estava no 22º andar e basicamente despenquei até o topo da pilha de entulho, na altura do quarto andar, se o prédio ainda estivesse de pé. Basicamente caí da altura de dezoito andares. Acabei indo parar uns setenta metros para o norte. Quando desabaram, as escadas não ficaram exatamente no eixo.

Fiquei em cima da pilha de escombros, quase que em um parapeito, os pés dependurados para baixo. Comecei a gritar pelas pessoas que estavam comigo, para ver se tinha alguém por perto. Comecei a gritar por socorro. Demorou um bom tempo até ver alguém. Passou-se uma hora, e eu gritando por socorro.

Tenente Mickey Kross, equipe de combate a incêndio 16, CBNY: Eu não conseguia sair do lugar, então comecei a empurrar. Nada cedia. Forcei o que estava acima da minha cabeça e o entulho começou a se mover. Consegui abrir um buraquinho para passar. Eu me arrastei para fora. Tinha uma viga logo acima de mim. Fiquei sentado na viga, pensando: *E agora, o que eu faço?* Estava na escadaria propriamente dita.

Capitão Jay Jonas, equipe de resgate 6, CBNY: Descemos mais ou menos meio patamar e tivemos notícias do pessoal de baixo: "Não dá para sair por aqui". Ficamos tentando entender o que havia acontecido. A gente estava vivo. A gente tossia, engasgava, enxergava muito pouco. Eu via paredes de aço retorcido ao redor. Estávamos em uma escadaria intacta, mas cheia de escombros. Não tinha luz.

Tenente Mickey Kross: Comecei a ouvir barulhos. Comecei a ouvir gemidos e uns caras tentando se comunicar, gritando. Eram os caras que estavam presos comigo. Eles gritavam: "Quem está aí? Vocês estão bem?". Percebi que não estava só. Quando você descobre que tem outras pessoas com você, já se sente bem melhor.

Capitão Jay Jonas: Recebi uma mensagem de Mayday do tenente Mike Warchola, da equipe de resgate 5, que tínhamos visto no 12º andar; ele dizia que estava preso na escadaria B, no 12º andar, e que estava gravemente ferido. Eu estava no ponto mais alto da escada, então comecei a subir, tentando afastar os escombros. Aí ele mandou um segundo Mayday, um pouco mais desesperado. Eu tentava mover os escombros, mas não conseguia. Era pesado demais. Veio um terceiro Mayday, mais desesperado ainda. Entrei no canal do rádio e disse apenas: "Sinto muito, Mike. Não consigo te ajudar". Aquela foi a última transmissão dele. Na verdade, depois descobrimos que o 12º andar não existia mais; o Mayday tinha vindo de dentro dos escombros.

Tenente Mickey Kross: Pulei para a outra escadaria. Então rastejei alguns degraus para cima e encontrei os outros caras — o tenente Jim McQueen, da equipe de combate a incêndio 39, o comandante Richie Picciotto e dois outros colegas. Eram umas seis pessoas debaixo do patamar.

Capitão Jay Jonas: Tentamos sair de lá por nossa conta, mas não conseguíamos achar um jeito. Por fim, enviei minha própria mensagem de Mayday: "Mayday, Mayday, Mayday. Aqui é um oficial da equipe de resgate 6. Estamos na escadaria B e estamos presos". O primeiro sujeito a responder meu Mayday foi o subcomandante Tom Haring, um amigo. Ele disse: "O.k. Já está registrado. Tem uns caras indo aí te buscar".

Dan Nigro: Quando soube que tinha uma operação para achar alguém da equipe de resgate 6, pensei: *Eles se enganaram*. Eu disse: "Não dá para resgatar ninguém na Torre Norte, a Torre Norte já era". Não achei que houvesse a menor possibilidade de alguém estar vivo no prédio.

Capitão Joe Downey, equipe 18, CBNY: Quando localizaram os caras na escadaria, foi uma correria louca para tentar tirá-los de lá, entender onde estavam.

Capitão Jay Jonas: Demos a eles — aqueles caras que tinham vindo de todos os quartéis das periferias — um centro, um foco. Foi tipo: "Uau! O pessoal da 6 está preso! Vão lá buscá-los!". Essa era a missão. Uma das pessoas que entrou no rádio logo em seguida foi o Nick Visconti, um subcomandante. Nick tinha ido ao meu casamento. Eu falei: "Olha só! É o Nick! O Nick está comandando meu resgate!". Ele me fez perguntas muito estratégicas. Perguntou como eu tinha entrado no prédio. Contei a ele: "Entramos pela rua West. Passamos pela porta de vidro. Entramos à direita e depois à esquerda, e a escadaria B era a primeira à esquerda. Não tem como errar".

Conversei com o Nick alguns dias depois e ele me disse que, quando perguntou aquilo, estava rodeado por mais de cem bombeiros, todos prontos para ir. Quando eu disse "Passamos pela porta de vidro", houve um suspiro coletivo, porque não tinha uma vidraça intacta em um raio de vinte quarteirões.

Tenente Mickey Kross: Tentamos arrombar a porta da escadaria. Eles usaram um machado e um Halligan — um tipo de pé de cabra — e abriram a porta, mas atrás dela havia um muro de escombros.

Capitão Jay Jonas: Comecei a receber mensagens pelo rádio. Uma delas veio do meu vizinho, Cliff Stabner. "Aqui é ambulância 3 para equipe de resgate 6, capitão Jay Jonas. Aqui é o Cliff. Eu estou indo te buscar. Onde você está?" Eu era muito amigo do Cliff. Eu ficava engasgado quando falava com ele no rádio, porque ele sempre encerrava dizendo: "Estou indo te buscar, meu irmão. Estou indo te buscar".

Tenente Mickey Kross: Agora eu achava que pelo menos eles sabiam onde a gente estava. Não tinha me dado conta de que tudo havia desaparecido, que estava numa grande pilha de entulho.

Capitão Jay Jonas: Outra pessoa que entrou no rádio foi o Bill Blanche, um comandante lá do batalhão 1. Eu já tinha trabalhado com ele. Foi o único que me deu uma ideia de como aquilo ia ser difícil. Ele virou e disse: "Vai demorar muito tempo. A coisa está feia aqui fora". Então me dei conta de que talvez ficássemos lá por alguns dias.

Tenente Mickey Kross: Eles começaram a nos procurar. Passou uma hora, duas, três. Eu realmente perdi a noção do tempo.

Capitão Jay Jonas: Tinha também um comandante que estava abaixo da gente, abaixo do pessoal da equipe de combate a incêndio 39 e que se chamava Richard Prunty. Ele estava um pouco além de uma área enorme de escombros. Sempre que eu dava a nossa localização, ele entrava no rádio e dizia: "Não se esqueçam do batalhão 2". "Sim, estamos com o batalhão 2."

Tenente Mickey Kross: Ele estava uns seis metros abaixo de nós, enterrado nos escombros até o peito. Estava perdendo a consciência. Lembro de falarmos com ele no rádio, dizendo para aguentar firme. A última coisa que ele disse foi: "Digam para minha esposa e meus filhos que eu amo eles". E foi isso.

Capitão Jay Jonas: Eu um dado momento, durante o tempo que ficamos presos após o desabamento, uma explosão sacudiu a área. Um dos bombeiros da equipe de resgate 6, o Tommy Falco, virou para mim e perguntou: "Ei, capitão. O que a gente faz agora?". Olhei para ele e falei: "Sei lá. Estou me virando como dá".

***

Os dois filhos de Ray Downey, diretor de operações especiais do CBNY, ambos bombeiros, procuraram avidamente pelo pai, reconstituindo sua movimentação em meio ao caos depois do desabamento duplo.

Tenente Chuck Downey, CBNY: Tinha muita gente querendo ajudar, mas eram inúmeras possibilidades. Havia buracos por toda parte. Todo mundo estava se arrastando, tentando afastar qualquer coisa que desse para mover. Tínhamos que cobrir uma área enorme.

Capitão Joe Downey, equipe 18, CBNY: Desde o começo, tentamos encontrar nosso pai. O plano era descobrir onde ele estava, onde poderia ter sobrevivido. Já começamos fazendo perguntas. Ele tinha sobrevivido ao primeiro prédio e voltara para continuar trabalhando.

Tenente Chuck Downey: Ele tinha sido visto por bastante gente no posto de comando e do outro lado da rua West.

Capitão Joe Downey: Disseram que quando a poeira começou a baixar — antes mesmo de baixar de vez —, ele foi um dos primeiros a entrar no rádio e mandar todo mundo sair da Torre Norte.

Tenente Chuck Downey: Ele mandou as pessoas saírem. Quando surgiu, de acordo com o relato de algumas testemunhas oculares, estava totalmente branco — esfregando o rosto para tirar a sujeira, mandando rádios para as pessoas saírem da Torre Norte, orientando outras a seguir para o norte pela rua West.

Capitão Joe Downey: Sabemos onde ele estava quando o segundo prédio caiu. Ele estava ajudando um senhor a sair do Marriott. Dois bombeiros nossos ficaram presos no saguão do Marriott quando o primeiro prédio caiu. Estavam tentando sair. Ele viu os sujeitos tentando sair. Ele e o comandante Stack — Larry Stack — ficaram lá com um sujeito corpulento que eles não conseguiam levar. Dois comandantes e um civil. Tenho a sensação de que ele sabia que não sairia de lá e, conscientemente, decidiu fazer o que precisava ser feito. Acho que — sendo quem era — não conseguiria conviver com a ideia de ter ido embora do prédio sabendo que seus companheiros ainda estavam lá. Ele poderia muito bem ter andado até a rua West, como todos os outros. Mas ele não conseguiu abandonar aquele senhor e não conseguiu abandonar a empresa dele na Torre Norte.

Tenente Chuck Downey: Ele disse algo para o capitão do CBNY Al Fuentes assim que a Torre Sul caiu: "Havia muitos homens bons naquele prédio".

Capitão Joe Downey: Acho que morreram quase cem caras da equipe dele de Operações Especiais. O Comando de Operações Especiais é formado por cinco companhias de resgate, sete equipes e a Unidade de Hazmat. Das companhias dele, a única que não chegou lá foi a 270. Todas as outras que estavam lá foram dizimadas.

***

Pasquale Buzzelli: Apareceram uns bombeiros vasculhando os escombros. Na verdade, eles procuravam os bombeiros que estavam com a Josephine Harris e que ficaram presos na escadaria, mas toparam comigo. Quando vi o primeiro — acho que era o Mike Morabito —, eu disse: "Ei! Socorro! Estou aqui em cima!". Ele vira e pergunta: "Do que você precisa?". Aquilo me pegou de surpresa. Respondi: "Estou preso. Não consigo descer". Ele virou e disse: "Ah, beleza. Te pegamos aí já, já".

Eu fiquei, tipo: "O.k.". Ele perguntou: "Precisa de uma corda ou algo assim?". Eu disse: "Faço o que você mandar, é só dizer". Ele olhou para mim novamente. Perguntou: "Você veio com quem?". Como eu estava de camisa azul e calças pretas, ele achou que eu fosse outro bombeiro vasculhando o entulho e pensou que eu tivesse ficado preso. Eu disse, tipo: "Eu estava no prédio. Ele desabou". E disse: "Estou preso aqui. Não consigo descer". Ele falou: "Puta merda, pessoal! Temos um sobrevivente!". Pegou o rádio e me falou: "Aguenta firme! Estamos indo aí!".

Louise Buzzelli, Riverdale, Nova Jersey, esposa de Pasquale Buzzelli, Autoridade Portuária, Torre Norte: Começou a ir todo mundo lá para casa e o telefone não parava de tocar. Eu não queria atender ninguém — a não ser que fosse ele do outro lado da linha.

Pasquale Buzzelli: Eu estava a quatro metros de altura, na beira de um precipício. Eles passaram um tempo olhando para mim, tipo: "Não sei como vamos descê-lo de lá". A sorte foi que o Jimmy Kiesling, que era da equipe de Operações Especiais e tinha sido treinado para isso, estava lá. Ele andava carregando um monte de cordas. Eu o vi circular a área ao redor de mim. Ele foi escalando a montanha de entulho, encontrou uma passagem, desceu até onde eu estava, pulou e caiu bem atrás de mim. Ele virou e disse: "Beleza, grandão. Vamos te tirar daqui de cima".

Louise Buzzelli: Quando o pai e a mãe do Pasquale chegaram — eles moravam em Jersey City —, já eram 13h30. Para mim, a pior coisa foi quando ela entrou e me viu com aquele barrigão. Ela soltou um grito e desabou. Ficou agarrada comigo e só dizia: "Meu filho!". Ela ficava dizendo: "Esse bebê precisa de um pai! Esse bebê precisa de um pai!".

Pasquale Buzzelli: Ele futucava no entulho, puxava umas coisas e examinava. Finalmente encontrou um cano — acho que talvez fosse o cano que passava pelas escadas — todo retorcido. Ele fez uns laços com a corda e me disse: "Se joga do parapeito, eu vou te baixar até lá embaixo". Caí quase um metro e a corda esticou e me segurou. Eu me lembro de girar um pouco. Ele foi me descendo bem devagar.

***

Capitão Jay Jonas: Logo depois de falar com o Billy Blanche, quando ele disse "A coisa está feia aqui fora", um raio de luz penetrou na escadaria. Era um feixe de luz, como um lápis, descendo. Consegui ver uma tirinha de céu azul. Olhei para os caras lá embaixo: "Pessoal, eram 106 andares sobre nossa cabeça e agora estou vendo a luz do sol". Eu disse: "Talvez a coisa não seja tão ruim quanto a gente pensava".

Tenente Mickey Kross: Era claramente a luz do sol. Estava suja e cheia de poeira de escombros. Parecia que tinha pimenta em pó flutuando nela, mas era a luz do sol! Fiquei maravilhado. Um prédio de 106 andares sobre nós e eu estava olhando para cima e vendo o sol!

Capitão Jay Jonas: As coisas começaram a melhorar. Tínhamos um pouco mais de visibilidade. Conseguíamos enxergar ao redor. Podíamos ver todas as áreas por onde poderíamos tentar sair. Achávamos que podíamos ter sido soterrados por montes de entulho, de diversos andares de altura, e agora percebíamos que estávamos no topo, no topo do monte. Encontramos uma área onde dava para romper a parede, e foi o que fizemos. Deu para ver o lado de fora.

Tenente Mickey Kross: Decidimos sair um de cada vez e tentar escalar o monte. Subimos, chegamos à brecha e começamos a nos espremer para passar por ela.

Capitão Jay Jonas: Logo que olhamos, deu para perceber que havia um monte de prédios pegando fogo. Dava para ver a fumaça. Tinha entulho retorcido em toda parte. Nesse momento, vi que um bombeiro, o Rich Picciotto, estava tentando sair da escadaria. Eu pedi: "Espera". Eu estava levando a segurança em conta em todas as decisões. Falei: "Olha só. Sobrevivemos até agora. Vamos tomar cuidado antes de fazer qualquer coisa". Esperamos um pouco mais e então conseguimos ver um bombeiro lá longe. "Tudo bem. Agora podemos ir". Ainda estávamos com nossa corda de salvamento. É uma corda de 45 metros que fica dentro de uma bolsa. Armamos a corda para descer o Rich Picciotto. Ele fez contato com o bombeiro que tínhamos visto de longe, um bombeiro da equipe de resgate 43. Começamos a mandar as pessoas para fora.

Tenente Mickey Kross: Bem nessa hora, dois bombeiros que estavam do lado de fora conseguiram chegar até a brecha e nos ajudaram a sair. Eles amarraram uma corda, porque não havia onde se segurar — não foi que saímos em uma superfície plana. Estávamos entre vigas retorcidas, e isso a quase sete metros de altura.

Capitão Jay Jonas: Eu sabia que tinha gente abaixo de nós. Não sabia quem eram. Só quando eles subiram me dei conta que os conhecia. Foi quando vi o Mickey Kross. Eu disse: "Ah, não tinha visto que era você". O Mickey saiu, e depois o Bobby Bacon, da equipe de combate a incêndio 39. Demorou um pouco mais para o resto do pessoal da equipe 39 sair. A Josephine Harris continuava conosco. Falei a um dos socorristas do tenente Warchola, da equipe de resgate 5. Disse a ele: "Eles estão no 12º andar". Ele me olhou com uma cara estranha. Falei: "Que cara é essa?". Ele disse: "Você já vai ver". O 12º não existia mais.

Tenente Mickey Kross: A certa altura, olhei para baixo da pilha e vi uns bombeiros subindo. Vi logo que estavam chegando agora. Não estavam cobertos de poeira. Meu nariz sangrava e eu era pura poeira. Devia estar horrível. Vi os caras subindo — e, por acaso, eles eram do meu quartel. Vi meu capitão, e ele disse: "Mickey, você está vivo?". Todo mundo achou que eu tinha morrido.

Capitão Jay Jonas: Atravessando os escombros, passamos entre a Torre Norte e os prédios menores. O escritório do Serviço Secreto de Nova York tinha um paiol no World Trade Center. As munições começaram a disparar, parecia uma zona de guerra. Além de tudo o que estava acontecendo, ouvíamos as balas disparando. Pensamos: *Isso não está nada bom.*

Scott Strauss: Estava cavando umas fendas quando começamos a ouvir tiros. Nem todo mundo estava de rádio, então não entendemos bem o que estava acontecendo. Ouvimos caças voando acima de nós. Todo mundo teve o luxo — e sei que essa não é a melhor palavra — de assistir àquilo tudo pela TV. Nós estávamos lá. As TVs tinham comentaristas dando palpites ou tentando explicar o que estava acontecendo. Nós estávamos no meio daquilo tudo e estávamos ouvindo tiros. Ficamos achando que quem quer que tivesse nos atacado agora estava vindo por terra firme — eles vão invadir, atirar em todo mundo e matar muito mais gente.

William Jimeno: Conforme a tarde avançava, ouvimos mais tiros, e não sabíamos o que era aquilo. Agora sabemos que era a munição que estava explodindo. Eu disse: "Sargento, acho que estamos entrando no meio de um tiroteio com os terroristas".

Capitão Jay Jonas: Eles estavam se preparando para me carregar para uma ambulância quando perguntei: "Espera aí — onde é o posto de comando?". Eles responderam: "Esquece o posto de comando. Temos que cuidar de você". Eu disse: "Não, você não está entendendo. Deve ter centenas de pessoas procurando a gente". Eu disse: "Se alguém se machucar, não vou conseguir viver com a culpa".

O posto de comando era uma bomba de incêndio que continuava acoplada a um hidrante. O comandante [Pete] Hayden estava lá em cima, junto com o comandante [James] DiDomenico. Tinham subido na bomba para conseguir enxergar o terreno de destroços. Devia ter uns duzentos bombeiros em volta da bomba. Era uma cena e tanto. Finalmente consegui a atenção do comandante Hayden, bati continência para ele e comecei a chorar. Ele olhou para baixo e começou a chorar também. Ele disse: "Jay, é muito bom te ver". E eu: "É muito bom estar aqui".

Tenente Mickey Kross: Tinha uma mesa na rua West, com um comandante sentado — parecia uma mesa de piquenique. Era o posto de comando daquela área — era o que eles tinham. Eu me aproximei e ele me disse: "Me dá a sua lista". Ele estava falando da lista que carregamos com o nome de todas as pessoas que estão trabalhando — nome, companhia, nome de todo mundo da companhia e a posição de cada um. Antes de começar um turno, você preenche isso. É um negócio bem antiquado. Você preenche com uma caneta e um pedaço de papel-carbono. Você põe o seu nome, o nome da companhia, a data, o número do turno, do batalhão, da divisão, do oficial; e, lá embaixo, fica o nome do motorista — que, naquele dia, era o Ronnie Sifu — e de quem está trabalhando: Tim Marmion, Paul Lee e Pete Fallucca. O original fica preso no caminhão e a cópia fica no seu bolso.

Entreguei-lhe a lista e ele olhou para ela. Falou: "O seu nome está na lista". Tinham me botado na lista como "desaparecido, tido como morto".

Eu disse: "Não, estou aqui. Tira meu nome dessa lista". Tinha mais de quatrocentos nomes na lista. Lembro que, naquela altura, olhei para o meu relógio e eram 14h10.

Capitão Jay Jonas: Tinha um cara que eu conhecia, o Jimmy Riches, que veio falar comigo. Ele se sentou ao meu lado na ambulância. Ele falou: "Jay, eu estava escutando as suas transmissões pelo rádio. Foi inacreditável". Perguntou: "Você viu a equipe de combate a incêndio 4 quando estava por aí?". Pensei comigo: *Meu Deus, onde ele quer chegar com essa conversa de equipe 4?* Respondi: "Não, não vi a equipe 4". Ele disse: "Ah". E então falou: "Meu filho estava trabalhando hoje". Aí minha ficha caiu. Entendi a pergunta. Então me dei conta: *Ah, meu Deus! Quantos filhos será que estavam trabalhando hoje?*

* * *

Pasquale Buzzelli: Fiquei de pé e imediatamente senti uma espécie de raio, um choque que me atravessou. Eu tinha quebrado o pé. O bombeiro perguntou: "Ainda temos que descer mais. Você consegue?". Respondi: "Sim. Quero sair daqui". Começamos a escalar e a andar. Um bombeiro ia na minha frente e outro atrás de mim. Eles me amarraram, e cada um deles segurava uma ponta da corda, para o caso de eu cair. Acho que fiz mais da metade do caminho, talvez três quartos. A dor no meu pé, de caminhar com ele, me fazia suar — devo ter ficado pálido —, então eu disse: "Pessoal, preciso descansar. Só preciso sentar uns dois minutos".

Eles me olharam e responderam: "A partir daqui, deixa com a gente. Relaxa. Pode deixar com a gente". Eles falaram pelo rádio e formaram uma enorme fila de bombeiros sobre o entulho. Trouxeram uma maca de plástico, me amarraram a ela, e basicamente me arrastaram pelo entulho até a saída, pelo oeste, onde me colocaram em uma ambulância.

Quando entrei na ambulância, a primeira coisa que o paramédico disse foi: "Está bem, onde dói?". Respondi: "Antes disso, preciso de um telefone. Minha esposa está em casa. Ela está grávida de sete meses e meio. Ela sabe que eu não saí do prédio". Liguei para casa e foi a minha esposa quem atendeu.

Louise Buzzelli: Eram umas 15h30 e por acaso eu estava passando perto do telefone — porque, naquela altura, todo mundo estava atendendo o telefone pra mim e já ia dizendo: "Não, ela não teve notícias dele. Não sabemos de nada. Te avisamos se acontecer alguma coisa". Passei pela cozinha e o telefone estava lá, e eu só atendi. Ouvi a voz dele do outro lado.

Pasquale Buzzelli: Eu disse: "Louise, sou eu, Pasquale". Ela arfou: "Ah, meu Deus, Pasquale! Pasquale! Ah, meu Deus! Você está bem?". Ouvi uma comoção enorme na casa.

Louise Buzzelli: Ele disse: "Estou na ambulância. Peguei o celular de um socorrista emprestado para te ligar. Perdi meu telefone e agora estou indo para o Hospital St. Vincent's. Eles vão cuidar de mim lá". Eu fiquei, tipo: "Está tudo certo com você? O que aconteceu? Você está bem?".

Pasquale Buzzelli: Eu falei: "Não sei como, mas estou vivo. Eu só queria te avisar".

Louise Buzzelli: Eu simplesmente não conseguia acreditar no meu dia — entre 8h30 e 15h30, foi uma volta de 180 graus. Saber que ele estava vivo, que continuava comigo, que minha filha e meus futuros filhos teriam um pai foi uma bênção. Nada mais importava.

* * *

Enquanto a tarde passava e os esforços de resgate tomavam corpo acima do solo, Will Jimeno e os outros policiais da Autoridade Portuária que estavam presos sob a Torre Sul perdiam a esperança de ser encontrados, assim como Genelle Guzman, que estava soterrada não muito longe do lugar onde seu colega Pasquale Buzzelli havia sido resgatado.

Genelle Guzman, auxiliar de escritório, Autoridade Portuária, Torre Norte: Eu escutava os Motorolas — os walkie-talkies — disparando, e dava para ouvir uma movimentação, provavelmente de caminhões. Ouvia sons, mas não ouvia a voz de ninguém. Ninguém chamando. Gritei algumas vezes. Gritei por socorro. Eu estava ficando sem ar e ia fechar os olhos e torcer para não acordar.

William Jimeno: A situação estava ficando bem sombria. Meu desejo era cair no sono e não acordar mais. Eu me lembro de conseguir tirar um cartão e uma caneta do meu bolso esquerdo. A caneta não estava funcionando bem, por causa dos destroços, mas eu consegui gravar no cartão: "Allison eu te amo". Eu o coloquei de volta no bolso, torcendo para que o encontrassem comigo, porque naquela altura já achava que não sairíamos mais de lá.

Genelle Guzman: Eu estava me preparando para morrer. Eu só pensava na minha mãe e na minha família. Eu disse: "Ainda estou respirando, eu estou viva e eu preciso fazer alguma coisa". Eu precisava rezar. Eu disse a mim mesma: "Deus, me faça só um favor — se eu morrer embaixo dos escombros, permita que a minha família encontre meu corpo, para que possamos fazer um enterro". Depois pedi que o Senhor me fizesse um favor; eu disse: "Se eu tiver que morrer, ao menos permita que eu saia daqui e veja minha filha uma vez mais. Se eu conseguir chegar até o hospital, pelo menos verei minha filha mais uma vez". Eu fechava os olhos de novo, acordava e percebia que ainda estava presa naquele prédio. Eu falava: "Deus, me faça mais um favor. Eu não quero morrer. Eu quero viver. Eu quero ver minha filha e minha família". Eu estava pedindo um milagre. Pedi que Ele me salvasse. Eu só implorava ao Senhor por uma segunda chance. Eu não parava de implorar.

52.
Nos hospitais

"Esperando pelos feridos."

Por toda a cidade de Nova York, os hospitais se prepararam para enormes baixas desde os minutos iniciais após a primeira investida, acreditando que a magnitude da destruição certamente resultaria em milhares ou dezenas de milhares de ferimentos. Mais longe, na Costa Leste, hospitais de cidades como Boston se preparavam para receber os casos excedentes de ferimentos e traumatismos. Durante o dia, funcionários de escritórios feridos, moradores de Manhattan e os próprios socorristas buscaram tratamento, mas os pacientes chegavam em pequenas marolas, não em uma grande onda. Médicos e enfermeiras perceberam, pesarosos, que se havia poucos pacientes era porque havia poucos sobreviventes.

Michael McAvoy, diretor adjunto, Bear Stearns: Passei o resto do dia nos hospitais, nos quartéis de bombeiros, ou no apartamento de um amigo no Greenwich Village. Olhei as listas de pessoas que tinham sido levadas para os diversos hospitais. Não havia nenhum John McAvoy, meu irmão, nem nenhum James Ladley, meu amigo que trabalhava para a Cantor Fitzgerald. Você olha a lista e torce desesperadamente para que o nome esteja lá.[1]

Tracy Donahoo, guarda de trânsito, DPNY: Em um dado momento acabei caminhando do meu posto até o Hospital St. Vincent's, pois eles queriam que eu fosse examinada porque meus ouvidos estavam sangrando. Eu estava em frangalhos. Quando cheguei ao Saint Vincent's, foi sinistro, porque não tinha ninguém lá. Eu achava que haveria um monte de gente lá e que demoraria muito tempo para um médico me atender. Os médicos pareciam muito indiferentes quando me viram. Estavam esperando os corpos de verdade, as pessoas de verdade, e não havia ninguém.

Harry Waizer, consultor fiscal, Cantor Fitzgerald, Torre Norte: Eu me lembro de chegar ao hospital. Eu me lembro de alguém me fazendo algumas perguntas; pedi que ligassem para a Karen, minha esposa, e passei o número de telefone dela. Eu me lembro de alguém dizendo: "Nós vamos ter que te entubar". Eu disse: "Faça o que for preciso". Essa é a última coisa de que me lembro. Não lembro de nada do que aconteceu nas cerca de sete semanas seguintes.

Francine Kelly, enfermeira e gerente de enfermagem, Hospital St. Vincent's Catholic Medical Center: Acho que atendemos entre 350 e 450 pacientes nas oito primeiras horas do 11 de Setembro. Recebemos um volume enorme de pacientes. Nessas primeiras horas, atendemos gente que trabalhava no World Trade Center. Vimos queimaduras, feridas de estilhaço, traumas, gente com crises de hipertensão. Depois, conforme o dia seguia, começamos a atender socorristas que tinham se ferido na linha de frente. No meio da tarde, entre três ou quatro horas, estávamos trabalhando sem parar. Então o que aconteceu foi que, infelizmente, as coisas se aquietaram de repente. Isso foi muito, muito difícil para nós. Você ficava querendo ouvir a sirene da ambulância.

Joe Esposito, chefe de departamento, DPNY: Estavam esperando os feridos, que não chegaram nunca.

David Norman, policial, Serviço de Emergência, caminhão 1, DPNY: Minhas córneas estavam arranhadas. Eu estava sangrando. Tinha queimaduras nas pernas. Eles me levaram para o Hospital St. Vincent's. Cortaram e tiraram toda a minha roupa. Ficamos lá, basicamente pelados no meio da Sétima Avenida; depois nos deram camisolas hospitalares, nos levaram para dentro e fizeram a triagem. Eles lavaram meus olhos e fizeram outras coisas e conseguiram remover alguns dos detritos que estavam arranhando minha córnea. Então fizeram um curativo.

Michael McAvoy: Andei de volta para o Hospital St. Vincent's, na Sétima Avenida. Será que eu deveria doar sangue? No hospital havia macas e padiolas e um monte de enfermeiras e médicos, mas não havia nenhum paciente dando entrada.[2]

John Cahill, assessor político sênior do governador Pataki: Passamos o dia organizando os recursos estatais para o socorro. Conseguimos muitos médicos e doações de sangue, mas a verdade foi que, no final das contas, só uma pequena parte foi necessária.[3]

53.
A geração 11 de Setembro

"Mãe, a América vai sobreviver a isso?"

Enquanto os ataques daquela manhã de terça-feira se desenrolavam e as notícias se espalhavam pelo país, as crianças se viram desnorteadas e confusas — e profundas marcas ficaram impressas na memória de todas elas, de todas as idades.

BEBÊS

Sheryl Meyer, mãe, Tulsa, Oklahoma: Meu filho faria um mês no dia 12 de setembro. Eu tinha planejado sair com ele em seu primeiro passeio de carrinho — ainda estava muito quente em Oklahoma. Acordei com uma mensagem de voz do meu irmão que só dizia "Liga a TV". Passei a manhã inteira em choque e, por fim, decidi que sairia para o passeio mesmo assim. Eu me lembro da sensação surreal que tinha toda vez que um avião passava voando, como os vários voos que foram redirecionados antes de suspenderem o tráfego aéreo. Também me lembro de olhar para o meu filho e pensar que, um dia, ele ficaria sabendo desses acontecimentos horrendos. Gostaria que ele não precisasse nunca saber que existe tanta maldade.[1]

DOIS ANOS

Jenna Greene, mãe, Maryland: Eu estava atrasada, no carro, levando meu filho de dois anos para a creche, que fica a um quarteirão da Casa Branca. Fomos ouvindo músicas de criança, tipo "As rodas do ônibus", o caminho inteiro — eu não fazia ideia do que estava acontecendo, só ouvia muitas sirenes. A diretora da creche estava na porta de entrada, com um ar desesperado. "Vá para casa", ela disse. "Dê meia-volta agora e vá para casa. Aqui não é mais seguro." No caminho de volta, liguei a rádio WTOP e meu filho chorou sem parar — em parte porque não estávamos mais ouvindo "As rodas do ônibus", mas também porque até ele conseguia sentir que algo de ruim estava acontecendo.

TRÊS ANOS

Beau Garner, Michigan: Minha única lembrança é da minha mãe em pé na frente da TV, assistindo ao noticiário. Não lembro de ver as torres caindo nem do pronunciamento do presidente Bush. A única coisa que lembro é da forma como aquilo afetou minha mãe. A magnitude do momento, de alguma forma, foi transmitida para mim, apesar da minha falta de entendimento; o 11 de Setembro não é só uma lembrança antiga para mim, é a minha primeira lembrança. É só um lampejo.

CINCO ANOS/ PRÉ-ESCOLA

Lachlan Francis, Vermont: O 11 de Setembro é minha lembrança mais antiga. Lembro claramente da sra. Blanchard, muito angustiada, nos dizendo que íamos para casa mais cedo. A professora da creche nos buscou, eu e outros alunos, na minivan dela e nos levou para sua casa. Foi o único dia em que nos deixaram assistir TV na creche. Minha professora assistia às imagens dos aviões batendo nas torres em loop enquanto tentava desesperadamente ligar para a filha, que morava em Manhattan. Eu e os outros alunos, mesmo sem ter noção da gravidade e da tragédia do que estávamos vendo, ficamos paralisados na frente do sofá, assistindo ao vídeo dos aviões batendo nas Torres Gêmeas repetidamente.

Blake Richardson, Connecticut: Minha mãe contou que assim que viu no noticiário que o primeiro avião tinha batido, ela pegou o carro e foi buscar meus irmãos e eu na escola. Depois, ela me explicou que um avião tinha batido no World Trade Center, e eu não fazia ideia do que aquilo queria dizer. Na manhã seguinte, sentamos em roda no tapete da classe da pré-escola e conversamos sobre o que havia acontecido. Eu me lembro de ficar confuso, porque minha mãe tinha falado "World Trade Center" e minha professora falou "as Torres Gêmeas", e eu achava que eram dois prédios diferentes. Só fui saber dos outros aviões um ano ou dois depois, acho. Não posso imaginar o terror que deve ter sido, para a minha professora, ter que explicar um negócio tão horrendo para um monte de crianças de cinco anos.

Jing Qu, Illinois: Minha mãe trabalhava em um daqueles prédios altos de Chicago, perto da Sears Tower. A escola mandou os alunos para casa mais cedo, mas na época não entendi por quê. Lembro que minha mãe também chegou mais cedo do que o normal. Ela me deu banho e me perguntou: "Você sabe o que aconteceu?". Aí ela me contou que havia acontecido um acidente horrível no World Trade Center, em Nova York, um lugar que ela tinha visitado poucos meses antes. Terrorismo e patriotismo ainda não eram conceitos que eu entendesse. Como todo mundo que trabalhava nos prédios mais altos de Chicago, minha mãe teve que ser evacuada do prédio.[2]

SEIS ANOS/ PRIMEIRO ANO

Kelly Yeo, Califórnia: O céu estava cinza quando minha babá me acordou e disse: "Você não vai para a escola hoje. Vai começar uma guerra. Homens malvados bombardearam Nova York".[3]

Rikki Miller, Michigan: Eu estava na sala da sra. Smith, no primeiro ano. Tínhamos um convidado especial, que leria *Nate the Great* para nós. A sra. Smith recebeu um telefonema. Pouco a pouco, os alunos foram sendo chamados para fora da sala. No fim do dia, só restavam uns poucos — entre eles eu e minha irmã, que estava no segundo ano. Quando chegamos em casa, [minha mãe] nos contou de um ataque terrível, que tinha tirado muitas vidas. Minha mãe não queria que ficássemos com medo da escola, e por isso não foi nos buscar mais cedo.

Alma M., Califórnia: Todos os adultos estavam meio esquisitos. Estavam todos nervosos e tinha alguma coisa errada, porque estava tudo silencioso demais.[4]

SETE ANOS/ SEGUNDO ANO

Robert Korn, Flórida: As crianças começaram a sair da escola mais cedo, os pais foram buscá-las a partir de umas dez horas. Minha mãe foi me buscar, eu e meu melhor amigo. Ela estava chorando. Ela e meu pai tinham crescido em Long Island, e os dois tinham morado juntos em Manhattan por mais de uma década antes de se mudarem para a Flórida. Quando chegamos em casa, meu pai fez sanduíches para mim e para o meu amigo. Ele estava arrasado. Um de seus amigos de escola era bombeiro em Nova York. Depois ele descobriu que esse amigo, Thomas Joseph Kuveikis, morreu em uma das torres. Sentei lá fora, no quintal atrás da casa, com meu amigo; comemos nosso sanduíche de geleia com manteiga de amendoim e assistimos ao noticiário. Ficamos pelo menos três horas sentados lá, até que minha mãe veio e mudou a TV para o único canal que não estava passando o noticiário, o Cartoon Network. Eu sabia que o que estava acontecendo não era normal.

Tania Cohen, Nova York: Uns helicópteros Black Hawk passaram por cima da minha casa para entrar na cidade. Minha avó veio para a cozinha e fez um monte de panquecas.[5]

Hiba Elaasar, Louisiana: Eu era uma criança quietinha, bem tímida, mas tinha feito meu primeiro amigo por conta própria. Depois daquele dia, meu amigo se aproximou e disse: "Não podemos mais ser amigos, Hiba. Minha mãe disse que, enquanto isso não terminar, não podemos mais ser amigos".[6]

OITO ANOS/ TERCEIRO ANO

Denise Sciasci, Pensilvânia: Minha professora subiu as escadas comigo com os olhos cheios d'água, apertando minha mão como se eu fosse filha dela. Eu me perguntava como é que podia ter acontecido uma coisa tão ruim em um dia tão bonito, quente e ensolarado.[7]

Alexa Cerf, Washington, D.C.: Eu era nova na escola, então quando minha professora falou: "Você talvez não saiba o que é o Pentágono, mas é um prédio muito importante para nós", achei que estava dizendo que ele era importante para a nossa escola. Que um avião tinha atingido o nosso campus. Fiquei com vergonha de perguntar qual prédio era o Pentágono, mas tentei olhar pela janela para ver se achava o avião que havia batido.[8]

Rebekkah Portlock, Alabama: Foi a primeira vez que percebi que podiam acontecer coisas realmente horríveis com pessoas que não mereciam.[9]

Jessica Sweeney, Nova Jersey: "Sua mãe está bem?" Olhei para Alex, a loira que era minha melhor amiga, enquanto o resto da turma do terceiro ano inteiro encarava a TV. Os grandes olhos azuis da Alex estavam meio perdidos quando ela disse: "Eu não sei. Ela tinha uma reunião lá hoje de manhã". Pus minha mão no ombro dela. O nome da Alex atravessou a caixa de som; estavam pedindo que ela fosse para a secretaria. Dei a ela meu pacote de Dunkaroos — que minha mãe tinha mandado de lanche — antes que a professora a levasse lá para baixo. Minutos depois, Alex correu de volta para a sala e me abraçou, chorando. Ela me disse: "A reunião dela em Nova York foi cancelada quando ela estava saindo para lá, hoje de manhã. Antes de cruzar a ponte, ela já tinha dado meia-volta".[10]

Manar Hussein, Nova Jersey: Apareceu um banner na TV onde se lia algo como "a Al-Qaeda, um grupo de terroristas islâmicos, é suspeita, sequestradores...", enquanto o apresentador tentava explicar que estávamos sendo atacados. Eram palavras estranhas para os alunos do terceiro ano, mas eles conheciam a palavra "islâmico" muito bem — foi a palavra que eu tinha usado para me apresentar, naqueles dias de início das aulas. Alguns alunos começaram a me olhar, me deixando confusa com seu olhar duro e inquisitivo. Não pude deixar de me sentir envergonhada e culpada por algo que não tinha nada a ver comigo.[11]

NOVE ANOS/ QUARTO ANO

Matthew Jellock, Pensilvânia: No fim do dia, a escola usou o sistema de comunicação para nos informar do que tinha acontecido. Pediram que a gente se levantasse para fazer um minuto de silêncio enquanto tocavam *God Bless the USA* no alto-falante. Entendi a dimensão do que tinha acontecido quando cheguei em casa e vi pela televisão. Foi uma experiência muito sombria, e minha sensação era de "Mas por quê? Por que isso aconteceu?".

Selena Gomez, Texas: Ficou todo mundo angustiado.[12]

DEZ ANOS/ QUINTO ANO

Karen Zhou, Califórnia: Eu fazia patinação artística e tive treino às cinco da manhã naquele dia. Na verdade, não lembro o que fiz naquele treino de uma hora, mas sei que, no fim, estava feliz. Segui direto para o refeitório, tentando chamar a atenção da minha mãe e perguntando, animada, se ela tinha me visto treinando. Achava que ela seria só sorrisos; em vez disso, seu rosto estava branco como cal, assim como o de todos os pais que estavam lá.[13]

Elizabeth Estrada, Texas: Eu não sabia o que eram as Torres Gêmeas nem onde ficavam. Eu me sentei em cima de uma carteira e chorei. Depois, minha irmã de quatro anos, junto com a professora dela, foi trazida para a sala para assistir ao noticiário. Lembro que me sentei atrás dela de propósito, para que ela não me visse chorar. Eu sabia que, mesmo sem entender completamente o que estava acontecendo, ainda assim ela ia ficar assustada com aquela confusão toda. No dia 11 de setembro de 2001, pela primeira vez duvidei da segurança do meu país.[14]

Kristin Camille Chez, Flórida: Eu simplesmente não conseguia entender por que alguém ia querer machucar tantas pessoas. Não era possível que conhecessem todas, qual motivo teriam?[15]

Nick Waldo, Alaska: Minha mãe me contou que uns aviões tinham batido e, estando na área rural do Alaska, pensei que fosse algum pequeno avião que tivesse caído por causa do mau tempo. Fiquei confuso, sem entender por que aquilo era tão grave. Perguntei: "Ah, a gente conhecia alguém em algum deles?".[16]

ONZE ANOS/ SEXTO ANO

Dana Meredith, Kansas: Na minha escola, era tradição a turma do sexto ano fazer uma viagem de três dias e duas noites para um centro de estudos ao ar livre. Minha turma fez a viagem entre os dias 10 e 12 de setembro de 2001. Eu passei o dia 11 de setembro de 2001 me divertindo com meus amigos. Fizemos canoagem de manhã, caminhamos e exploramos um cemitério antigo à tarde, jogamos futebol e assistimos a *Apollo 13* à noite. Foi tudo normal, exceto pelos rastros circulares dos aviões que tinham sido forçados a dar meia-volta — ainda tenho uma foto, tirada com uma câmera descartável da Kodak — e pelo fato de o diretor ter cancelado seus planos de se juntar a nós devido a "problemas disciplinares" com um aluno — o que, depois descobri, era uma mentirinha bem-intencionada. No dia seguinte, nossos professores nos sentaram, antes de voltarmos para casa, e explicaram o que havia acontecido, embora eu não pudesse imaginar a dimensão dos acontecimentos do dia anterior e nem sequer soubesse o que era o World Trade Center.[17]

DOZE ANOS/ SÉTIMO ANO

Jose Godinez, Califórnia: As coisas se desenrolaram muito antes que eu acordasse para a minha segunda terça-feira no sétimo ano. A professora ligou a TV no noticiário. Fiquei grudado na tela, fascinado pelos termos que estava aprendendo. "Terrorismo" não fazia parte do meu vocabulário até então. O que eu sabia do Oriente Médio, até aquele dia, não ia além do antigo Egito.[18]

Irene C. Garcia, Califórnia: Quando meus irmãos saíam para a escola, eu normalmente ficava vendo desenhos animados. Só lembro de zapear pelos canais e de achar irritante, porque parecia que todos os canais estavam passando o mesmo programa. Como qualquer criança, eu só queria assistir a meus desenhos. Continuei zapeando, até que decidi assistir ao que estava passando. Lembro da fumaça saindo de um prédio e do apresentador declarando que uma coisa trágica e triste tinha acontecido em Nova York.[19]

Michael, Pensilvânia: Fiquei procurando o World Trade Center na enciclopédia que tinha na minha classe.[20]

Dan Shuman, Minnesota: Mais do que tudo, lembro da sensação, que ficou sem ser dita — ou que nem os adultos conseguiam expressar em palavras —, a sensação de que algo horrível e incompreensível tinha acontecido e já havia mudado as coisas para sempre. Em casa, depois da escola, me lembro do meu pai me contando sobre o assassinato do JFK, quando ele tinha oito anos. Ele me disse que a América tinha superado aquilo e que superaria isso também.

TREZE ANOS/ OITAVO ANO

Emily Bouck, Flórida: Meu pai é piloto comercial. Ele estava trabalhando. Todas as turmas do ensino médio foram levadas para o ginásio. Eu estava nas arquibancadas, histérica. Minha professora de religião me tirou da multidão e me levou para a diretoria: "Você sabe onde seu pai está?". Eu não sabia. O avião do meu pai foi um dos últimos no céu — no meio do caminho para um aeroporto na região de Nova York, ele teve que dar meia-volta e pousar em Fort Lauderdale. Quando consegui ligar, ele atendeu. Ainda sou grata por aquele breve momento em que ele conseguiu me dizer que estava seguro e também à professora que cuidou de mim.

Kat Cosgrove, New Hampshire: Eu realmente não entendia a gravidade daquilo — dois prédios e alguns estados tinham sido atingidos por aviões. Acho que eu nunca havia pronunciado a palavra "terrorismo" antes. Quando cheguei em casa, liguei a TV para tentar entender o que estava acontecendo. Eu me lembro de passar por mais de cem canais e de ver a mesma imagem das Torres Gêmeas caindo sem parar. Contei 31 canais de TV transmitindo a cobertura do 11 de Setembro ao vivo. Foi quando vi que a MTV e a VH1 também estavam passando aquilo que percebi o quanto o negócio era sério, e aí comecei a ficar muito assustada. De repente, deixou de ser um problema dos adultos e passou a ser uma coisa à qual eu também deveria prestar atenção.

CATORZE ANOS/ NONO ANO

Kathryn Mastandrea, Connecticut: Eu me lembro de entrar na sala de estudos sociais e meu professor tinha escrito: "A religião fica ultrajada quando um ultraje é cometido em seu nome — Gandhi". Eu não conseguia processar aquilo como um ato de terrorismo, então fiquei achando que havia sido uma sequência de enganos terríveis. Alguns professores deixaram o noticiário ligado, outros tentaram dar aula. No almoço, ninguém falava, e havia uma fila que se estendia pelo corredor até os dois orelhões na frente da escola. Como somos uma cidade-dormitório de Nova York, pelo menos um dos pais de quase todo mundo trabalhava na cidade. Meu pai não trabalhava em Manhattan, mas viajava a trabalho toda semana. Eu me lembro de esperar na fila, meu estômago se revirando, esperando para falar com minha mãe e saber que meu pai estava bem.

Sean B., Alabama: Eu estava querendo alguma novidade naquele ano, experimentando um novo visual, uma nova identidade. Aprendi a andar de skate, entrei para uma banda de punk rock. Um cara chamado Steven sentava na minha frente. Ele era do primeiro ano, mas por algum motivo fazia a aula de ciências do nono. Steven era o tipo do cara que eu queria ser — o personagem em que eu tentava me transformar. Segundos depois de ligarem a televisão, antes de ter tempo de processar o que estava vendo, me inclinei para a frente e sussurrei para o Steven: "Anarquia". Ele riu e imediatamente me senti péssimo. Continuamos assistindo às notícias, e minha culpa só fazia aumentar. Uma das maiores tragédias da história do nosso país, e a primeira coisa que saiu da minha boca foi uma piada.[21]

15 ANOS/ PRIMEIRO ANO DO ENSINO MÉDIO

Lourdes V. Baker, Califórnia: Foi a primeira vez que entendi plenamente que nada é simples, que algumas coisas jamais farão sentido e que às vezes acontecem coisas horríveis por nenhum motivo. Foi o fim da minha infância.[22]

Bill Kuchman, Nova York: Uma das coisas que marcaram mais minhas lembranças do 11 de Setembro foi o contraste entre a natureza surreal do dia e a monotonia da rotina que continuei seguindo. Depois de passar o dia na escola, buscando o tempo todo qualquer vislumbre de novidade sobre os ataques terroristas, fui para a biblioteca pública da cidade, onde fazia um bico de estudante à noite. Eu estava escalado para trabalhar naquele dia, e nem passou pela minha cabeça sair da rotina. Fui trabalhar e, anestesiado, atravessei o turno de quatro horas que me cabia como aluno do segundo ano.

Eu não lembro como soube que o nosso jornal local, o *Rochester Democrat & Chronicle*, tinha publicado uma edição vespertina extra sobre o 11 de Setembro. Mas quando meu pai foi me buscar na biblioteca, eu sabia que queria um exemplar. Depois de um jantar estranho no Burger King, meu pai e eu fomos de carro de posto em posto de gasolina, na tentativa inútil de achar um exemplar da edição extra. Naquela altura da noite, as edições extras do jornal tinham acabado havia muito, mas aquela jornada silenciosa pela cidade em busca de uma ficou gravada na minha memória do 11 de Setembro.

16 ANOS/ SEGUNDO ANO DO ENSINO MÉDIO

Jon Kay, Califórnia: Por volta das sete da manhã, o clima na estação KFI AM 640 mudou drasticamente. Bill Handel leu as chamadas dos noticiários como se alienígenas tivessem sido avistados logo acima do Wilshire Boulevard. Eu estava indo buscar meu carona, e subitamente ter dezesseis anos não era ser tão adulto assim.[23]

Tahlia Hein, Nova Jersey: O dia 11 de setembro também foi o dia de fazer nossos retratos escolares. Se você tinha a sorte de ter um sobrenome como Anderson ou Charles, provavelmente conseguiu chegar ao fim da fila no ginásio antes das nove horas e saiu com um sorriso sincero. Se você fosse um Daniels ou um Elton, provavelmente já tinha se ligado que Alguma Coisa Tinha Acontecido — as fofocas se espalham como rastilho de pólvora em qualquer escola de ensino médio —, mas ainda não tinha ido até uma sala com televisão. Se você fosse um Gore ou um Hein, como eu, estava ferrado. Tinha que assistir àquela coisa horrorosa acontecendo na sua frente e depois se sentar para fazer o retrato do anuário da turma. O comando "Sorria!" soava como o pior palavrão.[24]

17 ANOS/ TERCEIRO ANO DO ENSINO MÉDIO

Joanne Fischetti, Staten Island: Disseram para a gente sair da escola e ir para casa imediatamente. Eu me lembro de caminhar para o parque com minha melhor amiga, e a gente se perguntava se as coisas voltariam ao normal, se ia dar para ter baile de formatura, para ir para a faculdade, ou se iríamos para a guerra, o que aconteceria com a América agora. É incrível como foi fácil perder aquela sensação de segurança.[25]

UNIVERSIDADE

Michael Szwaja, Universidade de Illinois, Urbana-Champaign: Tentei me concentrar na última olhada no texto que tinha feito na noite anterior para a minha prova de ética no jornalismo. Entrei na sala e rapidamente me sentei, e aí percebi que a prova não ia rolar. O professor estava com duas TVs — uma em cada canto da sala — ligadas em dois canais diferentes, ambos acompanhando o acidente no World Trade Center. "Continuem assistindo", o professor disse. "O conteúdo de hoje acabou de mudar."

Mallory Carra, Universidade de Nova York: Pessoas esperavam em uma longa fila para usar um orelhão e tentavam falar nos celulares ao mesmo tempo. A internet de todos os computadores da biblioteca da NYU estava de matar de tão lenta. Depois de dez minutos apertando o *refresh*, li um artigo de três linhas da Associated Press em voz alta para minha amiga Jia: "Dois aviões bateram no World Trade Center". Demorei um segundo só para entender o significado daquelas palavras. Neste mundo pré-Twitter, finalmente resumi o que sentia no meu LiveJournal, às 9h14: "MDS, tô com muito medo".[26]

Daphne Leigh, Ripon College, Wisconsin: Liguei para o meu amigo Andy, que estava no dormitório masculino dos calouros. Ele atendeu, sonolento. Com a voz mais calma, eu disse a ele para ligar a TV e me telefonar de volta. Fiquei assistindo e aconteceu de novo [um avião atingiu a segunda torre]. O telefone tocou quase imediatamente. Era o Andy ligando para dizer que ele tinha visto e que iria "se alistar". Fiquei espantada, nem entendi direito. Ele continuou falando, dizendo que tinha que ligar para a mãe dele, que ficaria para terminar o primeiro ano, mas que ia se alistar, porque era o que devia ser feito. Andy realmente se alistou. Entrou para a Guarda Nacional naquele ano.

Natasha Wright, Universidade George Washington, D.C.: Nunca vou esquecer de como foi surreal voltar ao meu dormitório e ligar a TV. Descobrir que o Pentágono havia sido atingido. Ver os moradores de Watergate, do outro lado da rua, sendo evacuados, já que estavam isolando a área e não poderíamos sair. O pânico começou a se espalhar; estudantes do meu andar choravam juntos. Alguns moradores fizeram as malas para atravessar a ponte a pé e sair da cidade. A maioria de nós só ficou sentada, em estado de choque. Eu chorei — chorei muito. Mal nos conhecíamos e ficamos instantaneamente íntimos.

Daphne Leigh: Contatei os amigos da minha cidade da única maneira que tínhamos na época, o Messenger da AOL, já que estávamos espalhados pelo país. Sentíamos o mesmo medo.

Ernie Smith, Universidade Estadual de Michigan: Era a primeira vez que eu estava morando fora de casa — tinha me mudado fazia só duas semanas. Quando aquelas duas torres foram atingidas, aí sim. É minha primeira lembrança de estar realmente por minha conta.[27]

Michael Szwaja: Depois de chegar à faculdade, aquele foi o primeiro momento em que senti que precisava da minha mãe e do meu pai, e eles não estavam lá.

Courtney Kirkpatrick, Universidade do Texas: De repente, ser independente me deixava exausta.[28]

54.
Na Base Aérea de Offutt

"Não sabemos quem é aliado e quem é inimigo."

Às 14h50 do horário Leste (13h50, no horário local), o Air Force One *pousou na Base Aérea de Offutt, próxima de Omaha, Nebraska.*

Almirante Richard Mies, comandante, Comando Estratégico dos Estados Unidos (Stratcom), Base Aérea de Offutt, Omaha, Nebraska: Não sabíamos que ele estava chegando a Offutt até uns quinze minutos antes. Quase não houve comunicação com o *Air Force One*. Não haveria pompa nem circunstância. Chamei meu motorista e um agente do Serviço Secreto e fomos os três para a pista de pouso receber o *Air Force One* no meu Chrysler comum.

Sargento Chad Heithoff, Tropa de Manutenção, Base Aérea de Offutt: Anunciaram um *ramp freeze* [pista congelada, literalmente] — ou seja, ninguém em solo podia se mexer — e de repente vi as tropas de segurança por todo lugar, coletes à prova de bala, M-16. Vimos o *Air Force One* entrando, escoltado por dois caças. Foi arrepiante.

Sargento William "Buzz" Buzinski, segurança, *Air Force One*: O pouso em Offutt foi provavelmente um dos momentos engraçados daquele dia. Eu sou um cara grande — 1,95 metro, 122 quilos —, mas o Will Chandler também é enorme: tem 1,92 metro e 113 quilos. Sempre dissemos que ele tem mãos do tamanho de telas de TV. Bem, fomos os dois primeiros a descer do avião. As escadas da traseira sempre descem primeiro; você desce e guia a acoplagem da escada da frente. Quando descemos, embaixo do jato havia cinco ou seis caras da manutenção tentando plugar o avião na pista. Ninguém nos avisou que estariam lá, e nós demos de cara com aquele grupinho. O Chandler gritou: "Liberem a área!". Ele urrou. Nossa, eles pareciam gatos batendo em retirada — deixaram cair os rádios, os cabos. Entraram em pânico vendo aquele cara enorme vindo pegá-los. Foi hilário. Tive que rir.

Richard Balfour, segurança, *Air Force One*: Não sabemos quem é aliado e quem é inimigo, mesmo nas bases. Nós mantínhamos todos à distância, longe da aeronave.[1]

Dave Wilkinson, auxiliar do agente encarregado, Serviço Secreto dos Estados Unidos: Quando chegamos ao Stratcom, ainda havia entre quinze e vinte aviões sem paradeiro conhecido em todo o país. Dizem alguns que eram só seis, mas havia bem mais do que isso. Até onde sabíamos, todos tinham sido sequestrados. Mas, quando aterrissamos, começaram a descartá-los rapidamente.

Almirante Richard Mies: Decidi levar o presidente para o centro de comando, no subsolo, pela saída de emergência. Era a opção mais conveniente. Nunca havia sido usada. Era para emergências. Pedi que abrissem a saída por dentro.

Brian Montgomery: No caminho inteiro até o bunker, havia aviadores de uniforme de combate enfileirados nas laterais. Estacionamos em um prédio de escritórios de cinco andares e, em vez de entrar pela porta da frente, o almirante virou e disse: "Não, não vamos entrar aí". Fomos para um prédio de concreto, com uma porta só. Descemos sem parar, até um subsolo bem profundo.

Ellen Eckert, estenógrafa, Casa Branca: Quando ele entrou no bunker, uau! Mesmo depois de tantos anos, na minha cabeça aquilo ainda parece uma cena de filme. Obviamente, a única saída era para baixo. Ficamos esperando do lado de fora. Fumamos 1 milhão de cigarros, eu e meus novíssimos companheiros de vício, acendendo um atrás do outro.

Eric Draper, fotógrafo presidencial: Finalmente tive uma chance de ligar para minha esposa. Eu disse: "Amor, vou chegar em casa um pouco mais tarde hoje". Pude ouvir pelo telefone que ela estava rindo e, ao mesmo tempo, chorando. Ela disse: "Vi você com o presidente, então eu sabia que estava bem".

Almirante Richard Mies: Seguimos diretamente para o centro de comando. Aquilo realmente chamou a atenção dele. Os soldados todos de traje de combate. A CNN em destaque — muitas imagens das duas torres. Tínhamos entre quatro e seis telas de TV, todas ligadas. Eu o sentei onde normalmente sento e fui explicando o que ele estava assistindo.

Andy Card, chefe de gabinete, Casa Branca: Parecia tudo saído do cenário de um filme — aquelas TVs de tela plana, aqueles militares todos, dava para sentir o clima de guerra naqueles comunicados da AFA e do Exército. Mas foi duro para os militares — todo mundo queria ficar por lá em posição de sentido, em respeito ao comandante em chefe, mas dava para ver que preferiam poder sentar e trabalhar. Estava todo mundo meio esquizofrênico, meio sentado, meio de pé, andando para lá e para cá. Após alguns minutos, o presidente se virou para mim: "Quero dar o fora daqui, estou atrapalhando essas pessoas, elas precisam fazer o trabalho delas".

Major Scott "Hooter" Crogg, piloto de F-16, Houston: Todas as regras que os pilotos de caça passam a vida inteira seguindo tinham caído por terra. Quando pousamos em Offutt, botamos mais gasolina e pegamos mapas do resto do país. Sempre tem mapas e rotas nas bases de operação, mas em todos vem escrito: "Não remover da base de operação". Simplesmente pegamos os mapas todos e enfiamos na bolsa.

O coronel Tillman entrou na base de operações e finalmente começamos a receber alguma informação. O presidente, na verdade, era veterano de nossa unidade em Houston. O coronel Tillman nos disse: "Ele se sente à vontade com vocês e quer que fiquem com a gente". Dissemos que voaríamos uns oito quilômetros atrás deles — você não pode ficar tão perto de algo tão valioso, por diversos motivos —, mas que, se algo acontecesse, venceríamos essa distância rapidinho.

Almirante Richard Mies: Na videoconferência, éramos só nós três, o operador e o assessor militar dele. Não tinha público. Só escutávamos, enquanto todos apresentavam seus relatórios. Richard Clarke, do Conselho de Segurança Nacional, Norm Mineta, secretário de Transporte, Richard Armitage, vice-secretário de Estado, Condi Rice, conselheira de Segurança Nacional, e George Tenet, diretor da CIA. A maior parte das conversas iniciais foi sobre quem tinha feito aquilo. Houve muita especulação. Era cedo demais para ter qualquer certeza. Depois falamos sobre como restaurar a sensação de normalidade o mais rápido possível, tanto em Nova York quanto no resto do país — e como levar o presidente de volta a Washington.

Coronel Matthew Klimow, assistente executivo do vice-presidente do Estado-Maior Conjunto, general Richard Myers: Às 15h15, houve uma teleconferência com o presidente Bush. O presidente foi firme e estava sob controle; me deixou inspirado. Lembro muito bem de suas palavras exatas, ao começar a teleconferência. Ele disse: "Quero que todos que estão ouvindo este TVSS — que significa 'teleconferência em vídeo segura' — saibam que nenhum marginal sem rosto vai segurar esse país".

Norman Mineta, secretário de Transporte: Ele falou: "Nós vamos descobrir quem fez isso. Nós vamos encontrá-los. E nós vamos destruí-los".[2]

Coronel Matthew Klimow: Alguém falou alguma coisa, não sei quem, e usou um termo chulo. O presidente Bush disse: "Para começo de conversa, vamos nos ater aos fatos. Em segundo lugar, sem esse palavreado. E a minha reação foi igual". Todo mundo riu.

Josh Bolten, chefe de gabinete adjunto, Casa Branca: Todo o teor da presidência mudou imediatamente naquele momento.[3]

Mike Morell, assessor do presidente, CIA: Quando Tenet explicou que tinha provas que apontavam para a Al-Qaeda, o presidente se virou e olhou para mim — com um olhar que dizia claramente *Que porra é essa? Vocês deveriam ter me dito antes*. Tentei explicar, com os olhos, que sentia muito. Não sabia como minha mensagem tinha se perdido. Fui para um escritório ao lado e liguei para a assistente do Tenet, irado. Senti que tinha decepcionado o presidente.

Andy Card: Todos suspeitávamos da Al-Qaeda. Eu estava com isso na cabeça desde a porta da sala de aula. Não foi um momento tão dramático assim. Imagina o que seria se ele tivesse dito que foi a Rússia, a China ou outro Estado-nação? Ou um grupo de dissidentes americanos?

Major-general Larry Arnold, comandante da Primeira Força Aérea, Comando de Defesa do Aeroespaço Norte-Americano dos Estados Unidos

Continental, Base Aérea de Tyndall, Flórida: Já tínhamos pousado praticamente todo mundo, mas continuávamos preocupados com uma aeronave. Era um voo da USAir que tinha saído de Madri e estava indo para o JFK. Essa foi a última aeronave considerada "potencialmente sequestrada". O telefone tocou. Era Bob Marr, e ele disse: "O USAir deu notícias e soubemos que deu meia-volta". Eu atendi uma ligação do meu diretor executivo e ouvi o presidente falando de novo com o secretário de Defesa. Interrompi e disse: "Senhor presidente, o último avião pousou. Até onde vemos, estão todos em solo". Ele não duvidou. Na hora, disse: "Vou voltar para Washington".

Julie Ziegenhorn, oficial de relações públicas, Base Aérea de Offutt: Estávamos na mesa trabalhando e, de repente, o presidente passou pelo corredor a passos largos. Ele saiu pela porta da frente decidido, acenando para nós. Gritou: "Obrigado por tudo que vocês estão fazendo!".

Gordon Johndroe, secretário assistente de imprensa, Casa Branca: Estávamos com a comitiva de imprensa, e o agente do Serviço Secreto disse: "Ai, meu Deus, temos que ir embora agora. O presidente está indo". Ann Compton estava no ar com Peter Jennings. Eu não queria deixá-la em pânico — nem a nação —, achando que estávamos partindo abruptamente, mas precisávamos ir. Articulei: "Temos que ir". Ela estava no rádio e falou: "Acabei de saber que estamos indo embora. Não sei para onde". Peter Jennings disse: "Vá com Deus, Annie".

Coronel Mark Tillman: Achamos que ele fosse ficar lá por um tempo. Eu estava na base de operações e alguém entrou e disse: "Acho que o presidente está voltando para o avião". Respondi: "Não". Ele falou: "Não, tenho quase certeza que acabei de vê-lo passar de carro". Corri de volta para o avião. Ele já tinha chegado. Estava esperando no alto das escadas e me falou: "Tillman, temos que voltar para casa. Vamos voltar para casa".

Major Scott Crogg: Ninguém disse para nós que o *Air Force One* estava partindo, então ficamos, tipo: "Porra, ligaram os motores?". Corremos para botar nossos aviões no ar, mas isso demora um tempo. Cumprimos as exigências mínimas de segurança e decolamos. Um 747 com aquela configuração, caramba, vai muito rápido. Não queríamos passar da barreira supersônica, o que gastaria muito combustível, então falamos com eles, tivemos que pedir para chegarem junto.

***

Com as ordens e as diretrizes do presidente bem claras na cabeça — mas com George W. Bush, ele mesmo, ainda a horas de Washington —, seus assessores em Washington se adiantavam instruindo a imprensa quanto à situação dos esforços de reação.

Nic Calio, diretor de assuntos legislativos da Casa Branca: Tivemos uma longa discussão sobre como agir, se era para sairmos, sermos vistos em público. Decidimos nos informar. Houve um debate — Mary Matalin estava presente, Scooter Libby também — sobre sairmos todos juntos e dizer: "Eis a equipe da Casa Branca. Estamos aqui. Estamos a salvo". A intenção era passar uma mensagem de segurança. Ao fim, mandamos só Karen Hughes.

Karen Hughes, diretora de comunicações, Casa Branca: O Serviço Secreto achava que a sala de imprensa da Casa Branca ainda não era segura, então me levaram, escoltada por agentes de armas em punho, para o quartel-general do FBI, lá perto. Lembro de me sentir vulnerável; não sabíamos quem era o inimigo nem onde ele poderia estar, à espreita. Minha colega Mary Matalin, assessora do vice-presidente Cheney, veio comigo; me lembro de ficar grata por ter uma amiga ao meu lado. Li uma declaração que eu mesma havia digitado. O texto estava apagado e quase ilegível em alguns trechos; a impressora do centro de emergência estava com a tinta acabando. "Eu sou Karen Hughes, assessora do presidente Bush, e estou aqui para informá-los sobre as atividades do governo federal em resposta aos ataques sofridos por nosso país nessa manhã…"[4]

55.
À tarde na América

"Um silêncio profundo."

Quando a manhã do dia 11 de setembro acabou, uma nação ferida e atordoada se viu envolta em silêncio — escolas e comércio fechados, trânsito reduzido, o barulho costumeiro do tráfego aéreo, silenciado. Muitos americanos, tanto civis comuns quanto agentes do governo, ficaram grudados à televisão, absorvendo as notícias, tomados pela emoção.

Gabriella Daya-Dominguez, moradora, Chatham, Nova Jersey: Meu marido trabalhava na Torre Sul e eu estava lá pelo sétimo mês de gravidez. Tentei ligar para ele. Eu estava bem nervosa. Tentei ligar várias vezes e não conseguia falar com ele. Ninguém atendia. Passei horas andando de um lado para outro. Ele finalmente conseguiu voltar, de balsa, e o pai de um colega de escola do nosso filho o trouxe para casa. Chegou em um carro que eu não conhecia. Corri para fora para recebê-lo e fiquei impressionada, porque a camisa dele estava branca. Naquela altura, as roupas estavam todas cheias de fuligem e tal, porque as torres já tinham desabado. Eu me lembro que meu primeiro pensamento foi: *A camisa dele está limpa!*, e depois caí nos braços dele, chorando.[1]

Susannah Herrada, moradora, Arlington, Virgínia: Meu filho nasceu naquele dia no Hospital de Arlington, às 13h40. O primeiro avião bateu, depois o segundo, a seguir foi o Pentágono, e aí meu médico disse que eu precisaria de uma cesariana. Passei muito tempo me perguntando se ele fez uma cesariana porque eles esperavam receber muitos feridos do Pentágono e queriam que meu parto terminasse logo. Eu disse: "Olha, vocês têm que desligar a TV. Vocês precisam se concentrar em mim". Meu médico e meu marido estavam assistindo TV. Eles desligaram. Foi uma hora difícil para ter um bebê. Era para você ficar feliz, mas você não ficava. Toda mãe passa por isso, mas tinha aquele pensamento: *Que mundo é esse?* Não sabíamos o que viria.

Linda Carpenter, professora de educação infantil, Filadélfia: Apesar de o céu continuar igual, com aquele azul lindo que prometia um dia perfeito quando fui para o trabalho, ele agora parecia vazio, sinistro. Silencioso, mas não sereno. Fiquei o tempo todo de olho no céu na volta para casa, com medo de estar ao ar livre.

Wilson Surratt, produtor executivo, WPIX-TV: Baixou um silêncio melancólico. Nas horas seguintes, trabalhamos ao som de conversas murmuradas e suspiros profundos, nos esforçando para não desabar.[2]

Thomas Rodgers, advogado, condado de Cambria, Pensilvânia: Eu me lembro de olhar para o céu para ver se achava algum avião. Parecia tão calmo e silencioso — não havia nada, barulho nenhum. Estamos acostumados ao som dos aviões passando. Você percebia o silêncio na hora.

Theresa Flynn, bibliotecária, Escola H. B. Woodlawn, Arlington: Um silêncio profundo, profundo.

Ben Bell, sentinela do Túmulo do Soldado Desconhecido, Exército dos Estados Unidos: Uma coisa que me lembro era do padrão dos voos em D.C. Eles vêm pelo Potomac, pelo leste, para descer no Reagan. O barulho deles é parte da rotina do sentinela do Túmulo. Você sempre escuta os aviões se aproximando quando está lá; é a única coisa que perturba a santidade do Túmulo. Aquele silêncio, sem gente, sem nada acontecendo, era sinistro. Ouvir aquilo no meio do dia era mais sinistro ainda, como se estivéssemos no meio da madrugada.

Preston Stone, morador, Dakota do Norte: Eu morava a três quilômetros do aeroporto de Fargo, e o silêncio dos aviões recolhidos era impressionante, perturbador.

Nate Jones, estudante, Faculdade Wheaton, Illinois: Eu estava a 2400 quilômetros de tudo e não me sentia seguro. Lembro de olhar para o céu à tarde e não ver nenhum rastro, nenhum jato em nenhum lugar. Estava só azul, vazio e silencioso. Não consigo mais ver o céu azul como via antes.

Charity C. Tran, estudante, USC, Califórnia: Eu me lembro do silêncio do céu, da paz enganosa de um céu azul, límpido, despido dos rastros brancos dos aviões voando.[3]

Anne Marie Reidy Borenstein: O mundo parecia ter parado. Era quase como se todo mundo tivesse prendido a respiração, esperando pelo que viria a seguir.[4]

Theresa Flynn: Você não imagina que um lugar possa ser tão silencioso. Não havia nada na 395, nada na estrada George Mason. A única coisa interessante era que em todas as casas, do quarteirão inteiro — quando o sol se pôs, as pessoas estavam em casa —, havia uma luz azulada vindo da janela, pois todo mundo estava assistindo TV.

Deena Burnett, esposa de Tom Burnett, passageiro do voo 93 da United: Eu só queria ir para a igreja. Sabia que as crianças estavam bem. O diretor da escola havia me ligado para dizer que eles estavam bem e que ainda não sabiam do avião. Vários pais já tinham pegado os filhos na escola, mas eu preferi deixar os meus lá — era melhor do que ficarem em casa me vendo desabar. Eu precisava de um tempo para entender como lidar com minhas emoções. Então fui para a igreja.[5]

56.
Procurando

"Depende tanto da sorte."

Familiares, colegas e amigos continuavam aflitos e temendo perdas no World Trade Center, enquanto o número de mortos — devastador — continuava a subir. Os sobreviventes, por sua vez, se davam conta do papel decisivo que o acaso desempenhara, quando emergiram da carnificina da manhã. A busca pelos desaparecidos continuava, desesperada, tanto nos hospitais quanto na área de destruição que ficaria conhecida como Ground Zero.

Mika Brzezinski, correspondente, *CBS News*: Houve um "pior momento" para mim. Nós trouxemos um segurança do World Financial Center para entrevistar. Enquanto esperava para entrar no ar, ele me disse que tinha visto uma van da WABC-TV esmagada depois do desabamento. Meu marido [à época], Jim Hoffer, trabalhava para a WABC. Comecei a ficar meio em pânico com a possibilidade de ter perdido meu marido. Lembro de ser duas pessoas — uma estava fazendo a matéria e a outra, totalmente anestesiada, se perguntava: *Cadê meu marido? O que vou fazer se perdê-lo?* Logo após minha entrada, o produtor me disse no ponto: "Mika, seu marido está bem". Chorei — me senti muito sortuda.[1]

John Napolitano, pai do bombeiro John P. Napolitano, CBNY: Pensei: *Preciso ligar para meu amigo Lenny Crisci. Preciso contar a ele o que está acontecendo.* O irmão dele, John Crisci, tenente na unidade de Hazmat, era considerado um tio pelo meu filho. Liguei para a casa do Lenny e a esposa dele, Millie, atendeu. Ela estava chorando. Perguntei: "Millie, o John está desaparecido?". Ela respondeu: "Sim". Eu disse: "Meu filho também".

Lenny e eu fomos para a delegacia do Brooklyn e eles quebraram todas as regras para nos deixar atravessar a ponte. Fomos e estacionamos perto da ambulância 1, no sul de Manhattan. Vimos uns caras da Hazmat. Fomos até eles e começamos a perguntar sobre o John Crisci, se eles sabiam algo dos caras da ambulância 2. Eles disseram: "Não, nada, nada, nada".

Susan Baer, gerente-geral, Aeroporto Internacional de Newark: Uma das coisas que alguém fez logo no começo, e que ajudava as pessoas a se sentir melhor, foi manter uma lista de todos de quem tínhamos notícias em uma lousa na sala de reuniões. Dava para todo mundo ver. Então se alguém dizia "Eu tive notícias do fulano! Ela não foi trabalhar hoje, ou ela estava no LaGuardia", nós anotávamos o nome dela. O dia foi repleto dessa emoção brutal que é descobrir quem sobreviveu e quem não sobreviveu.

Sunny Mindel, diretora de imprensa do prefeito de Nova York, Rudy Giuliani: A certa altura, anunciamos o local para onde as famílias das vítimas deveriam se dirigir: o Armory. O Armory foi convertido no centro de referência para as vítimas, onde deveriam se reunir. Fomos para lá também. As filas davam a volta no quarteirão. As pessoas imploravam por informações. Era um dia quente, estavam todos na rua. Sentiam calor, estavam apavorados, de coração partido.

Kimberly Archie, moradora, Califórnia: Meu irmão era piloto na United na época. Normalmente ele pilotava os voos 92 e 93. A esposa dele tinha feito uma cirurgia no dia 10 de setembro, então ele não trabalhou como copiloto naquele dia. Mas nunca vou me esquecer de ver as notícias e de como gelei. Fiquei em choque pelo que pareceram horas, pensando que meu irmão estava naquele avião. Mesmo depois de ter me dado conta de que ele não poderia estar, era quase impossível não sentir a dor das famílias das vítimas como se fosse nossa.[2]

Linda Krouner, vice-presidente sênior, Fiduciary Trust, Torre Sul: A sobrevivência foi uma questão de sorte — tanta coisa dependia da sorte que você acaba percebendo como a vida é aleatória. As pessoas dizem: "Ah, você foi muito esperta em ir embora". Quem sabe? No final das contas, fui esperta de ir embora, mas pegar o elevador teria sido mais esperto. Quem viveu e quem morreu — dependeu muito da sorte.

Mark DeMarco, policial, Unidade do Serviço de Emergência, caminhão 1, DPNY: "Por que conseguimos sair?" No início, tive uma sensação de culpa. Se eu tivesse virado à direita ao invés de à esquerda, ou se tivesse demorado cinco minutos, ou dois minutos, a mais, se eu tivesse seguido uma equipe diferente. São tantas variáveis. Todo mundo que estava lá diz a mesma coisa: foi só sorte, nada além de sorte.[3]

Stephen Blihar, policial, Unidade do Serviço de Emergência, caminhão 10, DPNY: Foi um dia de esquerdas e direitas.[4]

Norma Hardy, policial, Patrulha PATH, DPAP: Conforme a noite avançava, você percebia que muitos dos nossos caras ainda estavam desaparecidos ou sem paradeiro certo. Começamos a conversar entre nós, da Polícia da Autoridade Portuária: "Onde você viu esse aqui pela última vez? Quem foi para esse lado? Quem foi para aquele?". Começamos a perceber que eles estavam muito encrencados.

David Brink, detetive, Serviço de Emergência, caminhão 3, DPNY: Dos oficiais do Serviço de Emergência que atenderam ao chamado do DPNY naquela manhã, perdemos 50%. Perdemos catorze dos nossos 23 homens.

Bill Spade, bombeiro, ambulância 5, CBNY: Meu cunhado, que estava na emergência 5, me ligou e disse: "Bill, está todo mundo desaparecido". Eu disse: "Como assim, todo mundo?". Falei o nome de um homem que tinha tomado café comigo naquela manhã. Continuei dizendo nomes — Mike, aquele cara, aquele outro. Ele disse: "Não, Bill. Estão todos desaparecidos". Aí, mais tarde, minha esposa me liga. Ela perguntou: "Já te deram as más notícias?". Respondi: "Sim, todos estão desaparecidos". Ela disse: "Não. Seu tio estava no andar 93". Eu me lembro de dizer: "Está bem". Eu disse: "Me dê quantas notícias ruins você quiser. Esse é o pior dia da minha vida".

* * *

Às 17h21, o prédio de 48 andares conhecido como World Trade Center Sete, tomado por chamas furiosas desde que fora fatalmente atingido pelos destroços e escombros das Torres Gêmeas adjacentes, desabou. Esmagado por suas perdas, pela escala da tragédia daquele dia e pela queda na pressão da água no sul de Manhattan — que se seguira ao desabamento das Torres Gêmeas —, o Corpo de Bombeiros de Nova York decidira deixar o prédio queimar.

Jeff Johnson, bombeiro, equipe de combate a incêndio 74, CBNY: Meus olhos estavam péssimos. Eu tinha achado um pedaço de papelão, feito uma fenda nele e colocado sobre os olhos para protegê-los um pouco da luz. Chegamos na escola de ensino médio Stuyvesant e tinham montado um centro de triagem lá dentro. Eles me deram água e lavaram meus olhos. Eu me levantei para voltar à rua West. Quando estava descendo os degraus para sair da escola, vi as pessoas correndo novamente. Eu não conseguia entender que diacho estava acontecendo. Uma coluna de fumaça enorme apareceu na rua West. O Prédio Sete havia desabado.

David Brink: Eu não podia acreditar. Eu fiquei, tipo: "Você tem que estar de sacanagem! Quantos prédios ainda vão cair?".

Dan Nigro, chefe de operações, CBNY: Teria sido o maior desabamento de arranha-céu da história dos bombeiros se não fosse pelas torres do WTC. Em questão de segundos, outro prédio de 48 andares caiu. Felizmente, não houve nem mais um ferido quando ele desabou.

William Jimeno, policial, DPAP: Nós ouvimos uma explosão enorme, que soava igual ao que tinha acontecido nas duas outras vezes, só que mais distante. Acho que foi o Prédio Sete desabando.

Scott Strauss, policial, Serviço de Emergência, DPNY: O Prédio Sete caiu por volta das 17h30, e eles tiraram o pessoal que estava no esforço de resgate na Pilha. "Ei, pessoal! Vamos sair. Tem prédio caindo por todo lado. Vamos sair da Pilha. Vamos nos reagrupar". Aquilo só virou a "Pilha" alguns dias depois. Nós ainda chamávamos de Trade Center, e depois a terminologia evoluiu para a "Pilha", e depois disso se tornou "Ground Zero".

Jeff Johnson: Nesse momento, fiquei maluco. Desabei. Um amigo, o Eddie Callahan, me viu. Ele disse que achou que eu estivesse morto. Tinha uns dois Chevy Suburbans, os carros dos comandantes, por ali. O Eddie tinha um e disse: "Vamos tirar você daqui". Eles botaram um monte de caras, o máximo que conseguiram, na traseira, que estava bem detonada. Foi engraçado. Nós tentamos ligar o ar-condicionado para nos refrescar, e ele soprou tanta poeira que não dava para enxergar e nem dirigir. Tivemos que abrir as janelas para deixar a poeira sair. Ele me levou de volta para o quartel de bombeiros.

***

No Ground Zero, uma brigada improvisada — formada por uma fila de pessoas que passavam baldes uma para a outra — começava a trabalhar, tentando vasculhar a área de destroços em chamas na esperança de encontrar sobreviventes ou recuperar corpos. Os incêndios no Ground Zero continuariam ardendo por 99 dias, até serem debelados em definitivo no dia 20 de dezembro.

Paul McFadden, ambulância 2, CBNY: Os escombros — era uma área tão grande que você só fazia se perguntar: "Por onde eu começo?".

Omar Olayan, policial, DPNY: Quando você chegava no alto da pilha de destroços, tinha muita fumaça e os prédios ao lado estavam pegando fogo. A certa altura, você começava a inalar fumaça, os olhos ardiam desesperadamente, e tinha que parar. Então você ia para o One Liberty, o prédio, e eles faziam uma nebulização, lavavam seus olhos, e aí você voltava para a fila para fazer tudo de novo. Eles tinham umas máscaras de papel, mas a gente acabava tirando, porque elas ficavam pretas em dois minutos, eram inúteis.[5]

John Napolitano: Quando saímos e pegamos a rua West, e vimos a área de detritos, não dava nem para acreditar que aquilo tinha sido uma rua. Era só aço para todo lado, fumaça subindo, um caos. Era o cenário de um filme concebido por algum diretor demente. Foi a coisa mais horrenda que já vi em toda a minha vida. *Onde começamos? De onde a gente parte?* Vi as filas de socorristas movendo os destroços, balde por balde. Lenny foi até o muro e começou a escrever nas cinzas: "John Crisci, ligue para casa". Eu estava ficando muito consternado, dizendo a mim mesmo: "Quero acreditar que meu filho está aqui, quero acreditar que está vivo, mas a coisa está feia". Andei até o muro e, com os dedos, escrevi uma mensagem grande nas cinzas: "Ambulância 2, John Napolitano, estou aqui e eu te amo. Papai".

Denise McFadden, esposa do bombeiro Paul McFadden, CBNY: Paul ligou, ele estava lá na Pilha. Não entendi o que ele dizia porque ele ficava falando nomes de pessoas que a gente conhecia, um depois do outro, e depois de cada um falava: "Morto". Eu disse: "Para. O que você está fazendo?". Perguntei: "Que brincadeira doentia é essa?". Mas ele não conseguia parar.

Ele continuava anunciando os nomes e dizendo: "Morto". Não conseguia dizer mais nada.

Capitão Jay Jonas, equipe de resgate 6, CBNY: Eu estava sentado na ambulância, ainda com o Tommy Falco, e ele me olhou e disse: "Ei, capitão". E disse: "Quantos você acha que perdemos aqui hoje?". Eu só olhei para o campo e falei: "Ah, rapaz! Eu sei lá — talvez uns duzentos". Eu me toquei do que tinha dito. Perguntei: "O que foi que eu acabei de dizer? Duzentos?". Antes daquele dia, a nossa maior baixa em um incêndio tinha sido doze pessoas, e agora eu falava de duzentos. No final das contas, foi o dobro do que eu disse. Os números são chocantes.

John Napolitano: A certa altura entrei na brigada do balde e comecei a retirar os detritos. Eles iam me passando os baldes. Lembro de alguém dizendo, "Isso é um pedaço do avião. Você precisa dar para um cara do FBI". O sujeito me apontou, porque eu estava com roupa de civil, calça social. Ele me entregou um pedaço de metal — metal fino — e eu fiquei segurando. Saí do monte e vi um cara que parecia ser do FBI. Fui até ele e disse: "Escuta, me disseram para entregar isso a alguém do FBI. E me entregaram. Mas eu sou policial aposentado, não sou do FBI". Eu disse: "Você é do FBI?". Ele balançou a cabeça, ficou lá, observando tudo, e pegou o pedaço de metal.

Paul McFadden, ambulância 2, CBNY: Quando tudo se acalmou, eu tinha perdido 46 amigos. Ou eram amigos meus ou filhos de amigos.

Capitão Jay Jonas: Entre o momento em que entramos no prédio e o momento em que saímos, no fim da tarde, o mundo havia mudado. Quando vimos a luz do sol novamente, o mundo era completamente outro. Quando estávamos presos, não podíamos conceber como as coisas estavam lá fora. A gravidade real da coisa ia além de tudo que pudéssemos imaginar.

57.
11 de Setembro em alto-mar

"O mundo havia mudado drasticamente."

Longe da costa da América no dia 11 de setembro, o porta-aviões USS Enterprise *(*CVN-65*) estava prestes a iniciar sua viagem de volta após ter partido para o golfo Pérsico em abril. Mas depois que as transmissões da* TV *trouxeram notícias dos ataques em casa, o navio mudou de curso.*

Capitão James "Sandy" Winnefeld Jr., comandante, *USS Enterprise*: Havia muito barulho nas redes de inteligência no verão — um complô terrorista que estaria acontecendo por aquelas bandas. Não sabíamos do que se tratava, mas achávamos que nosso navio, muito conhecido, poderia ser o alvo. Tomamos precauções especiais na passagem pelo canal de Suez, indo do Mediterrâneo para o mar Vermelho, porque estávamos, de fato, preocupados. Nada aconteceu, obviamente, então entramos no golfo Pérsico e passamos três meses lá prestando apoio a operações no Iraque — o patrulhamento da zona de exclusão aérea, ou OPERAÇÃO SENTINELA DO SUL. Tínhamos acabado de concluir um ataque extremamente bem-sucedido contra uma bateria de mísseis superfície-ar, terminado a parte operacional de nossa missão e saído do golfo Árabe. Estávamos a caminho de uma visita a um porto da África do Sul.

Na tarde de 11 de Setembro — de manhã na Costa Leste —, eu estava lendo na minha cabine e recebi um telefonema do meu oficial de segurança me dizendo para ligar a TV. Eles disseram: "Tem alguma coisa acontecendo em Nova York". Eu tinha ligado a TV havia um minuto quando assisti ao segundo avião bater na segunda torre. Naquele momento, ficou bem claro para mim que não voltaríamos para casa. Nós não iríamos a lugar nenhum porque havia uma boa chance de aquele ataque ter partido de algum lugar no Afeganistão. Todos sabíamos da Al-Qaeda.

É difícil descrever a sensação de ver o Pentágono ser atingido — ficar imaginando se algum amigo meu tinha sido vitimado e qual seria a gravidade do dano, já que era difícil dizer vendo pela TV; e, depois, aquela sensação de que eles tinham atacado bem no cerne do que o Exército é, de quem somos, do que acreditamos, de como tentamos defender nosso país. Assistir àquelas torres do World Trade Center caindo foi provavelmente a coisa mais chocante que já vi. Foi, tipo: "Ah, meu Deus, o mundo mudou". Todos a bordo ficaram com muita raiva, bastante chocados.

Mas sabíamos que provavelmente seríamos parte da resposta. À tarde, tivemos diversas reuniões. Finalmente, chegamos à decisão conjunta de que viraríamos para o norte, em direção ao Afeganistão. Nosso objetivo era estar perto da costa na manhã seguinte, prontos para conduzir operações de ataque, caso nos solicitassem. Quando anunciei a mudança de curso, disse à tripulação algo como: "Sei que nenhum de vocês ficou muito decepcionado com o cancelamento da parada em um porto da África do Sul. Estamos na linha de frente e há fortes chances de que, mais cedo ou mais tarde, nos peçam para responder a esse ato hediondo que foi cometido contra o nosso país".

Dá para imaginar como nos sentíamos impotentes em alto-mar, assistindo pela TV. Todos estavam preocupados com o que os terroristas fariam a seguir. Foi a primeira vez na minha vida que senti que estava mais seguro no mar do que a minha família, em casa.

Semanas depois, o USS Enterprise *lançaria o primeiro ataque aéreo norte-americano no Afeganistão.*

* * *

Naquela terça-feira, a notícia dos ataques continuou a se espalhar, alcançando finalmente o submarino de ataque USS Norfolk *(*SNN 714*) na hora do jantar, quando ele emergiu para a superfície para receber as notícias do dia.*

Matt Dooley, tripulante, *USS Norfolk***:** Nós estávamos no mar na semana do 11 de setembro de 2001, para operações de rotina e treinamento. Quando deixamos a Estação Naval de Norfolk, na Virgínia, havia barcos pesqueiros e embarcações de recreio na baía, e parecia um dia tranquilo para navegar. Terminamos nossas transmissões de comunicação cedo naquela manhã e submergimos para realizar as tarefas do dia. Quando o submarino está debaixo d'água, ele fica sem comunicação com o mundo externo e, portanto, precisa fazer transmissões de comunicação a cada doze horas ou algo por aí.

Quando recebemos nossas transmissões na noite de 11 de Setembro, logo descobrimos que o mundo havia mudado drasticamente nas doze horas que se passaram desde a transmissão da manhã. Um marinheiro que trabalhava na sala de comunicações interrompeu o jantar de nosso capitão e disse que precisavam dele na sala de comunicações. Pouco depois, o capitão fez um pronunciamento para a tripulação e leu os relatórios iniciais pelo sistema de comunicação da embarcação. Eu me lembro das primeiras palavras dele, que ainda ecoam nos meus ouvidos: "Os Estados Unidos sofreram um ataque". Achamos que deveria ser algum tipo de simulação militar ou governamental. Tudo parecia ter saído de um filme. Como não podíamos ver as imagens dos noticiários, só tínhamos as imagens gravadas na cabeça.

Nós ficamos na cota periscópica — um pouco abaixo da superfície da água, onde nossa antena podia subir e receber informações — pelos dias seguintes, para receber as informações disponíveis. Nenhum de nós fazia ideia de quais ordens poderíamos receber. Passou-se uma semana até que nos autorizassem a ir para casa, e só então conseguimos ver as imagens dos ataques pela primeira vez. Por uma semana, só tínhamos textos, papel, e todos no submarino torcíamos para que não fosse verdade. Ver aquelas imagens pela primeira vez, finalmente, foi uma sensação que nenhum de nós vai esquecer.

58.
À tarde no Pentágono

"Nós ainda estamos lutando nessa guerra."

No fim da tarde, a situação no Pentágono havia se acalmado; por todo o norte da Virgínia e de Washington, funcionários feridos eram tratados, e socorristas e bombeiros se preparavam para um longo cerco em torno do local do acidente.

Capitão Gary Tobias, Corpo de Bombeiros do condado de Arlington: Eles encheram um ônibus com nosso pessoal e fomos para o Pentágono começar a render as pessoas que tinham ficado lá o dia inteiro.

Chuck Cake, bombeiro e técnico de emergência médica, Corpo de Bombeiros do condado de Arlington: Umas 16h30 recebemos uma ligação dizendo que quem ainda não tivesse ido para o Pentágono devia "entrar no ônibus, vamos embora, está na sua vez". Fui mandado para dentro. Nossa missão era procurar sobreviventes no Círculo C e resolver incêndios localizados. Havia destroços por toda parte e pequenos focos localizados em diversos lugares, e no meio disso tudo também havia pedaços de corpos. Ainda havia muitas, muitas vítimas no prédio, a maior parte uniformizada. Havia um escritório específico que devia ser da Aeronáutica, porque vi muitos uniformes da Aeronáutica. Boa parte das pessoas estava carbonizada a ponto de não poder mais ser reconhecida. Mas todas as insígnias sobreviveram de alguma forma, e em alguns uniformes ainda dava para ver os bordados e tal. Fomos buscar sacos e lençóis para cobrir os corpos, nem que fosse só para a gente se sentir um pouco melhor.

Philip Smith, chefe de setor, Exército dos Estados Unidos: Esse braço estava queimado até a manga da minha camisa, e ficou todo preto. Quando eu estava no hospital, eles removeram toda a pele morta. A minha cara inteira virou uma grande casca.

Tenente-coronel Rob Grunewald, oficial de gestão de informação, Exército dos Estados Unidos: Foi ficando tarde e eu comecei a ficar doente.

Tossia e expelia fora um catarro preto e tal. Um tenente-coronel da Aeronáutica chegou e disse: "Vamos lá. Deixa eu te ajudar. Vamos para a tenda médica". Eles disseram: "Para qual hospital você quer ir?". Entrei em uma ambulância. Só tinha a gente na rodovia. As estradas estavam fechadas. A sirene estava ligada. Olhei para fora e parecia ser a única pessoa na cidade.

Philip Smith: Uma colega minha, uma moça chamada Martha Cardin, foi liberada também. Não conseguimos falar com ninguém pelo celular. Todos os meios de comunicação estavam fora do ar. Então eu saí do hospital — e o Hospital de Arlington é bem grande — e, na porta por onde saí, esbarrei com um cara que fora meu vizinho em uma missão anterior, um amigo. Ele tinha ido até o Hospital de Arlington me procurar. Eu literalmente dei de cara com ele na porta. Era o major Rex Harrison. Perguntei: "Rex! O que você está fazendo aqui?". Ele respondeu: "Bem, vim te buscar". Eu disse: "Bem, ótimo! Muito obrigado. Será que podemos levar a Martha para a casa dela?".

Tenente-coronel Rob Grunewald: Eu recebi uma Purple Heart pelos ferimentos e uma Soldier's Medal* por minhas ações naquele dia. Acho que só umas onze ou treze pessoas receberam as duas medalhas. É óbvio que alguém achou que fiz algo de bom — provavelmente a Martha.

Louise Rogers, contadora, Escritório de Serviços de Recursos, Pentágono: Eu estava na UTI do Washington Hospital Center. Só acordei por volta das três ou quatro horas da tarde daquele dia. Tinha uma vaga noção de que algo havia acontecido, como se fosse um pesadelo. Estava fora de mim, não sabia o que era real e o que não era. Eu me lembro de ouvir a voz do meu marido pela primeira vez e pensar: *Bem, agora não preciso mais lutar para ficar acordada ou consciente. Ele está aqui, posso deixar que ele tome conta de tudo.* E: *Volta a dormir.* E foi o que fiz.

***

---

* Uma das mais antigas condecorações das Forças Armadas dos Estados Unidos, a Purple Heart é concedida a militares mortos ou feridos em serviço. A Soldier's Medal é reservada a soldados que se destacaram pela bravura e heroísmo. [N. T.]

Ao fim do dia, os militares haviam levado uma esquadrilha impressionante aos céus dos Estados Unidos — centenas de aviões, que sobrevoaram as maiores cidades do país. Dentro do Pentágono, os líderes repassaram os números daquele dia e o que seria do dia seguinte.

Victoria "Torie" Clarke, subsecretária de defesa de relações públicas: Os senadores John Warner e Carl Levin vieram ao prédio no fim da tarde. Eles se sentaram em uma das menores estações de trabalho do centro de comando e o secretário de Defesa recebeu uma ligação do presidente e os colocou na linha. Estavam claramente abalados pelo que tinha acontecido e vieram prestar solidariedade. No final da tarde, saíram com o secretário para visitar o local.

Lawrence Di Rita, assistente especial do secretário de Defesa Donald Rumsfeld: Uma coisa que ficou na minha cabeça foi a velocidade com que conseguimos reestabelecer a regularidade — a velocidade com que conseguimos botar a cabeça no lugar e voltar a trabalhar. O secretário deixou muito claro que queria que o pessoal voltasse a trabalhar no dia seguinte.

Coronel Matthew Klimow, assistente executivo do vice-presidente do Estado-Maior Conjunto, general Richard Myers: Às 17h25, o secretário Rumsfeld disse: "Quero que a cadeia de comando informe a todos que amanhã, 12 de setembro, será um dia de trabalho normal no Pentágono. Quero que todos se apresentem para o serviço". Foi um comunicado bem surpreendente naquele momento.

Donald Rumsfeld, secretário de Defesa: Eu ainda não tinha falado com ninguém quando disse isso, foi mais uma questão de postura. Eu tinha a impressão de que a fumaça e os problemas tinham regredido e de que, sem dúvida, havia partes do prédio que poderiam ser ocupadas com segurança, então tomei a decisão. Pensei que seria bom se o Pentágono não fechasse.

Almirante Edmund Giambastiani, auxiliar militar sênior, gabinete do secretário de Defesa: Pensamos em fazer uma coletiva de imprensa aqui no prédio. Queríamos mandar a mensagem certa para o resto do país, fazendo a coletiva nesse prédio, e naquela noite ainda. Nós fizemos isso às seis horas da tarde, apesar de os corredores ainda estarem um pouco enfumaçados.

Victoria "Torie" Clarke: O prédio ainda estava cheio de fumaça, e bastante gente achou que a coletiva não deveria acontecer no local. Eu não era a única, mas provavelmente fui a pessoa que defendeu mais vigorosamente que a coletiva acontecesse no prédio. Precisávamos mostrar que o prédio ainda estava de pé e funcionando, e era importante que as pessoas vissem seu secretário de Defesa e a liderança aqui. Também decidimos que seria bom que o senador Warner e o presidente da comissão responsável por assuntos militares, Carl Levin, estivessem com ele.

Almirante Edmund Giambastiani: O secretário foi magistral. Carl Levin e John Warner vieram prestar solidariedade. Eles estavam lá no palco com ele. Acho que aquilo deu o tom para a América naquela primeira noite.

59.
No ar, a caminho da Base Aérea de Andrews

"Eu nunca tinha ouvido falar da Al-Qaeda."

O Air Force One *deixou a Base Aérea de Offutt às 16h36, horário da Costa Leste, a caminho da Base Aérea de Andrews, próxima a Washington, D.C. O presidente estava finalmente indo para casa.*

Coronel Mark Tillman, piloto presidencial, *Air Force One*: Eu estava na velocidade Mach 94. Estávamos atravessando os Estados Unidos o mais rápido que podíamos. Alguns F-16 estavam saindo de D.C. para encontrar com a gente, iam todos se juntar a nós. Tínhamos também uns F-15 conosco.

Mike Morell, assessor do presidente, CIA: No voo até Andrews, finalmente recebi um pacote com toda a inteligência que a CIA tinha reunido. Isso incluía as coisas que o George Tenet dissera quando botou o presidente a par da situação, mas também muita coisa que ele não tinha revelado. Compartilhei todos os detalhes com o presidente. Na segunda metade do pacote havia um apanhado de informações que tinham sido encaminhadas por um aliado europeu, explicando que eles haviam detectado sinais de que a Al-Qaeda estava planejando uma segunda onda de ataques. Quando mostrei isso ao presidente, a reação dele evidenciou que aquilo o abalara: "Meu Deus, pode acontecer novamente. Não terminou".

Eric Draper, fotógrafo presidencial: Em algum momento, perguntei ao Andy Card: "Quem fez isso?". "Al-Qaeda." Eu nunca tinha ouvido falar na Al-Qaeda.

Andy Card, chefe de gabinete, Casa Branca: Quando estávamos vindo da Stratcom, a tripulação era a menor possível. Quanto mais perto de Washington chegávamos, mais o presidente andava de um lado pro outro.

Brian Montgomery: Uma hora encontrei o presidente em frente à cabine da equipe. Eu disse apenas: "Nós vamos bater neles com tudo, né?, quando isso terminar?". Ele só falou: "Sim, sim, vamos, sim". Eu conhecia aquela expressão em seus olhos. Ele estava furioso.

Ellen Eckert, estenógrafa, Casa Branca: O presidente voltou à cabine da imprensa. Perguntei se ele estava bem e ele disse que sim. Perguntei: "Você já falou com a sra. Bush?". Ele respondeu: "Sim, ela está bem". Ele me deu um tapinha nas costas, duas vezes. Então Doug Mills, o fotógrafo da AP, disse: "Mantenha o ânimo". O presidente respondeu: "Não vamos deixar um marginal derrubar este país".

Sonya Ross, repórter, AP: Eu estava digitando loucamente na cabine de imprensa, trabalhando nas minhas anotações, quando o presidente entrou, e acho que ele não me viu, de cara. Comecei a digitar o que ele havia dito e ele me ouviu digitando, virou-se para mim e disse: "Ei, não publique isso". Ele não disse mais nada.

Ellen Eckert: Ele olhou torto para a Sonya.

Gordon Johndroe, secretário assistente de imprensa, Casa Branca: Ele estava tentando transmitir calma e tranquilidade para todos.

Eric Draper: Estava todo mundo tentando digerir aquilo tudo. Fiz uma foto da Cindy Wright, a enfermeira da Casa Branca, massageando as costas do presidente. Em outro momento, ele pôs um braço em volta da Harriet Miers quando desciam do avião.

Capitã Cindy Wright: O que é engraçado dessa foto é que eu realmente não me lembro de ter sido solidária ou de cuidar dele — o que me lembro é que ele veio ver se eu e a equipe estávamos bem. Para mim era incrível que ele estivesse andando pelo avião, tomando conta da gente. Eu estava no compartimento médico. O governo ainda era relativamente novo, então só nos conhecíamos de conversas e da convivência no rancho, mas aquela foi a primeira vez em que nos abraçamos — sou muito dada a abraços, ele também.

Ann Compton, repórter, *ABC News*: Por fim conseguimos divulgar oficialmente — eu liguei para o meu escritório e avisei — que o presidente estava voltando a Washington e que faria um pronunciamento para a nação no Salão Oval.

Coronel dr. Richard Tubb, médico do presidente: Naquele momento, o que mais me preocupava era um ataque biológico. Nesse cenário improvável, mas de alto risco, achei que não faria mal usar antibióticos para fazer uma profilaxia na equipe. Dei uma semana de Cipro para todo mundo no avião. Eu esperava que, quando terminassem de tomar, não estaríamos mais no escuro e saberíamos se seria preciso continuar com essas medidas.

Brian Montgomery: Percebi que o dr. Tubb veio caminhando e falando com cada um. Ele se inclinava para junto da pessoa, sussurrava alguma coisa, dava um tapinha no ombro e entregava um envelopinho, desses que os militares usam para guardar comprimidos. Ele chegou para mim e disse: "Monty" — era meu apelido — "como está se sentindo?". Falei: "Além do óbvio, fisicamente me sinto bem". "Você não está se sentindo desorientado?" "Não." Então, ele perguntou: "Já ouviu falar em Cipro? Não sabemos se tinha alguma coisa naquela escola, então estamos apenas sendo cautelosos". Perguntei: "Para que serve isso?". Ele me disse: "Para antraz".

Mike Morell: Mais ou menos uma hora antes de pousar, bem no fim do dia, muita gente estava dormindo e as luzes do *Air Force One* estavam apagadas. O presidente voltou ao compartimento da equipe. Eu era o único acordado. Uma das coisas que mais me marcou foi como ele se transformou, bem na frente dos meus olhos, de um presidente que estava um pouco confuso quanto à direção do governo, no 10 de setembro, em um presidente de tempo de guerra, e tudo em questão de horas. Realmente dava para ver que ele tinha uma confiança e uma força novas.

Gordon Johndroe: Eu realmente não me lembro de comer, mas os comissários de bordo serviram sanduíches e batatinhas. A Aeronáutica cobra pelas refeições a bordo do *Air Force One*, por intermédio do gabinete militar da Casa Branca. Eu me lembro de receber uma conta de nove dólares e dezoito centavos dois dias depois. A conta dizia que era uma cobrança pelas refeições no 11 de setembro, entre Sarasota-Barksdale, Barksdale-Offutt e Offutt-Washington.

Mike Morell: O assessor militar do presidente, Tom Gould, estava olhando pela janela do lado esquerdo do avião, e acenou para que eu me aproximasse. "Olha." Havia um caça colado na ponta da nossa asa. Lá longe, dava para ver o Pentágono ainda em chamas. Ao longo do dia, com tudo acontecendo, você não tinha tempo de sentir a emoção. Mas aquilo me pegou. Meus olhos se encheram de lágrimas pela primeira vez naquele dia.

Andy Card: Ajoelhamos nos assentos para olhar para fora; dava para ver os caças chegarem bem perto do *Air Force One*. Você nunca vê isso no *Air Force One*.

Karl Rove, consultor sênior, Casa Branca: Percebi que não era uma escolta cerimonial — era a última linha de defesa no caso de haver um Manpad [míssil superfície-ar] na nossa chegada a Washington. Eles ficariam entre o *Air Force One* e qualquer ameaça que fosse.

Coronel dr. Richard Tubb: Quando estávamos no final da aproximação, Dan Bartlett entra no meu escritório e diz: "Obrigado, eu tomei as pílulas todas. Preciso tomar mais alguma coisa?". Eu disse: "O quê?! Claro que não! Aquilo era para a semana inteira!". Fiquei revirando o *Guia de referência para médicos*, um livro enorme, tentando descobrir o nível de toxicidade do Cipro.

Brian Montgomery: O Dan ficou bem preocupado por um tempo. Depois de tudo o que tinha acontecido naquele dia, ele ia morrer de intoxicação por Cipro.

Coronel dr. Richard Tubb: Eu cheguei e disse: "Olha, você vai ficar bem. Talvez seja melhor tomar um antiácido".

Coronel Mark Tillman: Enquanto estávamos pousando, eu pensava: *Agora só preciso botá-lo no chão, aí o entrego aos Marines.* Assistia aos caças passando zunindo debaixo de nós, em manobras de supressão de ataques inimigos, tentando descobrir se havia algo a nossa espera. A aterrissagem em si, depois de tudo, foi completamente normal.

Major Scott Crogg: Pousamos logo atrás do *Air Force One*, então batemos continência quando o Marine One decolou. Sabíamos que era o presidente a caminho da Casa Branca.

Ari Fleischer: O Marine One pode voar em diversas rotas — escolhemos a mais cenográfica, passando diretamente sobre o Capitólio, descendo no Mall, no Washington Monument, na margem direita.

Andy Card: Voamos na altura da copa das árvores, em ziguezague, para dificultar a colisão com um míssil. Chegamos bem perto da água do Potomac.

Ari Fleischer: Da frente do helicóptero, à esquerda, o presidente via o Pentágono claramente. Ele disse para ninguém em particular: "O prédio mais imponente do mundo está em chamas. Essa é a cara da guerra no século XXI".

60.
À noite em Washington

"Uma canção espontânea."

Com o presidente a caminho de Washington, com pouso em D.C. programado para as seis horas da tarde, horário da Costa Leste, a liderança parlamentar, até então escondida em Mount Weather, também começou a retornar à capital. Às 19h45, quando a escuridão começava a cair, eles se reuniram no Capitólio.

John Feehery, assessor de imprensa do presidente da Câmara, Dennis Hastert (R-Illinois): Pegamos um helicóptero para voltar do local protegido. Naquele lindo pôr-do-sol da Virgínia, em um dia lindo, ver as chamas subindo do Pentágono foi uma visão e tanto, muito comovente.

Tom Daschle (D-Dakota do Sul), líder da maioria, Senado dos Estados Unidos: Mesmo naquela luz suave de setembro, era o caos por toda parte. A fumaça ainda subia do Pentágono. Caminhões de bombeiro lá embaixo, jatos lá em cima, tanques e todo tipo de segurança — uma transformação absoluta do que havia começado como um dos dias mais tranquilos e bonitos do ano, aquela manhã.

Brian Gunderson, chefe de gabinete do líder da maioria, Richard Armey (R-Texas): Dava para ver que havia algo muito errado com o mundo naquele dia. Nós sobrevoamos alguns prédios empresariais no norte da Virgínia e havia caminhões basculantes estacionados nos acessos para evitar possíveis ataques de carros-bomba.

Steve Elmendorf, chefe de gabinete do líder da minoria, Richard Gephardt (D-Missouri): Foi muito surreal chegar de helicóptero, ver a fumaça saindo do Pentágono, pousar no terreno do Capitólio com aquela segurança reforçada. Na época, era muito raro ver alguém da polícia do Capitólio com uma metralhadora, uma espingarda ou qualquer coisa parecida. Quando pousamos, havia todo tipo de seguranças, com armas automáticas e equipamento da SWAT, nos cercando, cercando os helicópteros.

John Feehery: Tinha realmente se transformado em uma fortaleza.

Deputado Martin Frost (D-Texas), líder da bancada do Partido Democrata da Câmara: Em algum momento, a televisão noticiou que os parlamentares iriam voltar e se encontrar em determinado horário, então fui junto com os outros.

Dennis Hastert (R-Illinois), presidente, Câmara dos Deputados dos Estados Unidos: Atravessamos a fachada leste do Capitólio e havia provavelmente uns duzentos — talvez 175, talvez 225 — parlamentares na escadaria frontal. *Uau, impressionante!* Deputados, senadores, democratas, republicanos.[1]

Tom Daschle: Não me lembro de ver um sorriso aquela noite. As expressões faciais eram muito sombrias — muito, muito solenes.

Eve Butler-Gee, ex-secretária da Câmara dos Deputados dos Estados Unidos: Naquela altura, é claro, já sabíamos do voo 93. Foi uma sensação conflitante porque algo nos dizia que aquele avião estava indo para o Capitólio. Se não fossem aquelas pessoas, poderia ter sido muito, muito pior. Elas deram a vida para salvar as nossas.

Dennis Hastert: Daschle subiu e falou por uns vinte segundos, eu subi e basicamente falei: "Olha, o país vai ficar bem, nós vamos nos erguer, vamos voltar ao trabalho amanhã, vamos trabalhar para o povo e botar o país nos eixos novamente. E descobrir quem fez isso e proteger o nosso país".[2]

Tom Daschle: Após os dois discursos houve um momento de silêncio que não havia sido planejado. Ninguém queria ir embora. As pessoas começaram a dar as mãos. Alguém começou a cantar.

Dennis Hastert: Quando dei as costas para voltar ao meu lugar, um dos membros do Congresso começou a cantar *God Bless America*.

John Feehery: Acho que foi a [deputada] Jennifer Blackburn Dunn quem começou a puxar o *God Bless America*.

Tom Daschle: Não demorou muito e todos começaram a cantar junto. Provavelmente foi a parte mais bonita de toda essa experiência, totalmente improvisada, espontânea. Mas provavelmente mais poderosa do que aquilo que eu e o presidente dissemos.

Dennis Hastert: Eu me lembro de sentir arrepios. Eu me lembro de pensar: *O país vai ficar bem. Ficaremos juntos, um do lado do outro.*[3]

Eve Butler-Gee: Eu chorei. Foi nesse momento, vendo aquilo, que realmente desabei. A sensação era de que, independente do que acontecesse, ninguém iria nos derrotar, nem psicologicamente, nem de fato.

Celine Haga, funcionária, Câmara dos Deputados dos Estados Unidos: Nas horas, dias e semanas que se seguiram, quando mostravam aquilo na TV, eu achava clichê, piegas, mas naquele momento, naquela noite, parecia que estávamos nos agarrando a algo, como um bote salva-vidas.[4]

Deputado Martin Frost: Então nos dispersamos.

* * *

O Marine One chegou à Casa Branca um pouco depois das sete horas da noite, e pousou no gramado sul.

Alberto Gonzales, consultor jurídico da Casa Branca: Passei o resto da tarde correndo entre o bunker subterrâneo, a Sala de Crise e meu escritório no segundo andar da Ala Oeste, me certificando de que todos os aspectos legais estavam sendo levados em conta nas decisões que eram tomadas. Finalmente, por volta das 19h30, fiquei do lado de fora do Salão Oval com a Karen Hughes, a diretora de comunicações, e vimos o Marine One pousando no gramado sul. Saudamos o presidente em sua volta para casa. Nós o seguimos até o Salão Oval e depois até sua sala de jantar particular. Lá, com Ari Fleischer, o secretário de imprensa, Andy Card, o chefe de gabinete, Condi Rice, a conselheira de Segurança Nacional, Karen e o presidente, falamos do que havia acontecido de manhã. Falamos do que faríamos em resposta aos ataques e o que o presidente diria em seu pronunciamento naquela noite.[5]

Nic Calio, diretor de assuntos legislativos de Casa Branca: Teve um momento em que enfiei a cabeça e perguntei: "Como o senhor está?". O presidente disse: "Estou pronto e você também precisa se aprontar". Ele estava calmo, com o olhar firme. Depois, quando falou com a equipe mais graduada, ele disse: "Temos que estar prontos. Estamos em guerra. Temos que falar de modo que o povo americano entenda que terá nossa proteção. Daqui a um mês, todos vamos querer voltar ao beisebol, ao futebol, e não pensar mais nisso. Mas vai ser nossa função garantir que isso não vai sair da nossa cabeça".

Condoleezza Rice, conselheira de Segurança Nacional, Casa Branca: Naquela noite, o presidente já estava disposto a delegar tarefas. Ele realmente estava certo de que Don Rumsfeld estava fazendo seu trabalho e se certificando de que os militares estavam prontos para a ação.[6]

Comandante Anthony Barnes, vice-diretor, Programa de Contingência Presidencial, Casa Branca: Karen Hughes escreveu aquele pronunciamento de joelhos porque não havia mais cadeiras perto do computador. Ela se ajoelhou perto do computador e escreveu o pronunciamento em mais ou menos vinte minutos. Quando o presidente voltou, passou uns dois minutos editando e depois foi para a frente das câmeras de televisão no Salão Oval.

Josh Bolten, chefe de gabinete adjunto, Casa Branca: Eu estava nervoso pelo presidente, porque sabia como aquilo era importante para os sentimentos da América naquele dia.[7]

61.
No Salão Oval

"Seguimos em frente para defender a liberdade."

20h30

Boa noite.

Hoje, nossos concidadãos, nosso modo de vida e até mesmo nossa liberdade sofreram um ataque através de uma série de atos de terrorismo mortais e intencionais.

As vítimas estavam em aviões ou em seus escritórios — secretárias, homens e mulheres de negócios, militares e funcionários federais. Mães e pais. Amigos e vizinhos.

Milhares de vidas foram subitamente encerradas por atos de terror perversos e odiosos.

As imagens de aviões voando contra prédios, incêndios, grandes estruturas desabando, nos encheram de incredulidade, de uma tristeza terrível e de uma raiva calada e implacável.

Esses atos de assassinato em massa tinham o objetivo de acuar nossa nação para que ela caísse no caos. Mas eles fracassaram. Nosso país é forte. Um grande povo sentiu o ímpeto de defender uma grande nação.

Os ataques terroristas podem abalar os alicerces de nossos maiores prédios, mas não conseguem tocar nos alicerces da América. Esses atos podem despedaçar o aço, mas não podem amassar o aço da determinação americana.

A América foi o alvo desses ataques porque somos o maior bastião da liberdade e da oportunidade do mundo. E ninguém impedirá que essa chama continue a brilhar.

Hoje nossa nação viu o mal, o que existe de pior na natureza humana, e respondemos com o que existe de melhor na América, com a bravura dos socorristas, com a solidariedade de conhecidos e desconhecidos que vieram doar sangue e fazer tudo dentro de seu alcance para ajudar.

Imediatamente após o primeiro ataque, implementei os planos de emergência do nosso governo. Nossas Forças Armadas são poderosas e elas estão prontas. Nossas equipes de emergência estão trabalhando em Nova York e em Washington, D.C. para ajudar nos esforços de resgate locais.

Nossa primeira prioridade é prestar socorro aos que foram feridos e tomar precauções para proteger nossos cidadãos aqui e no mundo todo de novos ataques.

As funções do nosso governo continuarão sem interrupções. As agências federais em Washington que tiveram que ser evacuadas hoje reabrirão com os funcionários essenciais hoje à noite e funcionarão normalmente amanhã.

Nossas instituições financeiras continuam fortes e a economia americana também estará aberta para negócios.

Já iniciamos a busca pelas pessoas por trás desses atos perversos. Eu direcionei todos os recursos da nossa inteligência e de nosso corpo de agências penais para achar os responsáveis e fazer com que a justiça seja cumprida. Não faremos nenhuma distinção entre os terroristas que cometeram esses atos e aqueles que os acobertarem.

Sou muito grato aos membros do Congresso que se juntaram a mim no firme repúdio a esses ataques. E, em nome do povo americano, agradeço aos muitos líderes mundiais que telefonaram para oferecer seus pêsames e auxílio.

A América e seus amigos e aliados se juntam a todos aqueles que desejam ver paz e segurança no mundo e juntos iremos vencer a guerra contra o terrorismo.

Hoje à noite peço que rezem por aqueles que estão de luto, pelas crianças que tiveram seu mundo abalado, por todos aqueles que sentiram que sua sensação de segurança e proteção foi ameaçada. E rezo para que eles sejam consolados por um poder maior do que nós, que ecoa através das eras nas palavras do Salmo 23: "Ainda que eu andasse pelo vale da sombra da morte, não temeria mal algum, porque Tu estás comigo".

Neste dia, todos os americanos de todas as classes sociais se unem na sua escolha pela justiça e pela paz. A América já enfrentou outros inimigos e assim faremos agora.

Nenhum de nós jamais esquecerá esse dia, mas ainda assim seguimos em frente para defender a liberdade e tudo o que existe de bom e de justo em nosso mundo.

Obrigado. Boa noite e Deus abençoe a América.

***

Depois do pronunciamento presidencial no Salão Oval, o vice-presidente Cheney embarcou em um helicóptero para voar para um local secreto onde passaria a noite — mais tarde, revelou-se que era Camp David. Cheney dormiu na própria cabana do presidente em Camp David, conhecida como Aspen, uma violação do protocolo normal que foi necessária porque Aspen estava diretamente conectada ao bunker da casa de campo presidencial.

Dick Cheney, vice-presidente: Quando decolamos e subimos em direção ao Potomac, dava para ver o Pentágono, ver aquele buraco preto no local onde ele tinha sido atingido. Muitas luzes nos prédios, a fumaça saindo do Pentágono. Isso colaborou para que eu me desse conta do impacto do que tinha acontecido, de que de fato tínhamos sido atacados.[1]

Lewis "Scooter" Libby, chefe de gabinete do vice-presidente Dick Cheney: Lembro de ficar assistindo ao vice-presidente, que olhava fixamente para o Pentágono pela janela, e me perguntar no que ele poderia estar pensando, nas responsabilidades que ele teria pela frente. Foi um momento que botou tudo em perspectiva.[2]

David Addington, consultor jurídico do vice-presidente: O quartel-general do Exército dos Estados Unidos ainda estava fumegando e nós voávamos sobre ele para esconder o vice-presidente. *Meu Deus, estamos evacuando o vice-presidente de Washington, D.C. porque fomos atacados.*[3]

Dick Cheney: Eu me lembro de sentar na sala [da cabana Aspen], ligar a televisão, assistir às reprises. Poderia ter sido em qualquer outro, mas acho que foi nesse momento que realmente me dei conta do que o país tinha sofrido naquele dia.[4]

62.
A noite do 11 de Setembro

"Eu passei a noite chorando."

Em todo o país, famílias se esforçavam para compreender o que aqueles ataques significavam para seus entes queridos, enquanto os que foram atingidos diretamente continuavam a se dispersar e tentar chegar em casa — às vezes sem saber como suas próprias famílias haviam sido atingidas.

Charles Christophe, advogado, Broadway: Tentei chegar até a estação Penn e de lá, enfim, pegar um trem para ir para Maplewood [Nova Jersey]. Estava tudo fechado. Tivemos que esperar horas. Acho que, no final da tarde, finalmente liberaram a saída do primeiro trem. Não consegui embarcar no primeiro, mas fui no segundo. As pessoas ficaram me olhando, porque eu estava totalmente coberto de poeira, no cabelo, terno — em tudo.

Bruno Dellinger, consultor, Quint Amasis North America, Torre Norte: Quando cheguei em casa, na porta do meu apartamento havia um post-it de algum dos meus estagiários, que tinha deixado um bilhete engraçado: "Caso você esteja vivo, eu ainda estou vivo".

Rosemary Dillard, gerente da base de Washington da American Airlines e esposa de Eddie Dillard, passageiro do voo 77: Tive que passar perto do Pentágono. Queria parar, mas não deixaram. Cheguei em casa, entrei e fumei quatro cigarros. Fiquei pensando que, se eu fumasse dentro da casa, meu marido ia voltar, porque ele não fumava dentro de casa. Aí tive que ligar pros irmãos do Eddie. Tive que ligar pros meus amigos, pro resto da família, pra minha irmã. Meus vizinhos começaram a aparecer na hora, porque os comissários de bordo moravam por ali. Vieram e me trouxeram jantar. Depois dali, é um borrão. A vida mudou.

Linda Krouner, vice-presidente sênior, Fiduciary Trust, Torre Sul: Eu ainda não sabia o que tinha acontecido realmente. Sabia com certeza que havíamos perdido muita gente. Quando estava na casa da minha irmã em Nova York, um cara conseguiu meu telefone. Ele soube que eu estava no prédio naquela manhã. Ele disse: "Sou o fulano. Você viu o meu filho? Você passou por ele na escada?". O rapaz tinha morrido; foi horrível. Foi uma dessas ligações em que você só quer dizer: "Queria muito ter visto ele. Queria poder te dizer alguma coisa". Eu não tinha nada para dizer a ele.

Adrian Pierce, Wachovia Bank, Torre Norte: Nós não sabemos onde estava a Cathleen, que sentava atrás de mim. O Carlos, não sabemos em qual lugar do prédio ele estava. Toyena morreu também. O Jeffrey morreu. A Antoinette estava segurando a mão de um cara — o nome dele era Tom — e, quando saíam do prédio, e ele soltou a mão dela, o prédio desabou sobre ela. Perdemos cinco pessoas do Wachovia. Perdi ainda 150 amigos da Euro Brokers, no 88º andar. Um amigo em especial, o Adam, saiu, ligou para os pais, disse: "Estou bem". Mas aí voltou para o prédio e nunca mais saiu.

Charles Christophe: Estava preocupado com a minha esposa, Kirsten [que era vice-presidente de gestão de risco da Aon Corporation, no 104º andar da Torre Sul]. Eu estava preocupado com nossa filha, Gretchen, porque não tínhamos nenhum parente próximo que pudesse ir buscá-la na creche. Eu torcia para que talvez, talvez, a Kristen tivesse conseguido pegar o primeiro trem, ou que estivesse no mesmo trem que eu, e eu a encontrasse quando chegássemos lá ou em casa.

Robert Small, gerente de escritório, Morgan Stanley, Torre Sul: Cheguei em casa mais cedo do que costumava. Eu ainda estava achando que iríamos fazer a foto do nosso time de futebol americano da Pop Warner* naquela noite. Ainda achava que aquilo ia rolar. Recebi um telefonema de um cara da liga: "Não vamos fazer as fotos hoje". Eu disse: "Tudo bem", porque ainda não tinha me dado conta do tamanho daquele dia, de como tinha sido dramático. Ainda era "o meu dia", e não aquilo que significava para os outros. Em um dia ou dois, você começa a perceber a quantidade de pessoas que foram afetadas.

---

* A Pop Warner Little Scholars é uma ONG que organiza jogos de futebol americano e outras atividades para crianças. [N.T.]

Deena Burnett, esposa de Tom Burnett, passageiro do voo 93 da United: Passei a noite toda chorando, com meus amigos, com os vizinhos entrando e saindo, e recebendo ligações de parentes que queriam dar os pêsames.

Rosemary Dillard: Continuei ligando pro celular dele, ele tinha um pager... Continuei mandando mensagens de vez em quando.

Charles Christophe: Cheguei a Maplewood. Costumávamos parar o carro perto da estação de trem, mas eu estava sem a chave, então caminhei até a creche. Peguei minha filha e perguntei por minha esposa. Minha filha era a única criança que ainda estava lá — todas as outras já tinham sido levadas pelos pais —, com um ou dois funcionários da equipe. Ela era bebê, tinha onze meses, e não podia entender. Ela só reconheceu meu rosto e, obviamente, ficou feliz de me ver. Um dos funcionários da creche me deu carona para casa. Eu estava sem chave. Tive que quebrar o vidro da porta dos fundos e entrar pela cozinha. Comecei imediatamente a cuidar de minha filha — tive que dar comida, trocar a fralda e dar banho nela, porque já eram seis, sete horas. E depois fiquei lá, sentado ao lado do telefone, esperando uma ligação.

Jillian Volk, professora de educação infantil, sul de Manhattan: Passamos a noite inteira indo de um hospital para o outro, olhando as listas de pessoas que tinham dado entrada. Depois, às sete da noite, recebemos uma ligação do hospital Bellevue dizendo que o [meu noivo] Kevin tinha dado entrada lá. O pai dele chegou lá antes de mim e descobriu que não era o Kevin Williams certo. Era outra pessoa. Tínhamos passado a noite inteira nessa. Vasculhei a cidade por três dias.

John Napolitano, pai do bombeiro John P. Napolitano, do CBNY: Estava tarde e as crianças não queriam ir dormir porque, sempre que trabalhava à noite, meu filho ligava para falar com eles e contar uma história por telefone. Aí ele encerrava a noite dizendo "Beijos e abraços", e eles iam para a cama. Eles não queriam ir dormir porque o pai não tinha ligado.

Charles Christophe: Fiquei esperando uma ligação da Kirsten. Mas ninguém ligou.

Fernando Ferrer, candidato a prefeito de Nova York: Organizei uma vigília de oração na avenida Grand Concourse, na igreja Love Gospel Assembly. O que mais poderíamos fazer? O lugar ficou lotado de gente. Depois fomos visitando os quartéis de bombeiros. Vimos sujeitos velarem cobertos de poeira branca. As pessoas já tinham — ah, eu me emociono só de falar — montado altares, trazido flores e objetos, acendido velas. Foi uma coisa bonita.

Perry Weden, Los Angeles: Fazia seis meses que eu estava saindo com uma pessoa e não sabia bem onde o relacionamento ia dar. Esse homem, que normalmente era muito calmo e controlado, estava ansioso, abalado, desolado por causa das vidas perdidas e receoso de que Los Angeles fosse o próximo alvo. Fomos para o píer de Santa Monica, que era praticamente uma cidade-fantasma em um dia quente de setembro, na tentativa de desafiar o medo. Ele comentou uma coisa que jamais esquecerei — que se o mundo acabasse naquele dia, estava feliz por tê-lo passado comigo.[1]

Richard Kolko, agente especial, FBI: Comecei o dia no escritório de Atlanta do FBI, sendo convocado para a Força-Tarefa Conjunta de Terrorismo. Ao meio-dia estava a caminho de Washington, D.C. Um agente de Nova York que tinha ficado preso em Atlanta foi no carro comigo. As estradas estavam desertas. Era noite, e estávamos em algum lugar na Carolina do Norte, subindo pela I-95, muito acima do limite de velocidade. De repente, apareceu um clarão no retrovisor e vi um policial rodoviário bem atrás de mim. Encostei. O policial se aproximou da minha janela cautelosamente. Ele chegou na janela e, com cuidado, atenção e profissionalismo, verificou o que estava acontecendo. Perguntou se sabíamos a que velocidade estávamos e qual era o limite. Eu me identifiquei como agente do FBI e disse que estávamos indo para D.C. Ele deu um passo atrás, afastando-se da janela, apontou para a norte da I-95 e só disse: "Vai lá, pega eles".

* * *

Tenente Joseph Torrillo, diretor de educação contra incêndios, CBNY: Oito horas depois, acordei sem saber onde estava. Depois percebi que estava no oitavo andar de um hospital, em um quarto, mas não soube disso imediatamente, porque não conseguia enxergar. Fiquei, tipo: "Eu não sei se estou vivo ou morto". Naquela noite, encontraram meu carro estacionado atrás do quartel de bombeiro. Naquela noite, fui declarado morto.

Tenente Mickey Kross, equipe de combate a incêndios 16, CBNY: O dia tinha acabado. Sei que andei um pouco por ali, conversei com algumas pessoas. Fizemos algumas buscas. Chegamos a encontrar um policial na rua West. Estava morto. Soterrado. Fomos ajudando no que dava, e o dia passou.

Peguei uma carona com um dos caminhões de bombeiro que estavam indo para o norte. Acho que éramos uns quarenta bombeiros pendurados no caminhão. Eles me deixaram na Terceira Avenida com a rua 29 e eu desci o quarteirão. Entrei no quartel e me lembro que minha namorada, Christine, estava lá. Muitas esposas tinham ido para lá, e havia alguns bombeiros também. Foi quando descobri que a equipe de resgate 7 estava desaparecida — é a companhia que fica no mesmo quartel que nós, 16 e 7. Todo mundo da 7 estava desaparecido. Todos morreram.

Chris Mullin, bombeiro, equipe de combate a incêndio 1, CBNY: Era um clima de tristeza, um clima fúnebre, infeliz. Centenas de bombeiros, milhares de civis se foram no apagar de um fósforo. Partiram.[2]

Capitão Jay Jonas, equipe de resgate 6, CBNY: Acabei indo a pé do World Trade Center até o quartel de bombeiros da rua Canal. Tudo estava muito silencioso. Eu estava com o meu equipamento. Devia estar parecendo o Chiqueirinho dos quadrinhos do Snoopy, com aquela nuvem de poeira me seguindo. Uma turma de chineses, moradores da região, começou a me seguir, e alguém se separou do grupo e veio falar comigo. Ele perguntou: "Você está bem?". Respondi: "Sim. Se continuar andando, tudo bem". E disse: "Se parar, não vou querer andar mais". Então eles me seguiram, para se certificar de que eu chegaria ao quartel de bombeiros.

Tracy Donahoo, guarda de trânsito, DPNY: Quando voltei para casa e para minha mãe naquela noite, me sentei no quintal dos fundos. O tempo continuava lindo. Fiquei sentada no quintal e dizia para a minha mãe: "Não sei se vou conseguir. Não sei se quero continuar nesse emprego". No dia seguinte, me levantei e fui trabalhar. E no outro também, e no outro, pensei: *Vou viver um dia de cada vez e ver como me sinto*. Depois de algum tempo, fiquei bem.

Pasquale Buzzelli, Autoridade Portuária, Torre Norte, 64º andar: Basicamente fiquei em uma maca no St. Vincent's e me levaram de uma sala para a outra, tirando radiografias e tal. Meu amigo Phil apareceu. Eles me deram uma roupa, porque tiveram que rasgar e arrancar a roupa que eu estava. Era alguma coisa da Disney, do Mickey Mouse, e não me servia. Vesti.

Tinha um policial com uma van, e ele disse: "Para onde você quer ir?". Demos o endereço da casa de uma amiga. Quando cheguei ao apartamento dela, onde iriam nos buscar de carro, pela primeira vez consegui realmente assistir àquilo na televisão. Eu não podia acreditar que tinha sobrevivido mesmo.

Entrei no carro. Rumamos para o norte. Atravessamos a ponte Tappan Zee e, às oito da noite, eu estava em casa. Encostamos na frente, e todos os meus parentes e amigos estavam lá. Foi muito bom. Muito bom estar em casa, ver minha mãe e meu pai, minha esposa, Louise.

Louise Buzzelli, esposa de Pasquale Buzzelli, Autoridade Portuária, Torre Norte, 64º andar: Eu me lembro que, quando finalmente entramos em casa, a primeira coisa que minha sogra disse — ela é da Itália — foi: "Você deve estar com fome!". Ela falou: "Senta aí! Vou te fazer um belo de um sanduíche".

***

Quando a evacuação no Baixo Manhattan terminou, barcos que até então se ocupavam de transportar pessoas para fora de Nova York começaram a fazer o caminho inverso, com uma nova missão: trazer suprimentos de emergência e socorristas ao sul de Manhattan.

Tenente Michael Day, Guarda Costeira dos Estados Unidos: Começamos a receber ligações dizendo que havia suprimentos chegando a Nova Jersey, mas que todas as pontes para Manhattan estavam fechadas. Eles disseram: "Será que alguém pode vir aqui buscar esses suprimentos?". Eu perguntei se alguém poderia ir a Nova Jersey buscar suprimentos e choveram "Com certeza, posso fazer isso", "Faço isso", "Pode deixar".

Os bombeiros chegavam e diziam: "Vamos precisar de água. Não tem água". Então ligávamos para alguém em Nova Jersey, lá do outro lado. Estabelecemos uma linha de comunicação com o Escritório de Gestão de Emergências de lá. As pessoas estavam indo para as lojas e comprando água para mandar para cá. Muita coisa — muito gelo, muito restaurante querendo mandar comida. Havia muita desorganização em relação ao que estava sendo enviado. Quando começamos a suprir essa demanda, começamos a receber cada vez mais pedidos. "Precisamos de acetileno para o aço. Precisamos de oxigênio. Precisamos de chaves inglesas." Fomos mandando pedidos para Nova Jersey, e as coisas começaram a chegar. Ficamos a noite inteira naquilo.

No Ground Zero, bombeiros e especialistas em resgate continuaram a se espalhar pelos destroços, procurando sobreviventes. Esses esforços ainda eram irregulares, envolvendo um exército de voluntários, muitos sem nenhuma função oficial de resgate. Na verdade, foram dois marines, Jason Thomas e Dave Karnes, que estavam no local por vontade própria, que fizeram a descoberta mais incrível daquela noite.

Scott Strauss, policial, Serviço de Emergência, DPNY: Estávamos nos coçando para voltar lá, para encontrar civis, encontrar nossos amigos, encontrar alguém. O sargento Timothy Adrat juntou alguns dos nossos homens e começamos a procurar — ainda não tínhamos recebido autorização para voltar à Pilha — no lado sul, nos prédios ao sul da Liberty, que tinham sido danificados pelos desabamentos, mas não tinham caído. A pilha de escombros era enorme.

Steven Stefanakos, detetive, Serviço de Emergência, caminhão 10, DPNY: Fomos ao trabalho, tentando penetrar em qualquer vão que pudéssemos, tentando, a partir daquele momento, começar qualquer resgate possível. Isso já estava organizado quando a noite começou a cair.

William Jimeno, policial, DPAP: Eram umas oito da noite quando ouvi duas vozes ao longe. Disseram: "Aqui é o Corpo de Marines dos Estados Unidos, tem alguém ouvindo?". Eu não podia acreditar que estava ouvindo vozes de novo. Comecei a gritar o mais alto que podia. "Policiais feridos da DPAP! Policiais feridos da DPAP!" Eles ficavam repetindo: "Continue gritando, estamos te ouvindo!". Eles chegaram até nós e consegui distinguir três vozes. Eles perguntaram: "Quem está aí?". Eu disse: "Policial Jimeno, da Polícia da Autoridade Portuária, meu sargento está ferido. Temos homens aqui embaixo. Alguns estão mortos", e eles disseram: "Aguenta aí, amigo".

Scott Strauss: Veio um bombeiro falar com a gente. Ele disse: "Ei, estou com uns caras feridos lá do outro lado". Nós começamos a correr naquela direção. Fomos subindo por cima do aço retorcido — alguns trechos estavam muito, muito quentes —, pulando de um para o outro. Escorregávamos na poeira. Era um acesso muito perigoso. Através da poeira e da fumaça, vi um sujeito acenando com uma lanterna. Fui na direção dele. Eu perguntei: "O que você achou?". E ele: "Tem dois caras, dois policiais no fundo desse buraco". Então eu olhei e havia um buraco um pouco maior que um bueiro. Pulei para dentro, uns 1,80 a 2,40 metros. Era um compartimento muito, muito pequeno. Paddy McGee, um policial do Serviço de Emergência que estava comigo, também pulou no buraco, assim como o Chuck Sereika, um civil que tinha sido paramédico.

William Jimeno: O pessoal do caminhão 1 chegou. Eles estavam com um civil chamado Chuck Sereika, um paramédico.

Paddy McGee, policial, Unidade do Serviço de Emergência, caminhão 1, DPNY: E aí começou a corrida.

Scott Strauss: Descemos meio de lado por uns seis a nove metros, nos arrastando de cabeça entre vigas, através de pequenas fendas, nos espremendo. Chegamos a uma pequena área aberta, viramos para a esquerda e demos de cara com o Dominick [Pezzullo]. Will Jimeno estava uns três metros para trás. Só dava para ver a cabeça, o braço direito e uma parte do lado direito do corpo do Will. O resto — parecia que um caminhão basculante tinha descarregado nele.

William Jimeno: Ele disse: "Como você se chama?". Respondi: "Jimeno". E ele: "Scott Strauss, DPNY USE, caminhão 1". Respondi: "Jimeno, Terminal Rodoviário, Polícia da Autoridade Portuária", e ele disse: "Escuta, você tem que aguentar firme. Não vai desistir agora".

Scott Strauss: Eu me arrastei para dentro e tive que me arrastar de lado, com as mãos acima da cabeça. Fui me arrastando para dentro, me espremendo e literalmente usando as mãos para cavar os escombros. Quando eu conseguia soltar um pouco de escombros, eu empurrava para baixo, ao longo do meu peito, para que chegasse até o Paddy e o Chuck, que então iam pegando e jogando aquilo no vão do elevador, enquanto cavavam para sair.

William Jimeno: Eles mal conseguiam se mexer lá dentro. Eu só via a careca deles.

Scott Strauss: Estávamos com ânsia de vômito e engasgando com a fumaça. Os bombeiros lá em cima gritavam: "Saiam daí!". O Will disse: "Você não vai me abandonar, né?". Respondi: "Não. Não vamos te abandonar, Will". Se eu queria ficar? Pode crer que adoraria me mandar dali, mas não dava. E não era uma questão de pagar de machão. Era questão de autopreservação. Acho que não seria capaz de deixá-lo ali e ir para casa ver meus filhos, sabendo que tinha deixado ele morrer lá. Então, nós três — Chuck, Paddy e eu — ficamos. Nós não iríamos embora.

William Jimeno: Eles trabalharam as três horas seguintes para me tirar de lá e foi muito, muito doloroso. Conseguiram soltar minha perna direita, e aí demorou muito para conseguirem me tirar de debaixo da parede.

Scott Strauss: Eu, Chuck e Paddy estávamos exaustos. Incrivelmente cansados. Estávamos mal, e o ambiente era insalubre.

William Jimeno: Lembro de dizer: "Tem um parceiro comigo, ele está aqui", e eles acharam que fosse o Dominick. O sargento McLoughlin estava quietinho lá atrás. Acho que foi porque, quando começaram a mexer em mim, dei um grito alto — doeu muito quando tocaram na minha perna. Vi que o Scott recuou. Lembro de pensar comigo: *Você precisa calar a boca e engolir a dor*, e foi o que fiz. Acho que o sargento McLoughlin também achou melhor não interromper os caras, achou que o melhor a fazer era deixá-los tentar nos tirar de lá o mais rápido possível.

Scott Strauss: O Will ficava falando do parceiro dele o tempo inteiro. A gente não sabia — a única pessoa que falava com a gente naquele buraco era o Will. Dominick Pezzulo estava morto. Só ouvíamos o Will. E o Will falando do parceiro. "Vocês precisam pegar meu parceiro primeiro. Vocês têm que tirá-lo daqui". Pensei: *Ele não deve saber que o cara morreu*, achando que fosse o Dominick.

William Jimeno: Aquela noite foi um pesadelo.

Scott Strauss: E ele ficava: "Vamos logo! Vamos! Vocês têm que chegar até ele. Ele vai morrer se vocês não forem até ele". Falei: "Will, precisamos fazer nosso trabalho. Vamos tirar você e depois ele". A gente ia raspando, raspando o entulho, e aí ouvimos a voz do sargento McLoughlin, que vira e diz: "Oi, como vocês estão?". Eu fiquei, tipo: "Quem é esse?". O Will respondeu: "É o meu parceiro", tipo: "Né, seus idiotas? Do que achavam que eu estava falando?". Nós ficamos, tipo: "Achamos que seu parceiro fosse *ele*". E ele: "Não, esse é o Dominick. Ele está morto". Eu fiquei, tipo: "Meu Deus!". Agora tínhamos mais um resgate para fazer.

Steven Stefanakos: Duas frentes de resgate foram criadas para tirar os dois policiais da Autoridade Portuária que estavam presos. Os caras do caminhão 1, com a equipe deles, se ocupavam da remoção. O resto de nós ficou procurando, em algumas áreas, um vão por onde desse para entrar rastejando. Todos os prédios do quadrado ao redor do World Trade Center estavam danificados ou completamente destruídos. Ainda estavam pegando fogo. Você olhava para cima e dizia: "Um desses prédios pode cair a qualquer momento".[3]

Scott Strauss: O Will gritava de dor e o sargento McLoughlin ficou o tempo todo apagando e recobrando a consciência. Ficávamos falando com ele. O Paddy McGee, não dava para ser mais irlandês do que ele; tinha nascido no dia de São Patrício e era da banda de gaitas de foles do departamento. E o John McLoughlin também era irlandês. O Paddy ficava, tipo: "Ei, *Irish eyes*,* você ainda está conosco?". Às vezes ele respondia, às vezes, não. Quando ele não respondia, o Will ficava agitado: "John, sargento, vamos

---

* Literalmente, "olhos irlandeses". Provável referência à canção "When Irish Eyes Are Smiling", standard de 1912 que celebra a Irlanda. [N. T.]

lá, sargento, aguenta firme, sargento!". Então o ouvíamos dizer, com a voz meio grogue: "Estou aqui. Estou aqui".

William Jimeno: Quando eles conseguiram me botar em uma maca, me lembro de falar para o sargento: "Aguenta firme, sargento".

Scott Strauss: Nós o colocamos em uma maca de resgate e o mandamos para cima, para fora.

William Jimeno: Quando começaram a me puxar para fora na maca, subindo pelo buraco, me lembro de olhar ao redor e dizer: "Onde está tudo?". Eu via a lua, a fumaça, mas não via os prédios. Um bombeiro disse: "Elas já eram, garoto". Foi a primeira vez que chorei naquela noite.

Omar Olayan, policial, DPNY: Ouvimos vozes, certa comoção — e vimos que estavam subindo uma maca com alguém pela corda, e era um dos policiais da Autoridade Portuária que tinham resgatado. Eles o puxaram para fora. Foi emocionante, um momento importante. A gente tinha passado o dia inteiro lá sem conseguir nada.[4]

Scott Strauss: Eu me arrastei para dentro do buraco novamente. Estava fisicamente acabado. Agora eram tipo, onze horas, onze e meia da noite. "John, eu não estou aguentando mais. Eles estão mandando uma equipe nova. Você vai ficar bem. Esses caras vão te tirar daqui." Ele disse: "Obrigado, Scott. Eu agradeço mesmo. Te vejo lá em cima". Eu disse: "Com certeza". Outro policial do Serviço de Emergência, Steve Clifford, entrou pelo buraco, e eu — não sei por que disse aquilo para ele, mas eu o parei e disse: "Steve, é um amigo pessoal meu — não deixe de tirá-lo daqui".

William Jimeno: Meu sargento saiu no dia seguinte, às sete da manhã.

Scott Strauss: O pessoal do resgate, policiais, bombeiros de tudo quanto é lugar — condado de Nassau, Connecticut, Nova Jersey, de todos os lugares —, funcionários da Con Ed, pedreiros, estavam em fila, ladeando nosso caminho inteiro e nos ajudando a descer, nós três.

William Jimeno: Eu me lembro que, quando chegamos no hospital, eu achava que haveria milhares de pessoas lá. Foi a segunda vez que chorei. Quando me tiraram da ambulância, vi os médicos e as enfermeiras todos lá, parados. Eu disse: "Onde está todo mundo?". E eles: "Só tem você". Estavam me dizendo que não havia mais ninguém.

Sargento John McLoughlin é resgatado do Ground Zero.

63.
O dia termina

"Será que eles escaparam?"

Quanto caiu a noite sobre um país transformado e o calendário virou de 11 para 12 de setembro, legisladores, socorristas, funcionários do governo e famílias afetadas tentavam processar o dia que tinham acabado de viver. O medo e a incerteza permeavam tudo, e muitos, em todo o país, enfrentaram uma noite de insônia. Em Washington, os incêndios no Pentágono iluminavam o céu noturno, um indício sinistro de uma nação que acabara de entrar em guerra.

Jackie Maguire, Força-Tarefa Conjunta de Terrorismo do FBI, Nova York: Naquela noite começamos a nos mudar e a montar nosso centro de comando em uma oficina e estacionamento de automóveis. Foi muito bem organizado. Incrível: eles tiraram os carros da garagem e o pessoal da técnica ligou as linhas telefônicas. Em um ou dois dias, tínhamos um posto de comando completo, totalmente operacional, dentro da garagem. Identificamos os sequestradores bem depressa. Depois eles designaram uma equipe para o caso. Criaram o que ficou conhecido como equipe Penttbom. O FBI tem um código de identificação para os casos, e os de terrorismo em geral terminam com bom, b-o-m. O primeiro Trade Center foi Tradebom, o da Embaixada na África Oriental foi Quembon, para o Quênia, e Tanbom, para a Tanzânia, então formaram a equipe Penttbom.

Keith Custer, bombeiro, Corpo de Bombeiros Voluntários de Shanksville: Mais tarde, naquela noite, em Shanksville, fomos chamados para apagar diversos incêndios nos campos. Era simplesmente impossível debelar o fogo porque o solo estava encharcado de combustível de avião.

Você apagava o que dava, mas o fogo ficava queimando debaixo do chão por algum tempo e depois voltava a aflorar em outro lugar.

Laurence Kesterson, fotógrafo, jornal *The Philadelphia Inquirer*: Eu me senti alienado de tudo o mais. No noticiário, ficavam falando de algo que tinha acontecido em Shanksville, no oeste da Pensilvânia. Todo mundo errou aquele nome no primeiro dia. Todos estavam claramente concentrados em Nova York. À noite, fiquei hospedado no Holiday Inn de Johnstown. Eu assisti TV — todas as matérias falavam de Nova York. Estávamos com tanto medo do que aconteceria a seguir. Eu realmente queria ir para casa, para a minha família.

Peter M. "Mike" Drewecki, fotógrafo, WPXI-TV, Pittsburgh: Acho que dormi uma hora. Liguei na CNN e lembro que estavam mostrando um médico que estava do lado de fora dos Trade Centers quando eles caíram. A CNN mostrava imagens das pessoas pulando das janelas e, depois de ver aquilo, eu não conseguia dormir. Quem conseguiria? Cheguei àquele ponto em que você está tão tenso, tão afetado pelo que passou que simplesmente não dá para dormir.

Bruno Dellinger, consultor, Quint Amasis North America, Torre Norte: Quando cheguei em casa, a primeira coisa que fiz foi tirar o terno e, não me pergunte por que — acho que, inconscientemente, supunha que poderia haver restos humanos nelas —, recolhi as cinzas e as guardei em uma caixinha. Nunca mais consegui usar aquele terno, nem a gravata, nem os sapatos. Por algum motivo, algo me inspirou a juntar a poeira e guardá-la, e eu ainda tenho isso na caixinha, junto com a única coisa que sobrou do meu escritório: um molho de chaves.

Brian Pearl, morador, Greenpoint, Brooklyn: Naquela noite, um monte de amigos se reuniu no Enid's, um bar conhecido no bairro. Foi bom ficar com os amigos, nem que fosse só para me lembrar que eu não era o único que não sabia o que pensar, o que sentir, o que fazer.[1]

Richard Grasso, presidente e CEO, Bolsa de Valores de Nova York: Eu estava jantando ao ar livre numa calçada no Upper East Side, no único restaurante que estava aberto. O que ficou na minha cabeça foi que vi, na esquina da Segunda Avenida com a rua 75, uns caminhões de entulho enormes indo para o sul. Você sabia para onde estavam indo. Entrei de volta na caminhonete mais ou menos às 22h30, e nunca vou me esquecer — a cidade estava muito vazia.

Rick Schoenlank, presidente, Associação Beneficente de Pilotos Unidos de Sandy Hook e Nova Jersey: Provavelmente por volta das onze, meia-noite, eu e outros sete ou oito pilotos decidimos ir lá ver com nossos próprios olhos. Descemos do barco e andamos pela poeira — tipo, quinze centímetros de poeira — que cobria tudo. Escavadeiras batiam suas esteiras contra restos de caminhões de bombeiros, viaturas, ambulâncias, e iam arrastando aquilo tudo rua abaixo. Não dava nem mais para saber o que eram aquelas coisas.

Havia holofotes apontados para a Pilha. Havia centenas de pessoas rastejando pela Pilha. Olhando ao redor do perímetro do local, parecia que um animal gigante tinha usado sua garra gigante para arrancar pedaços dos prédios. Faltavam nacos dos prédios. Todas as janelas estavam quebradas. Cortinas e papéis voavam pelos ares. Fogo e chamas saíam de algumas janelas. Era uma imagem de destruição absoluta.

Tenente Michael Day, Guarda Costeira dos Estados Unidos: Entrei no Ground Zero e lembrei que havia pedaços de corpos por toda parte. Lembro de pensar: *Isso aqui é uma guerra*. Olhei para baixo e vi um pé com sapato. Passei alguns minutos grudado naquilo. Parecia um cerco, eu olhava ao redor e via os caras da Guarda Nacional com as M-16 pelas ruas de Manhattan. A luz tinha caído na área toda e muitos prédios estavam em chamas, e aquela neve cinzenta, sinistra, estava por tudo.

Rick Schoenlank: Eu estava lá, parado, e depois de algum tempo notei um cara muito alto do meu lado, com uma máscara antipartículas cobrindo o rosto inteiro. Olhei para ele uma, duas vezes, e disse: "Governador, é você?". Era o governador Pataki — por acaso ele estava bem ali.

Chuck Cake, bombeiro e técnico de emergência médica, Corpo de Bombeiros do condado de Arlington: Por volta de uma da madrugada, o incêndio ainda ardia no teto do Pentágono — dava para vê-lo brilhando — quando foi decidido que suspenderíamos as atividades até de manhã, e então tentaríamos de novo.

Sargento Anthony Lisi, Unidade do Serviço de Emergência, caminhão 6, DPNY: No final da noite, estávamos exaustos. Já eram duas ou três da manhã, e o veículo que nos levara até lá estava destruído. Os barcos do DPNY vieram nos buscar para nos levar de volta à unidade Caminhão 6, em Bay Ridge. Fomos de barco, e havia carros esperando por nós, com as sirenes ligadas e um cara parado ao lado de cada veículo. Foi incrível. Eles sabiam o que havíamos passado e estavam esperando para nos levar de volta ao caminhão, para nos levar para casa.

Jared Kotz, Risk Waters Group: No meio da noite, umas três ou quatro da manhã, fui acordado pelo estrondo de um raio, seguido por um breve temporal. Naquele momento, percebi que não era um sonho, que eu realmente tinha vivido aquele dia incrível. De cara, pensei nos meus colegas e me perguntei: *Será que eles escaparam?* Eu não sabia.

Sunny Mindel, diretora de comunicação do prefeito de Nova York, Rudy Giuliani: Cheguei em casa às três, quatro da manhã, para tomar banho. Ao entrar no meu apartamento, parei no umbral e pensei: *O que eu faço com a minha roupa? Não sei o que tem nessa roupa.* Peguei um saco plástico para colocá-la.

Obviamente, eu tinha que voltar ao trabalho logo — eu só queria tomar um banho e me deitar alguns minutos. Peguei no sono e, nesse instante, senti que os prédios estavam dentro do meu nariz — que estava cheio de cimento —, e acordei gritando, de um pesadelo, ouvindo aqueles barulhos no sonho.

Tom Brokaw, âncora, NBC News: Cheguei em casa às duas da manhã, me sentei e fiquei olhando fixamente pela janela. Tomei uma dose de uísque escocês puro. Curiosamente, estava controlado, sereno. Era como se tivesse saído do meu corpo e estivesse me vendo de fora e me perguntando: *Por que eu não estou desabando?* Tomei mais uma dose. Fui dormir. Dormi quatro horas. Acordei descansado. Depois recebi um telefonema — um amigo muito próximo havia morrido de insuficiência cardíaca congestiva na noite anterior. Isso destravou alguma coisa em mim. Por meia hora, todas as emoções reprimidas vieram à tona. Eu soluçava.[2]

Mike Walter, correspondente sênior, *USA Today Live*: A última entrevista que fiz no 11 de Setembro foi com um colega meu, o Lance, o cinegrafista que fez câmera para mim naquele dia. Ele disse: "Deixa eu virar a câmera para você, como amigo, para falarmos um pouco do que vimos". Fizemos a entrevista e ele disse: "Tem mais alguma coisa que você queira dizer?". Minha resposta foi: "Só estou grato que esse dia tenha terminado". Lance começou a rir. Ele ficou, tipo: "Mike, isso não acabou, isso não vai acabar nunca para você. Vai ter sempre um aniversário — o aniversário de seis meses, o aniversário de um ano, o aniversário de cinco anos, o de dez anos. Você vai passar o resto da vida falando disso".

Beverly Eckert, esposa de Sean Rooney, vice-presidente de gestão de risco, Aon Corporation, Torre Sul, 98º andar: Nós nos conhecemos quando tínhamos só dezesseis anos, em um baile na escola. Quando ele morreu, estávamos com cinquenta anos. Eu me lembro que eu não queria que aquele dia terminasse, por mais terrível que fosse. Eu não queria ir dormir porque enquanto eu estivesse acordada, ainda estava vivendo um dia que compartilhei com o Sean. Ele me beijou ao se despedir, antes de ir para o trabalho. Eu ainda podia dizer que aquilo tinha sido pouco antes. Que tinha sido naquela manhã mesmo.[3]

Epílogo

QUARTA-FEIRA

Enquanto o dia 12 de setembro começava, a nação inteira tentava processar os ataques do dia anterior e suas perdas trágicas. No Pentágono, os incêndios do 11 de Setembro voltaram a arder com força e ameaçar o prédio. Milhares de funcionários haviam sido desalojados e mais de 600 mil metros quadrados de escritórios — o equivalente ao Empire State Building inteiro — estavam danificados.[1]

Tenente-coronel Ted Anderson, oficial de ligação legislativo, Exército dos Estados Unidos, Pentágono: Dormi umas duas horas, acordei e achei que tinha sido tudo um pesadelo. Liguei o noticiário e, é claro, não dava para fugir daquela notícia. Eram umas duas da manhã e eu simplesmente decidi levantar e ir para o trabalho. Pus meu uniforme de combate, camisa camuflada e botas.

Entrei em um carro e saí. Assim que peguei a 395, vi o brilho alaranjado ao longe. Eu me lembro perfeitamente de estacionar por volta das 3h10 e de ver o prédio em chamas e as pessoas chegando para trabalhar. Dez mil pessoas foram trabalhar no Pentágono naquela manhã. Aquilo me deixou extremamente orgulhoso.

Tenente comandante David Tarantino, médico, Marinha dos Estados Unidos: No dia seguinte, fomos todos trabalhar, em um prédio ainda em chamas, para começar a planejar a reação da nossa nação.

William Haynes, diretor jurídico, Departamento de Defesa: Eu me lembro de dirigir para o trabalho às cinco ou seis da manhã seguinte, de ver um soldado em uma esquina no centro de D.C. e de pensar: *Isso é extraordinário*.

Mike Walter, correspondente sênior, *USA Today Live*: Washington, D.C. é uma cidade tão bonita, tão imponente, e lá estava toda aquela gente armada — a Guarda Nacional com seus veículos por toda parte. Parecia que você estava em uma república das bananas.

Almirante Edmund Giambastiani, auxiliar militar sênior, gabinete do secretário de Defesa: Começamos a traçar planos no 12 de setembro. Sabíamos que entraríamos em algum tipo de guerra global contra o terrorismo. Naquela altura, a estimativa informal que chegava de Nova York era de que tínhamos perdido 6 mil pessoas no World Trade Center — mais baixas do que já tivemos em um único dia em qualquer lugar, em toda a história do país.

Robert Hunor, empreiteiro, Radian Inc., Pentágono: Eram umas dez da manhã e estavam rebocando carros parados no estacionamento sul. Não eram muitos — talvez uns sessenta. Estavam no mesmo lugar desde o dia anterior. Então me dei conta de que um cara havia estacionado ao meu lado, no dia anterior, e que nunca mais viria buscar seu carro. Nunca mais voltaria pra casa.

Scott Kocher, empreiteiro, SAIC, Pentágono: Havia um cheiro horroroso nos corredores do Pentágono, principalmente nos andares mais altos. Melhorava bastante quando você descia para o porão. Por ironia, o Centro de Operações do Exército, onde eu trabalhava, corria risco de inundação, por causa da quantidade de água que havia usada para apagar o incêndio.

Chuck Cake, bombeiro e técnico de emergência médica, Corpo de Bombeiros do condado de Arlington: Eu me lembro de passar o dia inteiro ocupado com o teto — tentando uma tática depois da outra. Era um prédio de concreto armado, mas tinha um teto de vigas de madeira, e o incêndio estava sob ele. Você abria um canal de ventilação no teto e, quando se virava, o fogo tinha se espalhado para baixo do lugar onde você tinha aberto o canal. Passamos metade do dia correndo atrás do incêndio e finalmente, por volta de 14h30, conseguimos apagá-lo.

***

Em todo o país, aqueles que tiveram suas vidas atravessadas pelos ataques experimentaram um grande misto de emoções quando compreenderam todo o impacto — pessoal e mundial — do que ocorreu.

Lyzbeth Glick, esposa de Jeremy Glick, passageiro do voo 93 da United: Na manhã depois da morte de Jeremy, lembro de olhar para nossa filha, Emerson — que estava dormindo —, e de chorar porque ela nunca ia conhecer o pai. Achei que ela ia ter só uma mãe triste. Tivemos dificuldade para a concepção — levou dois anos e meio —, e aí tiraram tudo de nós. Tínhamos sonhos como família. Aí uma coisa na minha cabeça fez clique e eu falei: "Olha, eu ainda tenho uma opção. Não vou estragar a vida dela. Não vou estragar a minha vida".[2]

O funcionário do Aeroporto Internacional Dulles, Washington, que recebeu as passagens e fez o check-in dos sequestradores de 11 de Setembro, garantindo que eles embarcassem no voo 77 da American Airlines, chegou do trabalho no dia seguinte sem saber do papel que havia desempenhado.

Vaughn Allex, atendente de check-in, Aeroporto Internacional Dulles, Washington: Eu não sabia o que tinha feito. Fui trabalhar, e ninguém me olhava nos olhos. Me entregaram o manifesto de passageiros do voo. Eu olhei aquilo por um segundo, depois ergui meus olhos e disse: "Fui eu". Eu tinha feito o check-in de uma família — um aposentado e a esposa, tivemos tempo de conversar. Um grupo de estudantes — eu tinha feito o check-in de diversos garotos, seus pais, professores. Todos se foram. Quando isso veio a público, as pessoas deixaram de falar comigo.[3]

Para Susannah Herrada, que tinha tido seu filho, Dillon, em Arlington no 11 de Setembro, em meio ao caos e à chegada dos feridos do Pentágono, a felicidade de sua estadia no hospital contrastava com a experiência de todos ao seu redor.

Susannah Herrada, moradora, Arlington, Virgínia: Os vizinhos não paravam de chegar — e alguns eu não conhecia a ponto de permitir que me vissem seminua, amamentando um bebê e sofrendo. Eles diziam: "Ah, só queríamos ver alguma coisa boa". Era maravilhoso que tanta gente visse aquele nascimento como uma dádiva, mas para mim era, tipo: "Tirem essa gente daqui". Um dos vizinhos apareceu na hora em que a enfermeira tentava me tirar da cama e, meu Deus, eu estava aos prantos. Os vizinhos estavam empolgados para ver o Dillon, para ver algo bom acontecendo.

Mary Dettloff, equipe de comunicações, Assembleia Legislativa de Michigan: Meu parceiro e eu fizemos um esforço para apoiar nosso restaurante de comida do Oriente Médio favorito no dia seguinte ao ataque, pois temíamos que as pessoas se virassem contra eles. Eles tinham colocado um cartaz na porta dizendo que sentiam muito pelos ataques terroristas e que não os apoiavam. Lembro de achar muito triste que eles tivessem se sentido obrigados a fazer aquilo.

Gabriella Daya-Domínguez, moradora, Chatham, Nova Jersey: Meu pai é árabe. Lembro da sensação de horror daquela semana. Eu não conseguia comer nada. A comida tinha gosto de papel. Era difícil colocar qualquer coisa na boca. Sentia que os árabes sofreriam uma reação negativa. Lembro que fiquei apavorada.

Stacey Taylor Parham, especialista em controle de tráfego aéreo, Centro de Controle de Tráfego de Rota Aérea de Cleveland: Eu me lembro de ficar sentada lá fora com meus filhos, de como tudo estava silencioso. A gente não se dá conta de quantos aviões vemos e ouvimos. Eles simplesmente fazem parte da paisagem. Sentada do lado de fora — o clima continuou ótimo nos dias seguintes —, olhando para o céu, sem ver avião nenhum. Era tão silencioso.

Susannah Herrada: De noite, eu esperava o Dillon acordar, e enquanto eu o alimentava, ouvia os jatos que circundavam, protegendo o espaço aéreo. Eu me deitava, insone, escutando o som dos caças sobrevoando.

***

Em Nova York, naquilo que operários e socorristas chamavam inicialmente de a "Pilha", equipes buscavam os mortos e os vivos, e a brigada que movia os baldes de entulhos começou a limpar e a organizar os destroços, em um processo que envolveria mais de 907 910 toneladas de escombros e que se estenderia até 30 de maio de 2002.

Paul Somin, bombeiro, ambulância 2, CBNY: Naquela manhã, voltamos, agora sob o comando do tenente Larry Gray, um veterano bem antigo do Corpo de Bombeiros de Nova York — o que eu chamaria de um sujeito tarimbado. Descemos de volta e eles decidiram que iríamos para o lugar onde o Jay Thomas, o pessoal dele e o Mickey Kross estavam. Disseram: "Talvez tenha sobrevivido mais alguém por lá".

Genelle Guzman, auxiliar de escritório, Autoridade Portuária, Torre Norte, 64º andar: Minha família já estava inteira de luto. Eles passaram a noite acordados. Nem cogitaram que eu pudesse ter sobrevivido ao desabamento. Passaram um bom tempo achando que eu estava morta e que nunca mais me veriam. Mas, como diz a Bíblia, a tristeza vem à noite, mas a alegria vem de manhã. Foi assim para minha família. Eles passaram a noite tristes, e a alegria esperava por eles de manhã.

Paul Somin: Começamos a subir. Foi uma escalada louca. Estava tudo pegando fogo, o aço estava quente. Chegamos mais ou menos na altura do 15º andar do prédio, onde sabíamos que o Jonas e os caras tinham conseguido ficar vivos, e começamos a procurar. Primeiro, achamos dois bombeiros mortos. Nem tentamos removê-los, porque estávamos procurando pessoas vivas. Havia um poço de elevador, e eu comecei a gritar para dentro, e ouvi alguém me respondendo. Gritei novamente. Então me dei conta de que havíamos achado alguém.

Genelle Guzman: Eles chegaram naquela área no monte de entulho porque tinham visto uma jaqueta refletiva lá e acharam que poderia ser um deles. Foi então que gritei, porque os ouvi.

Paul Somin: Pedimos silêncio a todos. Tentamos precisar de onde vinha a voz. Eu e o Billy Esposito descemos dois andares e percebemos que a voz ficava mais fraca. Não conseguíamos mais ouvir. Começamos a subir, subir, subir. De repente, passamos a ouvir bem melhor. A preocupação dela era que a abandonássemos. Ela ficava: "Não me deixem aqui! Não me deixem aqui!". Eu a tranquilizei: "Não vou te abandonar". Àquela altura, eu disse: "Me diga o seu nome". E ela: "Meu nome é Genelle". Eu estava literalmente em cima dela, mas não conseguia encontrá-la. Eu disse a ela: "Será que você consegue botar a mão, ou alguma coisa, para fora?". E eis que a mão dela surge em meio ao entulho. Eu imediatamente a agarrei — agora estávamos com ela. Todo mundo ficou eletrizado. Era o que queríamos. Ficamos todos numa grande alegria.

Genelle Guzman: Alguém agarrou a minha mão, chamou meu nome, disse: "Genelle, estamos com você. Meu nome é Paul". A pessoa segurou minha mão e eu soube que não estava sonhando.

Paul Somin: Basicamente segurei a mão da Genelle. Começamos a conversar. Os caras foram cavando por baixo e por cima dela. Levou uns 45 minutos, e a tiraram do World Trade Center.

Genelle Guzman: Eu entrei em uma ambulância com um sujeito, e ele disse: "Nós vamos te levar para o hospital agora, o.k.? Você vai ficar bem". Cheguei ao hospital. Perguntei à enfermeira: "Agora posso ir para casa?". Ela disse: "Ah, não, querida, você vai ter que ficar aqui por um tempo". Então alguém perguntou: "Você sabe quanto tempo passou lá?". E eu respondi: "Não sei". E eles: "Você ficou 27 horas enterrada". Ela disse: "Você não sabia que foi a última sobrevivente a ser tirada de lá?".

Paul Somin: Quando ela saiu, na nossa cabeça, pensávamos: *Agora vamos começar a encontrar gente*. Começamos a escalar a Pilha, e começamos a encontrar mais bombeiros mortos. No final das contas, ela foi a última sobrevivente do World Trade Center.

Genelle Guzman: Passei 27 horas rezando. Ser a última sobrevivente é algo gigantesco. Eu me senti totalmente diferente. Quando saí daqueles escombros, senti uma convicção plena. A partir daquele momento eu sabia que o Espírito Santo agira sobre mim e que tinha mudado a minha vida. Desde aquele dia a minha vida é servir ao Senhor. Depois que saí do hospital, em novembro, fui para a Brooklyn Tabernacle Church.* Fui batizada. Casei com meu namorado. Desde então levo uma vida cristã. Tive dois filhos, e o Senhor tem sido bom para mim.

Paul Somin: Acho que foi um milagre — quando você pensa no lugar onde ela foi encontrada, foi um milagre. Foi um milagre termos subido lá.

* * *

---

* Grande igreja evangélica famosa por seu coral, o Brooklyn Tabernacle Choir. [N. T.]

Para as famílias e amigos dos que se foram, o dia 12 de setembro foi o início de uma busca longa e tortuosa por notícias dos desaparecidos. No final da quarta--feira, o número de mortos em Nova York estava em 82, mas os agentes públicos alertaram: "Prevemos que o número de mortos do ataque terrorista mais mortífero do país crescerá consideravelmente". Desconhecendo o número final, Nova York requisitou ao governo federal 5 mil sacos para transporte de cadáveres.

Herb Ouida, Associação dos World Trade Centers, Torre Norte, 77º andar, pai de Todd Ouida, Cantor Fitzgerald, Torre Norte, 105º andar: Pegamos uma foto dele, percorremos os hospitais. Foi horrível. Todo mundo lá, pendurando fotografias. Ninguém conseguia aceitar a dimensão da tragédia. No dia seguinte, minha esposa me disse: "Não há esperança alguma". Respondi: "Você está errada". Fomos a uma reunião para as famílias de funcionários da Cantor. Lembro do Howard [Lutnik], diretor da Cantor, nos dizendo que não havia esperança. As pessoas ficaram bravas com ele, mas ele dizia a verdade. Nós esperamos. Rezamos. Com o tempo, aceitamos.

Heather Ordover, professora de inglês, EMLPS: O dia seguinte foi o mais difícil. Já havia boatos de que a irmã da diretora estava na Cantor Fitzgerald, no 105º andar. Ela estava desaparecida, supostamente morta. Mas os alunos haviam sido encontrados, estavam todos em casa.

John Napolitano, pai do bombeiro John P. Napolitano, CBNY: Voltávamos ao local todos os dias. Eu conhecia muitos bombeiros, todos tinham crescido com meu filho, então não tínhamos dificuldade para entrar. Ele nunca foi encontrado. Todo dia eu voltava para casa desejando ter uma boa notícia para dar a minha esposa. Nunca aconteceu. Não tive nenhuma notícia boa para dar.

Tenente Joseph Torrillo, diretor de educação contra incêndios, CBNY: Bombeiros do Corpo de Bombeiros de Jersey City vieram até o Centro de Trauma de Jersey City, onde eu estava, e me levaram de volta ao Brooklyn, para minha casa. Quando chegamos, eles me deram uma lista de todos os bombeiros desaparecidos. Eu li a lista e não pude acreditar. Timmy Stackpole estava comigo quando o prédio desabou, mas ele foi para a esquerda e eu, para a direita. E Timmy havia morrido.

Dan Potter, bombeiro, equipe de resgate 10, CBNY: No fim do dia, haviam morrido sessenta amigos, três deles muito, muito próximos — Mike Warchola, Vinny Giammona e Brian Hickey.

Sal Cassano, subcomandante, CBNY: Nós perdemos 343 integrantes. Somados, eram 4400 anos de experiência. Tivemos que reconstruir o Corpo de Bombeiros do zero. Perdemos nosso comandante de departamento. Perdemos nosso vice-diretor. Perdemos dois de nossos comandantes de equipe mais prestigiados, e agentes às dúzias. Então, como reconstruir tudo? Fizemos promoções. No dia seguinte, virei comandante de operações. Outras pessoas foram promovidas muito antes do que esperavam — a tenente, capitão, comandante de batalhão, vice-comandante. Realmente tivemos que reconstruir o Corpo de Bombeiros do zero.[4]

Constance LaBetti, Aon Corporation, Torre Sul, 99º andar: Eu supunha que meu chefe, Ron Frazio, havia descido antes de mim, tendo sido uma das pessoas que abriram a porta e gritaram para todos se apressarem. Às oito horas, meu telefone começou a tocar. Era o filho do meu chefe, o filho do Ron, e eu imediatamente comecei a falar de como seu pai tinha sido um herói, que ele tinha sido incrível, que conseguiu levar todo mundo para as escadas, e ele disse: "Connie, Connie, onde você viu o meu pai pela última vez?". Eu perguntei: "Mas ele não foi para casa?". O filho dele disse: "Não, meu pai não veio para casa". Naquele momento, tive a sensação de tragédia.

A Aon perdeu quase duzentos funcionários. A última notícia que tive do Ron foi que ele estava fora do prédio. Ele emprestou o celular para alguém quando a torre começou a cair. Então eles acham que talvez tenha sido atingido pelos destroços que voaram. Só estou aqui por causa dele. Com certeza. Não há dúvida de que a maioria de nós só sobreviveu por causa dele.

Lisa Lefler, funcionária da Aon Corporation, Torre Sul, 103º andar: Liguei para o 0800, que divulgaram nas notícias para avisar que eu estava bem e que [meus colegas] Hon, Frank e Karen também estavam. A Aon já tinha informações no site e alguém abriu um fórum no Yahoo para os funcionários. Conforme mais gente ia acessando, dava para saber se as pessoas estavam bem ou não. Tinha gente postando mensagens a toda hora. Acho que ninguém conseguia dormir.[5]

Naquela noite, recebemos um telefonema muito estranho por volta das 23h30. Eu que atendi. A pessoa estava surpresa e aliviada de saber de mim. Disse que se chamava Boyd Harden e que era do resgate, que tinha trabalhado no Ground Zero e tinha encontrado minha pasta. Fiquei pasma. Ele também, quando me perguntou onde eu tinha largado minhas coisas e eu disse que não tinha largado em lugar nenhum, que ela tinha ficado na minha mesa, no 103º andar. Para ter certeza de que era minha, ele ligou para o telefone no meu currículo, que estava no bolso lateral da pasta.

Philip Smith, chefe de setor, Exército dos Estados Unidos: Naquele dia havia vinte pessoas na nossa divisão. Sete foram mortas e três ficaram feridas. Tivemos uma taxa de baixas de quase 50% em um único dia.

Gabriella Daya-Dominguez: Onze pessoas da nossa cidade morreram. É uma cidade que cresceu em volta da linha do trem para o subúrbio. Foi triste ver os carros que ficaram no estacionamento da estação e que ninguém jamais foi buscar.

Charles Christophe: No dia seguinte, levei a Gretchen para a creche, me dirigi para a cidade e comecei a procurar pela Kirsten, de hospital em hospital, porque não havia informações centralizadas sobre onde encontrar as vítimas. Tive que esperar na fila. No primeiro hospital, e em todos os demais, eles me deram uma lista dos diversos hospitais onde ela poderia estar, e eu fui checando cada um. Por quase duas semanas, todos os dias, essa foi minha rotina.

Michael Lomonaco, chefe de cozinha, Windows on the World, Torre Norte: A lista dos desaparecidos demorou dias e dias para ser compilada. Eles não estavam mortos; não se sabia onde estavam, estavam desaparecidos. Alguém tinha que ter conseguido descer aquelas escadas. Eles iam tirar sobreviventes dos escombros, como acontece naqueles terremotos devastadores, em que as pessoas são resgatadas cinco dias depois. Continuei acreditando nisso até o final da semana, até domingo ou segunda. Perdemos 72 pessoas que trabalhavam no WOW.

Joe Asher, Cantor Fitzgerald, Torre Norte: Lembro do dia das certidões de óbito. As pessoas precisavam resolver o espólio dos cônjuges. O município montou um sistema para se conseguir certidões com declaração do parente mais próximo e declaração da empresa onde a pessoa trabalhava. A declaração do empregador dizia basicamente o seguinte: nome, número da previdência, data de nascimento etc., trabalhava na Cantor Fitzgerald, World Trade Center Um e, até onde se sabe, estava no prédio em 11 de setembro. Fizemos declarações para cada pessoa. A pilha tinha trinta centímetros. Cada declaração tinha duas páginas. Stephen [Merken], nosso consultor jurídico, sentou para assinar e olhou cada uma. Se ele conhecia a pessoa, dizia alguma coisa sobre ela. Durou horas. Foi horrível.[6]

Dr. Charles Hirsch, médico-legista titular, Nova York: Estávamos prontos para começar a receber os mortos do 11 de Setembro. Tudo seguiu de acordo com o planejado. A única diferença foi que, apesar de todo o planejamento, nunca havíamos considerado uma situação em que centenas ou milhares de pessoas estivessem fragmentadas. Não tínhamos um plano de contingência para uma catástrofe de grandes proporções na qual o DNA seria a principal forma de identificação.[7]

Donna Pearce, moradora, Manhattan: A cidade ficou coberta de cartazes de pessoas desaparecidas. Ninguém queria ficar sozinho.[8]

Katie Couric, âncora, *The Today Show*, NBC News: O período mais doloroso, em termos emocionais, foi nos dias que se seguiram, com as placas, as fotos de xerox presas nas grades. Era um desespero para encontrar as pessoas.[9]

***

No Capitólio, os legisladores e suas equipes começavam a planejar a reação do país e as medidas de recuperação, mesmo sabendo que seus escritórios poderiam se tornar alvos de terroristas.

Tom Daschle (D-Dakota do Sul), líder da maioria, Senado dos Estados Unidos: Olho para trás e vejo, no 12 de setembro, de diversas maneiras, o que havia de pior e de melhor em nosso país. O melhor é a resiliência que nosso país pode mostrar em tragédias desse porte. O pior tinha a ver com a vulnerabilidade e a perda de tantas vidas, saber que havia tanta agonia e tanta dor.

Brian Gunderson, chefe de gabinete do líder da maioria, Richard Armey (R-Texas): Quando voltamos ao trabalho no Capitólio na manhã do dia 12, tinham acontecido muitas mudanças. Tinham erguido novas barreiras de segurança e havia Humvees militares com metralhadoras calibre 50 em cima, manejadas por soldados. À primeira vista, parecia que havia acontecido um golpe.

Tish Schwartz, secretária, Comitê Judiciário da Câmara: Foi muito sombrio. A equipe, todo mundo tinha uma história para contar. Todos tinham um amigo que havia sido afetado pelos ataques, alguém que conhecia alguém que tinha morrido em Nova York ou no Pentágono.

Brian Gunderson: Naquela semana, houve alarmes de segurança ocasionais. Teve um momento — acho que foi na primeira semana — em que o Capitólio precisou ser evacuado de novo. Foi uma surpresa, sem aviso prévio. Um alarme tocou, e todo mundo teve que sair. Era um ambiente muito nervoso.

Steve Elmendorf, chefe de gabinete do líder da minoria, Richard Gephardt (D-Missouri): Aqui nunca tinha sido um lugar onde você ficava preocupado quando chegava para trabalhar.

Mary Beth Cahill, chefe de gabinete do senador Edward Kennedy (D-Massachusetts): Quando cheguei a Washington, dava para ir andando ao Capitólio, a qualquer monumento. Você podia entrar para falar com seu deputado sem que revistassem a sua bolsa. Nem nos demos conta de como a vida mudou — e mudou porque foi preciso. O mundo era outro.

* * *

Na Pensilvânia, na quarta-feira, 12 de setembro, os investigadores começaram a vasculhar os destroços do voo 93, procurando pistas para um caso que o FBI passaria a chamar de PENTTBOM (*Investigação do bombardeio ao Pentágono/ Torres Gêmeas*). *Nas semanas que se seguiram, a tranquila cidade de Shanksville se tornou o centro de uma operação ininterrupta, transmitida ao vivo por centenas de meios de comunicação do mundo inteiro.*

Patrick McGlennon, agente especial, FBI: Na verdade, 12 foi o primeiro dia de operação, quando a investigação começou de fato. Tiveram início as providências para trazermos as Equipes de Busca de Provas — sobrevoamos a área, mapeamos, determinamos a extensão da cena do crime, vimos quantas pessoas precisaríamos para vasculhar o local com eficiência, documentar o que fosse encontrado e coordenar a ação como um todo. Tudo o que se faria em qualquer cena de crime.

Cabo Martin Knezovich, Equipe Especial de Emergência, Polícia Estadual da Pensilvânia: Eu estava lá de novo às sete da manhã seguinte. Recebemos a incumbência de procurar, em áreas específicas, qualquer tipo de destroço, partes do avião, qualquer coisa relacionada à colisão.

Sargento Patrick Madigan, comandante, Estação de Somerset, Polícia Estadual da Pensilvânia: Diversos memoriais improvisados brotaram do nada [nos dias que se seguiram]. Um deles ficava na área da imprensa. O Departamento de Transporte da Pensilvânia ergueu dois grandes mastros e içamos a bandeira do estado e a nacional. Várias pessoas deixaram algum tipo de recordação lá. Criaram uma coisa parecida com um memorial no mirante também. Lá havia uns fardos de palha, e parentes deixaram objetos pessoais de recordação naquele lugar.

Tenente Robert Weaver, Polícia Estadual da Pensilvânia: Para onde você olhasse, havia uma bandeira.

QUINTA-FEIRA

No dia 13 de setembro, os motores da economia americana tinham começado a se reaquecer e os controladores de tráfego aéreo, seguindo um protocolo rígido de segurança, começaram a retomar as viagens aéreas.

Gerald Earwood, piloto do voo 7 da Midwest Express: Fui o capitão da primeira aeronave que partiu de Nova York.[10] Tive que conduzir uma inspeção ao redor da aeronave, uma inspeção de bombas, com autoridades policiais locais e o FBI observando tudo o que eu fazia. Eu abria um painel, lia a lista de verificação, examinava o buraco, dava um passo atrás, e três outras pessoas faziam exatamente a mesma coisa. Acho que levamos trinta minutos para fazer algo que normalmente faríamos em cinco ou dez.

Embarcamos todo mundo. Começamos o movimento com o rebocador. O controlador da torre ligou e disse: "Sinto muito em te dizer isso, mas registramos uma ameaça de bomba na sua aeronave. Precisamos que você evacue o lugar". Tive que entrar no microfone e dizer: "Vocês não vão acreditar nisso, mas houve uma ameaça de bomba à aeronave. Temos que evacuar o local". Todos evacuaram a aeronave calmamente e saíram para a pista de decolagem. Naquele momento, uma aeronave militar passou voando sobre nós, o que chamou nossa atenção.

Quando voltamos para a aeronave e estávamos taxiando para a saída, nossos amigos militares passaram sobre nós novamente. Eu disse ao meu copiloto: "Espero que os militares saibam que estamos saindo". Eu me lembro dos mísseis presos sob as asas. Liguei para a torre e perguntei: "Confirmem que os militares sabem que estamos prestes a decolar aqui". Eles responderam: "É, eles sabem que vocês estão indo". Pediram para a gente passar bem por cima do World Trade Center. Foi comovente.

Jared Kotz, Risk Waters Group: Na quinta eu voltei de fato para o escritório [no sul de Manhattan] e me lembro das mesas vazias. Os telefones tocaram o dia inteiro — as pessoas ligavam porque ainda tinham esperança, contra todas as evidências, ou talvez só quisessem ouvir a voz de uma filha ou de um ente querido, e a única maneira de fazê-lo era ouvir a mensagem da secretária eletrônica. Não atendi nenhum telefone. Não sabia o que dizer às pessoas.

Monika Bravo, artista, Torre Norte, 91º andar: Tentei entrar em contato com todo mundo que tinha feito a residência Studio Scape no 91º andar da Torre Norte — os outros quinze artistas e os curadores. Lembro de perguntar: "Por que não tentamos nos encontrar daqui a dois ou três dias, para nos consolarmos?". O mundo inteiro estava enlouquecendo, e todos tentavam processar o que tinha acontecido. A primeira reunião foi na quinta-feira. Em algum momento, lembrei que ainda tinha a fita: "Ah, meu Deus, eu guardei a fita". Com a prática, aprendi que, para processar sentimentos muito profundos, você precisa transformá-los em alguma coisa — é por isso que sou artista —, então decidi transformar aquela fita em alguma coisa e entregá-la para todos.

É um vídeo muito, muito sinistro. Não vou dizer que é premonitório, mas quando você o vê dessa perspectiva, é, tipo: "Uau!". Dei ao vídeo o título de *10 de Setembro de 2001 Uno nunca muere la víspera*. Em espanhol, isso significa "Ninguém morre de véspera". Você só morre quando tem que morrer. Você nunca está perto da morte. Ou morre, ou está vivo.

SEXTA-FEIRA

No dia 14 de setembro, houve mais passos em direção à normalidade. O presidente Bush viajou a Nova York, para o Ground Zero, onde subiu nos escombros e falou aos socorristas, usando um megafone.

Dan Bartlett, diretor adjunto de comunicações, Casa Branca: A verdadeira mudança do presidente, na minha opinião, só veio naquela sexta-feira, quando ele viajou a Nova York. A situação na terça-feira — não tinha havido tempo para refletir sobre as coisas. Em Nova York, a gama de emoções que ele vivenciou — ficar sobre os escombros, aquela hora do megafone e, tão importante quanto, o momento em que ele se sentou em uma sala reservada e se encontrou com pessoas que ainda estavam tentando localizar seus entes queridos e as abraçou.[11]

Robert Beckwith, bombeiro aposentado, CBNY: Continuamos trabalhando e, de repente, soubemos que o presidente estava vindo. Então vi uns caras largarem a pá e saírem para a rua. Saí para a rua também. Vi um caminhão-tanque que achamos — era o caminhão 76 — e não tinha ninguém nele, então pulei para cima. O posto de comando ficava lá do outro lado da rua. Era uma tenda com microfones arrumados em frente a ela.

O presidente veio vindo, parou bem na minha frente e esticou o braço para cima. Agarrei o braço dele e o puxei para cima — só tinha um espacinho, de trinta por trinta centímetros — e o virei. Eu perguntei: "Você tá bem, senhor presidente?", e ele respondeu: "Tô". Então ele passou o braço ao redor do meu ombro, ele estava com o megafone, e ficou falando, falando, virado para o nosso lado direito. Os caras do outro lado, do lado esquerdo, estavam gritando: "Estados Unidos! Estados Unidos!". Depois pararam e começaram a dizer: "Não estamos te ouvindo!". Ele se virou e disse: "Bem, eu posso ouvir vocês, o mundo inteiro está ouvindo vocês, e quando encontrarmos as pessoas que derrubaram esses prédios, eles vão ouvir nós todos, e logo". Todo mundo delirou.[12]

Tenente-coronel Rob Grunewald, oficial de gestão de informação, Exército dos Estados Unidos: Sexta-feira, para mim, foi pura angústia psicológica. Nosso escritório tinha uma reunião com chamada em um cinema da rede AMC lá perto. Nós iríamos nos reunir, e os líderes mais graduados do Exército viriam conversar conosco. Todo mundo que estivesse em condições físicas de ir estaria lá. Ver todos os feridos foi horrível — pessoas com os braços enfaixados, com muletas, em cadeiras de roda, com queimaduras no couro cabeludo. Uma amiga minha, a Ann Parham, bibliotecária do Exército, estava com a cabeça enfaixada, com ataduras nas orelhas, que haviam sofrido queimaduras. Foi terrível, terrível ver aquilo.

Entramos no cinema e o que havia restado da nossa liderança — porque o avião levara a maior parte dos nossos líderes mais graduados [do G-1, o gabinete do Estado-Maior], incluindo o general Maude. Teri Maude, sua esposa, se levantou e fez um discurso. Foi muito marcante. Éramos um monte de idiotas, tagarelas e confusos, e ela era a imagem da força.

É por isso que esse foi o dia mais difícil. Não só porque vimos todas aquelas pessoas gravemente queimadas e feridas, mas porque não passavam alguns minutos sem que você não soubesse de mais uma pessoa que não estava presente, de mais uma pessoa que tinha sido declarada morta, de alguém que estava no hospital com queimaduras graves. Foi muito, muito difícil processar o que estava acontecendo e a dimensão daquilo.[13]

Linda Krouner, vice-presidente sênior, Fiduciary Trust, Torre Sul: Meu aniversário era naquela sexta-feira. Tinha uma moça na minha empresa, a Carmen Rivera, que era a minha agente fiduciária em muitas contas. Eu falava muito com ela. Ela estava começando uma família, e era uma dessas mulheres mais jovens, lindas. Tinha um sorriso muito envolvente. Minha filha queria localizar a Carmen Rivera como um presente de aniversário para mim, descobrir que ela estava viva. Ela e os amigos procuraram em diversos websites, procuraram muito e não conseguiram encontrá-la.

Ali Millard, enteada de Neil Levin, diretor executivo da Autoridade Portuária, morto no ataque: Na sexta-feira depois do 11 de Setembro, houve uma vigília à luz de velas, e um monte de amigos meus estavam sentados na calçada. Minha amiga Lani disse: "Ali, não pense que você está perdendo uma pessoa, pense que você está ganhando um anjo". Eu não acredito em anjos nem em vida após a morte, mas a forma como interpretei o que ela disse foi que as pessoas só passam na terra um período determinado e que é uma sorte ter tido o tempo que tivemos com elas.

SÁBADO

Lisa Jefferson, supervisora do airfone da Verizon: Eu estava preocupada porque [o passageiro Todd Beamer, do voo 93 da United] me pedira para ligar para a esposa dele e repassar a informação a ela. Eu não sabia como poderia ligar para ela e como diria aquilo, sendo uma desconhecida. Não parecia certo ligar para ela e dizer: "Alô, aqui é a Lisa. Eu acabei de falar com o seu marido". Falei com o FBI e eles me pediram para não mencionar nada daquilo e não entrar em contato com ela até que eles terminassem a investigação. Eu disse que não mencionaria. Esse tempo todo, fiquei pensando: *Como vou entrar em contato com ela? O que vou dizer?*

O FBI me ligou de volta na sexta-feira e me disseram que eu podia ligar para ela. Contatamos o membro da equipe de crise da American Airlines que estava em contato com a Lisa Beamer e eu disse a ele que, quando ela estivesse pronta para falar comigo, poderia ligar para a minha casa ou para o meu trabalho.

Enviamos a carta por fax para a United na noite de sexta-feira. O meu telefone tocou por volta das dez da manhã de sábado, e era a Lisa. Ela disse: "Eu soube que você falou com o meu marido. Aqui é a Lisa Beamer". Eu simplesmente gelei. Não esperava que ela ligasse. Não estava com aquilo na cabeça naquele momento. Respondi: "Sim", e disse: "Você está pronta para conversar?". Ela respondeu: "Sim". Eu me sentei e nós conversamos. Contei tudo que o marido dela tinha pedido que eu lhe dissesse.

Lisa Beamer, esposa de Todd Beamer, passageiro do voo 93 da United: Se o 11 de Setembro foi obviamente traumático para pessoas como eu, para pessoas como a Lisa também foi uma coisa que mudou tudo. Ainda nos falamos de tempos em tempos, para nos inteirarmos e saber uma da outra. Provavelmente vamos continuar fazendo isso. Os dois dias que se seguiram ao 11 de Setembro, sem saber do que havia acontecido naquele voo, sem saber qual tinha sido o papel do Todd, foram muito difíceis. Receber da Lisa todas aquelas informações concretas, assim como a mensagem final do Todd para nós, foi um grande incentivo.[14]

Mary Dettloff, funcionária de comunicações, Assembleia Legislativa de Michigan: Eu me lembro que eu e meu parceiro passamos dias sem assistir a nada além da CNN, até que não aguentamos mais. Finalmente saí no sábado e fui caminhar em uma área de mata perto de Jackson, Michigan. Lembro que um avião passou voando quando eu estava lá, e eu simplesmente parei e assisti. Continuei fazendo isso por muito tempo depois do 11 de Setembro — assistia aos aviões passar voando sobre a nossa casa.

Almirante James Loy, comandante, Guarda Costeira dos Estados Unidos: No quarto ou quinto dia, me dei conta de que a igreja do fim da Wall Street, a Trinity Church, estava a um passo do terreno das torres e fazia parte da área que havia sido simplesmente engolida pelos destroços. Passei um segundo sentado, em meu escritório, e depois disse: "Alexander Hamilton está enterrado naquele cemitério". Eu não podia suportar a ideia de sua lápide estar coberta por destroços.

Chamei o comandante-mestre Vince Patton ao meu escritório e disse: "Vince, eu preciso que você me arranje uns veteranos da Capitania dos Portos de Nova York. Sei que eles já devem estar descascando um monte de abacaxis, mas precisamos dar um jeito nisso". Ele me botou no telefone com o superior de Nova York. Eles foram lá e começaram a limpar o pátio da Trinity Church. O pessoal que trabalhava no WTC ficou sabendo e, depois de cumprir sua jornada inacreditavelmente árdua de doze horas por lá, se juntou à turma da Guarda Costeira para terminar a tarefa. Nem a pau que eu conseguiria dormir à noite sem ter feito nada a respeito daquilo.

DOMINGO

Tracy Donahoo, guarda de trânsito, DPNY: O prefeito tinha dito para as pessoas retomarem a vida, começarem a fazer compras, para dar uma força a Nova York. No domingo, lembro que voltei a trabalhar na rua Fulton. As pessoas desciam a rua e diziam: "Ah, quero fazer compras na Century 21". Eu dizia: "No momento, não tem Century 21". Elas falavam: "Ah, mas o prefeito disse que podemos fazer compras". "No momento, não tem Century 21. Não tem Brooks Brothers, não tem nada nessa área. Ele quis dizer para vocês irem para a rua 34. Façam compras lá e almocem num lugar legal."

No domingo, 16 de setembro, o presidente Bush falou à imprensa após se reunir com o conselho de guerra no fim de semana, em Camp David. Ele mencionou a resiliência do espírito americano e anunciou que a Bolsa de Valores de Nova York reabriria na segunda-feira, após seu primeiro período de fechamento prolongado desde a Grande Depressão.

George W Bush, presidente: Amanhã os mercados vão abrir, as pessoas voltam ao trabalho, e vamos mostrar isso ao mundo.[15]

AS SEMANAS SEGUINTES

Ao longo de praticamente duas semanas, as tentativas de resgate no Ground Zero prosseguiram sem cessar, com bombeiros, policiais, equipes de resgate, outros socorristas e profissionais qualificados em busca de sinais dos desaparecidos. Por fim, em 24 de setembro, o prefeito Giuliani anunciou que não havia mais esperança de localizar sobreviventes.

Capitão Joe Downey, equipe 18, CBNY: Nos primeiros cinco ou seis dias, eu e o Chuck não saímos de lá. Ficamos ali. Dormíamos no chão, em qualquer lugar onde achássemos um beliche. Queríamos estar lá caso o encontrassem.

Tenente Mickey Kross, equipe de combate a incêndio 16, CBNY: Minha primeira noite de trabalho aqui foi 15 de setembro, por aí. Quando vi o lugar, era noite, e eu vi o clarão vermelho, a fumaça, estava caindo um temporal.

Eu me sentia entrando no inferno. Eu disse: "Ah, caramba, talvez tenha sido um erro vir pra cá". Depois de algumas horas, voltou a ser só trabalho. Estávamos procurando as pessoas, e eu estava voltando ao serviço. A partir daquele momento, começou a melhorar. Voltei à realidade.

David Brink, detetive, Unidade do Serviço de Emergência, caminhão 3, DPNY: Descíamos para lá com ancinhos de aço ou com pás. Tínhamos baldes de plástico, baldes de cinco galões, que era o que a gente usava para remover destroços. Também usávamos pazinhas e picaretas bem pequenas, porque às vezes só achávamos fragmentos de corpos muito, muito pequenos.

Tenente Mickey Kross, equipe de combate a incêndio 16, CBNY: Trabalhávamos jornadas de muitas horas. Fazia frio. Era muito pesado. Quando chegamos lá, no início, não havia esquema de comida e nem abrigo. Não tinha nem café. Passávamos a noite inteira na chuva, encharcados. Por fim, eles se organizaram e as coisas foram melhorando. A Cruz Vermelha chegou. Eles abriram uma tenda enorme e tinham camas de campanha, e a igreja St. Paul's abriu e oferecia comida.

Joe Esposito, chefe de departamento, DPNY: Quando você estava trabalhando do lado de fora, tinha que usar um casaco pesado. Se estava no comando da fila do balde, ia mudando as pessoas de lugar. Quanto mais perto você chegava do buraco de onde estavam tirando os destroços, mais quente ficava. Quando chegava a sua vez de ser o primeiro lá na frente, você tinha que ficar só de camiseta, porque aquilo pegava fogo. Parecia que você estava dentro de um forno.

Sargento Joe Algana, auxiliar do chefe de polícia, DPNY: Você nem se dava conta de como aquilo era perigoso. Eles cavavam e de repente abria uma fresta e você via as vigas incandescentes. Elas ainda estavam pegando fogo, e nós estávamos bem em cima delas. Era um trabalho tedioso, duro, mas ninguém reclamava.

Tenente Mickey Kross: Aquelas pessoas que trabalhavam lá viraram minha nova família — bombeiros, policiais, voluntários.

David Brink: O Corpo de Bombeiros pegava um setor. A Unidade do Serviço de Emergência do DPNY pegava outro, junto com a Autoridade Portuária e a tropa de choque designada para ele. Também tinha gente do setor de construção — operadores de equipamentos pesados, engenheiros encarregados, caras que trabalhavam com aço. Sou muito grato a esses caras, porque eles trouxeram equipamentos que ajudavam a fazer nosso trabalho.

Norma Hardy, policial, Patrulha PATH, DPAP: Parecia que estava sempre escuro, mesmo de dia. Você chegava lá e fazia o que precisava ser feito. Embora houvesse centenas de pessoas, máquinas, gente falando e cachorros de resgate, em muitas noites que passei lá reinava um silêncio, uma quietude.

Bill Spade, bombeiro, equipe de resgate 5, CBNY: Então começaram os funerais. Você ia a um velório de um ou dois dias e depois ao enterro. Você sempre tinha uma função: carregar o caixão, fazer uma elegia ou ficar em formação do lado de fora da igreja. Foi exaustivo. Com meus ferimentos, eu mal conseguia ficar de pé, mas por respeito me levantei para cada um deles.

Quando não eram os caras do meu quartel, era outro bombeiro, alguém que seria enterrado em Staten Island, um velório ou sepultamento. Às vezes eu tentava até ir a dois no mesmo dia. Por três meses, minha vida se resumiu a isso, além de ir ao médico dia sim, dia não. Lembro de olhar para a lista dos 343 bombeiros e perceber que eu conhecia 85 deles pelo primeiro nome.

Kenneth Escoffery, equipe de resgate 20, CBNY: Era velório um dia, enterro no outro. Toda semana. Se fossem só os catorze caras do meu quartel, já teria sido mais do que suficiente. Eu diria que um bombeiro comum foi, em média, a 25, trinta enterros, sem contar os velórios. Chegou a tal ponto que vários caras tiveram esgotamento. Depois de um ou dois meses, você precisava desligar.[16]

Tracy Claus, esposa de Matt Claus, sobrevivente da Cantor Fitzgerald: Houve dias em que fomos a quatro [funerais] e podíamos ter ido a seis. Matt passou muito tempo sem dormir, então eu também não dormia. Eu tinha uma filha que na época tinha dois anos e meio. Ela começou a gaguejar por conta do caos em casa. A ter pesadelos. Dizia que o papai trabalhava no prédio que caiu.[17]

Anthony R. Whitaker, comandante do WTC, DPAP, saguão da Torre Norte: Quatro dias por semana, eu passava meia hora parado em frente à Banana Republic do World Trade Center, entre 8h30 e nove horas da manhã. Todas as manhãs, quatro vezes por semana, eu cumprimentava as pessoas, milhares delas — por 28 meses. Realmente me incomoda o fato de não saber o que aconteceu a todos aqueles rostos para quem eu acenava. O *Daily News* publicou páginas duplas cheias de fotos de pessoas. Uma coisa que me doeu muito foi que reconheci quase 80% delas.[18]

Thomas Von Essen, comandante-geral, CBNY: O vazio das perdas daquele dia nunca me deixou, nem por um momento.[19]

* * *

Tentativas similares de resgate de vivos e busca de corpos continuavam no Pentágono. O fogo e o desabamento tinham danificado de tal forma a área do impacto que equipes especializadas em buscas e resgates urbanos levaram dias de trabalho intenso e meticuloso para reforçar a área — antes que as buscas no interior pudessem recomeçar. O Corpo de Bombeiros do condado de Arlington só entregou o controle da cena do ataque ao FBI em 21 de setembro. O FBI, por sua vez, passou mais de uma semana vasculhando e reforçando a segurança do local antes de devolvê-lo aos militares, no dia 2 de outubro.

Thomas O'Connor, agente especial, FBI: Demoramos vários dias para conseguir entrar no prédio. O comandante [James] Schwartz e os bombeiros estavam no comando de tudo. O combate aos incêndios de dentro do prédio se estendeu por muito mais tempo do que as pessoas imaginam. Foram as equipes de busca e resgate urbano que reforçaram o prédio a ponto de podermos entrar e fazer as buscas.

Jean O'Connor, agente especial, FBI: A primeira vez que entrei lá, estava literalmente com uma corda amarrada na cintura — para conseguir achar a saída do prédio, na volta. As pilhas de destroços eram muito altas — e não seguiam padrão algum, não tinham lógica.

James Schwartz, subcomandante de operações, Corpo de Bombeiros do condado de Arlington: O combinado era que as pessoas se apresentassem para o serviço na academia onde tivessem treinado, e aí eram levadas de ônibus para o local do incidente. Então, no final do turno, os ônibus as levavam de volta para a academia. Só não consideramos o fato de que as pessoas não queriam ir para casa — como aconteceu em Nova York também. Elas voltavam para a academia nos ônibus e, assim que saltavam, pegavam seus próprios carros e voltavam para o Pentágono. Iam direto para lá e retomavam o trabalho imediatamente.

Sargento Robert Walker, agente especial, Escritório de Investigações Especiais, Aeronáutica: Naquela primeira semana, passávamos umas catorze, dezesseis horas por dia lá. Íamos para casa só para arrancar aquela roupa e dormir umas horinhas, e voltávamos.

Thomas O'Connor: Éramos novos no nosso bairro, tínhamos mudado fazia um ano, por aí. Foi incrível: as pessoas vinham nos trazer comida. No início, dizíamos: "Não precisa". Mas quando você tem três horas para ir para casa, tomar banho, lavar a roupa, dormir, acordar, se vestir e voltar, e aparece alguém com uma pilha de hambúrgueres, faz toda a diferença. No mês que estávamos lá, uma pessoa cuidou do nosso cachorro quase o tempo inteiro. Apareciam umas crianças, levavam o cachorro para passear. São pequenas coisas que realmente fazem a diferença.

Sargento Robert Walker: Escombros e similares eram carregados em caçambas compridas e levados para o estacionamento norte, que chamávamos de Buraco do entulho ou Pilha do entulho. Os caminhões vinham e espalhavam os destroços. Então soltavam cães farejadores de cadáveres, e se houvesse algum resto mortal no entulho, eles fotografavam, etiquetavam e identificavam — eram provas —, e depois enviavam para um necrotério improvisado que havíamos montado no Pentágono. Aí levávamos equipes para vasculhar a Pilha. Tínhamos que separar, de fato, as coisas — eram equipamentos, telefones ou sistemas de computação, ou eram itens pessoais, objetos pessoais? Eram confidenciais, livros pessoais? Pedaços do avião? Era muito trabalhoso.

Tenente Jim Daly, Departamento de Polícia do condado de Arlington: Eu me lembro de ir para casa e de a minha esposa perguntar como as coisas estavam indo. Eu disse: "Bem, achei um fêmur e achei um monte de outros itens pessoais". Lembro que meu filho perguntou — eu tinha acabado de botá-lo para dormir, ele tinha cinco anos, e ouviu alguém dizer a palavra "ossos": "Papai, tem ossos naquele avião?". Eu disse: "Havia galinha, ossos de galinha, no avião". Ele me olhou com uma expressão realmente intrigada — ele tem só cinco anos — e disse: "Havia galinhas no avião?".

John F. Irby, diretor da Divisão de Instalações Federais, Diretório de Imóveis e Instalações, Serviços do Quartel-General de Washington: Demoramos um mês para voltar a algo que pudesse ser considerado "razoavelmente normal". Foi mais uma questão de redefinir o que era normal do que de realmente voltar ao normal.

Philip Smith, chefe de setor, Exército dos Estados Unidos: No Pentágono, o cheiro do incêndio continuou lá por muito tempo, para nos lembrar do que tinha acontecido.

Sheila Denise Moody, contadora, Escritório de Serviços de Recursos: Para mim, continua a ser — e será para sempre — um milagre que eu esteja viva. Fiquei no hospital até o dia 4 de outubro. Tive que fazer enxertos de pele nas mãos, mas a pele do resto do corpo cicatrizou relativamente bem. Ainda tenho marcas de queimadura bem feias, cicatrizes nos braços e nas costas. Mas, incrivelmente, a pele do meu rosto se recuperou muito bem.

***

Na Pensilvânia, investigadores trabalhavam incansavelmente e sentiam com frequência que a nação não estava reconhecendo seus esforços.

David Zacur, agente especial, FBI: Nas três semanas seguintes, trouxeram escavadeiras para o local do acidente e começaram a desenterrar o avião.

Tony James, investigador, AFA: Encontramos o gravador de voz da cabine e o gravador de dados do voo a uns sete ou oito metros de profundidade.

Paramos de cavar, acho, quando passamos um pouco dos nove metros. Jamais encontramos o que o FBI queria realmente: a cabine. Ela se desintegrou por completo.

Andrea Dammann, agente especial, Equipe de Coleta de Provas, FBI: Saíamos do local do acidente e víamos os telejornais da noite, e era um monte de imagens dos outros lugares. Os colegas perguntavam: "Por que não estão dando atenção nenhuma para nós?". Era, tipo: "Porque não estamos em um lugar onde nos vejam o tempo todo". Mas éramos nós que, de fato, estávamos recuperando elementos importantes para a investigação. O pessoal ficou meio magoado por não estarmos recebendo a mesma atenção — porque o número de mortes, ali, tinha sido menor do que no World Trade Center e no Pentágono.

***

Enquanto os Estados Unidos começavam uma guerra no Afeganistão, em outubro de 2001, com o objetivo de destruir a Al-Qaeda, o grupo terrorista responsável pelo ataque, vítimas, colegas e familiares atingidos pelo ataque tentavam restabelecer certo sentido de normalidade em sua vida, mesmo que essa volta ao "normal" exigisse, muitas vezes, uma redefinição de "normal".

Rosemary Dillard, gerente da base de Washington da American Airlines e esposa de Eddie Dillard, passageiro do voo 77: Eddie era apaixonado por história, e quando me ofereceram o emprego aqui em Washington, ele ficou muito empolgado por causa dessa parte, das coisas que íamos ver, a folhagem mudar de cor. Nos mudamos em fevereiro de 2001. Ele não conseguiu ver as folhas mudando de cor.

Harry Waizer, consultor fiscal, Cantor Fitzgerald, Torre Norte, 104º andar, teve 35% do corpo queimado: Foram muitas semanas até eles terem certeza que eu sobreviveria. Fui acordando devagar. Descobri o que aconteceu no 11 de Setembro fazendo perguntas. A primeira coisa que perguntei foi: "O que aconteceu naquele dia?". A Karen [minha esposa] me disse que um avião tinha se atirado no World Trade Center. Perguntei: "Foram terroristas?". Ela respondeu: "Sim". Perguntei: "Quantas pessoas morreram?", e ela: "5 mil", que era o número estimado, na época. Comecei a perguntar por pessoas específicas, e acho que foi tão difícil para ela quanto para mim.

Monica O'Leary, ex-funcionária, Cantor Fitzgerald, Torre Norte: O Dave Kravette me ligou, e eu não sabia que ele estava vivo. Ele perguntou: "Quando você volta? Queremos que você volte". Eu disse: "Não sei quando posso voltar". Ele falou: "Bem, assim que estiver pronta, tem uma vaga para você aqui". O mais estranho foi que me demitiram no dia 10 de setembro e, como todos os funcionários do departamento de recursos humanos morreram, não fui tirada da folha de pagamento. Quando voltei, não precisaram me recontratar. Nunca cheguei a sair.

Stephen Larabee, Cantor Fitzgerald, escritório de Los Angeles, cujo filho, Christopher, morreu nos escritórios da Cantor em Nova York: Foi difícil voltar. Eram muitos fantasmas.

Charles Christophe, advogado, Broadway: A Gretchen tinha onze meses na época. Ela ainda não falava muito. Seu comportamento mudou, porque só eu a pegava no colo, cuidava, alimentava. Em geral era a Kirsten que tomava conta dela à noite — dava banho, comida, fazia dormir. Ela parou de falar. Ficava em silêncio a maior parte do tempo. Tinha a sensação de que a mãe dela não estava lá.

Por duas semanas procurei exaustivamente e não consegui encontrá-la. Liguei para a família da Kirsten e decidimos fazer um serviço fúnebre, mesmo sem o corpo. Fizemos o funeral no final de setembro. Foi no dia 30 de setembro. Vieram mais de quatrocentas pessoas — parentes, amigos, vizinhos, os colegas de faculdade da Kirsten — era tanta gente que não coube na igreja. Foi muito triste. Só tínhamos flores e um retrato. Fizemos o funeral e, uma ou duas semanas depois, dois policiais vieram à minha casa e disseram que tinham encontrado o corpo. Desde então, sou um pai solteiro. Tomo conta da minha filha. Sentia muita saudade da Kirsten.

MESES

Dentro de uma rodada de leis do transporte aéreo aprovadas depois dos ataques, o governo dos Estados Unidos fundou o Fundo de Compensação às Vítimas do 11 de Setembro para ajudar famílias que perderam entes queridos nos ataques. Ken

Feinberg, advogado de Washington, foi indicado em novembro para supervisionar o processo e mediar quanto cada família receberia. Como Feinberg viria a declarar: "No início, eu subestimei a emoção". Ele trabalhou durante 33 meses, voluntariamente, para distribuir mais de US$ 7 bilhões do Tesouro dos Estados Unidos; cada família recebeu, em média, US$ 1,8 milhão.

Kenneth Feinberg, agente autorizado do Fundo de Compensação às Vítimas do 11 de Setembro: Declarei várias vezes em público, na TV e no rádio, que eu atenderia quem quisesse falar comigo voluntariamente e em privado. Lembro [da primeira reunião] como se tivesse sido ontem. Uma mulher de 24 anos veio, aos prantos. "Sr. Feinberg, meu esposo morreu no World Trade Center. Ele era bombeiro e me deixou dois filhos, de seis e de quatro anos. Eu me inscrevi para o fundo e o senhor calculou que eu vou receber US$ 2,8 milhões, sem incidência de imposto. Eu preciso desse dinheiro em trinta dias." Eu falei: "Por que você precisa do dinheiro em trinta dias?". Ela disse: "Por que em trinta dias? Porque eu tenho câncer terminal. Tenho dez semanas de vida. Meu marido ia sobreviver e cuidar dos nossos filhos. Agora eles vão ser órfãos. Tenho que pegar esse dinheiro enquanto tenho capacidade mental. Tenho que fazer uma poupança para eles. Tenho que achar um tutor. Nunca prevemos uma coisa dessas". Eu corri no Tesouro, aceleramos o processo de solicitação, conseguimos o dinheiro a tempo e ela faleceu oito semanas depois. Você acha que está pronto para tudo, mas não está.[20]

Richard Grasso, presidente e CEO, Bolsa de Valores de Nova York: Até o fechamento daquele ano, os sinos que abrem e fecham o pregão só foram tocados por socorristas que vinham do Ground Zero. Um bombeiro ou policial, um técnico de emergência médica, um policial da Autoridade Portuária, um bombeiro de outra parte do país, policiais visitantes. O pessoal da metalurgia — todos os operários que estavam lá — estavam convidados a tocar o sino, não só para simbolizar o que estava acontecendo, mas para reiterar, mais uma vez, a mensagem de que a América se reerguia. Era sempre um momento extraordinário, fosse a abertura ou o fechamento, fosse alguém uniformizado ou um operário que tocava o sino. Eles entravam e atravessavam a sala do pregão, e eram recebidos como heróis.

Tenente Joseph Torrillo, diretor de educação contra incêndios, CBNY: O boneco do Billy Blazes foi o brinquedo mais vendido do ano. Por causa do 11 de Setembro, virou peça de coleção.

Dan Potter, bombeiro, equipe de resgate 10, CBNY: Mudamos de Battery Park em dezembro de 2001, porque dava para ouvir as máquinas trabalhando e o esforço de recuperação de lá. Isso afligia minha esposa, Jean. Ela ficou abaladíssima. Ficava com o coração apertado de ver os destroços dos edifícios. As pessoas que tinham tido sua vida devastada. As pessoas que viviam ao nosso redor e que tinham morrido. Dava para ver o aço no final da rua. Foi um período muito difícil.

David Brink: Teve uma noite — era uma noite fria de dezembro, provavelmente umas 18h30. Ainda não tinha chegado ninguém ao local. Ainda estavam recebendo suas incumbências. Ficamos lá, e o cara que seria meu parceiro naquele dia teve que ir ao banheiro. Parado ali, senti que eu era a única alma viva no terreno do Trade Center inteiro, naquela área toda. Não se ouvia um som. As máquinas estavam todas paradas. Não tinha ninguém falando. Parecia que não tinha mais ninguém lá além de mim, mas eu estava com as almas daquelas pessoas todas. Eram quase 3 mil pessoas esperando para ser encontradas, dizendo: "Por favor, venha me achar".

Vanessa Lawrence, artista, Torre Norte, 91º andar: Tive muitos sentimentos conflitantes depois. Chegou a tal ponto que tive de ir embora de Nova York. Eu não conseguia mais lidar com aquilo. Era tanta coisa que me fazia surtar — sons, cheiros, qualquer coisa.

Pasquale Buzzelli, engenheiro, Autoridade Portuária, Torre Norte, 64º andar: Fiquei quase em transe — assistindo, ouvindo as notícias, esperando ao lado do telefone para saber se tinham encontrado alguém. Ficava deitado no sofá, comendo e assistindo TV. Começou a me dar raiva. Pensava todo dia: *Uau, tem gente aí, à solta, que basicamente tentou me matar e que conseguiu matar meus amigos realmente.*

Minha filha nasceu em 18 de novembro, e foi um alívio por algum tempo. Foi um descanso. Mas aí o tempo passou e eu comecei a ficar meio distante. Lembro que não conseguia dormir, tinha pesadelos. Ficava lutando internamente, me dizendo: "Ei, babaca, você está vivo, devia estar feliz".

Aí ficava feliz por um segundo e depois pensava: *Ei, babaca, você está feliz, mas outra pessoa está morta — se você fica feliz por estar vivo, você é o quê?* E aí me sentia mal.

Louise Buzzelli, esposa de Pasquale Buzzelli, engenheiro, Autoridade Portuária, Torre Norte, 64º andar: Não tinha saída. Você dizia: "Meu Deus! Ele teve muita sorte! Olha só ao que sobreviveu". Mas ele não se sentia afortunado. Ele se sentia culpado. Dizia: "Não quero que as pessoas me olhem e pensem: *Você tem tanta sorte, você é o cara mais sortudo do mundo, o que vai fazer agora? Deus tem um plano para você*". Ele passou anos sem conseguir descobrir que plano era aquele. No fim, disse: "Não sei que plano é esse, mas vou ser o melhor marido, o melhor pai, papai e filho que puder. É assim que vou viver minha vida".

Frank Razzano, hóspede, Hotel Marriott: Nas semanas seguintes, tentei descobrir quem era o bombeiro que tinha me tirado do prédio. Uns nove meses depois, meu sobrinho me ligou e disse: "Tio Frank, eu estava indo para o trabalho, lendo o *New York Post,* e tem uma matéria sobre um bombeiro que recebeu a Liberty Medal por ter salvado a vida de três homens de meia-idade. Parece a sua história". A matéria identificava o bombeiro como Jeff Johnson. Escrevi uma carta para o Jeff dizendo: "Será que é você o bombeiro que me tirou de lá?". Três dias depois, a esposa dele, Roe, ligou para a minha, Stephanie, e deu o telefone da equipe de resgate dele. Eu liguei e falei com o Jeff.

A primeira coisa que ele falou foi: "Peço desculpas pela matéria do *Post*". Perguntei: "Mas desculpas por quê?". Ele disse: "Eles me fizeram parecer o James Bond". Respondi: "Jeff, você tem que entender uma coisa: para mim, você é um herói. Você me tirou daquele prédio. Se não fosse você, eu ainda estaria no patamar do terceiro andar, coçando a cabeça e tentando descobrir o que fazer, como sair de lá".

ANOS

O trauma, o drama e a tragédia do 11 de Setembro afetariam todos que viveram os ataques para sempre, mudando o rumo do país e lançando os Estados Unidos em duas guerras que continuam até hoje. Mais de dezessete anos depois, os filhos daqueles que participaram da primeira invasão ao Afeganistão, em outubro de

2001, agora têm idade para servir no Exército e podem ser convocados para lutar na mesma guerra.

A importância do 11 de Setembro ficou gravada na memória coletiva da nação, mudando a forma como as pessoas afetadas olham para o calendário ou até para o relógio. Até mesmo aqueles para quem a data deveria trazer boas lembranças — como Susannah Herrada, cujo filho nasceu em Arlington, em meio aos feridos do Pentágono — viram-se atormentados por ela. Escolher como e o que lembrar daquele dia continua a ser um desafio complexo, assim como o planejamento diário do futuro, especialmente para aqueles que passaram a enfrentar problemas de saúde crônicos causados pelo ataque em si ou pelas atividades de limpeza. O número de mortos do 11 de Setembro nunca deixou de subir.

Rosemary Dillard, gerente da base de Washington da American Airlines e esposa de Eddie Dillard, passageiro do voo 77: Eu estava de luto enquanto os outros estavam com medo. "Ainda sinto que estamos pisando em ovos. Não creio que os jovens que [leiam] o que digo vão ter noção da liberdade que eu tinha quando era mais nova."

Susannah Herrada, moradora, Arlington, Virgínia, que teve um filho no 11 de Setembro: Quando ele fez um ano, a única coisa de diferente que fizemos foi chamar todos os vizinhos e dizer que queríamos celebrar os heróis dessa data. Fizemos um minuto de silêncio durante a festa e dissemos: vamos nos lembrar de todos. Fazemos isso todos os anos, no aniversário dele.

Jeh Johnson, secretário de Segurança Interna dos Estados Unidos (2013-7): Como faço aniversário em 11 de setembro, desde 2001 nunca mais comemorei nessa data. A lembrança de 2001 é maior que o aniversário.[21]

Mary Matalin, assessora do vice-presidente Dick Cheney: Uma coisa estranha, que eu não tinha notado até o primeiro aniversário, é que na hora eu não sabia o que estava acontecendo. Eu não tinha a perspectiva que o público americano tinha, não via o que estavam vendo. Quando assisti à cobertura do primeiro aniversário, não conseguia parar de chorar. Fiquei em choque. Não ficamos assistindo TV. Não vimos as pessoas saltando dos prédios. Não vimos o caos que o povo americano estava vendo. Fico apavorada até a alma quando penso no que a América deve ter sentido ao ver aquilo. Não fomos expostos àquilo.

James Schwartz, subcomandante de operações, Corpo de Bombeiros do condado de Arlington: Por acaso assumi o cargo de presidente da Organização de Pais e Mestres da escola no ano seguinte, pouco antes do aniversário de um ano. Muitos pais queriam deixar o aniversário passar em branco. Não queriam falar daquilo — "Foi tão horrível, só vai traumatizar as crianças, elas não precisam ver essas imagens nem ser lembradas de tudo". Eu disse: "É uma oportunidade de aprender. Não podemos fugir disso". Fizemos algo que achei muito significativo — o evento homenageou os mortos, refletiu sobre o impacto na nação e, espero, ensinou algo às crianças sobre o que significa ser americano e servir ao próximo.

Por fim, as perdas de 11 de Setembro se manifestaram de formas que vão muito além das listas de baixas iniciais. Em Nova York, enfermidades relacionadas ao 11 de Setembro atormentam os socorristas que passaram dias, semanas e meses limpando os destroços no Ground Zero. Ao todo, mais de 7 mil bombeiros e técnicos de emergência médica foram tratados por lesões relacionadas ao 11 de Setembro em Nova York, e a cidade estima que 20% deles sofram, ainda, de transtorno do estresse pós-traumático.

O prejuízo também foi enorme no Pentágono: quase 10% do pessoal do Corpo de Bombeiros do condado de Arlington se demitiu por estresse pós-traumático. Socorristas, incluindo agentes do FBI, também lutaram com enfermidades físicas relacionadas ao 11 de Setembro.[22]

Philip Smith, chefe de setor, Exército dos Estados Unidos: Fomos todos obrigados a fazer um curso chamado Reconquiste sua vida na clínica do Pentágono. Até hoje, quando alguém passa por um trauma, recomendo que procure ajuda de um profissional de saúde mental. Você pode achar que não precisa, mas depois descobre que, se não trata do estresse, desse estresse psicológico, com ajuda de um profissional, em cinco anos isso vai se manifestar como doença física.

Capitão Mike Smith, Corpo de Bombeiros do condado de Arlington: O 11 de Setembro passou por cima do nosso departamento como uma bola de boliche.[23]

Dr. David Prezant, diretor médico, CBNY: Devido à natureza física do trabalho, essas doenças tiveram um impacto enorme em nossos integrantes e suas famílias. Desde 11 de setembro de 2001, mais de 2100 socorristas do CBNY receberam seguro-invalidez por enfermidades relacionadas ao WTC, a maioria doenças respiratórias ou câncer. O número de mortos continua a crescer. Nos anos seguintes, 203 dos socorristas que monitorávamos morreram, mais da metade deles por doenças relacionadas ao WTC.[24]

Bill Spade, bombeiro, ambulância 5, CBNY: Meu pulmão não é lá essas coisas. Minha esposa me levou para o hospital em janeiro de 2003. Passei mais três dias no hospital. Basicamente o médico disse que eu tinha "pulmões World Trade Center". Então percebi que estava na hora — em março de 2003, me aposentei. Conto tudo o que aconteceu depois do 11 de Setembro como um dia na Terra a mais do que achei que teria.

Tenente Mickey Kross, equipe de combate a incêndio 16, CBNY: Eu me aproximei de outros sobreviventes. Uma noite dessas fizemos nosso jantar anual, que chamamos de "Jantar anual dos sobreviventes da escadaria B".

Philip Smith: Acredito piamente que foi um milagre do 11 de Setembro eu ter sobrevivido. Por isso continuei a serviço do Exército o máximo que pude. Pela lei, meu limite era de trinta anos. Consegui servir quase um ano a mais como aposentado. Hoje, trabalho no mesmo espaço do Pentágono, como civil, porque todos os dias que sirvo, me sinto justificando os soldados que morreram, e os terroristas não vencem. Isso é muito importante para mim.

Sharon Miller, policial, DPAP: Nunca consegui entender por que escapei. Por que escapei e aqueles caras todos, que tinham filhos ou estavam esperando filhos, não escaparam? Eu me lembro que fizeram um evento beneficente — era um jogo de hóquei ou basquete — e eu estava de uniforme, com Academia de Polícia escrito na gola. Um cara me perguntou: "Será que você conheceu meu pai?". Eu perguntei: "Bem, quem era seu pai?". Ele disse: "Steve Huczko". Respondi então: "Ah, sim, conheci, sim". Aí falei: "Eu estava com seu pai no 11 de Setembro". E disse: "A última vez que eu o vi, ele estava ajudando uma senhora que não conseguia respirar direito. Ele era um cara muito legal. Estava fazendo o trabalho dele". "Ah, uau. Que coisa boa!" Talvez seja por isso que escapei — para poder contar a esses filhos o que os pais deles estavam fazendo, onde estavam e que estavam ajudando todo mundo.

Capitão Robert Gray, Resgate Técnico, batalhão 4, Corpo de Bombeiros do condado de Arlington: Ainda tem gente que fica muito ressabiada com o fato de todo mundo dizer que o Pentágono fica em "Washington, D.C.", porque ele fica em Arlington. É importante que as pessoas saibam que o Pentágono fica em Arlington e que saibam como a comunidade de Arlington respondeu, como a região se fez presente. Decidi, acho que em 2002, que não me deixaria incomodar pelo fato de que a placa em homenagem aos mortos no Pentágono diz "Pentágono" e "Washington, D.C.". Porque eu mesmo, até hoje, quando os parentes vêm me visitar, sabe o que eu pergunto a eles? "Quando você chega a Washington?" E eles ficam hospedados na minha casa.

Mahlon Fuller, supervisor do turno de Pittsburgh, AFA: Todos os anos, no 11 de Setembro, eu visito o lugar do acidente em Shanksville. Em 2003, eu estava sentado em um dos bancos e tinha uma mulher ao meu lado. Pelas fitas que ela estava usando eu sabia que tinha perdido alguém no acidente. Perguntei: "Você perdeu alguém?". Ela respondeu: "Sim". Só consegui dizer: "Sinto muito". Ela me perguntou: "E você?". Contei que era supervisor na torre de controle de Pittsburgh e que ainda não conseguira superar aquilo. E ela: "E como você está?". Ela, me perguntar como eu estava? Que coisa!

Theresa Flynn, bibliotecária, Escola H. B. Woodlawn, Arlington: Anos depois, converso com amigos e parentes e o assunto sempre surge. Sempre. E são pessoas que já passaram por tornados e furacões. Quando falo com meus parentes na Flórida, não conversamos sobre o Furacão Wilma, mas conversamos sobre o 11 de Setembro. Lembro de conversar com uma pessoa de fora da cidade e dizer: "Acho que as pessoas de D.C. tiveram dificuldade de superar isso. É quase como se a cidade inteira tivesse uma espécie de estresse pós-traumático". Ela disse: "Bem, vocês não vão superar isso nunca".

Vaughn Allex, atendente de check-in, Aeroporto Internacional Dulles, Virgínia: Fiquei com uma coisa maluca na cabeça de que tudo que tinha acontecido no 11 de Setembro era minha culpa, pessoalmente. Que eu poderia ter mudado tudo. Eu sentia que não havia lugar no mundo para mim. Havia um monte de grupos de apoio, mas nenhum era para mim, porque como eu podia me sentar em uma sala com pessoas de luto, chorando, e perguntando: "Qual foi seu papel nessa história toda?". "Bem, eu fiz o check-in de dois sequestradores e me esforcei para que eles embarcassem no voo." Eu podia seguir em frente por semanas, meses, ficava tudo bem, mas de repente algum gatilho disparava — tipo, eu estava fazendo o check-in de uma mulher e ela dizia: "Meu marido morreu no 11 de Setembro". E o que eu ouvia era: "Você matou meu marido no 11 de Setembro". Você não consegue superar.[25]

Capitão Jay Jonas, equipe de resgate 6, CBNY: Lá por 2006, recebi um telefonema no quartel-general. A pessoa perguntou: "Estou falando com o comandante Jonas?". Respondi "Sim". Ele falou: "Você está trabalhando hoje? Queremos te dar uma coisa". Perguntei: "Não dá para mandar pelos mensageiros internos?". Ele disse: "Não, precisa ser entregue em mãos". Um capitão veio ao quartel com um saco lacrado — e era a máscara de proteção, a máscara plástica do meu capacete. Quando você recebe a máscara de rosto inteiro, ela vem com seu nome gravado. Tinham tirado aquilo dos destroços e botado em uma bolsa. Nem tinham limpado. Quando abri o saco, veio o cheiro do World Trade Center. Foi, tipo: *Ah, era isso.* E fechei o saco de novo.

Robert Small, gerente de escritório, Morgan Stanley, Torre Sul, 72º andar: No sexto aniversário do 11 de Setembro eu ainda trabalhava na Morgan Stanley. Basicamente tudo parava, e nós nos juntávamos nas salas de reunião e assistíamos à cerimônia. Eu conhecia um bombeiro de Nova York que tinha encontrado um caco de vidro no local e tinha me dado. Conheci um operário que estava ajudando na limpeza — era mecânico de escavadeiras — e ele tinha um pedaço de pedra que ficou preso nos dispositivos de rotação, que guardou e depois me deu: "Toma, pode ficar". Eu costumava levar esses dois pedacinhos do 11 de Setembro e dizer: "É um pedaço daquilo". Ficávamos olhando aquilo juntos. Com o passar dos anos, cada vez menos gente vinha às cerimônias.

Depois, teve um ano que eu quis ficar em casa, assistir pela televisão. Eu descobri que a NBC reprisa o *The Today Show* daquela manhã exatamente como aconteceu. Finalmente pude assistir ao que todo mundo viu, ouvir o que as pessoas achavam enquanto as coisas estavam acontecendo — o que havia batido na primeira torre —, e depois ouvi-las descrevendo as pessoas que saltaram, o que tinha restado. Eu fiquei, tipo: "Uau!". Agora eu entendia como aquilo tinha sido difícil para quem estava do lado de fora.

***

Em janeiro de 2011, os bombeiros da Brigada 6 ergueram e levaram o caixão no funeral de Josephine Harris, que havia falecido aos 69 anos, quase dez após todos ficarem presos juntos na Escadaria B. Os sobreviventes chamaram Harris de anjo da guarda, por crerem que, se não houvessem parado para resgatá-la, teriam morrido no desabamento. A parte interna do caixão foi bordada à mão com a imagem de um bombeiro andando de mão dada com um anjo.

Sal Cassano, hoje comandante-geral, CBNY: Em um dia que será sempre relembrado por sua devastação inconcebível e pela perda inimaginável, a história de Josephine e dos bombeiros da Brigada 6 não foi nada menos do que um milagre.

Jay Jonas, hoje comandante adjunto, CBNY: Não se pode afirmar que algo que lhe aconteceu seja um milagre, mas se ela não estivesse lá para nos salvar, provavelmente não teríamos conseguido.[26]

Peter DeLuca, proprietário da funerária Greenwich Village: Os seis bombeiros pediram autorização para a levarem para dentro e depois para fora da igreja.[27]

Jay Jonas: Foi uma honra poder fazer isso por ela. Nós estamos muito felizes de ela estar nas mãos de Deus.[28]

Enquanto Harris era sepultada, a comunidade de inteligência norte-americana fechava o cerco em torno do homem que concebeu a trama do 11 de Setembro. Por quase uma década, a CIA e o governo dos Estados Unidos, que seguiam no encalço, continuaram a caçada por Osama bin Laden. Por fim, na primavera de 2011, dirigiram sua atenção para um complexo no Paquistão que era ocupado por uma figura misteriosa, alta e que jamais se aventurava além dos elevados muros que cercavam o prédio.

Suboficial graduado Rob O'Neill, equipe 6 da Seal, Marinha dos Estados Unidos: Tivemos algumas semanas para nos preparar para a missão que tinha Osama bin Laden como alvo. Eu tinha certeza que ele estava lá, em Abbottabad, pela maneira como os analistas da CIA explicaram de que forma o haviam localizado. Eu estava convencido, e os outros caras também, de que era ele que estava lá.

Também estávamos bem certos de que não retornaríamos dessa missão — tínhamos uma tecnologia furtiva nova, ninguém sabia se funcionava. Não sabíamos se as defesas aéreas do Paquistão eram ágeis o bastante. Sabíamos que iríamos invadir a área e que eles poderiam nos abater — e que teriam justificativa para isso. Também achávamos que o helicóptero podia ficar sem gasolina, e então acabaríamos a pé em uma parte muito, muito ruim do mundo. Também achamos que, se havia uma pessoa que seria capaz de se explodir e de levar a família inteira junto, como mártires, seria o Bin Laden. Ele não ia nos deixar pegá-lo.

Entramos lá achando que seria uma missão de uma mão só. Fizemos nossa última refeição com nossas esposas e nossos filhos — ao menos, foi o que fiz — e depois escrevemos cartas para nossas famílias, à mão. Tivemos que escolher pessoas e dizer a elas: "Ei, toma aqui esse envelope. Se você não me vir amanhã, você vai entender para que isso serve, e as instruções estão aí dentro; mas, se você me vir, me devolve".

Durante a missão, as pessoas diziam umas às outras: "Se sabemos que vamos morrer, por que estamos indo?". Então tivemos uma conversa sobre as pessoas que haviam saltado das Torres Gêmeas em uma terça-feira de manhã. Elas não queriam fazer aquilo, elas não sabiam o que estava acontecendo — só sabiam que estavam a 1500 graus Celsius e que a melhor alternativa ao inferno que viviam lá dentro, no Windows on the World ou na Cantor Fitzgerald, era saltar. Não era para eles estarem lutando. Nós nos alistamos para entrar na luta, e era por isso que estávamos indo lá. Falamos de como os passageiros do voo 93, que caiu em Shanksville, Pensilvânia, foram os primeiros a enfrentar a Al-Qaeda. Só Deus sabe quantas vidas eles salvaram, mas morreram pelo mundo ocidental. Tínhamos essas conversas todas as noites. É por isso que fomos.

O líder terrorista por trás da trama do 11 de Setembro foi morto no dia 2 de maio de 2011, quando a unidade de Seals da Marinha dos Estados Unidos invadiu o complexo onde ele se escondia, em Abbottabad, no Paquistão. Para evitar que seu local de sepultamento se tornasse um centro de peregrinação, seu corpo foi lançado ao mar pela Marinha.

Barack Obama, presidente dos Estados Unidos, 2 de maio de 2011: Boa noite. Hoje, posso relatar ao povo americano e ao mundo que os Estados Unidos conduziram uma operação que matou Osama bin Laden, o líder da Al-Qaeda e um terrorista responsável pelo assassinato de milhares de homens, mulheres e crianças inocentes.

Faz quase dez anos que um dia radiante de setembro foi obscurecido pelo pior ataque ao povo americano de nossa história. As imagens do 11 de Setembro estão para sempre marcadas na memória nacional — aviões sequestrados cortando o céu límpido de setembro; as Torres Gêmeas indo ao chão; a fumaça negra se erguendo do Pentágono; os destroços do voo 93 em Shanksville, Pensilvânia, onde ações de cidadãos heroicos nos salvaram de ainda mais desgostos e destruição.

E ainda assim, sabemos que as piores imagens são aquelas que o mundo jamais viu. O lugar vazio na mesa de jantar. Crianças forçadas a crescer sem sua mãe ou seu pai. Pais que jamais conheceriam a sensação do abraço de seu filho. Quase 3 mil cidadãos foram tirados de nós, deixando uma ferida aberta em nosso coração.

Hoje, sob a minha orientação, os Estados Unidos lançaram uma operação direcionada àquele complexo em Abbottabad, no Paquistão. Uma pequena equipe de americanos executou a operação com coragem e competência extraordinárias. Nenhum americano foi ferido. Eles conseguiram evitar a morte de civis. Depois de uma troca de tiros, mataram Osama bin Laden e capturaram seu corpo.

O povo americano não escolheu essa luta. Ela aportou em nossas praias e começou com o massacre absurdo de nossos cidadãos. Depois de quase dez anos de serviço, luta e sacrifício, conhecemos bem o custo de uma guerra.

Ainda assim, como país, jamais toleraremos que nossa segurança seja ameaçada, nem ficaremos parados quando nosso povo for assassinado. Seremos implacáveis na defesa de nossos cidadãos e de nossos amigos e aliados. Seremos fiéis aos valores que fazem de nós aquilo que somos.

E, em uma noite como essa, podemos dizer às famílias que perderam seus entes queridos para o terror da Al-Qaeda: a justiça foi feita.

Mike Morell, vice-diretor, CIA: Em 2011, o primeiro telefonema que o presidente Obama fez, depois de termos certeza que havíamos matado Osama bin Laden, foi para o presidente Bush. O presidente Obama sabia que eu estava com ele no 11 de Setembro, então me pediu para voar para Dallas, depois da invasão, para informar o presidente Bush pessoalmente. Estive lá umas duas semanas depois e descrevi cada aspecto da invasão para o presidente Bush. Achei que vi, no rosto dele, a sensação de uma página virada.

＊＊＊

Sharon Miller, policial, DPAP: Olho para o relógio, e parece que sempre que olho são 11h09. Penso: *Ah, 11h09, de novo.* Isso apenas acontece, simples assim.

Linda Krouner, vice-presidente sênior, Fiduciary Trust, Torre Sul: O céu de setembro pode ser particularmente bonito. Quando você vê um céu parecido com o do 11 de Setembro, vê aquele mesmo céu, azul, límpido. A luz é muito diferente da luz do verão. Digo: "Está um céu tão 11 de Setembro".

Philip Smith, chefe de setor, Exército dos Estados Unidos: Eu guardei o meu uniforme. Ele está em um saco desde o 11 de Setembro. Dá para ver as manchas na camisa. É o combustível do avião, do lugar onde o tanque explodiu e destroços. Os uniformes do Exército são supreendentemente resistentes — porque eu estava em chamas da cabeça aos pés, literalmente. Esse uniforme atravessou o incêndio do Pentágono e conseguiu sair. Eu só o guardei, em uma prateleira. O exército continua marchando, e você segue em frente.

Andrew Kirtzman, repórter, NY1: A vida continuou. Os ataques ao World Trade Center foram uma catástrofe horrenda, mas é da natureza da vida que as pessoas acordem no dia seguinte e vão trabalhar; os funcionários do governo vão trabalhar, polêmicas surgem, a vida continua. Ela continuou depois de Pearl Harbor. É a natureza da vida.

Richard Eichen, consultor, Pass Consulting Group, Torre Norte, 90º andar: Eu vou à cerimônia todo ano, e vou à cerimônia pelo cara que morreu entre minhas pernas. Parece estranho, mas se fosse só por mim e pelo que aconteceu comigo naquele dia, não sei se iria. Eu sobrevivi. Minha história está em curso.

Sheila Denise Moody, contadora, Escritório de Serviços de Recursos, Pentágono: Acho que não se passou um dia sem que eu pensasse nos acontecimentos do 11 de Setembro.

Dan Nigro, comandante de operações, CBNY: Nós sobrevivemos, tocamos a vida, mas você sempre será parte do 11 de Setembro.

Agradecimentos

A jornada que deu origem a este livro começou em agosto de 2016, um mês antes do 15º aniversário dos atentados, quando tive a sorte de jantar ao lado de Erin Tillman na Hoover Institution, na Califórnia. Duas noites depois, Erin me apresentou a seu marido, o coronel Mark Tillman, que adorou a minha ideia de reconstruir as viagens do presidente Bush no 11 de Setembro e abriu as portas da sua tripulação do *Air Force One*, para que eu pudesse escrever sobre como foi estar a bordo do avião mais famoso do mundo em um de seus voos mais históricos. Meus amigos Gordon Johndroe e Ann Compton ajudaram com a reconstituição de quem estava a bordo do avião presidencial no 11 de Setembro, e Andy Card me ajudou a rastrear vários ex-alunos de Bush. O tenente-coronel Martin O'Donnell e o major Matt Miller me ajudaram a explorar a Base Aérea de Offutt e, mais tarde, a de Barksdale. Gostaria de agradecer ainda aos meus colegas talentosos da revista *POLITICO*: Steve Heuser, Elizabeth Ralph e Bill Duryea, por editar e publicar o artigo original no qual este livro se baseia, "We're the Only Plane in the Sky". E a Steve, especialmente, por citar o que disse Ellen Eckert, que viria a se tornar o título da matéria. Gostaria de agradecer especialmente ao fundador da revista *POLITICO*, Robert Allbritton; ao editor John Harris; e à advogada Kathy Hanna. Obrigado por acreditarem em mim e no meu projeto, e por permitir que ele crescesse e se tornasse maior e mais extenso. Sou grato por todo o trabalho duro, pela criatividade e pela amizade ao me ajudarem a levar isso até os leitores.

Este projeto — mais ainda do que a maioria dos livros, que nunca são um exercício tão solitário quanto se imagina — tem literalmente um elenco de milhares de pessoas para se agradecer e serem reconhecidas. Este livro é um produto coletivo de dezessete anos de trabalho de muitos pesquisadores de história oral, de jornalistas, acadêmicos e funcionários que coletaram as histórias de 11 de Setembro — sei o nome de quase todos. Sou grato a cada uma dessas pessoas, com ou sem nome aqui.

O Memorial e Museu Nacional do 11 de Setembro em Nova York foi um grande apoiador deste projeto ao longo dos dois anos que ele levou para se concretizar. Na minha primeira visita ao museu, Jess Chen me conduziu pela coleção e por exposições de partir o coração. Nunca me esquecerei de ver a Escada 3 destruída, nem de ouvir as chamadas para o 911 e as mensagens de voz das vítimas. Alice Greenwald, Amy Weinstein e Jan Ramirez generosamente compartilharam comigo seu conhecimento e seus arquivos, ajudando também a rastrear fatos e vozes perdidos e facilitando todos os pedidos de pesquisa que precisássemos reunir. Amy e Jan fizeram de sua coleção um arquivo monumental e sem par, é um presente eterno para as futuras gerações. Amanda Granek ajudou a definir os detalhes da pesquisa, e sou igualmente grato a Anthony Gardner, Alexandra Drakakis, Stephanie Schmeling, Bethany Romanoski e Michael Chui, bem como a meus amigos Allison Blais e Joe Daniels.

Além disso, este livro não existiria sem o trabalho árduo daqueles que ajudaram a transcrever, editar e publicar ao longo dos anos a coleção de história oral do Museu do 11 de Setembro, incluindo Anna Altman, Meredith Davidson, Jazmine da Costa, Luisa Diez, Anna Duensing, Jessica Evans, Katelyn Gamba, Elizabeth Gorski, Donna Kaz, Hillary Kirkham, Josh Levine, Wenonah Nelson, Kathryn O'Donnell, Molly Sloan e Katrina Waizer, entre outros.

No Museu Tributo do 11 de Setembro, sou profundamente grato à então curadora Meri Lobel e seu colega, Connor Gaudet, que juntos construíram e montaram a coleção de história oral, e à CEO Jennifer Adams Webb, que viu o valor deste projeto e o apoiou também, assim como os estagiários, voluntários e tantos outros que estavam envolvidos com o acervo do museu. Mesmo depois de deixar o Museu do Tributo, Meri ajudou a retrabalhar os rascunhos, corrigindo tudo, desde nomes de ruas a títulos, fazendo uma edição completa.

No projeto de história oral da Biblioteca Pública do condado de Arlington, a equipe contava com Heather Crocetto, Judith Knudsen, Joe B. Johnson, Diane Gates e Bonnie Baldwin. No Pentágono, os historiadores e entrevistadores envolvidos no esforço para capturar a história do edifício eram: Nancy Berlage, Rebecca Cameron, Alfred Goldberg, Richard Hunt, Diane Putney, Stuart Rochester, Roger Trask e Rebecca Welch, entre outros. Agradeço também pelo trabalho e pela ajuda a Todd Harvey na Biblioteca do Congresso e a Kathleen Johnson do gabinete do historiador da Câmara dos Deputados.

No Memorial Nacional do Voo 93, na Pensilvânia, sou grato a Brynn Bender, Barbara Black, Donna Glessner e Kathie Shaffer, bem como sua equipe de estagiários e voluntários que ajudaram a reunir as histórias de como sua comunidade foi afetada pelo atentado.

Embora várias das instituições acima tenham tido a cautela de registrar as histórias do 11 de Setembro o mais rápido possível, os recursos limitados fizeram com que várias delas nunca tivessem sido transcritas, então Donna e Kathie passaram meses trabalhando comigo para transcrever dezenas de histórias orais que foram registradas, mas nunca passadas para o papel. Donna leu cuidadosamente o primeiro esboço deste livro, fornecendo páginas e páginas de comentários, possibilitando a precisão do capítulo sobre o voo 93 e sugerindo acréscimos para garantir que toda a duração daquele dia fosse capturada.

Além dos arquivos dedicados a esses fatos, eu seria negligente ao não reconhecer a enorme contribuição de outros jornalistas e historiadores do 11 de Setembro que pesquisaram esse terreno sagrado antes de mim, acima e além das citações formais e notas.

Nos meses imediatamente seguintes aos ataques, a equipe formada pelo casal Mitchell Fink e Lois Mathias reuniu uma preciosidade de histórias muito importantes em seu livro *Never Forget*, algumas das quais não estão publicadas em nenhum outro lugar. *102 Minutes: The Untold Story of the Fight to Survive Inside the Twin Towers*, de Kevin Flynn, continua sendo um guia inestimável para saber mais dos atentados de Nova York, assim como *Firefight: Inside the Battle to Save the Pentagon on 9/11*, de Patrick Creed e Rick Newman, é para o do Pentágono. Para o que aconteceu nos ares, *Between the Heroes: United Flight 93 and the Passengers and Crew Who Fought Back*, de Jere Longman, e *Touching History: The Untold Story of the Drama That Unfolded in the Skies Over America on 11/09*, de Lynn Spencer, são obras essenciais, além de serem dois seminários fascinantes sobre aviação. O livro de Jessica DuLong, *Dust to Deliverance: Untold Stories from the Maritime Evacuation on September 11th*, mistura a fascinante história marítima de Nova York com dolorosos relatos da evacuação aquática do Baixo Manhattan, assim como o livro *All Available Boats: The Evacuation of Manhattan Island de Mike Magee on September 11th, 2001*. Duas outras obras elucidaram de que maneira os jornalistas reagiram a uma cobertura sem precedentes: *Covering Catastrophe: Broadcast Journalists Report September 11*, organizado por Allison Gilbert, Phil Hirshkorn, Melinda Murphy,

Mitchell Stephens e Robyn Walensky; e *Running Toward Danger: Stories Behind the Breaking News of 9/11*, organizado por duas amigas minhas, a Cathy Trost e a Alicia Shepard.

Uma equipe talentosa de repórteres do *Washington Post*, vários dos quais tive a oportunidade de conhecer pessoalmente e a quem respeito como escritores — Monica Hesse, Caitlin Gibson, Jessica Contrera e Karen Heller —, reuniu diversos relatos de crianças e adolescentes no 11 de Setembro, que complementei para criar o capítulo sobre ser criança ou estar na faculdade naquele dia trágico. A equipe do *Los Angeles Times* também juntou dezenas de histórias em seu Tumblr, em 2011, o que se provou ser uma cápsula do tempo inestimável nas profundezas da internet. Meu então agente Will Lippincott e meu advogado Jaime Wolf ajudaram a tornar isso possível, assim como meu novo agente literário, Howard Yoon, e a equipe incrível da UTA: Andrew Lear, Katrina Escuedero e Howie Sanders, antes de sua partida. Minha assistente, Vanessa Sauter, examinou com empolgação várias notas, nomes e fez consultas cada vez mais obscuras para transformar o projeto de rascunho em manuscrito.

Jonathan Glickman e Adam Rosenberg, da MGM, instantaneamente se envolveram com o projeto também. Liz Hannah foi minha parceira por dois dias, refazendo as viagens do *Air Force One* no 11 de Setembro, passando pelos mesmos corredores e o mesmo asfalto que o presidente Bush percorreu nas bases de Barksdale e Offutt, experiência que ressaltou, de forma que palavras não são capazes de descrever, o medo e o terror evidentes naquele dia, até mesmo nos locais dos ataques.

Tenho a dívida mais profunda deste livro com Jenny Pachucki, a talentosa pesquisadora de história oral que dedicou boa parte de sua carreira a compreender o 11 de Setembro e cujas impressões digitais estão em quase todas as páginas deste livro. Tive a sorte de abocanhar Jenny do Museu Nacional do 11 de Setembro, onde ela reuniu muitas dessas histórias sozinha, trabalhando com Amy e outros, e conhecia pessoalmente muitos dos donos das vozes transcritas nas páginas deste livro. Durante dois anos, Jenny me guiou pelo 11 de Setembro, me ajudando a compreender suas nuances, as histórias que precisavam ser capturadas, as vozes, famílias, fatos, lendas, mitos e ficções que cercam a data. Ela trabalhou em tempo integral por quase um ano reunindo, lendo e classificando as histórias orais reproduzidas neste livro, bem como diversas outras que, em última análise, não foram publicadas. Jenny foi minha parceira intelectual em todas as etapas do projeto. Estou sem dúvida alguma em dívida com ela, por coisas grandes e pequenas; por ela ter resolvido centenas de minhas dúvidas — via telefone, e-mail e mensagens — a qualquer hora do dia e a qualquer dia da semana, por ter viajado para cima e para baixo pela Costa Leste para visitar arquivos grandes e pequenos, e por seu trabalho, organizando mais de 10 mil páginas de pesquisa por meio de incontáveis memorandos e planilhas, assim como sua pesquisa de fotos. Este livro literalmente não existiria sem a ajuda dela e sem a década de trabalho árduo ou todo o conhecimento que ela trouxe para o projeto. Jenny, eu nunca poderia ter navegado por esses mares sem você, e sou grato por sua amizade. Espero ter feito jus ao trabalho de sua vida.

Enquanto escrevia este livro, eu disse que certamente era o quebra-cabeça mais interessante e desafiador que enfrentaria. Retratar a miríade de peças e de vozes nesta obra foi, sem dúvida, o esforço de escrita mais difícil e mais emocionante que já empreendi. Este foi meu segundo livro cuidadosamente editado por Jofie Ferrari-Adler e Julianna Haubner. Espero nunca escrever outro sem eles. O primeiro rascunho começou literalmente com o dobro do tamanho deste livro, e Jenny, Jofie e Julianna trabalharam por meses para moldá-lo, organizá-lo e estreitá-lo em sete rascunhos, alguns dos quais Julianna decodificou com a mesma dedicação que a agente da CIA Carrie Mathison teria na série *Homeland*. Nós quatro tivemos conversas profundas, reflexivas e desafiadoras sobre o quanto poderíamos editar as vozes transcritas nesta obra. Procuramos o tempo todo equilibrar o estilo pessoal dos entrevistados com o fato de que a oralidade costuma ser difícil de transformar em texto, assegurando então que fosse possível capturar as pessoas contando o que queriam dizer ao relembrar experiências traumáticas e muito estressantes. Jonathan Evans e Judith Hoover fizeram o trabalho de *yeoman*, ajudando a limpar o manuscrito na preparação de texto. Em última análise, é claro, todas as decisões editoriais (e os erros) são exclusivamente meus.

De forma mais ampla, há uma longa lista de pessoas que foram e são cruciais para eu ser quem eu sou e estar onde estou hoje. Entre eles: Charlotte Stocek, Mary Creeden, Mike Baginski, Rome Aja, Kerrin McCadden e Charlie Phillips; John Rosenberg, Richard Mederos, Brian Delay, Peter J. Gomes, Stephen Shoemaker e Jennifer Axsom; Kit Seeyle, Pat Leahy, Rusty Grieff, Tim Seldes, Jesseca Salky, Paul Elie, Tom Friedman, Jack Limpert, Geoff Shandler, Susan Glasser e, por último mas não menos importante, minha prima Connie, a quem devo muito e tento diariamente recompensar. Meus pais, Chris e Nancy Price Graff, que me incentivaram a escrever desde cedo, incutindo em mim o amor pela história e pela pesquisa, além da curiosidade intelectual de que me beneficio diariamente, e a minha irmã, Lindsay, que sempre foi a minha maior fã — e eu o dela.

Em casa, tive a ajuda afável de Sam Hubachek, a segunda melhor novidade na nossa família no ano passado. Minha esposa Katherine forneceu apoio infinito e ouviu — como todas as esposas de escritores estão condenadas a fazer — enquanto eu falava maravilhado sobre este projeto e trabalhava obsessivamente nisso em horários estranhos durante um momento particularmente atribulado e transformador. Obrigado, KB.

Acima de tudo, porém, sou grato a todos os sobreviventes e testemunhas do 11 de Setembro que compartilharam suas histórias comigo e com outros historiadores ou jornalistas, ou simplesmente registraram suas memórias para a posteridade — tanto os que apresento aqui, quanto aqueles cujos relatos não tive oportunidade de incluir no livro, além daqueles e daquelas cujas histórias nunca ouvi. Existem milhões de memórias daquele dia, cada uma única, tentadora e histórica à sua maneira. Fiquei surpreso e animado com a vontade coletiva de compartilhar e também de reviver aquele dia.

Todos que procurei para entrevistar nos últimos dois anos toparam participar na hora, e discutiram, profunda e demoradamente, o pior dia de suas vidas com um estranho. Até mesmo ler as histórias gravadas por outras pessoas parecia às vezes extremamente comovente e íntimo. Não consigo imaginar a dor, física ou emocional, que muitos de vocês experimentaram naquele dia e depois dele. Chorei quase diariamente ao compilar o primeiro rascunho deste livro, lendo e ouvindo todos vocês contando de que forma viveram os dias mais horríveis da América. A força de vocês serve como testamento e inspiração para a resiliência do espírito humano, e agradeço seu desejo de ajudar a assegurar que as gerações futuras possam compreender o que aconteceu no 11 de Setembro. Nunca devemos nos esquecer.

— Garrett M. Graff
Burlington, VT
Maio de 2019

Fontes

O grosso das quinhentas e tantas vozes neste livro vêm de projetos de história oral de larga escala, realizados por diversos museus, universidades e instituições que tiveram a presciência de capturar as memórias contemporâneas de sobreviventes e dos partícipes do 11 de Setembro e guardá-las para a história.

A grande maioria das fontes deste livro vem de projetos de história oral abrigados em sete instituições: Museu e Memorial Nacional do 11 de Setembro (Nova York), Museu de Tributo ao 11 de Setembro (Nova York), Projeto de Histórias Orais da Biblioteca Pública do condado de Arlington (Virgínia), C-SPAN (Washington, D.C.), Departamento Histórico do gabinete da Secretaria da Defesa (Pentágono, Virgínia), Memorial Nacional do Voo 93 (Shanksville, Pensilvânia), gabinete do historiador da Câmara dos Deputados dos Estados Unidos (Washington, D.C.), assim como entrevistas e histórias que eu mesmo busquei.

As fontes primárias dessas histórias orais estão listadas baixo, organizadas alfabeticamente e por repositório. Parte dessas coleções está na internet, e, quando é o caso, informa-se o endereço na web; em outros casos, as histórias orais estão registradas e podem ser acessadas por meio do curador ou do gabinete do historiador de cada instituição.

Outras fontes, mais limitadas ou atípicas — incluindo aí livros, revistas e vídeos — estão listadas nas notas específicas abaixo. Em alguns casos, como o de James Schwartz, comandante assistente dos Bombeiros do condado de Arlington, ou de Chris Combs, agente especial do FBI, a mesma pessoa contribuiu com histórias orais diversas para instituições diversas. Neste caso, a fonte primária responsável pela maioria das citações do indivíduo está listada abaixo e quaisquer exceções que saiam de outras histórias orais são observadas especificamente nas notas que seguem.

Museu e Memorial Nacional do 11 de Setembro (Nova York)

- Ada Dolch
- Al Kim
- Barbara Fiorillo
- Betsy Gotbaum
- Bill Spade
- Bruno Dellinger
- Catherine Leuthold
- Charles Christophe
- Chris Combs
- Constance LaBetti
- Dan Potter
- David Brink
- David Norman
- Edna Ortiz
- Fernando Ferrer
- Francine Kelly
- Frank Loprano
- Frank Razzano
- Harry Waizer
- Ian Oldaker
- Ileana Mayorga
- Jackie Maguire
- Jackie Pinto
- James Schwartz
- Jared Kotz
- Jay Jonas
- Jean O'Connor
- Jean Potter
- Jeannine Ali
- Jeff Johnson
- Joann Gomez
- Joanna Gomez
- Joe Algana
- Joe Esposito
- Joe Massian
- John Cartier
- John Napolitano
- Joseph Lott
- Joseph Torrillo
- Juana Lomi
- Judith Wein
- Linda Krouner
- Louise Buzzelli
- Matthew Klimow
- Melinda Murphy
- Melissa Gomez
- Michele Cartier
- Mickey Kross
- Mike McGovern
- Mike Walter
- Monica O'Leary
- Monsenhor John Delendick
- Pasquale Buzzelli
- Peter Zalewski
- Philip Smith
- Richard Eichen
- Rob Grunewald
- Robert Gray
- Robert Small
- Robert Walker
- Scott Strauss
- Sharon Miller
- Stephen Holl
- Stephen Larabee
- Susan Baer
- Thomas O'Connor
- Tracy Donahoo
- Vanessa Lawrence
- Wesley Wong
- William Jimeno

Museu de Tributo ao 11 de Setembro (Nova York)

Adrian Pierce
Alan Reiss
Andrew Kirtzman
Anthony Lisi
Bruce Powers
Charles Hirsch
Chuck Downey
Colin Scoggins
Dan Nigro
David Kravette
Denise McFadden
Elia Zedeno
Frank Lombardi
Genelle McMillan
George Pataki
Gregg Hansson
Herb Ouida
Ian Rifield
James Luongo
Jan Khan
Joe Downey
John Cahill
Lila Speciner
Michael Cardozo
Norma Hardy
Omar Olayan
Paul McFadden
Paul Somin
Richard Balfour
Richard Grasso
Rick Schoenlank
Robert Hunor
Rudy Giuliani
Sal Cassano
Steven Stefanakos
Sunny Mindel

Projeto de Histórias Orais da Biblioteca Pública do condado de Arlington (Virgínia)*

Charles Gibbs
Chuck Cake
David Allbaugh
David Herbstreit
Frank Haltiwanger
Gabriella Daya-Dominguez
Gary Tobias
Jennifer Meyers
Jim Daly
Kyra Pulliam
Mary McBride
Paul Larson
Ray Anderson
Robert Medairos
Scott Kocher
Susannah Herrada
Theresa Flynn

* Disponível em: <https://libraryarchives.arlingtonva.us/index.php/Detail/objects/195>.

Programa de Histórias Orais da Guarda Costeira dos Estados Unidos (Washington, D.C.)

James Loy
Michael Day

Projeto de Histórias Orais do 11 de Setembro de 2001 da Universidade Columbia 11 (Nova York)*

Frederick Terna
Michael Lomonaco

C-SPAN (Washington, D.C.)**

Dennis Hastert: <www.c-span.org/video/?300449-1/>.
Gary Walters: <https://www.c-span.org/video/?300426-1/>.
John Jester: <https://www.c-span.org/video/?301012-1/>.
Mary Beth Cahill: <https://www.c-span.org/video/?300521-1/>.
Mary Matalin: <https://www.c-span.org/video/?300727-1/>.
Tom Daschle: <https://www.c-span.org/video/?300751-1/>.

Memorial Nacional do Voo 93 (Shanksville, Pensilvânia)

Alan Baumgardner
Andrea Dammann
Anita McBride Miller
Ben Sliney
Bob Schnarrenberger
Braden Shober
Cabo Louis Veitz
Capitão Frank Monaco
Clyde Ware

Craig Bowman
Cynthia Daniels
David Mattingly
David Zacur
Denise Miller
Douglas Miller
Eric Peterson
George "Bill" Keaton
James Broderick

---

* Mais informações sobre a coleção estão disponíveis em: <https://library.columbia.edu/locations/ccoh/digital/9-11.html>. ** Os vídeos de história oral de 11 de Setembro da C-SPAN estão disponíveis em: <https://www.c-span.org/search/?searchtype=Videos&sort=Newest&seriesid[]=45>.

James Clark
Jeffrey Braid
Jere Longman
John Werth
Jon Meyer
Joyce Dunn
Keith Custer
Kevin Huzsek
Kevin Nasypany
Kristie Luedke
Larry Arnold
Laurence Kesterson
Lisa Jefferson
Mahlon Fulle
Martin Knezovich
Merle Flick
Michael Rosenbaum
Norbert Rosenbaum
Patrick Madigan
Patrick McGlennon

Paula Pluta
Peter M. "Mike" Drewecki
Ralph Blanset
Richard Paden
Rick Earle
Rick King
Robert "Bobby" Blair
Robert Weaver
Stacey Taylor Parham
Steve Aaron
Steven O'Brien
T. Michael Lauffer
Terry Yeazell
Thomas Rodgers
Tim Lensbouer
Tom Ridge
Tony James
Wells Morrison
William Baker
Yates Gladwell

Here Is New York (Nova York)*

Darrell Oliver
David Tarantino

Sheila Denise Moody
Ted Anderson

Escola de Ensino Médio Leadership and Public Service (Nova York)**

Heather Ordover
Keturah Bostick
Razvan Hotaranu

Robert Rosado
Rosmaris Fernandez

---

* Disponível em: <hereisnewyorkv911.org>.   ** Disponível em: <crafting-a-life.com/911.php>.

Departamento Historiográfico do gabinete da Secretaria da Defesa (Pentágono, Virgínia)

Aubrey Davis
Chris Combs
Craig Bryan
Dennis Smith
Donald Rumsfeld
Edmund Giambastiani
Gilbert Oldach
James Phillips
Joe Wassel

John F. Irby
John Jester
John Milton Brady Jr.
Lawrence Di Rita
Michael Nesbitt
Randall Harper
Steven Carter
Victoria "Torie" Clarke
William Haynes

Departamento de Historiografia da Câmara dos Deputados dos Estados Unidos (Washington, D.C.)*

Brian Gaston
Brian Gunderson
Eve Butler-Gee
Gerry Creedon
John Feehery
Julia Rogers

Martin Frost
Mike Ferguson
Steve Elmendorf
Tish Schwartz
Tyler Rogers

StoryCorps — Iniciativa 11 de Setembro

Beverly Eckert
John Yates

Louise Rogers
Vaughn Allex

Entrevistas realizadas pelo autor

Abby Perkins
Adam Putnam
Andy Card
Anne Worner

Anthony Barnes
Ari Fleischer
B. Alexander "Sandy" Kress
Beau Garner

* Parte do trabalho dos historiadores da Câmara dos Deputados está disponível em: <https://www.youtube.com/user/ushousehistory/playlists?view=50&sort=dd&shelf_id=2>.

Ben Bell
Bill Kuchman
Blake Richardson
Brian Montgomery
Cindy Wright
Dan Shuman
Dana Lark
Daphne Leigh
Dave Wilkinson
David Kelley
Ellen Eckert
Emily Bouck
Eric Draper
Fred Stremmel
Gordon Johndroe
Hillary Howard
James "Sandy" Winnefeld Jr.
Jason Fagone
Jenna Greene
John Anticev
Julie Ziegenhorn
Karl Rove
Kat Cosgrove
Kathryn Mastandrea
Katie Couric
Lachlan Francis
Laura Petrou
Linda Carpenter
Mark Tillman
Mary Dettloff
Matt Dooley
Matt Moyer
Matthew Jellock
Matthew Waxman
Michael Szwaja
Mike Morell
Monika Bravo
Natasha Wright
Nate Jones
Nic Calio
Paul Germain
Porter Goss
Preston Stone
Rel Lemaitre
Richard Kolko
Richard Mies
Richard Tubb
Rick Greyson
Rikki Miller
Rob O'Neill
Robert Korn
Scott Crogg
Sonya Ross
Steve Bongardt
Steve Gaudin
Tom Keck
William "Buzz" Buzinski

Notas

1. A bordo da Estação Espacial Internacional [pp. 23-4]

1. Frank Culbertson, "Astronaut Frank Culbertson Letter from September 11, 2001", Nasa, 12 set. 2001, disponível em: <https://www.nasa.gov/topics/nasalife/features/sept11_culbertson.html>.
2. Megan Gannon, "Astronaut Frank Culbertson Reflects on Seeing 9/11 Attacks from Space", *Space*, 11 set. 2017, disponível em: <https://www.space.com/27117-Nasa-astronaut-saw-9-11-from-space.html>.

2. 10 de setembro [pp. 25-8]

1. Newseum, Cathy Trost e Alicia C. Shepard, *Running Toward Danger: Stories Behind the Breaking News of 9/11* (Lanham, MD: Rowman & Littlefield, 2002), p. 60.
2. Mitchell Fink e Lois Mathias, *Never Forget: An Oral History of September 11, 2001* (Nova York: William Morrow, 2002).

3. Começa a terça-feira [pp. 29-34]

1. "Barbara Olson Remembered", CNN.com, 25 dez. 2001, disponível em: <http://transcripts.cnn.com/TRANSCRIPTS/0112/25/lkl.00.html.>.
2. Smithsonian Channel, "9/11: Day That Changed the World — Laura Bush: Extended Interview", YouTube, 29 ago. 2011, disponível em: <https://www.youtube.com/watch?v=ZEX32oeaCdI>.
3. C-SPAN, "Aviation Officials Remember September 11, 2001", 11 set. 2010, disponível em: <https://www.c-span.org/video/?295417-1/aviation-officials-remember-september-11-2001>.
4. Leslie Filson, *Air War Over America: Sept. 11 Alters Face of Air Defense Mission* (Tyndall Air Force Base, FL: Headquarters 1st Air Force, Public Affairs Office, 2003), p. 60.
5. Mel Allen, "9/11 Started Here", *New England Today*, 11 set. 2017, disponível em: <https://newengland.com/today/living/new-england-history/ticketagent/>.

4. Fazendo o check-in [p. 35]

1. Jerry Harkavy, "Encounter Haunts Ex-Ticket Agent", *Press Herald* (Portland, ME), 11 set. 2006, disponível em: <https://www.pressherald.com/2011/08/25/michael-tuohey-september-11-hijackers-atta-alomari-portland-jetport-maine/>.

2. Ryan Hughes, "Va. Man Unintentionally Linked to 9/11 Still Works With His Feelings of Guilt", WJLA (Washington, D.C.), 9 set. 2016, disponível em: <https://wjla.com/news/local/va-man-unintentionally-linked-to-911-works-with-his-feelings-of-guilt>.
3. "The Footnotes of 9/11", *CNN Presents*, 11 set. 2011, disponível em: <http://transcripts.cnn.com/TRANSCRIPTS/1109/11/cp.02.html>.
4. Ibid.
5. Mel Allen, "9/11 Started Here", *New England Today*, 11 set. 2017, disponível em: <https://newengland.com/today/living/new-england-history/ticketagent/>.

6. Os sequestros [pp. 41-9]

1. *Rutgers University Law Review*, 7 set. 2011, disponível em: <http://www.rutgerslawreview.com/2011/full-audio-transcript/>.

7. Por dentro do controle de tráfego aéreo [pp. 50-3]

1. C-SPAN, "Aviation Officials Remember September 11, 2001", op. cit.
2. Filson, *Air War Over America*, op. cit., p. 55.
3. Ibid.
4. C-SPAN, "Aviation Officials Remember September 11, 2001", op. cit.
5. Filson, *Air War Over America*, op. cit., p. 57; ver também: "Interview with Lt. Col. Tim Duffy and Leslie Filson", disponível em: <https://www.scribd.com/document/18740499/T8-B22-Filson-Materials-Fdr-Lt-Col-Tim-Duffy-Interview-Typed-Notes-321>.
6. Filson, *Air War Over America*, op. cit., p. 59.
7. Ibid., p. 56.
8. Ibid.

8. O primeiro avião [pp. 54-76]

1. Fink e Mathias, *Never Forget*, op. cit.
2. Ibid.
3. Ibid.
4. Jessica DuLong, *Dust to Deliverance: Untold Stories from the Maritime Evacuation on September 11th* (Camden, ME: Ragged Mountain, 2017), p. 15.
5. Richard Gray, *After the Fall: American Literature Since 9/11* (Hoboken, NJ: Wiley-Blackwell, 2011).
6. Fink e Mathias, *Never Forget*, op. cit.
7. Ibid.
8. Ibid.
9. Ibid.
10. Ibid.
11. Ibid.
12. Ibid.
13. "CEO Howard Lutnick Remembers Sept. 11: How His Company Survived After Great Personal Loss", *NPR*, 11 set. 2016, disponível em: <https://www.npr.org/2016/09/11/493491879/ceo-howard-lutnick-remembers-sept-11-how-his-company-survived-after-great-person>.

14. Tom Barbash, *On Top of the World: Cantor Fitzgerald, Howard Lutnick, and 9/11: A Story of Loss and Renewal* (Nova York: HarperCollins, 2003), p. 18.
15. História oral na Coleção do Museu de Tributo ao 11 de Setembro.
16. Ibid.
17. Ibid.
18. "Nigro", *New York Times*, s.d., disponível em: <http://www.nytimes.com/packages/html/nyregion/20050812_WTC_GRAPHIC/Nigro_Daniel.txt>.
19. Fink e Mathias, *Never Forget*, op. cit.
20. Ibid.
21. Ibid.
22. Ibid.
23. Ibid.
24. Ibid.
25. História oral na Coleção do Museu de Tributo ao 11 de Setembro.
26. Fink e Mathias, *Never Forget*, op. cit.
27. Gray, *After the Fall*, op. cit.
28. Fink e Mathias, *Never Forget*, op. cit.
29. Comissão Nacional de Inquérito sobre os Ataques Terroristas aos Estados Unidos, "Testimony of the Former Commissioner of the New York City Fire Department Thomas Von Essen", 18 maio 2004, disponível em: <http://govinfo.library.unt.edu/911/hearings/hearing11/essen_statement.pdf>.

10. As Forças Armadas entram em marcha [pp. 80-4]

1. Filson, *Air War Over America*, op. cit., p. 63.
2. Ibid.
3. C-SPAN, "Aviation Officials Remember September 11, 2001", op. cit.
4. Ibid.
5. Ibid.
6. Filson, *Air War Over America*, op. cit., p. 59.
7. C-SPAN, "Aviation Officials Remember September 11, 2001", op. cit.
8. Filson, *Air War Over America*, op. cit., p. 60.
9. "Interview with Lt. Col. Tim Duffy and Leslie Filson", disponível em: <https://www.scribd.com/document/18740499/T8-B22-Filson-Materials-Fdr-Lt-Col-Tim-Duffy-Interview-Typed-Notes-321>.
10. C-SPAN, "Aviation Officials Remember September 11, 2001", op. cit.
11. Filson, *Air War Over America*, op. cit., p. 63.
12. Ibid., p. 65.

11. O segundo avião [pp. 85-96]

1. Allison Gilbert, Phil Hirshkorn, Melinda Murphy, Mitchell Stephens e Robyn Walensky, *Covering Catastrophe: Broadcast Journalists Report September 11* (Lanham, MD: Taylor Trade, 2003).
2. Fink e Mathias, *Never Forget*, op. cit.
3. Gilbert et al., *Covering Catastrophe*, op. cit., p. 23.

4. Fink e Mathias, *Never Forget*, op. cit.
5. Gilbert et al., *Covering Catastrophe*, op. cit., p. 31.
6. Ibid., p. 34.
7. Fink e Mathias, *Never Forget*, op. cit.
8. Ibid.
9. Ibid.
10. Ibid.
11. "9/11 stories: Stanley Praimnath and Brian Clark", *BBC*, 5 set. 2011, disponível em: <https://www.bbc.com/news/av/world-us-canada-14766882/9-11-stories-stanley-praimnath-and-brian-clark>.
12. Fink e Mathias, *Never Forget*, op. cit.
13. Ibid.
14. Ibid.
15. Ibid.

13. Na Escola de Ensino Fundamental Emma Booker, Sarasota, Flórida [pp. 99-107]

1. Ely Brown, "Florida Students Witnessed the Moment Bush Learned of 9/11 Terror Attacks", *ABC News*, 8 set. 2011, disponível em: <https://abcnews.go.com/US/September_11/florida-students-witnessed-moment-bush-learned-911-terror/story?id=14474518>.
2. Cullen Murphy e Todd S. Purdum, "Farewell to All That: An Oral History of the Bush White House", *Vanity Fair*, fev. 2009, disponível em: <https://www.vanityfair.com/news/2009/02/bush-oral-history200902>.
3. "Florida Students Witnessed the Moment Bush Learned of 9/11 Terror Attacks", op. cit.
4. Shaw, "Students witnessed history", *Tampa Tribune*, 11 set. 2011, disponível em: <http://www.charlesapple.com/2011/09/wednesdays-notable-911-anniversary-pages/>.
5. Newseum, Trost e Shepard, *Running Toward Danger*, op. cit., p. 60.
6. Ibid., p. 80.

14. Primeiras reações em Washington [pp. 108-14]

1. Smithsonian Channel, "9/11: Day That Changed the World — Laura Bush: Extended Interview", YouTube, 29 ago. 2011, disponível em: <https://www.youtube.com/watch?v=ZEX32oeaCdI>.
2. University of Denver, "Recalling 9/11: Condoleezza Rice", YouTube, 2:08, 16 set. 2014, disponível em: <https://www.youtube.com/watch?v=RYRK-lKmvlY>.
3. "Barbara Olsen Remembered", CNN.com, 25 dez. 2001, disponível em: <http://transcripts.cnn.com/TRANSCRIPTS/0112/25/lkl.00.html>.
4. Evan Thomas, "The Day That Changed America", *Newsweek*, 30 dez. 2001, disponível em: <https://www.newsweek.com/day-changed-america-148319>.
5. Jimmy Orr, "Nope, Dick Cheney Didn't Change His Mind...", *Christian Science Monitor*, 21 maio 2009, disponível em: <https://www.csmonitor.com/USA/Politics/The-Vote/2009/0521/nope-dick-cheney-didnt-change-his-mind>.
6. Thomas, "The Day That Changed America", op. cit.
7. "9/11: What Really Happened?", CNN.com, 14 set. 2002, disponível em: <http://transcripts.cnn.com/TRANSCRIPTS/0209/14/cp.00.html>.

8. Entrevista com Rice, disponível em: <https://www.youtube.com/watch?v=0SDtt5QUMg4>.
9. Thomas, "The Day That Changed America", op. cit.
10. Kate Anderson Brower, "Inside the White House on September 11", *Fortune*, 11 set. 2016, disponível em: <http://*Fortune*.com/2016/09/11/the-residence-kate-andersen/>.
11. Orr, "Nope, Dick Cheney Didn't Change His Mind", op. cit.

15. O voo 77 da American Airlines [pp. 115-9]

1. "Barbara Olson Remembered", CNN.com, 25 dez. 2001, disponível em: <http://transcripts.cnn.com/TRANSCRIPTS/0112/25/lkl.00.html>.
2. C-SPAN, "Aviation Officials Remember September 11, 2001", op. cit.
3. CNN, "Barbara Olsen Remembered", op. cit.
4. C-SPAN, "Aviation Officials Remember September 11, 2001", op. cit.
5. Ibid.
6. Ibid.
7. CNN, "Barbara Olsen Remembered", op cit.
8. "Air Traffic Controllers Recall 9/11", *ABC News*, 24 out. 2011, disponível em: <https://web.archive.org/web/20130929181230/ http://abcnews.go.com/2020/story?id=123822&page=1>.
9. "On Sept. 11, Former Bush Solicitor General Remembers His Late Wife", NPR, 11 set. 2016, disponível em: <https://www.npr.org/2016/09/11/493491949/on-sept-11-former-bush-solicitor-general-remembers-his-late-wife>.
10. Filson, *Air War Over America*, op. cit., p. 65.
11. "Air Traffic Controllers Recall 9/11", *ABC News*.
12. "On Sept. 11, Former Bush Solicitor General Remembers His Late Wife", NPR, op. cit.
13. "Air Traffic Controllers Recall 9/11".

16. O terceiro avião [pp. 120-6]

1. Patrick Creed e Rick Newman, *Firefight: Inside the Battle to Save the Pentagon on 9/11* (Nova York: Presidio, 2008), p. 31.
2. História oral na coleção do Departamento Historiográfico do gabinete da Secretaria da Defesa (Pentágono, Arlington, Virgínia).
3. História oral na coleção do gabinete do historiador da Câmara dos Deputados (Washington, D.C.).

18. Voo 93 em perigo [pp. 131-7]

1. Jane Pauley, "No Greater Love", *NBC News*, 11 set. 2016, disponível em: <http://www.nbcnews.com/id/14789502/ns/dateline_nbc/t/no-greater-love/#.W_GqmWRKjqI>.
2. Fink e Mathias, *Never Forget*, op. cit.
3. Ibid. Obs.: Na história oral de Fink e Mathias, Hoagland diz que o chamado chegou às 6h44, mas, segundo a reconstituição do FBI, a ligação aconteceu às 6h37, por isso é o horário que utilizo.
4. Ibid.
5. Ibid.
6. Ibid.

7. Ibid.
8. Ibid.
9. Ibid.
10. Pauley, "No Greater Love", op. cit.
11. Fink e Mathias, *Never Forget*, op. cit.
12. Ibid.
13. C-SPAN, "Aviation Officials Remember September 11, 2001", op. cit.
14. Ibid.
15. Fink e Mathias, *Never Forget*, op. cit.

19. A evacuação do World Trade Center [pp. 138-56]

1. Fink e Mathias, *Never Forget*, op. cit.
2. Ibid.
3. Ibid.
4. Ibid.
5. "9/11 Stories: Stanley Praimnath and Brian Clark", *BBC News*, 5 set. 2011, disponível em: <https://www.bbc.com/news/av/world-us-canada-14766882/9-11-stories-stanley-praimnath-and-brian-clark>.
6. Ibid.
7. *BBC News*, "9/11 stories", op. cit.
8. Ibid.
9. Ibid.
10. Prova P200016, Estados Unidos v. Zacarias Moussaoui, Réu n. 01-455-A, "Melissa Doi 911 tape", disponível em: <http://www.vaed.uscourts.gov/notablecases/moussaoui/exhibits/prosecution/P200016.html>.
11. Fink e Mathias, *Never Forget*, op. cit.
12. Ibid.
13. Ibid.
14. Ibid.
15. Ibid.
16. Ibid.
17. Ibid.
18. Ibid.
19. Michael Grunwald, "A Tower of Courage", *Washington Post*, 28 out. 2001, disponível em: <https://www.washingtonpost.com/archive/lifestyle/2001/10/28/a-tower-of-courage/c53e8244-3754-440f-84f8-51f841aff6c8/?utm_term=.7fb8b3cba7aa>.
20. Mike Magee, *All Available Boats: The Evacuation of Manhattan Island on September 11, 2001* (West Hartford, CT: Spencer, 2002), p. 128.
21. Fink e Mathias, *Never Forget*, op. cit.

20. Saltando [pp. 157-9]

1. Centro de Tributo ao 11 de Setembro.
2. Fink e Mathias, *Never Forget*, op. cit.

3. Edward Cone, "A New Beginning at Ground Zero", *EdCone*, 30 jun. 2002, disponível em: <https://edcone.typepad.com/wordup/2002/07/a_reluctant_her.html#more>.
4. Fink e Mathias, *Never Forget*, op. cit.
5. Ibid.
6. Ibid.

21. A AFA entra para a história [pp. 160-3]

1. C-SPAN, "Aviation Officials Remember September 11, 2001", op. cit.
2. Departamento de Transportes dos Estados Unidos, "Ten Years Later: Air Traffic Controllers Remember 9/11", YouTube, 5:37, 1. set. 2011, disponível em: <https://www.youtube.com/watch?v=i7vWcQZjEwM>.
3. C-SPAN, "Aviation Officials Remember September 11, 2001", op. cit.
4. Ibid.
5. Ibid.
6. Ibid.
7. Departamento de Transportes dos Estados Unidos, "Ten Years Later: Air Traffic Controllers Remember 9/11".
8. C-SPAN, "Aviation Officials Remember September 11, 2001", op. cit.
9. Ibid.

22. No Trade Center, o resgate continua [pp. 164-72]

1. Fink e Mathias, *Never Forget*, op. cit.
2. ABC News, "9/11 WTC Cantor Fitzgerald CEO and Chairman Howard Lutnick", YouTube, 9:43, 15 jun. 2011, disponível em: <https://www.youtube.com/watch?v=8rf35t4d214>.
3. Barbash, *On Top of the World*, op. cit., p. 18.
4. Fink e Mathias, *Never Forget*, op. cit.
5. "Three Families Share Stories of Last Communications From Loved Ones on 9-11", CNN, 8 set. 2002, disponível em: <http://transcripts.cnn.com/TRANSCRIPTS/0209/08/sm.18.html>.
6. "On September 11, Final Words of Love", CNN.com, 10 set. 2002, disponível em: <http://www.cnn.com/2002/US/09/03/ar911.phone.calls/>.
7. "The Long Good-Bye", *New York*, s.d., disponível em: http://nymag.com/nymetro/news/sept11/features/5788/>.
8. ABC News, "9/11 WTC Cantor Fitzgerald CEO and Chairman Howard Lutnick".
9. NPR, "CEO Howard Lutnick Remembers Sept. 11: How His Company Survived After Great Personal Loss".
10. Fink e Mathias, *Never Forget*, op. cit.

23. O primeiro desabamento [pp. 173-9]

1. Gray, *After the Fall*, op. cit.
2. Fink e Mathias, *Never Forget*, op. cit.
3. Ibid.
4. Ibid.

5. NPR, "CEO Howard Lutnick Remembers Sept. 11: How His Company Survived After Great Personal Loss".
6. Fink e Mathias, *Never Forget*, op. cit.
7. Ibid.
8. Gray, *After the Fall*, op. cit.
9. DuLong, *Dust to Deliverance*, op. cit., p. 55.
10. Magee, *All Available Boats*, op. cit., p. 108.
11. StoryCorps, "Beverly Eckert", Vimeo, 2:45, disponível em: <https://vimeo.com/180606992>; "Sean Rooney's Last Goodbye", Memorial e Museu do 11 de Setembro, 17 fev. 2017, disponível em: <https://www.911memorial.org/blog/sean-rooney%E2%80%99s-last-goodbye >.
12. Fink e Mathias, *Never Forget*, op. cit.
13. Ibid.
14. Gilbert et al., *Covering Catastrophe*, op. cit., p. 84.
15. Ibid., p. 102.
16. Fink e Mathias, *Never Forget*, op. cit.

24. Dentro da nuvem [pp. 180-7]

1. Thomas W. Eagar e Christopher Musso, "Why Did the World Trade Center Collapse? Science, Engineering, and Speculation", *JOM: Journal of the Minerals, Metals, and Materials Society*, v. 53, n. 12, 2001, pp. 8-11, disponível em: <https://www.tms.org/pubs/journals/jom/0112/eagar/eagar-0112.html/>.
2. NPR, "CEO Howard Lutnick Remembers Sept. 11".
3. Fink e Mathias, *Never Forget*, op. cit.
4. Ibid.
5. Ibid.
6. Ibid.
7. Centro de Tributo ao 11 de Setembro.
8. Fink e Mathias, *Never Forget*, op. cit.
9. Ibid.
10. Ibid.
11. Garrett Kling, "The Burdens of Prayer: FDNY Chaplains Remember 9/11 Every Day", *A Journey Through NYC Religions*, 11 set. 2015, disponível em: <https://www.nycreligion.info/burdens-prayer-fdny-chaplains-remember-911-day/>.
12. Fink e Mathias, *Never Forget*, op. cit.

25. Dentro do COEP [pp. 188-92]

1. Orr, "Nope, Dick Cheney Didn't Change His Mind".
2. Richard Clarke, "Cheney and Rice Remember 9/11: I Do, Too", *Washington Post*, 31 maio 2009, disponível em: <http://www.washingtonpost.com/wp-dyn/content/article/2009/05/29/AR2009052901560.html./>.
3. Entrevista com Rice disponível em: <https://www.youtube.com/watch?v=0SDtt5QUMg4>.
4. Ibid.
5. Filson, *Air War Over America*, op. cit., p. 73.

6. C-SPAN, "Major Heather Penney on September 11, 2001", 8 ago. 2011, disponível em: <https://www.c-span.org/video/?300959-1/major-heather-penney-september-11-2001>.
7. C-SPAN, "Pilots Remember September 11,2001", disponível em: <https://www.c-span.org/video/?295417-2/pilots-remember-september-11-2001/>.
8. Stephen Hayes, "Cheney Speaks", *The Weekly Standard*, 23 jul. 2007, disponível em: <https://www.weeklystandard.com/stephen-f-hayes/cheney-speaks-14972/>.
9. Ibid.
10. "In Cody, Cheney Reflects On 9/11", *Powell (WY) Tribune*, 31 maio 2018, disponível em: <http://www.powelltribune.com/stories/in-cody-cheney-reflects-on-911,14163/>.
11. Thomas, "The Day That Changed America", op. cit.
12. Ibid.

26. Os militares reagem [pp. 193-5]

1. Filson, *Air War Over America*, op. cit., p. 82.
2. Nicole Weisensee Egan, "Inside a Hero Fighter Pilot's Decision to Give His Life in Kamikaze Mission on 9/11: 'We Were Going to Do the Unthinkable'", *People*, 9 set. 2016, disponível em: <https://people.com/celebrity/911-f-16-pilot-marc-sasseville-was-prepared-for-kamikaze-mission/>.
3. C-SPAN, "Major Heather Penney on September 11, 2001", 8 ago. 2011.
4. Filson, *Air War Over America*, op. cit., p. 82.
5. C-SPAN, "Major Heather Penney on September 11, 2001", 8 ago. 2011.
6. Steve Hendrix, "F-16 Pilot Was Ready to Give Her Life on Sept. 11", *Washington Post*, 8 set. 2011, disponível em: <https://www.washingtonpost.com/local/f-16-pilot-was-ready-to-give-her-life-on-sept-11/2015/09/06/7c8cddbc-d8ce-11e0-9dca a4d231dfde50_story.html?utm_term=.2c051fdfcd6d>.
7. C-SPAN, "Major Heather Penney on September 11, 2001", 8 ago. 2011.
8. Filson, *Air War Over America*, op. cit., op. cit., p. 82.
9. C-SPAN, "Major Heather Penney on September 11, 2001", 8 ago. 2011.
10. Ibid.
11. Hendrix, "F-16 Pilot Was Ready to Give Her Life on Sept. 11".
12. C-SPAN, "Major Heather Penney on September 11, 2001", 8 ago. 2011.
13. Nicole Weisensee Egan, "Inside a Hero Fighter Pilot's Decision to Give His Life in Kamikaze Mission on 9/11".
14. C-SPAN, Ibid.
15. Filson, *Air War Over America*, op. cit., p. 82.
16. C-SPAN, "Major Heather Penney on September 11, 2001", 8 ago. 2011.

27. A quarta colisão [pp. 196-203]

1. Andrew Alderson e Susan Bisset, "The Extraordinary Last Calls of Flight UA93", *Telegraph*, 21 out. 2001, disponível em: <https://www.telegraph.co.uk/news/worldnews/northamerica/usa/1360088/The-extraordinary-last-calls-of-Flight-UA93.html>.
2. Fink e Mathias, *Never Forget*, op. cit.
3. Ibid.
4. Ibid.

28. Medo no Pentágono [pp. 204-6]

1. História oral na coleção do Departamento Historiográfico do gabinete da Secretaria da Defesa (Pentágono, Arlington, Virgínia).
2. Ibid.
3. Ibid.
4. Ibid.

29. A primeira baixa [pp. 207-11]

1. Barbara Bradley Hagerty, "Memories of Sept. 11's First Recorded Casualty Endure", NPR, 5 set. 2011, disponível em: <https:// www.npr.org/2011/09/05/140154885/memories-
-of-sept-11s-first-casualty-burn-bright>.
2. Jennifer Senior, "The Firemen's Friar", *New York*, s.d., disponível em: <http://nymag.com/nymetro/news/sept11/features/5372/#print>.
3. Ibid.
4. Fr. Michael Duffy, "Homily Preached at Funeral Mass for Fr. Mychal Judge, OFM", 15 set. 2001, Franciscan Friars Holy Name Province, disponível em: <https://hnp.org/wp-
-content/uploads/2014/03/09-15-01-mjhomily.pdf>.
5. Fink e Mathias, *Never Forget*, op. cit.
6. Anna Mehler Paperny, "For Five Men, Tragedy Remains Over Photo of 9/11's First Casualty", *Globe and Mail*, Toronto, 1 set. 2011, disponível em: <https://www.theglobeandmail.com/news/world/for-five-men-tragedy-remains-over-photo-of-911s-first-casualty/article592945/>.
7. *9/11*, direção de Jules Naudet, Gédéon Naudet e James Hanlon, CBS, 2002.
8. Jennifer Senior, "The Fireman Friar", *New York*, 12 nov. 2001, disponível em: <http://nymag.com/nymetro/news/sept11/features/5372/>.
9. Ibid.
10. Ibid.
11. "The Long Good-Bye", *New York*, 18 mar. 2002, disponível em: <http://nymag.com/nymetro/news/sept11/features/5788/>.
12. Newseum, Trost e Shepard, *Running Toward Danger*, op. cit., p. 99.
13. "Bill Cosgrove", StoryCorps, 9 set. 2011, disponível em: <https://storycorps.org/listen/bill-cosgrove/>.
14. "How 9/11 Changed Us", *New York*, 11 set. 2003, disponível em: <http://nymag.com/nymetro/news/sept11/2003/n_9196/>.
15. Senior, "The Firemen's Friar".
16. Fink e Mathias, *Never Forget*, op. cit., p. 63.
17. Citação da homilia do Padre Duffy, "No Greater Love: Chaplain Mychal Judge, OFM", disponível em: <https://www.franciscanmedia.org/no-greater-love-chaplain-mychal-judge-ofm/>.
18. "Slain Priest: 'Bury His Heart, but Not His Love'", NPR, 9 set. 2011, disponível em: <https://www.npr.org/2011/09/09/140293993/slain-priest-bury-his-heart-but-not-his-love>.
19. Naudet, Naudet e Hanlon, *9/11*, op. cit.
20. Hagerty, "Memories of Sept. 11's First Recorded Casualty Endure".

31. Depois do desabamento [pp. 216-23]

1. Fink e Mathias, *Never Forget*, op. cit.
2. Ibid.
3. Ibid.
4. Ibid.
5. Ibid.

34. A bordo do *Air Force One*, em algum lugar sobre o golfo do México [pp. 236-45]

1. University of Denver, "Recalling 9/11: Condoleezza Rice".

35. Entre os que sabiam [pp. 246-53]

1. Matt Schudel, "Michael A. Sheehan, Counterterrorism Expert Who Warned of bin Laden, Dies at 63", *Washington Post*, 1 ago. 2018, disponível em: <https://www.washingtonpost.com/local/obituaries/michael-a-sheehan-counterterrorism-expert-who-warned-of-bin-laden-dies-at-63/2018/08/01/5497830c-959b-11e8-810c-5fa705927d54_story.html?utm_term=.c6741c4bba85>.
2. "The Man Who Knew", *Frontline*, PBS, disponível em: <https://www.pbs.org/wgbh/frontline/film/showsknew/transcript/>.
3. John C. Miller, Michael Stone e Chris Mitchell, *The Cell* (Nova York: Hachette, 2002), p. 4.
4. "The Man Who Knew", *Frontline*, PBS, disponível em: <https://www.pbs.org/wgbh/frontline/film/showsknew/transcript/>.
5. "Fran Towsend" [sic], *Frontline*, PBS, 3 out. 2002, disponível em: <https://www.pbs.org/wgbh/frontline/article/fran-towsend/>.
6. "The Man Who Knew", *Frontline*.
7. Comissão Nacional dos Estados Unidos sobre Ataques Terroristas aos Estados Unidos, "The System: Was Blinking Red", capítulo 8 de *9/11 Commission Report: The Official Report of the 9/11 Commission and Related Publications* (Washington, D.C.: GPO, 2004), disponível em: <http://govinfo.library.unt.edu/911/report/911Report_Ch8.pdf.>.
8. Ibid.
9. "Fran Towsend", [sic] *Frontline*.
10. Miller, Stone e Mitchell, *The Cell*, op. cit., p. 315.

36. Escapando do Pentágono [pp. 254-66]

1. História oral no Projeto de Histórias Orais da Biblioteca Pública do condado de Arlington (Virgínia), disponível em: <https://libraryarchives.arlingtonva.us/index.php/Detail/objects/195>.
2. Ibid.
3. História oral na coleção do Departamento Historiográfico do gabinete da Secretaria da Defesa (Pentágono, Arlington, Virgínia).
4. Fink e Mathias, *Never Forget*, op. cit.
5. Ibid.

37. Entre os desabamentos [pp. 267-71]

1. Comissão Nacional dos Estados Unidos sobre Ataques Terroristas aos Estados Unidos, "Testimony of the Former Commissioner of the New York City Fire Department Thomas Von Essen".
2. Fink e Mathias, *Never Forget*, op. cit.
3. Ibid.
4. Ibid.
5. Ibid.
6. Ibid.
7. Ibid.
8. Ibid.

38. O segundo desabamento [pp. 272-9]

1. Fink e Mathias, *Never Forget*, op. cit.
2. Ibid.
3. CNN, postagem: no Facebook, 11 set. 2016, disponível em: <https://www.facebook.com/cnn/videos/10155290144326509>.
4. "Interview with Lt. Col. Tim Duffy and Leslie Filson".
5. Fink e Mathias, *Never Forget*.
6. Ibid.
7. Jenny Pachucki, "The Actor: Robert De Niro", Memorial e Museu do 11 de Setembro, 24 mar. 2016, disponível em: <https://www.911memorial.org/blog/new-yorkers-tell-their-911-story-new-podcast-series>.
8. Fink e Mathias, *Never Forget*, op. cit.
9. Ibid.
10. Ibid.

39. Presos nos escombros [pp. 280-5]

1. Fink e Mathias, *Never Forget*, op. cit.
2. "Last Man Out", *60 Minutes*, CBS News, 23 nov. 2004, disponível em: <https://www.cbsnews.com/news/last-man-out/>.
3. Ibid.
4. OWN, "The Angel of Ladder Company 6", YouTube, 4:17, disponível em: <https://www.youtube.com/watch?v=paffg3F83q4?>.

40. Depois do desabamento [pp. 286-8]

1. Fink e Mathias, *Never Forget*, op. cit.
2. Ibid.

41. No cais [pp. 321-9]

1. "List from 2011 PortSide Exhibit 'Mariners Response to 9/11'", *Portside New York*, s.d., disponível em: <https://static1.squarespace.com/static/50dcbaa5e4b00220dc74e81f/t/57d559dcb3db2b1e5a13a5c3/1473599965084/PortSide+NewYork+list+of+9-11+boatlift+boats.pdf>.

2. Fink e Mathias, *Never Forget*, op. cit.
3. Ibid.
4. Ibid.
5. Ibid.
6. Ibid.
7. DuLong, *Dust to Deliverance*, op. cit., p. 45.
8. Magee, *All Available Boats*, op. cit., p. 40.
9. *Boatlift: An Untold Tale of 9/11 Resilience*, dir. Eddie Rosenstein, Nova York: Eyepop Productions, 2011, disponível em: <https://www.youtube.com/watch?time_continue=428&v=18lsxFcDrjo.>.
10. Magee, *All Available Boats*, op. cit., p. 58.
11. *Boatlift, op. cit.*
12. Magee, *All Available Boats*, op. cit., p. 76.
13. *Boatlift*, op. cit.
14. Ibid.
15. Magee, *All Available Boats*, op. cit., p. 130.
16. Ibid., p. 86.
17. Ibid., p. 66.
18. Ibid., p. 52.
19. Ibid., p. 98.
20. "Nigro", *New York Times*, s.d., disponível em: <http://www.nytimes.com/packages/html/nyregion/20050812_WTC_GRAPHIC/Nigro_Daniel.txt>.

42. Pentágono, meio da manhã [pp. 330-7]

1. História oral na coleção do Departamento Historiográfico do gabinete da Secretaria da Defesa (Pentágono, Arlington, Virgínia).
2. Ibid.
3. História oral no Projeto de Histórias Orais da Biblioteca Pública do condado de Arlington (Virgínia), disponível em: <https://libraryarchives.arlingtonva.us/index.php/Detail/objects/195>.
4. Filson, *Air War Over America*, op. cit., p. 66.

44. Com o secretário de Defesa [pp. 340-4]

1. C-SPAN, "Aviation Officials Remember September 11, 2001", op. cit.

46. Nova York, meio-dia [pp. 352-68]

1. Gray, *After the Fall*, op. cit.
2. Barbash, *On Top of the World*, op. cit., p. 4.
3. Fink e Mathias, *Never Forget*, op. cit.
4. Ibid.
5. Ibid.
6. Ibid.
7. Gray, *After the Fall*, op. cit.

8. Fink e Mathias, *Never Forget*, op. cit.
9. Ibid.
10. Ibid.
11. Ibid.
12. Maury Thompson, "Pataki Looks Back at 9/11, and the Days That Followed", *Post Star* (Glens Falls, NY), 10 set. 2011, disponível em: <https://poststar.com/pataki-looks-back--at-and-the-days-that-followed/article_beae9b6a-dc23-11e0-9030-001cc4c03286.html>.

48. Voando, em algum lugar acima das planícies [pp. 374-6]

1. Gilbert et al., *Covering Catastrophe*, op. cit., p. 190.

50. Em Mount Weather [pp. 381-4]

1. C-SPAN, "Former House Speaker Dennis Hastert on September 11, 2011".
2. História oral na coleção do gabinete do historiador da Câmara dos Deputados dos Estados Unidos (Washington, D.C.).
3. Ibid.

51. No Ground Zero [pp. 385-98]

1. Fink e Mathias, *Never Forget*, op. cit.

52. Nos hospitais [pp. 399-400]

1. Fink e Mathias, *Never Forget*, op. cit.
2. Ibid.
3. História oral na Coleção do Museu de Tributo ao 11 de Setembro.

53. A geração 11 de Setembro [pp. 401-12]

1. Sheryl Meyer, postagem no perfil de Facebook da Associated Press, 3 ago. 2011, disponível em: <https://www.facebook.com/APNews/posts/10150259303741623?comment_id=17960249&comment_tracking=%7B%22tn%22%3A%22R%2360%22%7D>.
2. "Reader Memories of 9/11: Jingqu", *Los Angeles Times*, 2012, disponível em: <http://latimes.tumblr.com/post/9443823702/9-11-jingqu>.
3. "Reader Memories of 9/11: Katiewhy", *Los Angeles Times*, 2012, disponível em: <http://latimes.tumblr.com/post/9520540790/9-11-katiewhy>.
4. "Reader Memories of 9/11: Tumblingalma", *Los Angeles Times*, 2012, disponível em: <http://latimes.tumblr.com/post/9491800730/9-11-tumblingalma>.
5. Monica Hesse e Caitlin Gibson, "This Was 9/11 If You Were a Kid", *Washington Post*, 8 set. 2016, disponível em: <https://www.washingtonpost.com/lifestyle/style/this-was-911-if-you-were-a-kid/2016/09/08/b3371eb6-754c-11e6-8149-b8d05321db62_story.html?utm_term=.cb662d2333ac>.
6. Ibid.

7. Dan Reimold, "'Why Is the Sky Dark on the TV?': Students Share 9/11 Memories", *USA Today*, 11 set. 2014, disponível em: <https://www.usatoday.com/story/college/2014/09/11/why-is-the-sky-dark-on-the-tv-students-share-911-memories/37395955//>.
8. Hesse e Gibson, "This Was 9/11 If You Were a Kid", op. cit.
9. "Reader Memories of 9/11: Barelyasleep", *Los Angeles Times*, 2012, disponível em: <http://latimes.tumblr.com/post/9485063973/9-11-barelyasleep>.
10. Reimold, "'Why Is the Sky Dark on the TV?'", op. cit.
11. "Reader Memories of 9/11: Undermyhijab", *Los Angeles Times*, 2012, disponível em: <http://latimes.tumblr.com/post/9364021710/9-11-undermyhijab>.
12. Dina Spector e Kevin Lincoln, "Here's What Celebrities Were Doing When They Heard About 9/11", *Business Insider*, 10 set. 2011, disponível em: <https://www.businessinsider.com/celebrities-remember-september-11-2011-9>.
13. Karen Zhou, postagem: no perfil de Facebook da Associated Press, 3 ago. 2011, disponível em: <https://www.facebook.com/APNews/posts/10150259303741623?comment_id=18401186&comment_tracking=%7B%22tn%22%3A%22R%2328%22%7D>.
14. "Reader Memories of 9/11: Justliziam", *Los Angeles Times*, 2012, disponível em: <http://latimes.tumblr.com/post/9655398573/9-11-justliziam>.
15. "Reader Memories of 9/11: Kristincamillechez", *Los Angeles Times*, 2012, disponível em: <http://latimes.tumblr.com/post/9694959141/9-11-kristincamillechez>.
16. Hesse e Gibson, "This Was 9/11 If You Were a Kid", op. cit.
17. Ibid.
18. "Reader Memories of 9/11: Godinezzz", *Los Angeles Times*, 2012, disponível em: <http://latimes.tumblr.com/post/9575583896/9-11-godinezzz>.
19. "Reader Memories of 9/11: Alterposer", *Los Angeles Times*, 2012, disponível em: <http://latimes.tumblr.com/post/9573861880/9-11-alterposer>.
20. Hesse e Gibson, "This Was 9/11 If You Were a Kid", op. cit.
21. "Reader Memories of 9/11: Wastebaskets", *Los Angeles Times*, 2012, disponível em: <http://latimes.tumblr.com/post/9532243332/9-11-wastebaskets>.
22. "Reader Memories of 9/11: Oocbear", *Los Angeles Times*, 2012, disponível em: <http://latimes.tumblr.com/post/9515356892/9-11-oocbear>.
23. "Reader Memories of 9/11: jonmichaelkay", *Los Angeles Times*, 2012, disponível em: <http://latimes.tumblr.com/post/9357751088/9-11-jonmichaelkay>.
24. "Reader Memories of 9/11: notnadia", *Los Angeles Times*, 2012, disponível em: <http://latimes.tumblr.com/post/9997558234/9-11-notnadia>.
25. Joanna Fischetti, postagem: no perfil de Facebook da Associated Press, 3 ago. 2011, disponível em: <https://www.facebook.com/APNews/posts/10150259303741623?comment_id=17959833&comment_tracking=%7B%22tn%22%3A%22R%2382%22%7D>.
26. "Reader Memories of 9/11: Mallory", *Los Angeles Times*, 2012, disponível em: <http://latimes.tumblr.com/post/9365066210/9-11-mallory>.
27. "Reader Memories of 9/11: Shortformblog", *Los Angeles Times*, 2012, disponível em: <http://latimes.tumblr.com/post/9603515777/9-11-shortformblog>.
28. "Reader Memories of 9/11: Courtsomething", *Los Angeles Times*, 2012, disponível em: <http://latimes.tumblr.com/post/9508426372/9-11-courtsomething>.

54. Na Base Aérea de Offutt [pp. 413-8]

1. História oral na Coleção do Museu de Tributo ao 11 de Setembro.
2. "9/11: What Really Happened?", CNN.com, 14 set. 2002, disponível em: <http://transcripts.cnn.com/TRANSCRIPTS/0209/14/cp.00.html>.
3. Ibid.
4. Karen Hughes, "Karen Hughes Remembers the 9/11 Terror Attacks", *Fox News*, 9 set. 2011, disponível em: <https://www.foxnews.com/opinion/karen-hughes-remembers-the-9-11-terror-attacks>.

55. À tarde na América [pp. 419-21]

1. História oral no Projeto de Histórias Orais da Biblioteca Pública do condado de Arlington (Virgínia), disponível em: <https:// libraryarchives.arlingtonva.us/index.php/Detail/objects/195>.
2. Gilbert et al., *Covering Catastrophe*, op. cit., p. 209.
3. "Reader Memories of 9/11: Intellichick", *Los Angeles Times*, 2012, disponível em: <http://latimes.tumblr.com/post/10006807702/9-11-intellichick>.
4. Anne Marie Reidy Borenstein, postagem: no perfil de Facebook da Associated Press, 3 ago. 2011, disponível em: <https://www.facebook.com/APNews/posts/10150259303741623?comment_id=17959917&comment_tracking=%7B%22tn%22%3A%22R%2378%22%7D>.
5. Fink e Mathias, *Never Forget*, op. cit.

56. Procurando [pp. 422-7]

1. Gilbert et al., *Covering Catastrophe*, op. cit., p. 165.
2. Kimberly Archie, postagem: no perfil de Facebook da Associated Press, 3 ago. 2011, disponível em: <https://www.facebook.com/APNews/posts/10150259303741623?comment_id=17959995&comment_tracking=%7B%22tn%22%3 A%22R%2372%22%7D>.
3. Fink e Mathias, *Never Forget*, op. cit.
4. Ibid.
5. História oral na Coleção do Museu de Tributo ao 11 de Setembro.

60. À noite em Washington [pp. 440-3]

1. C-SPAN, "Former House Speaker Dennis Hastert on September 11, 2011".
2. Ibid.
3. Ibid.
4. "Reader Memories of 9/11: Breakthecitysky", *Los Angeles Times*, 2012, disponível em: <http://latimes.tumblr.com/post/10009875778/9-11-breakthecitysky>.
5. "Former Attorney General Recalls Sept. 11", NPR, 8 set. 2011, disponível em: <https://www.npr.org/2011/09/08/140291047/former-attorney-general-recalls-sept-11>.
6. "9/11: What Really Happened?", CNN.com, 14 set. 2002, disponível em: <http://transcripts.cnn.com/TRANSCRIPTS/0209/14/cp.00.html>.
7. Ibid.

61. No Salão Oval [pp. 444-6]

1. "Cheney Recalls Taking Charge From Bunker", CNN.com, 11 set. 2002, disponível em: <http://edition.cnn.com/2002/ALLPOLITICS/09/11/ar911.king.cheney/>.
2. Ibid.
3. Stephen F. Hayes, "Cheney Speaks", *Weekly Standard*, 23 jul. 2017, disponível em: <https://www.weeklystandard.com/stephen-f-hayes/cheney-speaks-14972>.
4. Ibid.

62. A noite do 11 de Setembro [pp. 447-58]

1. "Reader Memories of 9/11: Hystericalanduseless", *Los Angeles Times*, 2012, disponível em: <http://latimes.tumblr.com/post/9613642001/9-11-hysterical anduseless>.
2. Naudet, Naudet e Hanlon, *9/11*, op. cit.
3. "Last Man Out", *60 Minutes*, CBS News, 23 nov. 2004, disponível em: <https://www.cbsnews.com/news/last-man-out/>.
4. História oral na Coleção do Museu de Tributo ao 11 de Setembro.

63. O dia termina [pp. 459-63]

1. "Reader Memories of 9/11: Wholettheblogsout", *Los Angeles Times*, 2012, disponível em: <http://latimes.tumblr.com/post/9341803302/9-11-wholettheblogsout>.
2. Newseum, Trost e Shepard, *Running Toward Danger*, p. 242.
3. StoryCorps, "Beverly Eckert", op. cit.

Epílogo [pp. 465-502]

1. Creed e Newman, *Firefight*, op. cit., p. 261.
2. "Lyz Glick's Courage", *NBC News*, 20 ago. 2002, disponível em: <http://www.nbcnews.com/id/3080114/ns/dateline_nbc-newsmakers/t/lyz-glicks-courage/#.XHwCU2RKgy4/>.
3. StoryCorps, "On Sept. 11, He Checked Hijackers Onto Flight 77. It's Haunted Him Ever Since", NPR, *Morning Edition*, 9 set. 2016, disponível em: <https://www.npr.org/2016/09/09/493133084/on-sept-11-he-checked-hijackers-onto-flight-77-its-haunted-him-ever-since>.
4. Robert Lee Hotz, "Agonizing Search for Survivors", *Los Angeles Times*, 13 set. 2001, disponível em: <http://articles.latimes.com/2001/sep/13/news/mn-45260>.
5. "September 11: Bearing Witness to History", Instituto Smithsonian, disponível em: <https://amhistory.si.edu/september11/collection/record.asp?ID=41>.
6. Barbash, *On Top of the World*, op. cit., p. 41.
7. História oral no Centro de Tributo ao 11 de Setembro.
8. "Reader Memories of 9/11: Yespleaseandthankyou", *Los Angeles Times*, 2012, disponível em: <http://latimes.tumblr.com/post/9672897542/9-11-yespleaseandthankyou>.
9. Jenny Pachucki, "The Couric Effect: Katie Couric", Memorial e Museu do 11 de Setembro, 7 set. 2016, disponível em: <https://www.911memorial.org/our-city-our-story-podcast-series.>.
10. C-SPAN, "Aviation Officials Remember 11 de Setembro de 2001", op. cit.

11. Cullen Murphy e Todd S. Purdum, "Farewell to All That: An Oral History of the Bush White House", *Vanity Fair*, fev. 2009, disponível em: <https://www.vanityfair.com/news/2009/02/bush-oral-history200902>.
12. "9/11 audio timeline", Museu e Memorial Nacional do 11 de Setembro, disponível em: <https://timeline.911memorial.org/#Timeline/3/AudioEntry/656>.
13. "How 9/11 Changed Us", *New York*, 11 set. 2003, disponível em: <http://nymag.com/nymetro/news/sept11/2003/n_9196/>.
14. "Stories of Flight 93", CNN, 18 fev. 2006, disponível em: <http://transcripts.cnn.com/TRANSCRIPTS/0602/18/lkl.01.html>.
15. Richard W. Stevenson e Jonathan Fuerbringer, "After the Attacks: The Economy; Nation Shifts Its Focus to Wall Street as a Major Test of Attack's Aftermaths", *New York Times*, 17 set. 2001, disponível em: <https://www.nytimes.com/2001/09/17/business/after-attacks-economy-nation-shifts-its-focus-wall-street-major-test-attack-s.html>.
16. Fink e Mathias, *Never Forget*, op. cit.
17. Barbash, *On Top of the World*, op. cit., p. 88.
18. Fink e Mathias, *Never Forget*, op. cit.
19. Comissão Nacional de Inquérito sobre os Ataques Terroristas aos Estados Unidos, "Testimony of the Former Commissioner of the New York City Fire Department Thomas Von Essen".
20. "The Tragedy Expert", podcast *Without Fail*, 8 abr. 2019, disponível em: <https://gimletmedia.com/shows/without-fail/5who4m/the-tragedy-expert>.
21. POLITICO Playbook, 11 set. 2017, disponível em: <https://www.politico.com/story/2017/09/11/playbook-birthday-jeh-johnson-242544>.
22. Creed e Newman, *Firefight*, op. cit., p. 455; Ver também: "Statistics From 9/11 and 15 Years Later", *Never Forget Project*, disponível em: <http://neverforgetproject.com/statistics/>.
23. Creed e Newman, *Firefight*, op. cit., p. 455.
24. Dr. David Prezant, "FDNY World Trade Center Health Program Fact Sheet", 20 jul. 2015, disponível em: <http://www.911healthwatch.org/files/WTC-Health-Program-911--FDNY-fact-sheet.pdf>.
25. "On Sept. 11, He Checked Hijackers Onto Flight 77: It's Haunted Him Ever Since", NPR, 9 set. 2016, disponível em: <https://www.npr.org/2016/09/09/493133084/on-sept-11-he-checked-hijackers-onto-flight-77-its-haunted-him-ever-since>.
26. Alan Baker, "Mourning a Woman Who Shared a 9/11 Miracle", *New York Times*, 16 jan. 2011, disponível em: <https://www.nytimes.com/2011/01/17/nyregion/17harris.html>.
27. "Farewell to the 'Guardian Angel of 9/11'", republicação do *Memorial Business Journal da NFDA*, 7 abr. 2011, disponível em: <http://www.memorialsolutions.com/sitemaker/sites/Maryla1/images/WebsiteArticle-FarewelltotheGuardianAngelof9-11.pdf>.
28. Marla Diamond, "Firefighters Say Goodbye to Their 9/11 'Guardian Angel'", *CBS News*, 21 jan. 2011, disponível em: <https://newyork.cbslocal.com/2011/01/21/firefighters-say-goodbye-to-their-911-guardian-angel/>.

Índice remissivo

Números de páginas em *itálico* referem-se a ilustrações

A

Aaron, Steve, 380
Abbottabad (Paquistão), 500
ABC News, 87, 178, 240, 248, 374, 437
Abruzzo, John, 70-1, 148, 212, 214
Ackerman, Jack, 323
Addington, David, 446
Adrat, Timothy, 453
Aeronáutica dos Estados Unidos, 19, 91, 122, 140, 190, 431, 438, 486
Aeroporto de Johnstown (Condado de Cambria, Pensilvânia), 161
Aeroporto de LaGuardia (Nova York), 36, 81-3, 163, 423
Aeroporto Internacional de Newark (Nova Jersey), 26, 36, 81-3, 131, 163, 196, 423
Aeroporto Internacional de Portland (Maine), 33, 35
Aeroporto Internacional Dulles (Washington, D.C.), 30, 35, 115-7, 119, 332, 467, 497
Aeroporto Internacional Logan (Boston), 41
Aeroporto Kennedy (Nova York), 36, 275
Aeroporto Nacional Reagan (Washington, D.C.), 98, 115, 117, 160, 230, 342, 381, 420
AFA (Administração Federal de Aviação), 29, 50-1, 78-82, 116, 136-7, 160, 202, 230, 342, 377, 415, 488, 496
Afeganistão, 20, 114, 248, 250, 428-9, 488, 493
África Oriental, Embaixada na, 459
Ahmed, Mahmud, 109

Air Force One (avião presidencial), 101, 104, 105, 192, 236, 240, 242-5, *300*, *311*, 341, 345, 374-6, 413-4, 417, 435, 437-9
airfones, 132, 134, 198
Algana, Joe, 483
Ali, Jeannine, 33, 149, 156, 270
All Things Considered (programa de rádio), 97
Allbaugh, David, 333
Allex, Vaughn, 35, 467, 497
Al-Qaeda, 29, 110, 124, 246-9, 251, 405, 416, 428, 435, 488, 500-1
Al-Qahtani, Mohammed, 131
American Airlines *ver* voo da 11 American Airlines; voo 77 da American Airlines
Amico, Paul, 325
Amoroso, Christopher, 141, 187, 283
Anderson, Ray, 233-5
Anderson, Ted, 122, 256-8, 262, 333, 465
Anticev, John, 247, 251
Aon Corporation, 62, 85, 90, 142, 151, 165, 167, 170, 175, 177-8, 363, 448, 463, 472
APP de Nova York *ver* Controle de Aproximação de Nova York
Archie, Kimberley, 423
Armey, Richard, 33, 108, 127, 338, 382, 440, 475
Armitage, Richard, 415
Armory (Nova York), 423
Arnold, Larry, 51-2, 80, 116, 160-1, 190-1, 195, 202, 237, 416
Asher, Joe, 474
Aspen (cabana do presidente em Camp David), 446
Associação Beneficente de Pilotos Unidos de Sandy Hook e Nova Jersey, 220
Associação de Ambulâncias da Região de Somerset, 225, 228

Associated Press, 34, 241, 350, 411
Aswad Jr., Edward ("Eddie"), 174, 183, 220
ATA Airlines, 162
Atta, Mohamed, 46-7, 51
Autoridade Portuária, 31, 36, 54, 58, 60-1, 63, 67, 69-72, 74, 82, 85, 88, 92, 139-40, 143-4, 146, 148-9, 152, 165, 172, 175, 178, 182, 184, 212, 214, 218, 268, 273, 275, 283-5, 288, 362, 387, 397, 424, 452, 454, 456-7, 469, 484, 490-1
Avalon Partners, 164
AWACS (aeronave de vigilância aérea), 237

B

Bacon, Bobby, 394
Baer, Susan, 83, 423
Baker, Lourdes V., 409
Baker, William, 379
Balfour, Richard, 414
Ballinger, Ed, 131
Bank of America, 37, 58, 90, 155, 171, 180, 218, 276, 358
Barbara, Jerry, 66
Barnes, Anthony, 112, 113, 188, 191-2, 369, 443
Barron Trucking, 201, 225-6
Bartlett, Dan, 438, 478
Base Aérea de Andrews (Maryland), 116, 130, 194, 339, 381, 435
Base Aérea de Barksdale (Louisiana), 53, 242, 345, 347, 374
Base Aérea de Bolling (Washington, D.C.), 371
Base Aérea de Langley (Virgínia), 80-1, 84, 336
Base Aérea de Offutt (Nebraska), 305, 348, 374, 413, 417, 435
Base Aérea de Otis (Massachusetts), 32, 48, 52, 83, 275
Base Aérea de Tyndall (Flórida), 51, 80, 116, 160, 190, 195, 202, 237, 417
Battery Park (Nova York), 55, 153-4, 173, 180, 321, 326, 385
Baumgardner, Alan, 224
Beamer, Lisa, 480-1
Beamer, Todd, 136, 203, 480-1

Bear Stearns, 89, 178, 365, 399
Beckwith, Robert, 478
Bedke, Kurt, 374
Bell, Ben, 420
Berryville (Virgínia), 381
Bielfeld, Pete, 173
Bienkowski, Steven, 88, 138, 218
Biggio, Terry, 161-2
Bin Laden, Osama, 235, 246-9, 253, 499-501
Bingham, Mark, 131, 133, 197, 231
Bitwinski, Peter, 70, 71, 146, 148
Blair, Robert ("Bobby"), 226
Blanche, Bill, 389, 393
Blanset, Ralph, 226
Blasi, Ralph, 156
Blihar, Stephen, 146, 273, 424
Blozis, Joe, 74, 185, 219
Bolsa de Valores de Nova York, 179, 328, 460, 482, 490
Bolten, Josh, 192, 416, 443
bombeiros de Nova York *ver* Corpo de Bombeiros de Nova York (CBNY)
Bongardt, Steve, 249-51
Borenstein, Anne Marie Reidy, 421
Borgstrom, Craig, 81, 84
Bostick, Keturah, 64, 154, 324-5
Bouck, Emily, 408
Bowman, Craig, 228
Bradshaw, Philip, 198
Bradshaw, Sandra, 198, 228
Brady Jr., John Milton, 256, 336
Braid, Jeffrey, 229-30
Braman, Christopher, 114, 255-8, 261-2, 337, 372
Braman, sra. Christopher, 114
Bravo, Monika, 27-8, 289, 477
Bremer, L. Paul, 246
Brink, David, 74, 94, 157, 181, 213, 287, 288, 316, 328, 424-5, 483-4, 491
Bristow, Paul, 38
Broadbent, Joe, 68
Broderick, James, 226-8
Brokaw, Tom, 25, 462
Brookfield Properties, 156
Brotherton, Shane, 243
Brown, Aaron, 179

Brown, Kevin, 125
Brown, Paddy, 75, 267
Bryan, Craig, 118
Bryant, Robert ("Bear"), 248
Brzezinski, Mika, 422
Bueno, Dan, 47
bunkers, 18, 101, 110-3, 188, *300*, *306*, 341, 369, 371, 374, 381, 414, 442, 446
Burke, Billy, 212
Burnett, Deena, 86-7, 132-4, 137, 197, 203, 231, 421, 449
Burnett, Tom, 132, 134, 197, 231, 421, 449
Burns, Donald, 66
Bush, George H. W., 102
Bush, George W., 24, 31, 33-4, 105-6, 108, 166, 236, 241, *292*, *300*, *305*, 306, 367, 370, 416, 418, 436, 478, 482, 501; discurso à nação, *312*, 348, 402; e a morte de Bin Laden, 501; eleição e posse de, 34, 107; na Base Aérea de Barksdale, 242-5, 346-9; na Base Aérea de Offutt, *305*, *306*, 348, 350, 374, 376, 413, 417, 435; na Escola de Ensino Fundamental Emma Booker (Sarasota, Flórida), 33-4, 99; retorna a Washington, *311-2*, 435; *ver também Air Force One* (avião presidencial)
Bush, Laura, 31, 108
Butler, Billy, 269, 271, 284
Butler-Gee, Eve, 18, 33, 338, 441-2
Buzinski, William ("Buzz"), 101, 105-6, 240, 345, 413
Buzzelli, Louise, 72-3, 89, 92-3, 214-5, 275, 392, 397, 452, 492
Buzzelli, Pasquale, 72-3, 89, 92-3, 214-5, 273-5, 285, 387, 391-2, 396-7, 452, 491-2
Byrd, Robert C., 129

C

C-130 (avião), 116
cães de salvamento, *316*
Cahill, John, 400
Cahill, Mary Beth, 475
Caine, Dan ("Razin"), 191

Cake, Chuck, 431, 461, 466
Calio, Nic, 189-90, 418, 443
Callahan, Eddie, 425
Camille, Kristin, 406
Camp David (Maryland), 206, 237, *314*, 381, 446, 482
Canadá, 23, 31, 160, 374-5
Canal de Suez, 428
câncer (em função dos atentados de 11 de setembro), 495
Cantor Fitzgerald (empresa), 26, 30, 38-9, 57, 58, 61, 64-5, 69, 71, 142, 164, 165, 169, 174, 178, 181, 277, 353, 355, 361, 399, 471, 474, 485, 488-9, 500
Capitólio (Washington, D.C.), 18, 108, 127-30, 233, *300*, *313*, 338, 339, 381, 384, 439-41, 475
Carbonetti, Tony, 221
Card, Andy, 34, 99, 101-7, 237-9, 241-2, 244-5, *300*, 346-7, 349, 375-6, 415-6, 435, 438-9, 442
Cardin, Martha, 258, 432
Carey, Pat, 281
Carney, Jay, 350
Carpenter, Linda, 420
Carra, Mallory, 411
Carroll, Brian, 207
Carruthers, Frank, 357
Carter, Steven, 121, 255-6, 341
Cartier, James, 166-7, 173, 222, 365
Cartier, John, 167-8, 170, 173-4, 222-3, 365
Cartier, Marie, 166
Cartier, Michele, 61, 166-7, 174, 222-3
Casa Branca: Centro de Operações de Emergência Presidencial (COEP), 111-3, 188-9, *300*, 341, 369; Programa de Contingência Presidencial, 112, 188, 369, 443; Sala de Crise da, 109, 112, 189, 238-9, 442; Secretaria de Políticas Nacionais de Controle de Drogas, 111
Cassano, Sal, 66, 385, 472, 498
CBS News, 86, 188, 244
Cemitério de Arlington (Virgínia), 332
Central de Comunicações de Emergência do Condado de Arlington (Virgínia), 125, 334

Centro de Controle de Tráfego da Rota Aérea de Boston, 41, 46
Centro de Controle de Tráfego da Rota Aérea de Cleveland, 131-2, 202, 468
Centro de Operações Conjuntas, 111
Centro de Operações de Emergência Presidencial (COEP, Casa Branca), 111-3, 188-9, *300*, 341, 369
Centro de Operações do Exército, 466
Cerf, Alexa, 404
Chandler, Will, 240, 413
Cheney, Dick, 26, 109-10, 112-3, 188, 191-3, 236, 241, 265-6, *292*, *300*, *314*, 340, 369, 383-4, 418, 446, 494
Cheney, Lynne, *314*
China, 26, 416
Christophe, Charles, 89, 277, 447-9, 473, 489
Christophe, Gretchen, 448, 473, 489
Christophe, Kirsten L., 89, 277, 448-9, 473, 489
CIA (Central Intelligence Agency), 21, 34, 102, 243, 250, 340, 342, 376, 415-6, 435, 499, 501
Cirri, Robert, 279
Claes, Marcel, 148
Clark, Brian, 143
Clark, James, 224
Clarke, Richard, 189, 249, 415
Clarke, Victoria ("Torie"), 114, 124, 265-6, 340-3, 433-4
Claus, Matt, 485
Claus, Tracy, 485
Clayson, Jane, 86-7
Clifford, Steve, 457
Clinton, Bill, 247
CNN (Cable News Network), 83, 98, 101, 153, 169, 179, 219, 229, 277, 367, 383, 415, 460, 481
Cochran, Johnnie, 249
Cohen, Tania, 404
Collins, Liz, 154
Comando Aéreo Estratégico, 374
Comando de Defesa do Aeroespaço Norte Americano (CDANA), 47, 83, 190
Combs, Chris, 204-6, 255, 330-2, 335, 372

Comissão do 11 de Setembro, 250
Comitê de Inteligência da Câmara, 109, 128
Comitê Judiciário da Câmara, 127, 339, 475
Compaq Computers, 326
Compton, Ann, 240, 242, 245, 374, 417, 437
Conley, Bruce, 56
Conselho de Segurança Nacional, 26, 109, 112, 189, 369, 415
Conselho de Transporte Metropolitano de Nova York, 181
Conselho Nacional de Segurança no Transporte, 377
Controle de Aproximação de Nova York (APP), 79
Controle de Segurança de Tráfego Aéreo e Auxiliares à Navegação Aérea (CSTAANA), 160
Cooper, Joseph, 47-8
Corpo de Bombeiros de Fort Myer, 254
Corpo de Bombeiros de Nova York (CBNY), 25, 29, 32, 37, 54, 66-8, 75-6, 89, 91-6, 138-40, 148, 155, 158, 170-3, 175-6, 181-3, 185, 207-9, 211-3, 217, 219, 267-70, 272-5, 278, 280, 282, 284, 287-8, 321-3, 327, 356-8, 364-5, 385-8, 390-1, 422, 424-7, 449-51, 468, 471-2, 478, 482-5, 491, 495, 497-8, 502; batalhão 1, 54, 138, 183, 209, 217, 389; batalhão 2, 390; Comando de Operações Especiais do, 391; equipe 18, 95, 356, 388, 390, 482; equipe de ambulância 1, 422; equipe de ambulância 2, 356, 365, 422, 426-7, 468; equipe de ambulância 3, 389; equipe de ambulância 5, 92, 158, 172, 175, 208, 268, 287, 424, 495; equipe de combate a incêndio 1, 451; equipe de combate a incêndio 10, 67; equipe de combate a incêndio 16, 67, 91, 139, 282, 387, 451, 483, 495; equipe de combate a incêndio 21, 267; equipe de combate a incêndio 238, 158, 278; equipe de combate a incêndio 24, 148, 172, 213, 273; equipe de combate a incêndio 39, 388-9, 394; equipe de combate a incêndio 4, 396; equipe de combate a incêndio 74, 68, 76, 176, 280, 288, 322,

357, 425; equipe de combate a incêndio 76, 478; equipe de resgate 3, 75, 89, 267; equipe de resgate 5, 67, 92, 208, 271-2, 388, 394, 484; equipe de resgate 6, 32, 67-8, 75, 94, 140, 212-3, 267, 269, 282, 284, 387-90, 427, 451, 497; equipe de resgate 7, 356, 451; equipe de resgate 10, 37, 68, 91, 155, 173, 181, 183, 219, 270, 275, 358, 360, 472, 491; equipe de resgate 113, 358; equipe de resgate 13, 96, 267, 272; equipe de resgate 20, 175; equipe de resgate 43, 393; equipe marinha 1, 182

Corpo de Bombeiros de Wilton (Connecticut), 386

Corpo de Bombeiros do Condado de Arlington (Virgínia), 125, 205, 264, 336, 431, 466, 485, 495

Corpo de Bombeiros Voluntários de Shanksville, 201, 225-6, 230, 378, 459

Corpo de Bombeiros Voluntários de Somerset, 224

Corpo de Bombeiros Voluntários de Stoystown, 224, 226-8

Cosgrove, Bill, 209-10

Cosgrove, Kat, 408

Coughlin, Dan, 129

Couric, Katie, 32-3, 86-7, 98, 474

Cowan, James, 88, 183

Crane, Pete, 55

Creedon, Dan, 115-7, 160, 162, 342

Creedon, Gerry, 129

Crisci, John, 422, 426

Crisci, Lenny, 422

Crisci, Millie, 422

Crogg, Scott ("Hooter"), 239, 243, 348, 374-6, 415, 417, 439

Crowley, Sean, 174, 184, 186

Crowther, Welles, 142, *318*

Cruz Vermelha, 483

Culbertson, Frank, 23, *304*

Cunningham Park (Nova York), 356

Custer, Keith, 224-5, 227, 229-30, 459

D

D'Agostino, Sal, 140
D'Allara, John, 268, 272
Dahl, Jason, 131
Daly, Jim, 33, 332, 335, 487
Dammann, Andrea, 377, 488
Daniels, Cynthia, 228
Daniels, Sandra Kay, 100
Daschle, Tom, 32, 109, 128-9, 339, 381-3, 440-2, 474
Davis, Aubrey, 125, 264-5
Davis, James, 111
Day, Michael, 219-20, 323-25, 452, 461
Daya-Dominguez, Gabriella, 419, 468, 473
De Niro, Robert, 277
Degnon, George, 194
Delendick, John, 94, 185, 211, 274, 327
Delfine, Paul, 136
Dellinger, Bruno, 32, 54, 142, 147-8, 150, 165, 174, 183, 364, 447, 460
Deloitte & Touche, 71
DeLuca, Peter, 498
DeMarco, Mark, 423
DeMarco, Quentin, 158
DeMartini, Frank, 69
Departamento de Controle de Drogas, 330
Departamento de Defesa dos Estados Unidos, 265, 340-1, 465
Departamento de Justiça dos Estados Unidos, 30, 109, 115-6, 248-9, 252
Departamento de Polícia da Autoridade Portuária (DPAP), *318*, 501
Departamento de Polícia de Indian Lake, 227, 378
Departamento de Polícia de Nova York (DPNY), 55, 67, 73-5, 88, 90-1, 94, 138-9, 146, 157-9, 165-6, 174-5, 181-6, 208-10, 212-3, 216, 218-21, 247, 250, 268, 272-3, 276-8, 283, 286-7, 321-3, 328, 358, 367-8, 385-6, 399-400, 423-6, 451, 453-4, 457, 461, 482-4
Departamento de Polícia do Condado de Arlington (Virgínia), 33, 254, 332, 487
Departamento de Transporte da Pensilvânia, 476

Deskins, Dawne, 52, 117
Dettloff, Mary, 468, 481
Deutsche Bank, 36, 73, 270, 276
Di Rita, Lawrence, 341-2, 433
DiDomenico, James, 395
Dillard, Eddie, 20, 98, 119, 447, 488, 493
Dillard, Rosemary, 20, 30, 98, 119, 447, 449, 488, 493
Discurso de Gettysburg (Lincoln), 380
Dobson, James, 175
doenças relacionadas aos atentados de 11 de Setembro ao World Trade Center, 495
Doi, Melissa, 143-4
Dolch, Ada, 31, 63-4, 153-4, 180, 186
Dolch, Wendy, 64
Donahoo, Tracy, 67, 75, 181, 184-5, 276, 399, 451, 482
Dooley, Matt, 429
Doran, Debbie, 252
Downey, Chuck, 95, 357, 390-1
Downey, Joe, 95, 356-7, 388, 390-1, 482
Downey, Ray, 95, 357, 390
Draper, Eric, 106, 107, 241-2, 375, 414, 435-6
Drew, Richard, *295*
Drewecki, Peter M. ("Mike"), 229, 231, 460
Dubrocq, Lazaro, 103
Duckett, Kelley, 51
Duffy, Michael, 207, 210-1
Duffy, Tim, 32, 52, 83, 275
Dunn, Jennifer Blackburn, 441
Dunn, Joyce, 33
Duvall, Keith, 322

E

Earle, Rick, 380
Early Show, The (programa de TV), 86
Earwood, Gerald, 81-2, 161, 163, 477
Eberhart, Ralph, 266, 371
Eckert, Beverly, 85, 170, 177, 463
Eckert, Ellen, 103, 106, 348-50, 375, 414, 436
Eckmann, Dean, 336
Edelman, Eric, 192
Edwards, Bob, 97

Egan, Charlie, 141
Eichen, Richard, 30, 38, 57-8, 70, 141, 145, 150-2, 156, 272, 276-8, 286, *290*, 328, 354-5, 502
Elaasar, Hiba, 404
Ellington Field (Houston), 239, 243
Ellis Island (Nova York), 55, 181, 277, 362
Elmendorf, Steve, 383-4, 440, 475
embaixadas dos Estados Unidos, bombardeios de, 247
Escoffery, Kenneth, 175, 484
Escola de Ensino Fundamental Emma Booker (Sarasota, Flórida), 33-4, 99, 100, 103, 292
Escola de Ensino Médio Leadership and Public Service (EMLPS, Nova York), 31, 63-4, 153-4, 180, 324, 325, 471
Escola de Ensino Médio Stuyvesant (Nova York), 425
Escola H. B. Woodlawn (Arlington, Virgínia), 233-4, 420, 496
Escola Hoffman Boston (Arlington, Virgínia), 235
Escola Secundária de Williamsburg (Arlington, Virgínia), 371
Escritório de Gerenciamento de Emergências (Nova York), 73
Esposito, Billy, 469
Esposito, Joe, 55, 90, 92, 166, 277, 283, 400, 483
Esquadrão de Caças 111 (Houston), 239
Estação Espacial Internacional, 23, *304*
Estação Naval de Norfolk (Virgínia), 429
Estado-Maior Conjunto, 114
Estátua da Liberdade (Nova York), 27, 55, 88, 325
Estrada, Elizabeth, 406
estresse pós-traumático, transtorno do, 494, 497
EuroBrokers, 143, 448
evacuação marítima de Nova York, 19, *301*, *308*
Exército dos Estados Unidos, 120, 122-3, 258-9, 371, 431, 446, 473, 479, 487, 494, 501

F

Fagone, Jason, 98
Fahrenheit 9/11 (documentário), 103
Falco, Tommy, 269, 390, 427
Fallucca, Pete, 395
Fazio, Ron, 62
FBI (Federal Bureau of Investigation), 21, 29, 103, 111, 125, 133, 157, 204-5, 209, 229, 246-53, 255, 280, 299, *303*, 330-2, 335-6, 353, 372, 377, 418, 427, 450, 459, 475-7, 480, 485-6, 488, 494
Feehery, John, 127, 383, 384, 440-1
Feinberg, Kenneth, 490
Felt, Edward, 196-7
Fema (Federal Emergency Management Agency), *316*
Fernandez, Rosmaris, 154, 180, 186
Ferrer, Fernando, 31, 64, 91, 450
Fiduciary Trust, 152, 156, 182, 423, 447, 479, 501
Fields, Lawrence, 67
Filomeno, James, 182
Findley, Rick, 191
Finley, Joe, 356-7
Fiorillo, Barbara, 149
Fischetti, Joanne, 410
Fisher-Price (fabricante de brinquedos), 29
Fleischer, Ari, 100, 105, 237, 239, 241, 346, 349, 375, 439, 442
Flick, Merle, 226
Flynn, Theresa, 233-5, 420-1, 496
Força-Tarefa Conjunta de Terrorismo do FBI, 246, 248-9, 450, 459
Francis, Lachlan, 402
Fred Alger Management, 56
Fried, Gregory, 157, 182, 208, 216
Frost, Martin, 130, 334, 339, 441-2
Frost, sra. Martin, 334-5
Fuentes, Al, 391
Fuji Bank, 88, 90, 142
Fuller, Mahlon, 136, 496
Fundo de Compensação às Vítimas do 11 de Setembro, 490
funerais, 484-5, 489, 498

G

Gabinete de Políticas e Análise de Inteligência (Departamento de Justiça), 248-9
Gabinete de Revisão Quadrienal da Defesa (Exército dos Estados Unidos), 259
Ganci, Peter, 25, 66, 67, 94, 171
Garcia, Irene C., 407
Garcia, Mike, 74
Garner, Beau, 402
Garrison, Sarah, 370
Gaston, Brian, 127, 338
Gaudin, Steve, 248, 250-3
Gentzler, Doreen, 246
Gephardt, Richard, 382-3, 440, 475
Geração 11 de Setembro, 401-12
Germain, Paul, 101, 240
Giambastiani, Edmund, 124, 249, 341, 343, 371, 433, 434, 466
Giammona, Vinnie, 155, 472
Gibbs, Charles, 205, 254, 264, 336
Gibbs, Jacqui, 323
Giuliani, Rudolph ("Rudy"), 25, 29, 31, 63, 65-6, 93-4, 158-9, 166, 180, 208, 220-1, 276, *297*, 366-8, 423, 462, 482
Gladwell, Yates, 202
Glenn, John, 109
Glick, Emerson, 135, 467
Glick, Jeremy, 26, 133, 198, 200, 232, 467
Glick, Lyzbeth, 26, 133-5, 198, 200, 203, 232, 467
Godinez, Jose, 407
Goldman Sachs, 209
Goldman, Michelle, 326
Golfo Pérsico, 428
Gomez, Enrique, 352
Gomez, Joann, 352
Gomez, Jose Bienvenido, 352
Gomez, Melissa, 352-3
Gonzales, Alberto, 442
Gonzalez, Nydia, 43-7
Goss, Porter, 109, 128-30
Gotbaum, Betsy, 355
Gottesman, Blake, 237
Gould, Tom, 241, 438

Governor's Island (Nova York), 324
Graham, Bob, 109
Grandcolas, Jack, 135
Grandcolas, Lauren, 135
Grasso, Richard, 179, 328, 460, 490
Gray, Larry, 468
Gray, Robert, 206, 263-4, 496
Graziano, Joe, 96, 267-8, 272
Greenberg, Elaine, 39
Greene, Jenna, 401
Greyson, Rick, 162
Gronlund, Linda, 135
Ground Zero ("Marco Zero"), 211, *309*, *315*-6, *318*, 356, 385, 422, 425-6, 453, *458*, 461, 473, 478, 482, 490, 494; a "Pilha" (escombros do World Trade Center), *309*, 385, 387, 394, 425-6, 453, 461, 470, 486; doenças relacionadas aos atentados de 11 de Setembro, 495; *ver também* Torre Norte; Torre Sul; World Trade Center (Nova York)
Grunewald, Rob, 122-3, 258, 259, 371, 431-2, 479
Grunewald, sra. Rob, 371-2
Guarda Costeira, 19, 108, 219-20, 321, 323-5, 452, 461, 481-2
Guarda Nacional, 190-1, 193, 238, *315*, 342, 367, 411, 461, 466
Guerra Fria, 50, 239, 345, 374, 381, 383
Gumbel, Bryant, 86
Gunderson, Brian, 33, 108, 127, 129-30, 338, 382-4, 440, 475
Guzman, Genelle, 71, 214, 215, 273, 285, 397-8, 469-70

H

Haga, Celine, 442
Hagin, Joe, 101
Haltiwanger, Frank, 233-4
Hamilton, Alexander, 481
Handel, Bill, 410
Hanlon, James, 211
Hanson, Christine, 78
Hanson, Peter, 78
Hanson, Sue Kim, 78
Hansson, Gregg, 172, 213, 273
Harden, Boyd, 473
Hardy, Norma, 424, 484
Haring, Tom, 327, 388
Harper, Randall, 126, 335
Harrell, Harvey, 92
Harrington, Bob, 168
Harris, Josephine, 269, 271, 284, 498
Harrison, Frank, 169
Harrison, Rex, 432
Hart, Steve, 23
Hashagen, Paul, 288
Haspel, Gina, 29
Hastert, Dennis, 20, 128-30, 381-4, 440-2
Hatten, Terry, 367
Hauer, Jerry, 249
Hayden, Peter, 76, 95, 267, 395
Haynes, William, 124, 340-1, 465
Hazel, Mel, 271
Hein, Tahlia, 410
Heithoff, Chad, 413
Hennick, Chris, 166
Henry Hudson (balsa), 323
Herbstreit, David, 336
Herndon (Virgínia), 29, 31, 51, 79-80, 82, 116, 137, 160, 202
Herrada, Dillon, 467, 468
Herrada, Susannah, 419, 467-8, 493
Hickey, Brian, 472
Hirsch, Charles, 74, 157, 183, 474
Hoagland, Alice Ann, 133-4, 197, 231
Hoey, Pat, 72
Hoffer, Jim, 422
Holl, Stephen, 330-1
Homem em queda (fotografia), 295
Homer, LeRoy, 131
Horrock, Michael, 41
hospitais, 26, 54, 63, 68, 94, 262, 273, 297, 322, 336, 353-4, 385, 397-400, 419, 422, 431-2, 449-50, 458, 467, 470-1, 473, 479, 487, 495
Hospital Beekman Downtown (Nova York), 54, 94, 273
Hospital St. Vincent's (Nova York), 66, 68, *297*, 399-400, 452
Hotaranu, Razvan, 64, 153

Hotel Marriott (World Trade Center), 36, 39, 61, 63, 73, 76, 91, 175-6, 280, 288, 326, 391, 492
Hotel Millennium (Nova York), 75
Howard, Hillary, 33
Huczko, Steve, 279, 496
Hughes, Karen, 112, 242, 244, 418, 442-3
Hughes, Melissa Harrington, 168
Hughes, Sean, 168
Hunor, Robert, 118, 120, 333-4, 466
Hussein, Manar, 405
Huvaine, John, 367
Huzsek, Kevin, 225-6, 228

I

Iêmen, 247
Igreja St. Paul's (Nova York), 328, 483
Ill, Freddy, 268
intifada palestina, 34
Iraque, 20, 348, 376, 428
Irby, John F., 126, 487
Israel, 34, 330

J

Jacobs, Michael, 164
James, Tony, 230, 377, 488
Jefferson, Lisa, 134-6, 198, 203, 480
Jellock, Matthew, 405
Jennings, Peter, 87, 178, 417
Jensen, Donna, 173
Jester, John, 125, 205, 255, 371
Jimeno, William, 31, 37, 54, 67, 139-41, 158, 172, 174, 184, 187, 216, 281, 283, 385-6, 395, 397-8, 425, 453-8
Jing Qu, 403
Johansen, Peter, 55
John D. McKean (barco dos bombeiros), 175
Johndroe, Gordon, 34, 103-4, 106, 239, 243-4, 345, 349-50, 417, 436, 438
Johnson, Jeff, 68, 76, 176-7, 280-1, 288, 322, 357, 425, 492
Johnson, Jeh, 493
Johnson, Roe, 492
Jonas, Jay, 32, 67-8, 75, 94-5, 140, 146, 212-3, 267, 269, 271, 282, 284, 387-90, 393-6, 427, 451, 497-9
Jones, Herb, 323
Jones, Nate, 420
Jones-Pinkney, Natalia, 100
JPMorgan Chase, 323
Judge, Mychal, 25, 207-9, 211

K

Kahn, Jan, 181
Karnes, Dave, 453
Kasey, Billy, 267
Kay, Jon, 410
Keaton, George ("Bill"), 162
Keck, Tom, 53, 245, 347-50, 374
Keen, Judy, 350
Kehoe, Mike, *294*
Kelley, David, 252
Kelly, Francine, 68, 400
Kelly, Vicki Cross, 60
Kennedy, Edward M., 475
Kerekes, Tibor, 221
Kerik, Bernie, 20, 91, 94, 159, 166, 221, 367-8
Kesterson, Laurence, 229, 459
Kiesling, Jimmy, 392
Kim, Al, 76, 175, 184, 217, 286, 288, 327
King, Rick, 201, 224-5, 227, 378-9
Kirk, Matt, 104
Kirkpatrick, Courtney, 412
Kirtzman, Andrew, 65-6, 218, 221-2, 276, 366-8, 502
Kisling, sr., 125
Klimow, Daniel, 371
Klimow, Edie, 371
Klimow, Matthew, 114, 124, 136, 191, 193, 266, 340-4, 370-1, 416, 433
Knezovich, Martin, 476
Kocher, Scott, 121, 331, 333, 466
Kolko, Richard, 450
Korn, Robert, 403
Kotz, Jared, 37-8, 40, 56, 61, 363, 462, 477
Kravette, David, 38-9, 58-9, 353, 355, 489

Kress, B. Alexander ("Sandy"), 34, 100
Kross, Mickey, 67, 91, 139, 145-6, 152, 282-4, *318*, 387-90, 393-5, 451, 469, 483-4, 495
Krouner, Linda, 152, 156, 182, 423, 447, 479, 501
Kuchman, Bill, 409
Kuveikis, Thomas Joseph, 404

L

Labetti, Constance, 62, 151, 153, 165, 175, 363, 472
Ladley, James, 399
Langone, Peter, 170, 365
Langone, Terri, 170, 365
Langone, Thomas, 365
Larabee, Christopher, 169, 489
Larabee, Stephen, 169, 489
Lark, Dana, 101, 238, 244
Larson, Paul, 254
Lauer, Matt, 86
Lauffer, T. Michael, 228, 378
Lawrence, Vanessa, 27-8, 32, 38, 58-9, 70, 150, 183, 185, 364, 491
Leder, Robert, 57, 59
Lee, Paul, 395
Lefler, Lisa, 472
Lehman Brothers, 61, 166, 174, 222
Leigh, Daphne, 411-2
Lemaitre, Rafael, 111
Lensbouer, Tim, 201, 228
Leuthold, Catherine, 175
Levin, Carl, 433-4
Levin, Neil, 480
Libby, Lewis ("Scooter"), 110, 418, 446
Liberty Medal, 492
Lim, David, 282
Limerick, Christine, 111
Lincoln, Abraham, 380
Lisi, Anthony, 139, 461
Local R (bunker subterrâneo supersecreto), 341-2
Lombardi, Frank, 152, 275
Lomi, Juana, 54, 94, 273
Lomonaco, Michael, 33, 37, 60, 62-3, 473

Longman, Jere, 379
Loprano, Frank, 82
Lott, Joseph, 39, 326
Lott, Trent, 384
Loy, James, 108, 481
Luedke, Kristie, 161
Luongo, James, 139-40, 273, 274, 286, 323, 358
Lutnick, Gary, 170
Lutnick, Howard, 65, 164-5, 169-70, 174, 181, 355
Lutnick, Kyle, 65
Lyles, CeeCee, 135
Lyles, Lorne, 135

M

Maciejewski, Jan, 168
Maciejewski, Mary, 168
Madigan, Patrick, 201, 224, 377, 379, 476
Maggett, Steve, 144-5
Maguire, Jackie, 248, 250-2, 459
Maguire, John, 209-10
Mallory, capitão, 173
Manning, Laura, 59
Mar Vermelho, 428
Marinha dos Estados Unidos, 29, 264, 333, 499, 500
Marinzel, Eddie, 99, 102, 104
Marmion, Tim, 395
Marquis, Craig, 44-6
Marr, Bob, 51-2, 81-2, 190, 195, 417
Marsh & McLennan, 56
Mary Gellatly (barco), 323
Massian, Joe, 69, 71, 165, 175, 182, 362, 364
Mastandrea, Kathryn, 408
Matalin, Mary, 26, 109-10, 112, 188, 242, 265, 369, 418, 494
Mattingly, David, 229, 231
Maude, general, 479
Maude, Teri, 479
Mawn, Barry, 252
May Davis Group, 164
Mayo, Jimmy, 65, 165
Mayorga, Ileana, 372-3

Mazza, Kathy, 147, 279
McAvoy, John, 399
McAvoy, Michael, 89, 178, 365, 399-400
McBride, Mary, 234
McCain, Joe, 52
McCourt, Malachy, 207
McFadden, Denise, 426
McFadden, Paul, 356-7, 365, 426-7
McGee, Paddy, 454, 456
McGlennon, Patrick, 476
McGovern, Mike, 55, 158, 165
McGrady, Joe, 52
McLoughlin, John, 139, 141, 174, 184, 187, 216-7, 282-3, 385, 386, 455-6, *458*
McQueen, Jim, 388
Medairos, Robert, 126
Memorial do Pentágono, *319*
Memorial Nacional ao 11 de Setembro, *320*
Memorial Nacional do Voo 93 da United Airlines, 19, *320*
Memorial Torre das Vozes, *320*
Mercer Consulting, 149
Meredith, Dana, 406
Merken, Stephen, 474
Meyer, Jon, 231
Meyer, Sheryl, 401
Meyers, Jennifer, 125, 334
Michelsen, Michael, 386
Miers, Harriet, 244-5
Mies, Richard, 413-5
Millard, Ali, 480
Miller, Anita McBride, 201
Miller, Dan, 104, 243
Miller, Denise, 227, 229, 378
Miller, Douglas, 201-2, 225-6
Miller, Jill, 228
Miller, John, 248, 253
Miller, Ray, 327
Miller, Rikki, 403
Miller, Sharon, 139, 147, 213-4, 279, 286, *318*, 327, 495, 501
Mills, Doug, 436
Mindel, Sunny, 31, 159, 220-2, 367-8, 423, 462
Mineta, Norm, 112, 189, 415-6
Mohammed, Arshad, 106

Monaco, Frank, 230
Monahan, Craig, 211
Montgomery, Brian, 99-100, 104, 243, 346-7, 349, 414, 435, 437-8
Moody, Sheila Denise, 121-2, 260-3, 487, 502
Moog, Peter, 158, 321-2
Moore, Michael, 103
Morabito, Mike, 391
Morell, Mike, 34, 102, 106, 243, 376, 416, 435, 437, 438, 501
Morgan Stanley, 33, 61-2, 89, 149-50, 156, 178, 270, 448, 497
Morrison, Wells, 229, 377
Morrone, Fred V., 93
Mount Weather (Berryville, Virgínia), 381, 440
Moyer, Matt, 360
MSNBC, 364
Mueller, Robert, 247
Mulligan, Peter, 78
Mullin, Chris, 451
Murphy, Melinda, 32, 88, 159, 171, 178, 183
Myers, Richard, 114, 124, 136, 191, 193, 266, 340, 370, 416, 433

N

Napoli, Lou, 247
Napolitano, John (pai), 96, 270-1, 364-5, 422, 426-7, 449, 471
Napolitano, John P. (filho), 96, 422, 449, 471
Nash, Dan ("Nasty"), 52
Nasypany, Kevin, 52, 80, 82, 117-8, 136, 161
National Public Radio (NPR), 97
NBC News, 25, 462, 474
NBC-4 (TV), 246
Nelson, Jimmy, 139, 279
Nesbitt, Michael, 121, 125, 256, 373
New York Daily News (jornal), 485
New York Post (jornal), 167, 492
New York Times, The (jornal), 104, 379
Newfoundland (Canadá), 160, 163
Nickles, Don, 384
Nigro, Dan, 66-7, 69, 93, 171, 173, 273, 327, 386, 388, 425, 502

Norman, David, 74, 91, 146-7, 212-3, 268, 272, 274, 278, 286, 400
Nova Escócia (Canadá), 160
NY1 (TV), 65, 276, 366, 502

O

O'Brien, Danielle, 117-9
O'Brien, Steven, 116-9
O'Connor, Jean, 332, 486
O'Connor, Thomas, 204-6, 331, 336, 485-6
O'Leary, Monica, 26, 178, 277, 489
O'Neill, John, 247-53, 280
O'Neill, Rob, 499
Obama, Barack, 500-1
Ogonowski, John, 41
Oklahoma City, atentados de (1995), 87, 97
Olayan, Omar, 426, 457
Oldach, Gilbert, 125, 264
Oldaker, Ian, 55-6, 181, 182, 277, 362
Olender, Christine, 144-5
Oliver, Darrell, 259
Olson, Barbara, 30, 369
Olson, Ted, 30, 109, 115, 117-8, 369
One Liberty (Nova York), 426
Ong, Betty, 42-4, 49, *290*
OPERAÇÃO ÔMEGA (procedimento de segurança cautelar), 93
OPERAÇÃO SENTINELA DO SUL (patrulhamento da zona de exclusão aérea), 428
Ordover, Heather, 63, 153-4, 180, 186, 324-5, 471
Oriente Médio, 49, 51, 386, 407, 468
Ortiz, Edna, 69, 71
Ortiz, Pablo ("Paul"), 69
Ouida, Herb, 30, 61, 142, 146, 361, 471
Ouida, Todd, 30, 61, 142, 361, 471

P

P. E. Stone (empresa), 167
Paden, Richard, 32
Paquistão, 109, 499-500
Parese, James, 324-5
Parga, Gulmar, 175
Parham, Ann, 479
Parham, Jimmy, 139, 279
Parham, Stacey Taylor, 132, 202, 468
Parrino, Roger, 278
PASS (alarmes dos bombeiros), 288
Pass Consulting Group, 30, 38, 57, 141, 272, 286, 502
Pataki, George, 347, 367-8, 400, 461
PATH (sistema de trens), 36
Patrulha PATH, 424, 484
Patton, Vince, 481
Paugh, Richie, 74
Pavelec, Cathy, 54-5, 58, 146, 178-9
Pearce, Donna, 474
Pearl, Brian, 460
Penney, Heather ("Lucky"), 190, 193-5
Pentágono, 17, 23-4, 105, 113-4, 116, 118-21, 123-7, 131, 134, 160, 166, 191-2, 195, 204-5, 233-6, 242, 247, 251, 254-6, 258-60, 263-4, 293, *298-9*, *313*, *317*, 319, 330-1, 333-7, 340-4, 369-74, 377, 381, 404, 411, 419, 428, 431, 433, 438-40, 446-7, 459, 461, 465-7, 475-6, 485-6, 488, 493-6, 500-2; centro de operações do, 113; Centro Nacional de Comando Militar (CNCM) do, 340-1, 343; coleta de provas do ataque no, 330-2; colisão do voo 77 da American Airlines com o, 117, 120, 131-2, *293*; Escritório de Serviços de Recursos do, 121-2, 260, 432, 487, 502; Memorial do, *319*
Penttbom (equipe), 459
Perkins, Abby, 249, 251-2
Peterson, Eric, 226
Petrone, Beth, 367
Petrou, Laura, 381, 382, 383
Pettit, Glen, 174
Pezzulo, Dominick, 67, 139, 217, 456
Pfeifer, Joseph, 54, 56, 138, 183, 209, 217
Philadelphia Inquirer, The (jornal), 229, 459
Phillips, James, 258, 334
Picciotto, Richie, 388, 393
Pierce, Adrian, 362, 448

"Pilha", a (escombros do World Trade Center), *309*, 385, 387, 394, 425-6, 453, 461, 470, 486; *ver também* Ground Zero ("Marco Zero")
Pinto, Jackie, 163
Pluta, Paula, 229
Polícia de Nova York *ver* Departamento de Polícia de Nova York (DPNY)
Polícia do Capitólio (Washington, D.C.), 339, 440
Polícia Estadual da Pensilvânia, 32, 226-30, 378, 476
Ponte do Brooklyn (Nova York), 38, 55, 66, 68, 178, 187, *297*, 353-4, 362
Portlock, Rebekkah, 404
Potter, Dan, 37, 39, 91, 95, 155, 173, 181, 183, 219, 270-1, 275-6, 278, 358-61, 472, 491
Potter, Jean, 37, 58, 90, 155, 171, 180, 218, 276, 358-61
Powell, Jeremy, 48
Powers, Bruce, 333
Praimnath, Stanley, 88, 90, 142-3
Prezant, David, 495
Primeira Força Aérea, 51, 80, 116, 160, 190, 195, 202, 237, 416
Primeiro Esquadrão de Helicópteros, 381
Programa de Contingência Presidencial (Casa Branca), 112, 188, 369, 443
Prunty, Richard, 389
Puff Daddy (rapper), 249
Pulliam, Kyra, 373
"pulmões World Trade Center" (doenças respiratórias relacionadas aos atentados de 11 de Setembro), 495
Putin, Vladimir, 238-9
Putnam, Adam, 100, 102, 104-6, 243, 347, 350

Q

Quembon, 459
Quênia, 247, 459
Quint Amasis North America, 32, 54, 142, 165, 364, 447, 460

R

Radian Inc., 118, 120, 333, 466
Ralston, Paige, 384
Ralston, Susan, 99
Ramos, Henry, 164
Raven Rock (Waynesboro, Pensilvânia), 381
Razzano, Frank, 63, 91, 176, 177, 280-1, 326, 492
Razzano, Stephanie, 492
Receita Federal, 73
Reiss, Alan, 60, 74-5, 288
Rescorla, Rick, 149-50
Rescorla, Susan, 150
Reuters, 106, 209, 364
Rice, Condoleezza, 108-10, 112, 189, 192, 241, *300*, 340, 415, 442-3
Richardson, Blake, 402
Riches, Jimmy, 396
Ridge, Tom, 379-80
Rifield, Ian, 111, 189
Risk Waters Group, 37, 56, 61, 363, 462, 477
Rivera, Carmen, 479-80
Rivers, David, 61
Rodgers, Thomas, 420
Rodrigues, Antonio ("Anthony"), 139, 141, 187, 217, 283
Rodriguez, Jose, 210
Rodriguez, Richie, 139, 279
Rogers, Julia, 33, 129
Rogers, Louise, 122, 260, 262, 432
Rogers, Tyler, 129
Roker, Al, 87
Rollock Incorporated, 201, 228
Romito, James, 214, 279
Rooney, Sean, 85, 170, 177, 463
Roosevelt, ilha (Nova York), 356
Rosado, Robert, 153
Rosenbaum, Michael, 227
Rosenbaum, Norbert, 227
Rosenker, Mark, 99, 245, 346
Ross, Sonya, 34, 241-2, 244, 349-51, 436
Rove, Karl, 99, 102-4, 106, 237-8, 241, 347-8, 350, 438

Roy, Somi, 354
Rumsfeld, Donald, 105, 114, 124-5, 241, 264-6, *299*, 340-4, 370-1, 433, 443
Rumsfeld, Joyce, 371
Rússia, 26, 192, 238-9, 416

S

Sacerdote, Joe, 26
Sadler, Winston, 42-4
SAIC (Science Applications International Corporation), 121, 331, 466
Salomon Brothers, 73
Sanger, David, 104
Santiago, Hector, 368
Saracini, Victor, 41
Sasseville, Marc, 193-5
Savall, Chuck, 81, 83, 136
Schnarrenberger, Bob, 163
Schoenlank, Rick, 220, 324, 461
Schwartz, James, 204-6, 254-5, 331, 336, 486, 494
Schwartz, Tish, 127, 339, 475
Sciasci, Denise, 404
Scoggins, Colin, 50-1, 80
Scott Air-Paks, 139
Seals da Marinha, 499-500
Sears Tower (Chicago), 403
Secretaria de Políticas Nacionais de Controle de Drogas (Casa Branca), 111
Segunda Guerra Mundial, 111, 120, 301, 321
Sereika, Chuck, 454
Serviço de Proteção da Defesa, 120-1, 125-6, 205, 255-6, 264, 330, 334-5, 373
Serviço Secreto, 73, 99, 101-2, 108, 110-1, 189, 236-8, 240-1, 244, *292*, *306*, 346, 370, 394, 413-4, 417
Seto, Tim, 154, 325
Setor Nordeste de Defesa Aérea (SNDA), 47-8, 51-2, 80-2, 117, 136, 161, 190, 336
Setor Sudeste de Defesa Aérea, 240
Shanksville (Condado de Somerset, Pensilvânia), 201; local de colisão do voo 93 da United em, 17, 19, 201, 225, 231-2, 239, 266, *302*

Shaw, John, 196
Sheehan, Michael, 247
Shelton, Hugh, 124
Shober, Braden, 230, 378
Shuman, Dan, 407
Sifu, Ronnie, 395
Silverstein, Larry, 36
Sliney, Ben, 29, 31, 51-2, 80, 82-3, 116, 137, 160-2, 202
Small, Robert, 61-2, 89, 149-52, 178, 448, 497
Smiley, Gary, 278, 287
Smith, Dennis, 118, 263, 337
Smith, Ernie, 412
Smith, Mike, 495
Smith, Philip, 123, 258, 431-2, 473, 487, 494-5, 501
Smith, sra., 403
SMW Trading Company, 57
Snyder, Robert, 363
Sobieraj, Sandra, 349
Somin, Paul, 468-70
Spade, Bill, 92, 158, 172, 175, 208, 268, 272-4, 279, 287, 424, 484, 495
Speciner, Lila, 69, 148, 172, 218-9
Stabner, Cliff, 389
Stack, Larry, 391
Stackpole, Timmy, 471
Stapleton, Shannon, 209-10
Staten Island, balsa de, 324
Steckman, William, 57
Stefanakos, Steven, 74, 175, 385, 453, 456
Stipp, Sean, 231
Stone, Preston, 97, 420
Stonycreek (Pensilvânia), 33, 201, 226, 229
Stratcom (Comando Estratégico dos Estados Unidos), 413
Strauss, Scott, 73-4, 386, 394, 425, 453-7
Stremmel, Fred, 251
Stuart, Walwyn, 172
Suez, canal de, 428
Suhr, Danny, 158
Sullivan, Tom, 139, 323
Surratt, Wilson, 420

SWAT (Special Weapons and Tactics), 73, 330, 440
Sweeney, Brian, 78
Sweeney, Jessica, 405
Sweeney, Julie, 78
Sweeney, Madeline ("Amy"), 49
Swithers, Jay, 75
Szostak, Bert, 325
Szwaja, Michael, 410, 412

T

Tanbom, 459
Tanzânia, 247, 459
Tarantino, David, 264, 465
TARU (Technical Assistance Response Unit), 321
Tenet, George, 244, 250, 340, 415, 435
Terna, Frederick, 218
Thomas, Jason, 453
Thornton, Larry, 52
Thornton, Rick, 323
THREATCON Delta, 245
Tillis, Al, 373
Tillman, Mark, 101, 105-6, 236, 238-40, 243-4, 345-8, 417, 435, 439
Tobias, Gary, 431
Tobin, Sharlene, 175
Tobin, Terri, 322
Today Show, The (programa de TV), 32, 86, 98, 101, 474, 498
Tora Bora (Afeganistão), 250-1
Torre Norte (World Trade Center), 26-7, 30, 32, 36-8, 57-8, 62, 69-70, 72, 89-90, 92-4, 138, 141-2, 146, 148, 152-3, 155, 158, 164-9, 171-2, 174-5, 178, 180-3, 208-9, 212, 214, 218, 222, 267, 270, 284-6, *289-91*, *295*, 321, 353, 355, 358, 362, 364, 392, 399, 447-8, 452, 460, 471, 474, 477, 485, 488-9, 491-2, 502; ataque de 1993 à, 17, 60-1, 66, 70-1, 87, 146, 149, 248; capelão na, 207-8, 211; colapso da, 272, 276-8, *296*, *318*, 361; colisão do voo 11 da American com a, 17, 54-8, 77, 80, 85, 272, *290*; evacuação da, 267, *294*, 390-1; fumaça e destroços do colapso da, 57-9, 321, 460; pessoas pulando da, 157-8, 218, *295*; presos na, 272-3, 275, 280-5, 358, 361, 387-8
Torre Sul (World Trade Center), 28, 33, 36, 38, 57, 60-2, 85, 87-90, 141-3, 149, 151-2, 165, 167, 170-1, 174-5, 177-8, 209, 219, 252, *318*, 363, 365, 419, 423, 447-8, 463, 472, 479, 497, 501; colapso da, 172-3, 175, 179-80, 182, 212, 216-23, 270, 272, *296*, 361, 391; colisão do voo 175 da United Airlines com a, 17, 82-3, 85-6, 91, 98, 250, *291*; evacuação da, 149-50, 156; fumaça e destroços do colapso da, 180, 182; presos na, 175, 185, 216-23, 391, 397
Torrillo, Joseph, 29, 68, 181, 184-5, 219, 321, 323, 326, 450, 471, 491
Townsend, Fran, 248-50
Tradebom, 459
TransCare (ambulâncias), 76, 175, 184, 217, 327
transtorno do estresse pós-traumático, 494, 497
Tributo de Luz sobre o Memorial Nacional ao 11 de Setembro, *320*
Trinity Church (Nova York), 481
Trojanowski, Stanley, 158, 278
Tubb, Richard, 34, 107, 437-9
Tuohey, Mike, 33, 35
Turner, Mary, 342, 371

U

US Airways, 163
USA Today (programa de TV), 350
USA Today Live (programa de TV), 118, 126, 331, 373, 462, 466
USAIR, 417
USS *Cole* (navio), 29, 247-8
USS *Enterprise* (porta-aviões), 29, 428-9
USS *Norfolk* (SNN 714, submarino de ataque), 429

V

Vance, Jim, 246
Veitz, Louis, 228
Verizon, 134, 198, 373, 480
Vietnã, Guerra do, 75, 149, 227
Visconti, Nick, 388
Volk, Jillian, 64, 355, 449
Voluntários de Arlington, 372
Von Essen, Thomas, 25, 76, 95, 138, 221, 267, 485
voo 7 da Midwest Express, 81, 161, 477
voo 11 da American Airlines, 17, 41-51, *290*; colisão com a Torre Norte do World Trade Center, 17, 54-8, 77, 80, 85, 272, *290*; sequestro do, 41-2
voo 73 da Midwest Express, 81, 136
voo 77 da American Airlines, 17, 30, 98, 115-6, 119, 447, 467, 488, 493; colisão com o Pentágono, 117, 120, 131-2, *293*; sequestro do, 115-7, 131-2
voo 93 da United Airlines, 17, 19, 26, 86, 131-3, 135-6, 188, 193, 195-8, 200-1, 206, 229, 231-2, 237, 239, 266, *302*, *304*, 340, 421, 441, 449, 467, 475, 480-1, 500; local da colisão (Shanksville, Condado de Somerset, Pensilvânia), 225, 231-2, 239, 266, *302*; Monumento Nacional ao, 19, *320*
voo 175 da United Airlines, 41, 48, 77-82; colisão com a Torre Sul, 17, 82-3, 85-6, 91, 98, 250, *291*; sequestro do, 17, 77
voo 800 da TWA, 207
voo 1989 da Delta Airlines, 132

W

WABC-TV, 422
Wachovia Bank, 362, 448
Waizer, Harry, 57, 59, 61, 69-70, 165, 399, 488
Waizer, Karen, 399
Wald, Victor, 164
Walker, Robert, 486
Wall Street Journal, 331
Walsh, Jody King, 201
Walter, Mike, 118, 126, 331, 373, 462, 466
Walters, Gary, 108, 111, 119, 370
Warchola, Mike, 213, 271, 394, 472
Ware, Clyde, 228
Warner, John, 433-4
Washington, Eric, 244
Wassel, Joe, 114, 124, 125, 265, 341, 371
Waugh, Christian, 208, 210
Waxman, Matthew, 26, 109, 112-3, 189-91, 369-70
Waynesboro (Pensilvânia), 381
Weaver, Robert, 227-8, 378, 476
Weden, Perry, 450
Wein, Judith, 38, 62, 90, 142, 147, 178
Werth, John, 131-2, 136-7, 202
Westmoreland, condado de (Pensilvânia), 196
Wherley, David, 193
Whitaker, Anthony R., 59, 75-6, 485
White, Mary Jo, 252
Wilkerson, Glenn, 151
Wilkinson, Dave, 99-100, 102, 104-5, 236, 238-42, 244-5, 346, 414
Williams, Kevin, 64, 449
Williams, Mariah, 103
Windows on the World (restaurante na Torre Norte), 33-7, 39, 57, 60-2, 144, 352, 473, 500
Winkler, Kenny, 212
Winnefeld Jr., James ("Sandy"), 428
WNEP-TV (Scranton, Pensilvânia), 231
Wong, Wesley, 157, 209, 250-1
Woodward, Michael, 49
World Trade Center (Nova York), 17, *310*; ataque de 1993 ao, 17, 60-1, 66, 70-1, 87, 146, 149, 248; doenças relacionadas aos atentados de 11 de Setembro, 495; Torres Gêmeas, 18, 27, 64, 73, 98, 175, 207, *289*, *296-7*, 352, 402, 406, 408, 424, 476, 499-500; *ver também* Ground Zero ("Marco Zero"); Torre Norte; Torre Sul
Worner, Anne, 97
WPIX TV (Nova York), 32, 88, 159, 171, 178, 183
WPXI-TV (Pittsburgh), 229, 380, 460

Wright, Cindy, 346, 436-7
Wright, Natasha, 411
WUSA-TV, 33

Y

Yahoo, 364, 472
Yates, John, 123
Yeazell, Terry, 202
Yeger, Kalman, 64, 91
Yeo, Kelly, 403
Young, Denny, 65
Young, Keith, 254
Yousef, Ramzi, 248

Z

Zacur, David, 488
Zalewski, Peter, 50-1
Zedeño, Elia, 61, 148, 165, 184, 186
Zhou, Karen, 405
Zhu, Hong, 164
Ziegenhorn, Julie, 417
Zwanger, Samara, 61

Créditos das imagens

p. 113: Foto: David Bohrer, Cortesia dos Arquivos Nacionais
p. 182: AP Photo/ Suzanne Plunkett
p. 210: Foto: Shannon Stapleton/ Reuters
p. 217: Foto: Todd Maisel/ *New York Daily News*.
p. 289: [acima] Getty Images/ Equipe; [abaixo] Monika Bravo
p. 290: [acima] Coleção do Museu Memorial do 11 de Setembro/ Roberto Rabanne Archive/ Foto: Roberto Rabanne; [abaixo, à esq.] Cortesia da família Ong; [abaixo, à dir.] Coleção do Museu Memorial do 11 de Setembro, Doação de Richard D. Eichen
p. 291: [acima] Sean Adair/ Reuters; [abaixo] Jesse Randall
p. 292: [acima] Foto: Eric Draper, Cortesia da Biblioteca Presidencial George W. Bush; [abaixo] Foto: David Bohrer, Cortesia dos Arquivos Nacionais
p. 293: Cortesia do Departamento de Defesa
p. 294: Coleção do Museu Memorial do 11 de Setembro, John Labriola Archive, Foto © John Labriola
p. 295: Richard Drew/AP
p. 296: Foto: John O'Sullivan
p. 297: Foto: Roberto Rabanne, Coleção do Museu Memorial do 11 de Setembro, Roberto Rabanne Archive
p. 298: [acima] Foto: Departamento de Defesa: Primeiro Sargento Jim Varhegyi, USAF; [abaixo] Foto: Departamento de Defesa: suboficial de primeira classe jornalista Mark D. Faram, USN
p. 299: Departamento de Defesa/ Michael Garcia
p. 300: [acima] Foto: David Bohrer, Cortesia dos Arquivos Nacionais; [centro] Foto: David Bohrer, Cortesia dos Arquivos Nacionais; [abaixo] Foto: Eric Draper, Cortesia da Biblioteca Presidencial George W. Bush
p. 301: © 2001. Utilizada com autorização do Departamento de Polícia de Nova York
p. 302: [acima] Departamento de Defesa; [abaixo] Reuters/Tim Shaffer
p. 303: [acima] AP Photo/Tribune-Democrat/David Lloyd; [abaixo] Reuters/Tim Shaffer
p. 304: [acima] Departamento de Defesa; [abaixo] Nasa/Frank Culberston
p. 305: Foto: Eric Draper, Cortesia da Biblioteca Presidencial George W. Bush
p. 306: Foto: Eric Draper, Cortesia da Biblioteca Presidencial George W. Bush
p. 307: Foto: John O'Sullivan
p. 308: [acima] Cortesia dos Arquivos Nacionais dos Estados Unidos; [abaixo] foto da Guarda Costeira dos Estados Unidos
p. 309: Foto: John O'Sullivan

p. 310: Foto: John O'Sullivan

p. 311: Foto: Eric Draper, Cortesia da Biblioteca Presidencial George W. Bush

p. 312: [acima] Foto: David Bohrer, Cortesia dos Arquivos Nacionais; [centro e abaixo] Foto: Eric Draper, Cortesia da Biblioteca Presidencial George W. Bush

p. 313: [acima] Captura de tela: cortesia da C-SPAN; [abaixo] Foto: Marinha: Suboficial de Segunda Classe Robert Houlihan

p. 314: Foto: David Bohrer, Cortesia dos Arquivos Nacionais

p. 315: [acima] Foto: Força Aérea dos Estados Unidos: tenente-coronel Terry Moultrup; [abaixo] Foto: Marinha dos Estados Unidos: oficial fotógrafo-chefe Eric Tilford

p. 316: [acima] Cortesia do Investigador do DPNY David Brink; [abaixo] cortesia da dra. Cynthia Otto

p. 317: [acima] Foto: Roberto Rabanne, Coleção do Museu Memorial do 11 de Setembro. Roberto Rabanne Archive; [abaixo] Foto: Departamento de Defesa: sargento de tecnologia Cedric Rudisill, USAF

p. 318: [acima] Foto: Matt Flynn, Coleção do Museu Memorial do 11 de Setembro, Doação de Mickey Kross; [centro] Foto: Matt Flynn, Coleção do Museu Memorial do 11 de Setembro, Doação da Policial Aposentada da Autoridade Portuária de NY&NJ Sharon A. Miller; [abaixo] Foto: Michael Hnatov, Coleção do Museu Memorial do 11 de Setembro, Doação de Alison e Jefferson Crowther e Família

p. 319: [acima] Departamento de Defesa/ Michael Garcia; [abaixo] Foto: Geoffrey T. Chesman, da Image Link Photography, fornecida pelo Fundo Memorial do Pentágono

p. 320: [acima] Foto: Serviço Nacional de Parques/ Brenda T Schwartz; [abaixo] Foto: Jin S. Lee, Museu e Memorial do 11 de Setembro

p. 354: Foto: Frank Fournier

p. 360: Foto: Matt Moyer

p. 436: Foto: Eric Draper, Cortesia da Biblioteca Presidencial George W. Bush

p. 458: © 2001. Utilizada com autorização do Departamento de Polícia de Nova York

The Only Plane in the Sky © Garrett M. Graff, 2019

Todos os direitos desta edição reservados à Todavia.

Grafia atualizada segundo o Acordo Ortográfico da Língua Portuguesa de 1990, que entrou em vigor no Brasil em 2009.

capa
Daniel Trench
tratamento de imagens
Carlos Mesquita
preparação
Teté Martinho
índice remissivo
Luciano Marchiori
revisão
Ana Maria Barbosa
Huendel Viana
Karina Okamoto

Dados Internacionais de Catalogação na Publicação (CIP)

Graff, Garrett M. (1981-)
O único avião no céu : Uma história oral do 11 de Setembro / Garrett M. Graff ; tradução Julia Debasse e Érico Assis. — 1. ed. — São Paulo : Todavia, 2021.

Inclui índice.
Título original: The Only Plane in the Sky : An Oral History of 9/11.
ISBN 978-65-5692-169-3

1. Jornalismo literário. 2. Livros-reportagem. 3. Ataques de 11 de Setembro. 4. Terrorismo. 5. História dos Estados Unidos. 6. História oral. I. Debasse, Julia. II. Assis, Érico. III. Título.

CDD 303.6250973

Índice para catálogo sistemático:
1. Terrorismo : Estados Unidos 303.6250973

Renata Baralle — Bibliotecária — CRB 8/10366

todavia
Rua Luís Anhaia, 44
05433.020 São Paulo SP
T. 55 11. 3094 0500
www.todavialivros.com.br

fonte
Register*
papel
Pólen soft 80 g/m²
impressão
Ipsis